中国高等工程教育
转型发展研究

张安富 等 著

科学出版社

北京

内 容 简 介

本书系统阐述了"中国制造2025"战略的内涵、特征及当代意义，指出了"中国制造2025"战略实施对高等工程教育产生的影响，对不同类型工程人才的知识、能力和素质提出了新要求，论述了高等工程教育转型发展的理论逻辑和要义特点，揭示了外部与内部核心要素及其结构关系，分析了现实困境与制约因素，借鉴了美国、英国、德国和日本四个国家高等工程教育改革案例的典型经验，设计出我国高等工程教育转型发展的动力机制、组织机制与保障机制，提出了工程教育教学理念、工程大类专业建设、工程人才培养模式、工程专业课程体系、工程课堂教学模式、工程教育教学方法、工科教师工程能力、工程大学生学习等八个微观层面转型发展的实践路径。

本书适合高等院校教师、管理工作者及教育教学研究领域的专业人员阅读和参考。

图书在版编目（CIP）数据

中国高等工程教育转型发展研究 / 张安富等著. —北京：科学出版社，2021.12

ISBN 978-7-03-070342-2

Ⅰ. ①中… Ⅱ. ①张… Ⅲ. ①高等教育-工科（教育）-教育改革-研究-中国 Ⅳ. ①G649.21

中国版本图书馆 CIP 数据核字（2021）第 218909 号

责任编辑：邓　娴 / 责任校对：贾娜娜
责任印制：张　伟 / 封面设计：无极书装

科 学 出 版 社 出版

北京东黄城根北街 16 号
邮政编码：100717
http://www.sciencep.com

北京凌奇印刷有限责任公司 印刷

科学出版社发行　各地新华书店经销

*

2021 年 12 月第 一 版　开本：720×1000　B5
2023 年 2 月第二次印刷　印张：19
字数：383 000

定价：190.00 元
（如有印装质量问题，我社负责调换）

作者简介

  张安富：教育学博士、教授、博士生导师、武汉理工大学原副校长，现兼任中国高等教育学会院校研究分会理事长、全国高等学校本科教学工作评估专家、国家留学基金管理委员会项目评审专家、国务院学位委员会办公室博士论文评审专家。曾兼任中国交通教育研究会副会长、中国交通教育研究会高教研究分会理事长、中国高等教育学会理事、湖北省高等教育学会副会长、《高教发展与评估》杂志主编。主持国家社会科学基金项目 2 项、教育部人文社会科学研究基金项目 2 项、交通运输部科研项目 1 项、其他项目 10 余项；出版专著 3 部；在《高等教育研究》《中国高教研究》《中国高等教育》《清华大学教育研究》《高等工程教育研究》《国家教育行政学院学报》《中国大学教学》等期刊发表论文 90 余篇，多篇论文被中国人民大学《复印报刊资料》全文转载；获省级教学和科研成果奖 3 项。

  主要研究领域：高等教育教学质量评估、高校教育教学管理、高等工程教育等。

序　言

　　当今世界正处在百年之未有的大变革、大调整、大开拓创新中，新一轮科学技术和工业革命已经初见端倪，新的增长动能不断积聚喷发。世界经济和产业秩序加速重构，国家之间在高科技领域的竞争日益加剧，技术霸凌主义开始抬头，某些发达国家对我国高科技领域的围堵和打压猖獗，企图阻止中华民族伟大复兴的进程。现实的教训是："卡脖子"的关键核心技术我们既讨不来，也买不来，更要不来。国家现代化建设只能依靠自己锤炼硬实力，正如中国科学院院士白春礼所言："把美国'卡脖子'的清单变成我们科研任务清单进行布局"，决胜抢占世界科技制高点的战斗。然而，高等工程教育强，国家才能硬实力强；高等工程教育不转型发展，国家产业结构和制造技术就不可能转型发展，"卡脖子"的关键核心技术就难以实现根本性突破。这一切要求我国高等工程教育绝不能躺在过去业已取得的历史功劳簿上自鸣得意、孤芳自赏。我们没有任何理由，也没有任何资本止步不前，唯有转型创新，唯有内涵发展，唯有只争朝夕，才是中国实现高等工程教育强国梦的唯一出路！

　　2019年，全球500强企业榜单带来了震撼，有129家中国企业上榜，数量上首超美国；在互联网、工程、汽车、房地产等领域，上榜中国企业的数量均超越美国企业。这充分证明了改革开放40多年来，我国高等工程教育培养出来的人才在提高国家发展硬实力方面发挥了重要作用，也告诫我们，面向工业界、面向世界、面向未来，高等工程教育必须站在世界科技革命和产业变革的潮头，成为支撑、引领新经济发展的"动力源"。随着"中国制造2025"规划的实施、人工智能新技术的兴起、传统产业的转型升级、新兴产业的不断诞生，国家迫切期待高校能为培养高质量工程人才提供技术和智力支撑。中国高等工程教育必须勇于迎接新挑战，勇于承担新使命。这个新挑战和新使命，归根到底，就是高等工程教育必须审时度势、转型发展，早日建成高等工程教育强国。

　　我国高等工程教育是高等教育体系中的重要组成部分，工程类专业在校生人数占高等教育在校生人数的1/3以上，但高等工程教育"大而不强"的现象比较突出。在制造强国、科技强国、质量强国、航天强国、网络强国、交通强国、海洋强国、国防强国、高教强国的建设中，最重要的、最紧迫的、最关键的是高等工程教育强国建设。加快一流工程学科和一流工程本科专业建设，推进高等工程教育转型发展，是高等工程教育强国建设的重大举措。全面提升高等工程教育实力，全面夯实高等工程教育根基，形成百舸争流和万马奔腾的高等工程教育蓬勃发展局面，将为高等工程教育强国建设注入源源不竭的巨大能量。

面对新方位、新征程、新使命，中国高等工程教育转型发展任重道远。具体来说，高等工程教育转型发展表现在四个层面：一是发展模式转型，即高等工程教育转型是整个高等教育系统转型的一部分，表现为高等工程教育由外延式发展模式转向内涵式发展模式；二是培养范式转型，即高等工程教育人才培养范式由传统的科学范式转向工程实践范式；三是人才培养特征转型，即高等工程教育人才培养特征由传统狭窄的技术教育转向培养解决复杂工程问题能力；四是人才培养目标转型，即高等工程教育人才培养目标由侧重培养工程科学家转向重点培养各个领域的工程师。

从内涵上来说，高等工程教育转型是全方位的，既包括结构形态、发展方式、体制机制的变革，也包括思想观念、培养目标、课程体系、教学内容、教学方法、评价标准的变革。高等工程教育转型不是一蹴而就的过程，而是高等工程教育系统或大学作为办学行为主体为适应社会需求变化进行的自我调整和创新，是一个长期的、渐进的过程，也是内生的动力机制与外在的倒逼机制联合作用的求变求新的过程，同时，由于办学定位和服务面向的多样性及内外部办学环境的差异，高等工程教育转型也会体现出多样性。

所谓工程范式，就是重视工程教育的实践性、综合性和创新性。回归工程不是原初状态的"回归"，也不是简单地回归技术、回归实践或生产应用，而是工程教育应有本义的"回归"，是对传统的工程科学教育偏离工程实践的"纠偏"，真正解决"懂机的不懂电，懂电的不懂机""懂电子硬件的不懂程序设计，懂程序设计的不懂电子技术"，以及工程人才不了解工程、不会设计工程项目、不能解决复杂工程问题，乃至不关心未来社会应然情景等一系列重大理论与实践难题。

我国作为工程教育大国，拥有相对较为完备的工程教育体系，根据梧桐果《中国校园招聘蓝皮书》2018年3月发布的统计，2018年中国大学毕业生预计有820万人，其中工科占比53.6%。然而，能够满足国家经济社会发展需要、符合国际标准的工程师数量却相对不足，质量也需提高。首先，工程人才培养目标模糊。高校工程专业的人才培养方案的培养目标中写到"培养工程师"，然而在具体实践中，"科学范式"依然保持着很强的惯性，工程教育与科学教育的界限模糊不清。其次，工程教育过于专业化。专业课程体系设计注重学科的内在逻辑性，缺乏与多学科的交叉融合，更缺乏跨学科人才培养的体制机制，学生的知识面狭窄，思维局限，跨学科创新性思维明显不足，更被忽视的是现行的工程教育改革都在关注如何解决"现存"的问题，而很少关注如何研究解决"未来"的问题，显而易见，这样的工程教育是目光短浅的、生命力不足的、没有引领作用的。最后，在工程情景中的学习机会少之又少。高校学生缺乏在工程实践中锤炼创造性思维和工程实践能力的机会，越是国家重大企业和先进制造业越难接受工程专业学生实习，学生创新创业能力的发展得不到激发和制度保证。

高素质的工程教师队伍必然是工程教育转型发展的主要力量，在推进"中国制造2025"的背景下，既要面向现实，还要面向未来；既要面向中国，还要面向世界；既要面向新技术和新工程，还要面向新生活和新场域；切实把高等工程教师队伍建设聚焦到"外向引智、内向深化、纵向提升、横向联合"的立体化培养格局上来，从多层面、多维度深化工程教师培养机制改革，提高教师的工程素质和能力，以适应我国工程教育转型发展的需求。

外向引智就是优化高层次人才培养资源。邀请国外知名专家学者为高校师生讲授国外先进的工程教育模式与经验，帮助师生更深入地了解国外大学工程教育"教"与"学"的方法，或者派出优秀教师和研究生深入工程教育的国际强校进行系统学习，以拓展师生的国际工程教育改革发展视野。同时，挖掘和鼓励优秀企业中具有丰富实践经验的工程技术人才来高校担任实践岗位的教职，有计划选派高校教师到先进制造业企业挂职锻炼。这样双向联动以弥补我国高校工程教育与国际、与现代企业的落差。

内向深化就是深化高校人才培养机制改革。根据"中国制造2025"的新要求，积极推动不同类型的高校构建多层次、多类型的工程技术人才培养机制，根据社会经济与企业发展的需求，深化人才培养模式改革，深入推进教学"课堂革命"，深刻引导学生"学习革命"，以学生发展为中心，以学生学习成果为导向，以学生理论知识、工程能力和职业素养的"增量"为评价标准，定期监测评价高校专业培养方案中设计的系列课程对学生毕业要求和培养目标的达成度，查找问题，持续改进，螺旋式提高工程教育质量。

纵向提升就是培养高端制造领域紧缺人才。首先，面向"中国制造2025"规划的十个重点领域，培养新一代航空航天装备、电力装备、海洋工程、生物材料、软件工程、人工智能、微电子设计与加工等领域急需的领军人才。2020年9月4日，教育部、国家发展和改革委员会、财政部联合颁发《关于加快新时代研究生教育改革发展的意见》，旨在聚焦关键领域的核心技术，组织"双一流"建设的高校和一流企业（院所），统筹一流学科、一流师资、一流平台等资源，以超常规方式加快培养一批紧缺人才，为国家解决"卡脖子"问题和推进科技创新做出贡献。其次，培养未来工程师的"绿色"制造、生态发展的意识。工程师必须在履职尽责时将公众的安全、健康与福祉放在首位。要求工程技术人才强化生态保护理念，争当生态保护的模范，促进制造业"绿色"发展，构建一种循环低碳、"绿色"环保的全新制造体系。最后，引导高校关注高水平工程教育领军团队建设，加大人力和物力资源投入，打造现代工程高端研发创新群体。

横向联合就是加强工程教育产学研合作。高校应当在培养工程专业技术人才的教学模式上采用新型的产学研合作的方法，在高校与企业、科研院所之间打造产学研合作的研究基地，合作建设产业学院，合作设计各类型、各层次的创新创业计划，培养学生的创新创业实践能力。

本书是国家人文社会科学基金（教育学）一般课题"面向'中国制造 2025'的高等工程教育转型发展研究（BIA160101）"的研究成果，力求科学解释、解决和回应在工程教育转型发展中的一系列深层次问题，探讨工程教育转型发展的内在关系和规律，为我国高等工程教育转型发展提供理论依据和政策支持。本书系统阐述了"中国制造 2025"战略的内涵、特征及当代意义，指出了"中国制造 2025"战略实施对高等工程教育产生的影响，对不同类型工程人才的知识、能力和素质提出的新要求，论述了高等工程教育转型发展的理论逻辑和要义特点，揭示了高等工程教育转型发展的外部与内部核心要素及其结构关系，分析了高等工程教育转型发展的现实困境与制约因素，借鉴了美国、英国、德国和日本四个国家高等工程教育改革案例的典型经验，设计了我国高等工程教育转型发展的动力机制、组织机制与保障机制及其运行困境和突围策略，提出了工程教育教学理念、工程大类专业建设、工程人才培养模式、工程专业课程体系、工程课堂教学模式、工程教育教学方法、工科教师工程能力、工程大学生学习等八个微观层面转型发展的实践路径。

当前乃至今后较长一段时间，我国高等工程教育的改革和转型发展都将是"进行时"，有许多理论与实践问题需要广大高等教育界理论与实践工作者继续深入研究与探索，希望本书能够为我国高等工程教育转型发展，尤其是工程教育人才培养模式改革探索出一条全新之路，为培养担当新时代国家经济社会发展重任的高素质新型工程人才提供创新思路和理论基础。

张安富

2020 年 10 月

目　　录

第一章 "中国制造 2025" 与高等工程教育转型发展

工程教育是我国高等教育的重要组成部分，在高等教育体系中"三分天下有其一"。截至 2019 年底，我国各级各类高等学校在校学生总数已经达到 4002 万人[①]，占世界大学生总数的五分之一，高等教育毛入学率 51.6%，成为名副其实的世界高等教育第一大国。2019 年普通高校毕业生数达 834 万人，其中工科毕业生约占 1/3，约 280 万人。我国现在开设工科教育的本科院校超过 1100 所，90%以上高等院校开设了工程类专业，工科专业布点数为 1.8 万多个，工科在校人数占本科受教育人数的 30%，已经成为世界上最大的工程教育供给体系。工程教育在国家工业化进程中，对门类齐全、独立完整的工业体系的形成与发展，发挥着不可替代的作用。

从产业发展看，中国正从制造业大国走向制造业强国。经过改革开放 40 多年的发展，中国制造业占全球的比重持续扩大，自 2010 年起稳居全球第一，2018年全国工业增加值超过 30 万亿元。其中，产量居世界第一位的工业品超过 220种，卫星技术及应用、第五代移动通信技术（5th generation mobile communication technology，5G）及应用、超级计算机、工程机械、先进轨道交通装备等形成"蛙跳效应"，已经走到世界前列。但面对美国在高新技术产业方面的遏制和打击，构建以制造业为核心的质量第一、效益优先的现代产业经济体系已成为当务之急。应对这一挑战，既要在基础理论研究方面加大投入，更要发挥中国已经初步形成的庞大工程教育规模转化为新型工程人才培养的优势，推动传统产业升级和新兴产业成长。

从技术演进看，当今社会已经从知识经济时代进入数字经济时代，以互联网、大数据、云计算、人工智能、区块链为代表的新业态成为主流，同时带动传统产业的智能制造升级。智能化、网络化、数字化是我国制造业提质升级的根本路径，

---

① 《2019 年全国教育事业发展统计公报：在校生人数逾 2.8 亿》，http://edu.people.com.cn/n1/2020/0520/c1053-31716824.html[2020-05-20]。

也是未来制造业生产经营的基本组织形式。产业升级后带来高度技术化、高度集成化、高度智能化的领域，劳动复杂性呈几何级数递增，只有具备智力劳动能力的劳动者才能承担。简单劳动和体力劳动被智能化、机器化大规模替代已是大势所趋，未来就业岗位将主要提供给具有工程师及其同等智力劳动能力的劳动者。2017 年中国工业机器人市场全年累计销售 14.1 万台，汽车、电子、加工装配、运输仓储等产业已经处于机器替换人的高峰。大力推动质量变革、效率变革、动力变革，推动创新链、产业链、资金链、人才链、政策链的深度融合，挖掘和释放"工程师红利"，是适应中国市场升级、技术升级、产业升级，与时俱进推动新时代制造业高质量发展的有效途径。2015 年 5 月 19 日，国务院印发"中国制造2025"，旨在顺应新一轮全球产业技术革命的发展趋势，实现中国制造向中国创造转变、中国速度向中国质量转变、中国产品向中国品牌转变，加快推动制造业创新发展，努力使我国从制造大国转变为制造强国。"中国制造 2025"的实施离不开创新型工程人才的培养，更离不开包括高等工程教育在内的所有高等教育的综合作用。"中国制造 2025"战略对中国未来高等工程教育提出了更高的新要求。如何正确认识"中国制造 2025"的特征和意义，阐明该战略对高等工程教育质量的要求，以及怎样应对这些要求，从而快速适应"中国制造 2025"战略，既是我国高等工程教育转型发展的外在要求，也是提高高等工程教育质量的内在需要。

2014 年 11 月 13 日，教育部高等教育教学评估中心发布了《中国工程教育质量报告（2013 年度）》。该报告显示，用人单位对本科工科毕业生的总体满意度比较高，对工程教育的总体质量基本认可，但在前沿知识、创新能力、外语交流能力、分析解决工程问题能力、行业法律法规意识等方面的评价相对较低，反映出工程教育对工业发展的现代需求适应性存在不足；工程教育合作育人趋向紧密，共赢发展成效显现，但迫切需要出台支持企业参与合作的法律法规和财税优惠政策，推动企业更加广泛、深入、稳定地参与校企合作育人；工程教育质量达到国际实质等效标准要求，但在校企深度融合、工程实践能力培养、质量保障体系有效运行等方面存在不足和差距；中国普通高校工科专业人才培养规模已位居世界第一，但在规模扩张的同时存在着人才培养链与国家创新链、产业链在某种程度上未能有效对接的状况。2016 年教育部发布的《中国工程教育质量报告（摘要）》指出，工科学生对自身的满意度平均分为 73.53 分，但用人单位对工科毕业生的知识水平、通用能力、工程能力和综合素质的满意度平均分仅为 68.29 分，其间的差距反映出我国工程人才培养质量与企业实际需求的脱节、学生理论知识与实践能力的错位。这两份报告是我国高等工程教育现状的真实写照。在推进"中国制造 2025"战略的过程中，强大的工程技术人才队伍必然是实现中华民族伟大复兴中国梦的主要建设力量，需要在众多领域的工程实践中运用高端技术、精湛技能、现代化工程工具及科学管理的本领，这就要求工程技术人才培养必须坚持以社会需求为导向，全面推进工程教育转型发展，适应"中国制造 2025"战略实施和制造业转型升级的需要。

　　从世界新兴科技发展趋势来看，微时代观察 2020 年 9 月 4 日报道，美国公布了一份长达 35 页的《2016—2045 年新兴科技趋势报告》，该报告是在美国 2011~2016 年五年内由政府机构、咨询机构、智囊团、科研机构等发表的 32 份科技趋势相关研究调查报告的基础上提炼形成的。该报告明确提出了 20 项最值得关注的科技发展趋势，包括：物联网、机器人与自动化系统、智能手机与云计算、智能城市、量子计算、混合现实、数据分析、人类增强、网络安全、社交网络、先进数码设备、先进材料、太空科技、合成生物科技、增材制造、医学、能源、新型武器、食物与淡水科技、对抗全球气候变化。该报告的发布对全球各个国家应对未来 30 年可能影响国家竞争力的核心科技有了总体上的把握，同时为中国高等工程教育未来的改革发展指明了方向。

第一节　"中国制造 2025"的内涵、特征与当代意义

　　"中国制造 2025"战略规划，坚持"创新驱动、质量为先、绿色发展、结构优化、人才为本"的基本方针，坚持"市场主导、政府引导，立足当前、着眼长远，整体推进、重点突破，自主发展、开放合作"的基本原则，通过"三步走"的方式最终实现制造强国的目标。"中国制造 2025"国家战略的实施，表明我国经济发展已步入新常态，制造业从价值链低端向高端迈进。新时代、新科技革命、新工业形态赋予中国高等工程教育新重任，培养引领未来技术和产业发展的人才成为中国高等工程教育界的新使命。

一、"中国制造 2025"的内涵

　　"中国制造 2025"是中国应对新一轮科技革命、产业变革、制造业转型升级推出的整体谋划，是一项长期的战略性规划。"中国制造 2025"是在全面评估第三次工业革命对中国制造业可能影响情况下制定的，旨在充分发挥后发优势，加快我国工业化进程和建设制造业强国的步伐。人工智能、数字制造、工业机器人、

物联网、三维（three dimensions，3D）打印、大数据等现代制造技术的突破和成熟，正带领人类工业社会步入新的时代。这场以智能化、数字化、信息化技术为基础，以大规模定制和个性化制造为特点的第三次工业革命，将从根本上解决传统制造技术下新产品开发周期、产能利用、生产成本、产品性能、个性化需求等维度之间的冲突，实现生产制造的综合优化和产品质量的大幅提升。

"中国制造 2025"着力发展的重点领域是：新一代信息技术、高档数控机床和机器人、航空航天装备、海洋工程装备及高技术传播、先进轨道交通装备、节能与新能源汽车、电力装备、农机装备、新材料、生物医药及高性能医疗设备。这些领域涵盖了"上天入地"的各个方面，为中国制造业的发展规划了美好的图景。

"十四五"期间是"中国制造 2025"第一期规划实施最关键的五年，我国将进一步加强产业结构优化升级，大力培育发展战略性新兴产业，积极有序发展新一代信息技术、节能环保、新能源、生物、高端装备制造、新材料、新能源汽车等先导性、支柱性产业，切实提高产业核心竞争力。

质量是建设制造强国的生命线，中国制造业产品的设计质量、制造质量同发达国家相比还存在着很大的差距，因此，高校要努力提高设计人才、生产人才及服务人才的质量意识，建立相关质量监管体系，营造诚信经营的市场环境，走以质取胜的发展道路。可持续发展是建设制造强国的重要着力点，"中国制造 2025"要求我国应实现制造业的"绿色"发展，走生态文明的发展道路，着力提高制造行业人才的环保意识，努力进行技术攻关，大力推进节能环保技术、工艺和装备的推广应用。结构调整是"中国制造 2025"提出建设制造强国的关键环节，大力发展先进制造业，改造提升传统产业，推动生产型制造向创新型制造转变。大力发展战略性新兴产业，推动传统产业和低端产业向新兴产业和中高端产业迈进，推动生产型制造向服务型制造转变。坚持把人才作为建设制造强国的根本，走人才为本的发展道路，加强制造业人才发展的统筹规划和分类指导，建立健全科学合理的选人、用人、育人机制，改革和完善高校工程教育体系，加快培养制造业发展急需的专业技术人才、经营管理人才、技能人才，建设规模宏大、结构合理、素质优良的制造业人才队伍。

在"中国制造 2025"背景下，中国的工业生产将呈现出前所未有的特点，将真正实现工业生产的灵活性，大大提高生产效率和资源利用率，重新定义技术、生产和人之间的关系。制造过程不再是一个企业的单一行为，而将实现垂直整合，生产上中下游的界限将更加模糊，生产过程将充分利用端到端的工程数字化集成，人们将不仅是技术和产品之间的中介，更多地成为网络节点，成为生产过程的中心。

二、"中国制造 2025"的基本特征

"中国制造 2025"具有智能性、品质性、 生态性、创新性、服务性和柔性化"五性一化"六个基本特征。

智能性。"中国制造 2025"战略就是要将"中国制造"转向中国"智"造，其实质就是"智能化"。一是采用"人工智能"的理论、方法和技术处理各类信息与工程问题；二是具有"拟人智能"的特性或功能。 "智能化"包括设计智能化、生产智能化、设备智能化、能源管理智能化、供应链智能化等。将智能工厂当作载体，把智能制造作为主线，把实现工业化与信息化的深度融合作为核心，其实质是通过应用计算机技术和各种高科技技术，让工业原料、设备、设施等生产资料和生产环境，能与虚拟现实世界的信息网络和以人为代表的生物体之间互相感知、沟通和控制，使物流、信息流和价值流高度统一，形成有能力思考、判断和做出决定与自动执行，能够在人类、事物和信息网络之间进行自律、自我反馈和自我管理的复杂组织体。

品质性。"中国制造 2025"旨在高举起质量的大旗，加强质量品牌建设，提升产品质量，走"以质图强"的发展道路，迈向世界高端市场。当今，中国已经进入新的发展阶段，经济社会秉持"创新、协调、绿色、开放、共享"的新发展理念，推动各领域高质量发展，正如习近平（2020）总书记在《中共中央关于制定国民经济和社会发展第十四个五年规划和二〇三五年远景目标的建议》说明中所指出的："新时代新阶段的发展必须贯彻新发展理念，必须是高质量发展。"[1]

生态性。习近平在全国生态保护大会上指出："生态文明建设是关系中华民族永续发展的根本大计。"[2]习近平主席在《为建设世界科技强国而奋斗》一文中还指出："绿色发展是生态文明建设的必然要求，代表了当今科技和产业变革方向，是最有前途的发展领域。"[3]"绿色发展"的前提是"绿色制造"，旨在维持产品功能、质量和成本的前提下，综合平衡外部环境影响和资源配置效率的高效生态制造模式，使产品在从设计、制造、包装、使用到废弃的整个过程中不产生环境污染或环境污染最小化的情况下，做到资源利用最大、能源消耗最低、实现企业利益和生态效益协调最优。

---

[1] 新华社《中共中央关于制定国民经济和社会发展第十四个五年规划和二〇三五年远景目标的建议》，http://www.xinhuanet.com/politics/2020-11/03/c_1126693341.htm[2020-11-03]。

[2] 人民日报社《习近平：生态文明建设是关系中华民族永续发展的根本大计》，https://baijiahao.baidu.com/s?id=1600892234597110861[2019-01-03]。

[3] 新华网《习近平：为建设世界科技强国而奋斗》，http://www.xinhuanet.com/politics/2016-05/31/c_1118965169.htm[2020-10-04]。

创新性。"中国制造 2025"提出：坚持把创新摆在制造业发展全局的核心位置。以"创新驱动"为发展战略，将我国制造业创新能力的提升作为基本的政策指向，推动我国制造业从生产性投资驱动向创新性投资驱动的转变，彰显我国工业制造价值观的更新与变化。"中国制造 2025"的第一要务是实现中国制造转向中国"创"造，做到研发观念创新、理论研究创新、科学技术创新、技术标准创新、品牌战略创新、生产工艺创新、经营管理创新，因此，应完善有利于创新的制度环境，推动跨领域跨行业的协同创新，突破一批重点领域关键共性技术，促进制造业数字化、网络化、智能化，努力缩短高端领域与国际的差距。

服务性。运用高端技术提升我国自主研发能力，辅以便捷、快速、热情、精准、高质量的服务，提高自主知识产权市场占有率，是"中国制造 2025"战略的又一明显特征。制造业服务质量的优劣已经是未来制造业占领市场、赢得消费者的重要因素，因为消费者在选择商品时，更注重的是一流的服务和未来的品质保障。在未来工业商品的附加值构成中，个性化设计、快速物流、电子营销、品牌管理、产品维护服务等环节占比越来越高，智能化生产后纯粹的制造环节占比越来越低，处于商品生产链条末端的服务业权重逐步突显。

柔性化。"柔性生产"是相对于"刚性生产"而言的。过去"刚性生产"的特点是规模化、批量化、标准化，优点是效率高，单位产品成本低，具有价格优势，能够满足社会对于工业产品的稳定需求。但随着市场的多元化、细分化，消费者对产品的个性化、定制化、时效性提出了更高的要求，"柔性生产"在此背景下应运而生。"柔性生产"有助于促进"中国制造"的结构升级，它主张企业主动适应市场变化和消费者需求，结合现代人工智能，通过制造技术、系统结构、管理模式、人员组织等系统改革，提高设备利用率和劳动生产率及企业的市场应变能力。

三、"中国制造 2025"的当代意义

党的十八大提出了"坚持走中国特色新型工业化、信息化、城镇化、农业现代化道路，推动信息化和工业化深度融合"[①]的战略目标，为我国现代化，特别是制造业这一事关国家未来经济社会发展的产业指明了战略方向。[②]实施"中国制造 2025"是落实创新驱动发展战略的重要举措，是实现"稳增长、调结构、转方式、惠民生"战略要求的具体途径，是应对内外部发展环境挑战的根本措施，是实现向"制造强

---

① http://cpc.people.com.cn/n2012/1118/c64094-19612151.html[2019-05-30]。

② 人民网《推进新型工业化、信息化、城镇化、农业现代化同步发展》，http://theory.people.com.cn/n1/2017/0626/c412914-29361797.html[2019-05-01]。

国"转变的战略选择，对我国当前和未来经济社会发展具有重大的战略意义。

一是顺应国际经济发展大趋势。随着互联网、大数据等的高速发展，"互联网+"的发展进程正在加速，这已经深刻地改变了制造业的组织模式、演进的顺序、企业发展的模式及市场竞争的焦点等，从而导致了从产品供应商到集成解决方案提供商的制造业颠覆性变革和智能化发展。在"中国制造 2025"战略推动下，信息与人工智能产业将成为支柱产业，高新技术的转化速度加快，"绿色"与可持续发展成为经济社会的新常态，中国作为全球人口第一大国，一定要紧跟国际经济发展的新形势。

二是促进制造业的提档升级。当今国际分工已由产品分工向要素分工发展，世界发达国家将加快自身"再工业化"进程。中国改革开放 40 多年来，虽然建成了机构比较完备的制造业体系，但高端制造业仍然比较缺乏；即使是中端制造业，其掌握的核心技术仍然不多，在国际制造产业链中处于低端状态，因此，未来我国制造业的发展需要逐步向国际分工中的高端位移，谋求参与国际制造产业链和价值链的提升。

三是抢占国际制造业竞争制高点。2011 年，美国正式启动了"先进制造伙伴计划"，德国的"工业 4.0 计划"、日本的"科技工业联盟"计划、英国的"工业 2050战略"等也相继实施，这些都旨在进一步强化对全球制造业价值链的控制和主导，抢占国际制造业领域的制高点。中国已经成为世界第二大经济体，但大而不强，唯有发展高端制造业，打造技术核心竞争力，才能在未来激烈的制造业市场竞争中占有一定的发展空间。正如"中国制造 2025"行动纲领所言，中国制造业面临发达国家和其他发展中国家"双向挤压"的严峻挑战，必须放眼全球，加紧战略部署，着眼建设制造强国，固本培元，化挑战为机遇，抢占制造业新一轮竞争制高点。

四是通过再制造促进"绿色"经济发展。第一次工业革命后，世界经济迅猛发展，随之也带来了一系列的资源环境问题。"绿色"发展是世界经济发展的潮流，"绿色"制造是制造技术的发展方向，中国政府在节能减排方面向世界做出过庄严承诺，"中国制造 2025"旨在全社会都形成"绿色"发展的理念，制定"绿色"产品、"绿色"工厂、"绿色"园区、"绿色"企业的标准体系，加快制造业"绿色"改造升级，推进资源高效循环利用，构建"绿色"制造系统，开展"绿色"评价，强化"绿色"监管，从而做到"绿色"生产。

五是促使我国从制造大国成为制造强国。改革开放后的中国成了世界上最大的制造大国。"中国制造 2025"中要求，要加快推动新一代信息技术与制造技术融合发展，把智能制造作为"两化"深度融合的主攻方向；着力发展智能装备和智能产品，推进生产过程智能化，培育新型生产方式，全面提升企业研发、生产、管理和服务的智能化水平。一言概之，就是要推动互联网+制造业，通过互联网与制造业的融合，引领制造业向"数字化、网络化、智能化"转型升级，推动物联网+工业、云计算+工业、移动互联网+工业、网络众包+工业等模式的发展，通过互联网与工业的聚合裂变，实现从工业大国向工业强国的迈进。

第二节　"中国制造 2025"对高等工程教育的影响

高等工程教育面向"中国制造 2025"转型是必要的，也是紧迫的。"中国制造 2025"背景下的高等工程教育到底为什么要转型？转到什么形态？这些问题是研究高等工程教育转型的理论基础，有必要阐述"中国制造 2025"与高等工程教育二者之间的关系，揭示了"中国制造 2025"战略对我国高等工程教育提出的新要求，诠释高等工程教育转型的内涵与目标，为面向"中国制造 2025"的高等工程教育转型发展奠定理论基础。

一、"中国制造 2025"为高等工程教育转型发展带来机遇和挑战

"中国制造 2025"是我国高等工程教育改革与发展的大背景，既为高等工程教育的发展提供了契机，也对高等工程教育的发展提出了挑战。

（一）"中国制造 2025"为高等工程教育转型发展带来重要机遇

首先，"中国制造 2025"为高等工程教育提供国家政策环境支持。由国务院颁发的"中国制造 2025"，是国家着眼建设制造业强国的顶层设计，为我国制造业规划了一条稳步前进的实施路线。面向"中国制造 2025"，中国高校要改革现有的人才培养体系，从培养理念、培养目标及培养过程出发，改革工程人才培养模式，重点是培养适合产业需要的稀缺人才和高素质创新型人才；要推进实施制造业卓越工程师培养计划，加快专业教学内容更新速度，聚焦新一代信息技术与产业的转型升级；要在高校规划建设工程实践创新训练基地，积极推进实施产学研合作教学，注重培养高素质应用型专业人才；要健全人才选拔制度，建立多种人才选拔的方式方法，不拘一格选培优秀人才。"中国制造 2025"战略的实施为高等工程教育转型发展提供发展机遇。为了回应"中国制造 2025"战略，2017

年 2 月 18 日，教育部高等教育司时任司长张大良在在复旦大学召开的综合性高校工程教育发展战略研讨会上提出了"新工科"概念，明确要求我国高校要加快建设和发展新工科，一方面主动设置和发展一批新兴工科专业，另一方面推动现有工科专业的改革拓新，为高等工程教育转型发展指明了方向。

其次，"中国制造 2025"为高等工程教育转型发展提供了社会环境的支持。"中国制造 2025"属于国家重大工业发展战略，聚焦新一代信息技术产业、高档数控机床和机器人、航空航天装备、海洋工程装备及高技术船舶、先进轨道交通装备、节能与新能源汽车、电力装备、农机装备、新材料、生物医药及高性能医疗器械等十大重点领域，促使我国工程科技实力显著提升，与世界尖端工程科技差距日益缩小，改变过去以引进与模仿为特征的增量式创新，实现突破性乃至颠覆性原始创新，完成从"跟跑"到"领跑"的角色转换，由此会催生出社会对各级各类工程技术人才数量与质量的新需求，企业、社会对高等工程教育人才的需求会传递到教育领域中去，成为一种外部推动力，为高等工程教育的变革和创新营造一种相对有利的社会环境。

（二）"中国制造 2025"对高等工程教育转型发展提出现实挑战

第一，"中国制造 2025"对高等工程教育思想理念提出挑战。高校工程教育与社会需求之间存在三种可能的关系：一是被动适应，即高校培养的工程人才只是一个"毛坯"，为学生能够适应未来岗位需要打下基础；二是主动适应，即高校培养的工程人才不仅是为了适应社会需求，还肩负着改造社会的职责；三是超越引领，即高等教育处于社会发展的中心，高校培养的工程人才成为经济社会发展的"火车头"，引领产业变革和转型升级，创新生产技术和制造平台，成为创造社会财富的核心力量。"超越引领"论中，高校人才培养与现实社会之间是一种互动的关系，人才培养目标一方面以社会需求为导向，另一方面又要超越社会的现实需求，注重"全人"教育，善于对社会经验进行反思和批判，引领社会经验不断得以超越和发展。在"中国制造 2025"背景下，"超越引领"论更具有现实的指导价值，工程人才培养需要加强与社会需求的双向互动，工程教育不仅仅要适应"中国制造 2025"战略需求，更应该引领"中国制造 2025"战略的实施，引领我国工程科技弯道超车，促进和支撑社会经济可持续发展，二者良性互动，螺旋式上升。无论是中国制造，还是创造或者智造，都依赖于高素质的工程技术人才。

第二，"中国制造 2025"对高等工程教育人才培养目标和规格提出了挑战。人才培养目标事关培养什么样人才的问题。我国在中华人民共和国成立初期至 20 世纪 60 年代，工程教育学习苏联，按照产品设置专业，实施技术范式的工程教育。在培养方案上，为了确保人才培养的质量，教育部制定了全国统一的教学计划和教学大纲，引进和翻译苏联教材作为教科书。在培养模式上，强调实践性教学环节，建立了学生到生产建设单位实习的工程教育模式。这种工程教育人才培养模式由国家主导，全面服务于社会主义建设需要，具有鲜明的国家化和工具化的特点。1978 年改革开放后，我国工程教育开始学习美国，实施科学范式下的工程教育，着眼于培养工程科学家。世纪之交，我国工程教育模式分化为工程科学家和工程师两种。2010 年以后，我国开始实施"卓越工程师人才培养计划"，工程教育以此为转折点实现由培养工程科学家到培养复合型工程师的转变。"中国制造2025"要求工程技术人才具有全球视野、工程伦理意识、创新意识、合作意识、发展意识和服务意识，特别是需要具有大工程观，具备跨界创新能力。具体细化到人才培养规格上，要求工程技术人才要掌握扎实的专业知识体系，具有创新、迁移、表达能力和娴熟的技术能力及团队合作、组织协调能力等。这就要求现代工程人才应进行跨学科、跨行业、跨文化的"跨界培养"，培养出创新型的劳动者、创造型的研发者、卓越的行业管理者和践行者、优秀的公共服务者。

2019 年 5 月 16 日，教育部陈宝生部长在国际人工智能与教育大会（北京）上讲话提出：在高校布局人工智能相关的学科、专业体系，探索"人工智能+X"人才培养模式，建立人工智能学院、研究院或交叉研究中心，培育人工智能创新研究团队和专门高级人才。智能化教学情境下，教师们将面临一个全新的工作环境，既要实现人机协同，提供个性化、多样性和适应性的教学，更要关注学生思维方式和核心素养的培养，教学标准更高，育人要求也将更加精细。面对第四轮新科技革命，需要进行一场新的工程教育革命，培养具有较高智力商数（intelligence quotient，IQ）、情绪商数（emotional quotient，EQ）、人工智能商数（artificial Intelligence quotient，AIQ）的智能劳动者。

第三，"中国制造 2025"对高等工程教育的教学观提出了挑战。观念是行为的先导，它就像车子的方向盘一样决定着前进的方向。我国高校教学重理论、轻实践的教学范式根深蒂固、影响广泛，实践教学地位在高校人才培养过程中长期处于辅助地位。思想观念支配行为，在"重学轻术"教育理念的"笼罩"下，教学活动中学术性和理论性内容中心化，实践性和综合性的内容边缘化；在整个工程教育体系中"学"与"工"脱节，工程实践教育教学严重缺失，工程训练受到不同程度的削弱。虽然，近几年大部分院校开始强调实践教学的重要性，出现了向工程实践回归的良好态势，但是传统的人才培养模式依然有很强的"惯性"，工程实践教学注重"形"的多，注重"神"的少，实践教学环节只是机械地进行基础操作，或用验证性实验代替综合工程实践，未能突出"工程实践"的创新性和现实性的要求，与"中国制造 2025"要求的现代工程实践不相适应。

第四，"中国制造 2025"对高等工程教育教学内容和课程体系提出了挑战。"中国制造 2025"涉及众多新型技术领域，大致包含九大类：人工智能、工业互联网、工业云计算、工业大数据、工业机器人、3D 打印、知识工作自动化、工业网络安全、虚拟现实。但是，我国目前的工程类专业课程设置，远不能满足学生学习这些新技术的需求，存在实训课程、边缘课程、交叉课程、新技术课程少的问题；课程内容以传统的知识为主，缺乏反映最新科技成果和技术工艺内容的课程；缺乏多学科交叉融合和集成创新类课程，急需对现有的教学内容进行更新，增加智能感知技术、自动化技术、虚拟化技术、知识管理技术、系统工程技术等课程内容，需要重新组织专业教学体系，使学生能够掌握新时期所需的各种专业技术知识，解决高端制造领域人才培养与产业需求不衔接、学科专业与制造业不匹配、传统过时的课程内容与产业实际需求结合不紧密等问题。我国高等工程教育还没有形成根据社会需求、区域产业特色及自身定位来主动调整和优化课程结构的动态调整机制，对国家重大社会需求的反应相对滞后。如何根据这种需求对我国高等工程教育的教学内容和课程体系进行适应性改革成为一种挑战。

第五，"中国制造 2025"对高等工程教育评价提出了挑战。我国现行工程教育评价与高等教育评价一样存在着突出弊端，传统的教学评价结果反馈过于单一，仅限于等级化或数字化的结果，对教育教学质量、学校发展水平或者学生学业情况的评价，大多是用以分数为代表的量化指标作为评价标准。学校办学水平看排名，教师发展水平看核心期刊论文数，学生的学业评价看考试分数或者学分绩点，忽视了基于"贡献"和能力的评价导向。"中国制造 2025"是国家占领世界高端制造业制高点的工业发展战略，是工业强国建设战略的重要组成部分，它的价值取向是创新、创造、可持续、"绿色"化、个性化、高质量，对工程教育教师的教学评价，绝对不能以学生评教、教师自评、同行互评、学院评价，以及师生座谈会为主的模式进行，也不能仅以备课是否充分、讲课是否熟练、演示文稿（PowerPoint，PPT）制作好不好等作为标准，更不能以学生考试分数高低作为标准评价质量，而应该以教师劳动的创造性、教学的实效性、学生在工程领域具有的引领和持续创新能力、设计制造能力、工程综合素质，以及工匠精神等方面的发展为评价依据，通过学生学业进步与否，知识、能力和素养提升量的大小来衡量。

二、高等工程教育为"中国制造 2025"战略实施提供支撑

（一）提供人才智力支撑

自改革开放以来，我国高等工程教育为工业及国民经济各个产业的发展培养

了大批专门工程技术人才，不断适应和满足工业企业对工程技术人才的需要。进入后工业化时代，现代自动控制技术、信息技术给工程实践带来了巨大影响，社会活动以知识为轴心，商品生产经济转变为知识经济，专业和技术的重要地位凸显出来，在此阶段，社会经济形态的变革促进了我国高等工程教育的快速发展，高校工科学生占到在校生总数的三分之一以上，为国民经济的发展提供了大量的人力资源支撑。"中国制造2025"的重要基础是"以人为本"，人才资源是第一资源。创新驱动的核心在人，质量保障的根基也在人；"绿色"发展的内涵在人，结构优化的基础也在人。制造强国战略的实现依赖于工程技术人才及科学技术的发展，科学技术的发展有赖于核心技术的发明与创造，高素质工程人才是新型技术发明创造的主力，而高素质工程人才的培养有赖于高等工程教育。高等工程教育肩负着为"中国制造2025"提供人力资源支持的重任，通过培养高级专门技术人才，实现与社会经济和产业发展的紧密结合，为制造强国战略的实施提供人力资源，同时为制造业转型升级、创新发展攻克技术难关，提供智力支持，并积极推动科研成果转化为生产力。

（二）提供工程技术孵化器

现代高等工程教育的发展必然会推动工程科技的不断进步，为国家先进制造业科技腾飞安上日益强劲的加速器，从而加速高端产业集群的大发展。首先，我国高等工程教育为科技进步建立了庞大而源源不竭的人才"蓄水池"，直接进行工程科学研究活动，为计算机制造、软件设计、信息技术产业、航空航天、海洋工程、新材料、新能源、新生物等领域培养了大批工程师，为"中国制造2025"战略实施奠定了工程技术人才基础，提升了国家的科技竞争力。其次，在政府的引导和市场的调节作用下，我国高等工程教育顺应经济全球化、信息化、智能化的发展潮流，与企业相互结合，使得知识经济在数量和质量上不断创造新的奇迹。最后，"中国制造2025"战略实施，使我国经济发展的要素正在迅速发生变化，发展的决定要素由实物与货币资本转向知识人力资本，由低端制造业转向高端制造业和服务业。高校高端工程人才聚集，在建设一流学科和科学研究进程中，会产生一系列研究成果和技术专利，在产学研合作过程中逐步将成果转化为生产力，促进企业产品更新换代，提高产品的附加值和市场竞争力。高校是科技人才和科研设备最集中的部门，也是政府资源有效介入科研领域的较理想部门，既可防止企业科研的短期化行为，又可避免政府科研的行政化倾向。从发达国家发展高科技的历史来看，许多带动国民经济发展的重大科技突破都是依托高等学校产生的，影响人类生活方式的重大科研成果70%诞生于高校。因此，现代高等工程教育发展是"中国制造2025"战略实施的孵化器，也是新经济、新业态、新产业崛起的中坚力量。

（三）提供社会服务支持

在科学技术成为第一生产力的时代，高等工程教育必然成为推动社会经济发展的重要力量，可以为"中国制造 2025"进程提供社会服务支持。近几十年来，大学在服务经济社会发展方面发挥了巨大作用，世界各国重要的科学技术园区，大都依托大学建立和发展起来，如美国的"硅谷"、日本的"筑波"，以及北京的"中关村"、武汉的"光谷"和台湾的"新竹"等。随着"中国制造 2025"战略实施的深入，国家对以 5G、人工智能、工业互联网、物联网为代表的"新基础设施"建设的投入力度会进一步加大，这些高新科技领域的研发基地依托大学工程教育资源合作建设协同创新中心，成为新经济发展重要的动力源。高校在推进一流学科建设的进程中，瞄准国家发展的战略性需求，主动服务国家战略性新兴产业发展，发挥学科优势，整合学科力量，直接为国家战略新兴产业发展提供人才、技术和智力支持，同时也会拓展高等工程教育自身生存和发展空间。

三、"中国制造 2025"对高等工程教育提出新要求

经过改革开放 40 多年的快速发展，中国经济社会已经进入由工业大国向工业强国转变的新阶段。"中国制造 2025"将打造精品、提高技术、注重生态、推进服务、专注创新作为未来的发展方向，在现有的经济实力和基础之上，着力打造支柱性制造业"升级版"，推动工业强国目标尽快实现。2017 年，中华人民共和国教育部、人力资源和社会保障部、工业和信息化部联合印发《制造业人才发展规划指南》，对制造业十大重点领域中未来人才需求做出展望（表 1.1）。工业产业优化升级和高新产业的发展需要多层次的技术型和创新型工程人才与之协同匹配。

表1.1　制造业十大重点领域人才需求预测（单位：万人）

序号	十大重点领域	2015 年	2020 年		2025 年	
		人才总量	人才总量预测	人才缺口预测	人才总量预测	人才缺口预测
1	新一代信息技术产业	1050	1800	750	2000	950
2	高档数控机床和机器人	450	750	300	900	450
3	航空航天装备	49	69	20	97	48
4	海洋工程装备及高技术船舶	102	119	16	129	27
5	先进轨道交通装备	32	38	6	43	11
6	节能与新能源汽车	17	85	68	120	103

序号	十大重点领域	2015 年	2020 年		2025 年	
		人才总量	人才总量预测	人才缺口预测	人才总量预测	人才缺口预测
7	电力装备	822	1233	411	1731	909
8	农机装备	28	45	17	72	44
9	新材料	600	900	300	1000	400
10	生物医药及高性能医疗器械	55	80	25	100	45

"中国制造 2025"对高等工程教育提出的新要求体现在以下六个方面。

（一）现代工程教育的理念应体现创新驱动的特征要求

"中国制造 2025"要求高等工程教育必须确立创新型的教育理念。首先，对于工程教育人才的素质要求应该是理论基础深厚，广泛涉猎自然科学、社会科学知识，不仅需要具备广博的专业知识，以及交叉学科的知识，还要具备经济、社会、管理和法治等非技术领域的知识，能够将自身所学知识与实践相结合，提出解决问题的新思路、新创意，可以设计新产品及开发新技术。其次，"创新"并不要求完全的原创，可以通过革新、集成、移植等方式实现，如建设智能工厂需要整合集成制造企业生产过程执行系统（manufacturing execution system，MES）、企业资源计划（enterprise resource planning，ERP）系统和其他利于工厂运营的设备，以达到数据集成和智能化的目标，这些都涉及工业制造和信息技术等基础知识的全面整合。"中国制造 2025"要求迎合顾客需求，做到"大规模定制"和"柔性化生产"的结合，因此，要求当今的工程技术人才具备工业设计的创新能力，及时了解顾客需求，快速反应制成工业产品，及时赢得市场占有率。最后，培养创新型工程技术人才，应善于把多学科知识进行交叉和杂糅，把自己获得的各种能力进行有序组合，敢于探索，不断尝试新产品、新工艺的设计，把知识和技术的迁移活动广泛运用于创新的各个环节，有所创新，有所发现。

（二）工程人才培养的目标应体现质量为先的特征要求

质量是产品的生命。20 世纪 90 年代以来，中国制造已经逐渐由注重产品数量向注重产品质量发展，产品质量总体水平也在显著提升。但令人担忧的是，我国的制造企业进入世界知名品牌排行榜的数量很少。"中国制造"的产品虽然为我国在世界市场上赢得了可观的外汇，但给世人留下的印象一直是价格便宜，质量平庸。"中国制造"产品的质量已经成为我国制造业必须突破的桎梏。主要包括，第一，产品自身质量不够"硬"，档次偏低；第二，产品品牌宣传打造力度不够，没有创造出良好的产品知名度，高端市场占据份额低；第三，部分生产经营者不能遵守商业诚信规范，造成客源流失；第四，质量监管部门执法不力，标准、计量、认证认可和检验检测等问题较多。质量是制造强国的生命线，没有一流的制造质量就不可能生产出一流的产品，更不可能建设成为制造强国。在新时代，经济比拼的实质是产品质量的比拼，产品质量比拼的实质是企业员工质量的比拼，归根结底是高校人才培养质量的比拼。中国高等工程教育要适应乃至引领中国制造现代化，就必须高举质量的大旗，走高质量发展道路。

（三）工程人才的生态意识应体现"绿色"发展的特征要求

"绿色"发展理念是一种可持续发展战略，其核心是正确处理经济发展和环境保护的关系。"中国制造2025"战略提出"绿色"发展的理念旨在缩短我国制造业现代化进程，为建立资源节约型和环境友好型的社会做出努力。生态型的特征要求高等工程教育应当树立专业技术教育与生态文化教育耦合的人才培养目标，将工程类学生培养成既掌握工程理论与实践知识，又具备生态理念和生态意识的生态型工程科技人才。换言之，生态型工程科技人才应该具备人与自然和谐共处的价值观、生态系统可持续发展前提下的建设观和满足自身需求又不浪费不破坏自然的消费观。

（四）工程人才的能力导向应体现智能制造的特征要求

2017年10月，党的十九大报告提出，要推动互联网、大数据、人工智能和实体经济深度融合。[①]2018年3月，第十三届全国人民代表大会第一次会议上的政府工作报告指出：实施大数据发展行动，加强新一代人工智能研发应用。2018年5月，教育部发布的《教育信息化2.0行动计划》指出：建成国家教育资源公共服务体系，国家枢纽和国家教育资源公共服务平台、32个省级体系全部连通，构建网络化、数字化、智能化、个性化、终身化的教育体系，建设人人皆学、处处能学、时时可学的学习型社会。国家相关政策的密集出台既反映出人工智能的时代性和重要性，也为推进"人工智能+教育"的变革教育与人工智能融合指明了方向。

面对"中国制造2025"，需要进行一场新的教育革命，培养有较高AIQ的新时代工程人才，开发出具有智能天赋、创造力、沟通力和学习力的新型人才。因为到人工智能时代，不仅需要有处理"人与物"关系的IQ，也需要处理好"人与人"关系的EQ，还需要处理教育与人工智能关系的AIQ。也就是说，未来智能制造领域中引进的工程技术人才必须具有扎实的机械设计制造技术、计算机编程

---

① 中证网《工信部：推动互联网、大数据、人工智能和实体经济深度融合》，http://www.cs.com.cn/xwzx/201806/t20180625_5829078.html[2019-03-10]。

技术、自动控制技术、网络通信技术、数字化技术等工程专业理论知识和工程技能，与此同时也应该涉足其他领域，具备一些相关领域的基础知识，如新能源、市场管理、经济管理、物流管理、新材料等，全方位地了解社会的发展与变化，这样既能提高自身的核心竞争力，又能促进企业的转型发展。

（五）工程人才的服务品格应体现全程服务的特征要求

未来的制造行业要赢得产品社会竞争力，提高产品质量固然重要，搞好服务也是亘古不变的主题。并且产品的服务水平，体现在研发、设计、制造、销售、售后等链条的各个节点上。企业只有适应客户需求，在各方面包括细枝末节的问题上都做到无可挑剔，才能赢得顾客的信赖。因此，高等工程教育应该关注提高学生服务意识的教育，强化顾客需求为上的意识；树立"全心全意为顾客服务"的工作理念，学会"柔性化""个性化"设计与制造；掌握管理学、心理学、营销学及相关专业的知识，训练学生善于服务的能力与技巧；培养学生高度的责任心和饱满的工作热情，视服务顾客为工作职责和乐趣。

（六）工程人才的多样性应体现工程生命周期的特征要求

工程生命周期是指一个工程项目从概念到完成所经过的所有阶段。"中国制造2025"战略引导未来工程技术人才的培养朝着多质性、普遍性、多层次性的方向发展。

1. 工程科技人才需求的多质性

"中国制造2025"战略目标的快速实现必须要有全新的多质性复合型工程技术人才提供技术支撑。对此，不论是政府部门，还是社会上的企业，或是高校学者都要将"中国制造2025"工程科技人才的需求结构作为关注的重点。当今社会与企业对工程科技人才的需求呈现出多质性的发展趋势，传统教育模式下培养的单一型人才、专业型人才、应用型人才已经无法满足制造业发展的需求，制造强国的战略目标急需的是多质复合型人才。"中国制造2025"工程科技人才多质性要求大学生厚基础、宽口径、强能力、善创新，不但能够掌握工程技术的专业型知识，更能够将多种专业知识灵活运用于不同环境和要求的实践当中，解决工程实际问题。

首先，在专业素质方面，随着"中国制造2025"的9项战略任务的明确，企业对工程技术人才的结构类型需求也越发多样化。正如美国学者本杰明·布卢姆提出的教育目标，他将社会上的人才按专业区分为知识、技术、能力和态度四个方面，多质性就是其综合要求。由此，众多的制造工程类企业不仅招收专业型的工程技术人才，还招收一些计算机类、语言类、党建类、行政类等不同专业且不同素质的员工。其次，在综合能力方面，企业的需求也呈现出多质性特点。"中国制造 2025"对人才的要求与以往制造业的普遍要求不同，新要求的标志通常是高素质、高能力、高水平三者的结合。传统工程教育所培养出的人才无法做到面面俱到，无法达到"中国制造 2025"所要求的"三高"水平，更无法满足快速发展的经济需要。最后，工程活动本身就是综合运用多种学科知识和技能的过程，其中包含许多非技术因素，如实用性、艺术性、安全性、可行性、环境协调性、发展前景、经济效益、社会效益等，这就要求工程人才培养应与之相适应。

2. 工程技术人才需求的普遍性

工程技术人才的普遍性主要是指当下的各个工程科技专业人才应当精通所在岗位上的各生产环节，并以积极的态度对如何开展工业创新进行研究和思考，在不影响工程质量的情况下就如何节能、降耗、缩短工期、降低成本等环节提出新方案、新技术。"中国制造 2025"战略实施不仅需要高层次的领军人物，更需要大量拥有专业技能的普遍性人才，将"中国制造 2025"的目标与原则融入创新精神和创新意识，对工程各个环节进行革新与改进，以真正地达到普遍性的需求。

3. 工程技术人才需求的多层次性

工程科技人才的多层次性表现在处于不同岗位的人才所承担的工作会因为自身的经验、实践、阅历有所区别。但是，在企业的工程队伍中，不仅需要技术人才，也需要管理、商务、安全、质检等各岗位的人才，并针对性地搭建合理高效高质的基本构架，推进"中国制造 2025"战略实施对各层次人才的需求。就目前我国的产业经济结构来看，创新型的高层次人才处于断层的境地。在"中国制造 2025"的工程制造领域中，这种创新主要展现在新思想、新技术、新实践、新思维等方面，以提高工业的生产效率与规模。因此，现今的主要任务就在于鼓励和培养不同层次、不同技能、不同领域的专业型人才，为制造业强国的目标实现注入新鲜血液。

第三节 基于"中国制造 2025"战略的工程人才类型

工程人才是指能综合运用科学的方法及技术手段来分析与解决各种工程问

题，承担工程科学与技术的开发及应用任务的人才，"中国制造 2025"战略的实施需要不同类型工程人才，包括技能型、技术型、创新型、复合型和"绿色"型五类。高素质的工程人才对于国家发展建设起着基础性、战略性、支撑性和引领性的作用。

一、工程人才的几种类型

（一）技能型工程人才：具有比较优势的低端制造业发展的期待

王晓红等（2013）认为：技能型工程人才是指接受过一定教育并拥有一定技术和技能的人才。这类人才位于生产分工中的基层，活动在生产加工的一线岗位，分布在加工、制造、营销、服务等各个领域，是联系研发技术和产品生产的纽带，是制造业转型升级最一线的、重要的参与者。"中国制造 2025"要求将具有比较优势的低端制造业改造为新型制造业，将生产流程中落后的工艺改造为先进的工艺，让其重新焕发生机。然而无论是推进低端制造业转型升级，改善我国产业结构，还是革新落后的生产工艺，都需引进先进的智能机器操作系统，配备足够数量的技能型工程人才，人机匹配，使先进的智能制造设备发挥最大效用。

（二）技术型工程人才：具有市场竞争力的品牌制造业发展的期待

孙锐等（2013）认为：技术型工程人才是指将工程师的策划、设计等变换成物质形态，从事生产技术指导和生产流程管理等工作的人才。技术型人才也处于生产或服务第一线的技术岗位，他们接触的情况复杂，情境多变，同时面临着技术更新和市场变化等外部因素的挑战，依靠智力和技能来完成工作，承担着从技术层面提升我国产品质量和竞争力的责任。"中国制造 2025"提出了"质量为先"的制造理念，以质量提升引领中国制造业的转型升级，塑造中国品牌的核心竞争力。我国品牌制造业的培育，亟须一大批技术型工程人才。

（三）创新型工程人才：具有引领中国工业"智造"发展的期待

创新型工程人才是指具有优秀道德品质、较强的创新意识和创新能力，通过创新实践取得杰出创新成果，为社会、经济和科技的发展和进步做出积极贡献的人才。创新是产业发展的灵魂，也是现代制造业的核心。面对传统制造业优势日益衰微和国际竞争日益激烈，中国制造向中国"创"造的转向是大势所趋，产业创新依靠创新型工程人才的支撑。未来国家重点建设的十大领域、制造业的各个行业，以及产品研发、设计、流通、销售等所有环节都需要大量创新型工程人才。然而，目前我国创新型工程人才总量不足，高层次创新型工程人才极其短缺。

（四）复合型工程人才：具有高附加值高潜力制造业发展的期待

复合型工程人才是指具有扎实的基础理论知识和较高的综合素质，具有较强的实践能力和适应性，具备解决复杂工程实际问题能力的现场工程师。未来具有高附加值的、高潜力的制造业是"中国制造 2025"发展的重点领域，对核心技术要求很高，存在许多需要攻关的复杂的技术难题，需要大量高素质的复合型工程人才。复合型工程人才必将成为我国人才体系中的主干力量，拥有"量多质优"的复合型工程人才，我国制造业才能真正摆脱"量大质不优"的发展困境，实现"质"的飞跃。

（五）"绿色"型工程人才：具有高能耗高污染制造业发展的期待

高耗能制造业主要是指在生产过程中消耗一次或二次能源比重较多，能源成本在总生产成本中占据较大比重的行业，又被称为能源密集型产业。这种产业的特点在于耗费巨多的能源，但能创造可观的生产价值。20 世纪 90 年代以来，我国高耗能高污染的化工行业、钢铁行业、有色金属行业、水泥行业、玻璃行业等发展很快，占工业能耗的 80%，已经造成严重的社会问题和生态问题。"中国制造 2025"倡导节能减碳，环境保护，发展循环经济，努力解决工业生产过程的高耗能问题，提高资源的利用效率，为国家创造更高的利润附加值，这就需要大量"绿色"型工程人才。当前我国"绿色"型工程人才数量极其稀少，这类人才的缺口在很大程度上制约了我国工业的可持续发展，减缓了我国的经济发展速度。"中国制造 2025"全面推进"绿色"制造，就是要修正我国制造业发展的"短板"，为此期待高校培养出一大批优秀的"绿色"型工程人才。

二、工程人才的规格要求

面对"两化"①融合的产业变革和制造强国建设的时代机遇与挑战，高等工程技术人才若要成为产业智能化浪潮的引领者、新兴产业的开拓者、新型技术的先驱者，必须依循时代特征精准识变，主动应变，竭力学习新知识、开拓新思维，

---

① "两化"即以信息化带动工业化，以工业化促进信息化。

尝试新策略、掌握新本领，培育新素质、塑造新形象，形成符合制造业转型升级要求的"专博"交融的工程知识、多元的工程能力和优良的工程素质。"中国制造2025"战略的实施对不同类型的工程人才的知识要求各不相同，对能力要求同中有异，对品德要求具有共性。

（一）知识结构

技术和工程设备的产生离不开知识，知识作为一种潜藏的能力，是主体发挥自身本质力量创造工程实体的内在基础。高等工程技术人才是推进我国制造业迈上价值链高端的核心力量，为了切实地将自身的意向和本质力量外化到工业发展中，实现"中国制造2025"战略对创新、质量、"绿色"及"两化"融合等方面的综合要求，高等工程人才需要掌握基础知识（主要包含数学知识、自然科学知识和人文社会科学知识）、媒介知识（主要包含外语和计算机方面的知识）和专业知识（主要包含专业基础知识和专业技术知识）。不同类型工程人才的知识体系也有所差异。

（1）技能型工程人才。"中国制造2025"需要大量的技能型工程人才，与传统的技能型人才不同的是，他们不仅要有精湛的操作技能，还应具备一些基础性自然科学和社会科学的知识、本专业领域的基础理论知识和信息技术（information technology，IT）领域的专业基础知识，其深度要求相对较低，以够用为度，但特别需要掌握专业性的经验知识，以及技能、技艺性知识。

（2）技术型工程人才。要满足智能化的生产需要，技术型工程人才不再是传统生产线上的技术员，他们既要从事简单产品设计、生产流程改进和设备管理工作，还需要拥有一定的自然科学和社会科学的理论知识、专业知识及管理知识。技术型工程人才的专业知识不应只满足于够用，还应突出一定的广度和深度。此外，技术型工程人才还可进一步细分为生产类、管理类、服务类等，所以还应具备一定的经济、管理、法律类等领域的知识。

（3）创新型工程人才。这类人才在我国制造业各个行业都是十分重要且必不可缺的。创新型工程人才应是满怀创新意识与创新理念、理论基础扎实、研究功底厚实、思维敏捷、奇思异想、全面发展、博学多艺的人才。这类人才应广泛涉猎自然科学和社会科学知识，具备广博的专业及相关领域知识，以及经济、社会、管理和法律等非技术领域知识，能够充分运用所学的理论知识和创造性思维，提出解决问题的新办法、新创意，设计新产品及开发新技术。

（4）复合型工程人才。"中国制造2025"时代，由于生产流程的动态性，小批量、个性化将成为主流，产品的最终形态将要求生产者成为设计者、制造者、管理者和服务者，需要掌握扎实的基础理论知识、丰富的产品知识、必要的管理知识，善于运用互联网技术处理数据的随机性、模糊性，实现知识软化；通过计算机建立"案例库"，借鉴成功案例的经验，降低实际操作成本，实现多样化工程制造，做到经验硬化。另外，复合型工程人才还应具备工程分析知识、系统工程知识和社会工程知识，不仅能够进行工业设计、工业管理，还能够通过工业过程优化与创新解决复杂的社会问题，注重与社会发展的协调统一。

（5）"绿色"型工程人才。这是一类关注制造业与生态协调发展的新型人才，必须通晓与"绿色"各个领域相关的知识，包括"绿色"专业知识、"绿色"环保知识、"绿色"管理知识、"绿色"教育知识、"绿色"社会知识等，还要熟悉"绿色"产业技艺，把各种知识和技术融会贯通之后发展"绿色"制造业，使其可持续纵深发展。

此外，各类型高等工程技术人才应该掌握通用的基础知识，包括数学知识、自然科学知识和人文社会科学知识。第一，数学知识。数学作为一种兼具简洁性与确定性，能将自然和社会现象进行量化与整合的有力工具，已日渐融合到科学研究的各个环节，成为进行技术研发和工程活动的重要门户。在此情形下，高等工程技术人才亟须优化内在的数学知识体系，依循时代发展的进程灵敏迅捷地掌握对生产制造有用的数学知识，以切实推动我国制造业沿着数据化、信息化与智能化交互式发展的轨迹运行。第二，自然科学基础知识。自然科学作为人类剖析自然界物质属性、运动形式的科学，它所揭示的自然科学规律已成为指引工程技术人才开展工程活动的重要指南。譬如，耳熟能详的永动机因违逆了能量守恒的自然科学规律而难以创建和运行。对此，新时代的高等工程技术人才唯有掌握较为全面的自然科学基础知识和自然规律，方能设定科学的工程目标，制定合理有效的工序和工期来保证工程活动的如期运行。第三，人文社会科学知识。人文社会科学知识涵盖哲学、经济学、管理学、法学等学科，主要聚焦于探究人的精神世界及宏观的社会现象，是科学性与价值性、科学认识功能与意识形态功能兼具的科学。因此，工程技术人才可以借助博厚的人文社会科学知识，如哲学来考量工程方案的社会价值和风险性；依托经济学对技术方案和设计进行成本和效益的经济分析，以期制定合理的工程目标来实现企业的物质利益。

（二）能力结构

工程作为一种创造新的存在物的活动，既需要工程师主观能动性的彰显，又是其本质力量的确证。正如冯·卡门强调："科学家发现已经存在的世界，工程师创造从未存在的世界。"工程人才要将抽象的工程知识外化为现实的感性存在物，使得工程知识转化为现实的生产力，必须掌握一定的工程实践能力。国际工程教育学会联盟（international federation of engineering education societies，IFEES）前主席 Lueny Morell 认为第四次工业革命需要工程师具有的胜任力包括：在知识需求方面，需要具有智能机器人、自动化交通、人工智能等知识；在所需的技能与态度方面，要求学生具有解决复杂问题的推理能力、批判思维能力、创造力、以人为中心的管理能力、组织协调力等。美国为应对 21 世纪的工程挑战实施了重大挑战学者计划（The Grand Challenges Scholars Program，GCSP），该计划关注培养学生以下五个方面的能力：研究/创新的能力、多元文化理解的能力、跨学科的能力、商业/创业意识、社会意识。该计划已推行到美国各地的"K-12"学校课程中。

1. 技能型工程人才应具备以下核心能力

娴熟的技术操作能力。技能型工程人才参与高端智力劳动相对较少，主要参与生产、管理、经营、服务一线岗位的工作，对于未来智能制造设备操作和维护的技能熟练度和经验丰富度要求较高。我国作为世界第二大经济体，制造业行业种类繁多，对于技能型工程人才的需求量十分庞大。他们位于制造业的一线岗位，是最直接的技能型劳动者，是创造人类需要的各种各样存在物的能手。

精湛的技术服务能力。如今制造业服务化是未来赢得市场的发展趋势，产品的售后服务对于企业占领国内外市场十分重要。因此，技能型工程人才应该具备精湛的技术服务能力，在产品出现问题时，能够快速诊断问题所在，及时找到方法进行维护，提高顾客的满意度与忠诚度。

低端的技术开发能力。技能型工程人才与技术型工程人才的主要区别在于智力劳动的多寡，但这并不意味着技能型工程人才在工作中不承担智力劳动。技能型工程人才由于工作在一线，对于工业产品、生产工艺比较了解，能够及时发现工业产品的优缺点与生产工艺问题，在此基础上进行简单的技术革新往往能较快地解决实际问题。

2. 技术型工程人才应具备以下核心能力

科技研究能力。面向未来智能制造的发展，技术型工程人才应善于在对自然规律进行认识的基础上，寻求利用自然规律改造现实的新手段、新方法；具有根据产品设计、性能要求、生产条件等研究智能生产流程、技术和工艺的能力；具有在智能生产制造过程中选择、甄别材料和设计产品标准的能力。

技术开发能力。技术开发是把研究中的发现及一些新知识应用于产品设计和生产工艺上的创新活动。"中国制造 2025"战略的创新性特征客观要求技术型工程人才应具备利用从研究中得到的新技术或是消化吸收国外引进的新技术，建立新的生产工艺系统，改进产品的生产工艺流程的能力。技术开发能力既包括新工艺、新产品的研发能力，还包括旧工艺、旧产品的改进能力。

技术应用能力。技术应用是把应用研究的成果直接付诸生产实践的活动，是从基础研究到应用研究之后的成果转化为营利性产品的实践。"中国制造 2025"战略的实施，必将催生出大量的知识和技术研究成果或专利，技术型工程人才应具有善于将这些新成果、新技术、新专利应用于生产实践活动中，为社会创造看得见的效益的能力。技术应用能力具有复杂的内涵，包括对技术先进性和可行性的甄别能力、对成本的核算能力、对市场营销的预测能力等。

3. 创新型工程人才应具备以下核心能力

技术创新能力。创新意识作为创新活动的出发点，是工程人才释放创新潜能的推动力，也是工程人才产生创新行为的先导力，更是工程人才提升创新能力的内驱力。创新能力是工程能力中的核心能力。高等工程技术人才作为推动我国工程创新和制造强国发展进程的主力军，势必要具备革故鼎新的创新意识。要敢于探索、敢于质疑、敢于求变，以新颖、独特的思路和视野来打破固有的思维定式，解绑传统的思维模式，以勇于冒险、勇于探索、勇于批判的创新意识来迎接瞬息万变的市场趋势、更新换代的产业结构及更新迭代的技术体系，切实推动我国制造业生产模式、技术体系、产业价值链的智能化、先进化与高端化。工程人才的"创新"并不要求完全原创，可以通过革新、集成、移植等方式实现。"中国制造 2025"要求满足顾客需求，做到"大规模定制"和"柔性化生产"的结合，这要求今后的工程人才具备创新设计的能力，及时依据顾客需求，快速反应、快速设计、快速制造，制成工业产品，及时赢得市场占有率。工程技术人才唯有具备较强的工程创新实践能力，方能独立自主创造出一批对制造业转型升级带动性强、具有国际竞争力的原创性高端技术，并将物联网、云计算等新型信息技术全面嵌进制造业的各个环节，以此实现信息化与工业化的全面融合与集成，借此颠覆我国信息化程度低、核心技术对外依存度高的传统制造业结构体系。

知识迁移能力。迁移是个人将所学的知识和掌握的技能向能力转化的一种内在动态机制，能力通过迁移过程形成，又累积在更广泛的迁移活动中。创新型工程人才应善于把迁移活动广泛运用于创新的各个环节中，把多学科知识进行交叉和杂糅，把已有的各种能力进行有序组合，勤于思考，不断尝试新产品和新工艺的设计，不断推陈出新。

国际交流能力。"中国制造 2025"不是一般性的行业发展规划，而是着眼于国际国内大环境和产业变革大趋势所制定的一个中长期战略性规划。全球新一轮科技革命和产业革命方兴未艾，许多发达国家纷纷高呼"重返制造业"，意在国际产业分工格局重塑的博弈中争夺优势地位。同时，许多重大工程问题的解决都需要国际合作才能实现。因此，创新型工程人才应具有全球视野，将全球发展作为自己的使命，熟悉国际文化和法律，了解世界经济发展态势，能够在国际交流中清晰简明地表达自己的看法与见解，能够与国际同行进行思想上的交流与碰撞。

4. 复合型工程人才应具备以下核心能力

工业设计能力。智能性和创新性是"中国制造 2025"的重要特征，尤其体现在我国的高精尖制造业中，因此，复合型工程人才的工业设计能力影响着我国高精尖制造业的发展，他们应善于运用工业设计的基础理论与知识，处理各种产品的造型与色彩、形式与外观、结构与功能、性能与材料、外形与工艺等各种相互关系，并将这些关系运用于产品的造型和性能设计中，设计出满足顾客个性化的需求、能够迎合市场需要的产品。

工程思维能力。"中国制造 2025"要求发展个性化定制设计、全生命周期管理、网络精准营销和在线支持服务等。因此，复合型工程人才应善于从工程思维和逻辑思维出发，从工业科学角度适应社会的个性化需求，与社会达到和谐统一；在解决工程问题时，应善于根据现实生产情境、现实制造工艺及所拥有的现实资源，选择合适的方式进行匹配解决，不应"纸上谈兵"，也不应"生搬硬套"。

团队协作能力。"中国制造 2025"强调信息化、工业化、"互联网+"的深度融合，不仅仅是"信息共享"，还将广泛开展"物理共享"，从而形成新的价值创造和分享模式，开创全新的共享经济。这就需要掌握高新技术的、多学科交叉的复合型人才组成团队。在这样的团队中协作能力至关重要，每个人都应把自己看作团队中的一分子，善于学习与借鉴，善于互补与内聚，为解决复杂的工程问题形成合力。倘若每个人都坚持自己的观点与方式，不吸收他人的看法，不服从组织的安排，就难以形成团队合力。

协同集成能力。人作为一种社会性的存在物，主体性的发挥和本质力量的实现离不开与他人和社会的交往。"中国制造 2025"背景下的制造模式已经跨越了单个企业的生产制造行为，成了跨领域、跨技术、跨国界的国内外多元主体间的协同活动。因此，作为制造业转型升级动力的高等工程技术复合型人才应该具备协同的实践能力，善于建立不同文化背景下的人际关系和国际关系，并且利用互联网技术创造国家之间的网络协同制造系统。依托网络来协同配置各方资源和凝聚各方力量，形成一个研发与生产集成、管理与销售协调运行的国际互动格局，优化我国制造业在全球产业合作中的价值链，提升我国制造业的国际合作水平。此外，一般的工程问题都是复杂的工作体系，需要多个学科领域的知识、技术、装备和人员协同作用才能解决，所以，复合型工程人才应具有协同集成的能力。

5. "绿色"型工程人才应具备以下核心能力

工艺规划能力。工程师都需具备工艺规划能力，"绿色"型工程人才若具备这一能力更能提升产品工艺水平、实现"绿色"发展。一般工业产品的制造工艺均比较复杂，涉及多个行业的合作与配合，如汽车行业，从零部件到车身整体组装涉及机械设计加工、材料加工、化学化工、自动控制等多个制造行业、多种制造工艺，而选择最合适的生产工艺链、最少最环保的能源、最恰当的管理方法，才能从根本上优化我国制造业的生产模式，实现制造业的"绿色"转型。

材料选择能力。对产品及包装材料的选择是多种多样的，但是选择合适环保的材料十分困难。"绿色"型工程人才既要懂得材料的使用性能、工艺性能和经济指标，还要遵循"绿色"制造的要求选择环保材料，了解各种材料的原理与应用，以适应生态环保的要求，达成"绿色"制造的目标。

"绿色"管理能力。随着我国制造业的转型，"绿色"型工程人才显得尤为重要。"绿色"型工程人才应善于将环保理念融合于企业管理的各个层面、各个领域及全过程，要求企业在进行生产管理时处处考虑环保、生态和"绿色"。过去我国制造业走的是粗放式发展路子，不仅资源利用率不高，还对生态环境造成很大的破坏，可以说是用环境的代价换取了经济的增长。现代企业寄希望于"绿色"管理人才，使企业转型为"绿色"企业，为社会创造"绿色"价值，见表1.2。

表1.2　不同类型工程人才核心能力一览表

工程人才类型	核心能力要求
技能型工程人才	娴熟的技术操作能力、精湛的技术服务能力、低端的技术开发能力
技术型工程人才	科技研究能力、技术开发能力、技术应用能力
创新型工程人才	技术创新能力、知识迁移能力、国际交流能力
复合型工程人才	工业设计能力、工程思维能力、团队协作能力、协同集成能力
"绿色"型工程人才	工艺规划能力、材料选择能力、"绿色"管理能力

（三）品德素养

品德即道德品质，是指个体在依据一定的社会道德准则和规范行动时，对社会、对他人、对周围事物所表现出来的稳定的心理特征或倾向。正如南开大学原校长龚克（2010）所言："中国制造2025"对工程师的道德和行为提出了更高的要求，工程师不应只关注技术，还应该关注人，关注生态环境，应对人类社会可持续发展负责。虽然工程技术人才分为多种类型，但各类工程人才的品德素养应具有共性。

（1）社会责任。"中国制造2025"旨在实现中国制造向中国创造、中国速度向中国质量、中国产品向中国品牌的三大转变，这就要求高等工程人才应该具备爱国守法的政治素养、敬业自律的职业道德、为民谋福的社会责任等基本素质。工程人才是我国经济发展的"动力源泉"。这样的一批高知、技术人才，在制造业转型的进程中，能够担当社会责任，心系国家，关怀社会，坚持以质量铸就中国制造业的灵魂，以标准引领中国制造质量的提升，以品牌打造中国制造业的名片。

（2）竞争意识。竞争是现代社会中个人、团体和国家发展过程中不可缺少的心态之一。有竞争意识的人，才能奋发图强，实现自己的梦想；有竞争意识的团体，才能做出更多的成绩，产生更高的效益；有竞争意识的社会，才能快速发展经济，激发更大潜力；有竞争意识的国家，才能在国际上拥有强大的话语权和不容忽视的国际竞争力；有竞争意识的工程人才，才能激发更多的工业创意设计，生产多样化的高质量工业产品，在国际竞争中争创行业领先。

（3）工匠精神。从本质上讲，"工匠精神"是一种精雕细镂、精益求精、推崇认真、追求卓越的精神。与此对应的，则是一种"差不多"的"马虎"精神，表现为凡事只满足于99%甚至90%，而不去追求99.99%甚至100%的完美或接近完美。当下我国制造业出现的许多问题，都与这种"差不多"的"马虎"精神有关。我们在很多企业中，拥有世界一流的技术、一流的设备、一流的规范，但因为缺少"工匠精神"，所以生产不出一流的产品。李克强（2016）总理强调："鼓励企业开展个性化定制、柔性化生产，培育精益求精的工匠精神，增品种、提品质、创品牌。"因此，作为承载工匠精神的高等工程技术人才无论是在大规模的工程规划上还是在新产品的开发上，都应该时刻秉持专注执着、孜孜不辍、淡泊名利、至善至美的工作精神，带领中国企业跨越当前产品质量竞争力弱、高精尖产品甚微的水平线，引导中国企业走上以质图强的发展道路。

第四节　我国高等工程教育转型发展的
内在逻辑

内在逻辑可以被理解为事物发展的内在规律或者内在因果关系。高等工程教育转型发展的内在逻辑指的是高等工程教育转型发展过程中的内在规律。简单地说，它就是指哪些核心要素、哪些基本关系及哪些原因促成了高等工程教育的转型。可以从动力逻辑、治理逻辑、行动逻辑和育人逻辑四个方面来分析我国高等工程教育转型发展的内在逻辑。

一、动力逻辑：国家市场院校的非线性变迁

高等工程教育的发展逻辑非线性（nonlinear）表达的是事物之间的内在关系不是直线的，而是曲线、曲面或不确定的。凡是能用非线性描述的变迁，统称为非线性变迁。我国高等教育系统是典型的非线性系统。在一系列重大变革与转型的发展过程中，我国高等工程教育也呈现出国家、市场和院校之间的非线性变迁逻辑。

近代以来，我国高等工程教育在国家战略重点转移、经济体制改革和院校结构调整的大环境下不断发展，国家、市场和院校逻辑之间的非线性关系逐渐形成，共同推动着我国高等工程教育的转型。所谓国家逻辑，即国家凭借法律、财政等手段，通过"看得见的手"来作用于高等工程教育的发展；市场逻辑，即市场通过竞争机制，在"看不见的手"的作用下调节高等工程教育对社会需求的适应性；院校逻辑，即院校通过自治来保持高等工程教育的相对独立性和独特性。国家逻辑、市场逻辑和院校逻辑之间构成了错综复杂的非线性的关系。

在不同历史时期，国家对高等工程教育的政策不同，对高等工程教育发展的推动作用也不同。1952 年开展的院系调整工作将高等教育纳入为经济建设培养专门人才的轨道，使得工科院校和工程技术人才数量短期内迅速增加，我国高等工程教育规模急剧扩大。1985 年颁布的《中共中央关于教育体制改革的决定》以社会主义市场经济体制为导向，扩大了高等学校办学自主权，工程教育的培养目标也随之进行了重新调整。在当代高等工程教育重大转型过程中，国家逻辑的内部矛盾正在转变为市场逻辑、院校逻辑与国家逻辑三者之间的外在矛盾。我国高等工程教育发展始终以国家力量为直接动力和最重要的影响因素，但同时又必然会面临市场逻辑与院校逻辑的双重影响。随着新工科建设的推进，市场逻辑更多地介入院校逻辑之中。国家、市场和院校逻辑之间的这种非线性变迁，形成了我国高等工程教育发展的转型动力。

二、治理逻辑：政府规制与高校自治的统一

在我国高等工程教育的治理过程中，政府规制与高校自治总是交织在一起的，二者的互动博弈推动着我国高等工程教育的转型与发展。中华人民共和国成立以后，中央政府以高度集中的计划体制强化了工程教育的资源配置，支配着工程教育的院系规模与教学内容，对工程教育实行统一管理。改革开放以来，我国政治

经济体制不断完善，高等教育体制也随之改革。1978 年颁布的《全国重点高等学校暂行工作条例(试行草案)》，确立了"高校实行党委领导下的校长分工负责制"；政府对高等工程教育的政治规制逐渐转向政治引导。1985 年出台的《中共中央关于教育体制改革的决定》强调，要"扩大高等学校的办学自主权，加强高等学校同生产、科研和社会其他各方面的联系，使高等学校具有主动适应经济和社会发展需要的积极性和能力"；各工科院校根据市场需求纷纷开设了微电子、光纤通信、生物医学工程等新兴学科与专业，并进行了跨部门、跨地区的联合办学，我国高等工程教育的高校自治得到充分的重视。1998 年制定的《中华人民共和国高等教育法》规定"高等学校应当面向社会，依法自主办学，实行民主管理"，至此，我国将工程教育的高校自治权以法律的形式确定下来。

政府规制与工程教育的高校自治之间既有对抗，也有依存，两者之间的博弈推动了我国高等工程教育的发展与完善。当代我国高等工程教育的发展要遵循政府规制与高校自治相统一的原则。一方面，政府规制与高校自治的统一充分调动了高校在工程教育领域办学的积极性与创造性，推动了我国高等工程教育从自上而下的管理活动向上下互动的治理活动转型；另一方面，政府规制与高校自治的统一兼顾了高等工程教育中的各个利益相关主体，使得我国高等工程教育由政治功能逐步向经济功能转型成为可能。

三、行动逻辑：国际化与本土化的同频共振

在经济全球化与市场一体化时期，伴随着工程技术人才在世界范围内的流动及工程教育成果的国际交流与合作，国际化与本土化的共振构成了我国高等工程教育的行动逻辑，推动着我国高等工程教育的转型。

共振(resonance)源于物理学，是指当外力的频率接近或等于系统本身固有频率时，系统吸收外来能量最多而发生的激烈振动现象。产生共振的关键在于外力振动的频率，该频率与系统固有频率接近时，能量才会积累，反之能量则会互相抵消。在我国高等工程教育的目标转型过程中，其国际化与本土化的关系和物理学中的同频共振遵循着相似的机理。本土化的高等工程教育模式受到成熟的国际化经验的影响时会产生一种融合或排斥效应。我们需要充分吸收成熟的国际经验并过滤与我国国情不相适应的异质性特点，紧密结合我国工程教育实践，从而形成共振效应，推动高等工程教育的实践转型。2004 年 11 月，北京航空航天大学与法国中央理工大学联合创建了北航中法工程师学院，旨在结合中法优势资源培养高水平、国际化、通用型的工程师，取得了较好的效果。此后，中山大学、上海交通大学等学校也先后成立了法国工程师培养机构，有效地促进了我国工程

教育人才培养质量的提高。我国高等工程教育实践转型的动力是全球科学技术革命，尤其是人工智能对工程教育的巨大冲击，必然导致工程教育的目标转型为"全球化"和"可持续发展"。

四、育人逻辑：人才培养目标与需求的匹配

工程教育不是遗世独立的"象牙之塔"，较之于其他教育大类，它具有更清晰的历史与社会背景。工程技术人才的质量直接影响到科学技术和国家硬实力的发展水平。通过我国高等工程教育转型的历史演变轨迹可以看出，我国工程人才的培养目标是随着社会需求的变化而变化的。目标与需求的一致性是我国高等工程教育人才培养逻辑的目标追求，也是推动我国新工科建设的转型动力。随着经济社会的发展，工程人才培养的层次定位逐渐"趋同"，专业设置没有充分考虑社会对工程人才的实际需求。这导致了高等工程教育在人才培养目标上存在着人才培养层次结构与社会经济需求不相匹配，专业结构与社会经济需求不相契合等问题。

第二章　高等工程教育转型发展的理论审视

　　"中国制造 2025"战略规划的发布对我国高等工程教育施加了外在倒逼的压力。转型发展是"中国制造 2025"背景下高等工程教育走出现实困境、实现自身价值、应对未来挑战及实施新工科建设的必然选择。因此，在"中国制造 2025"战略实施的背景下及高等工程教育转型发展的进程中，厘清诸多理论问题具有非常重要的现实意义。

第一节　高等工程教育转型的基本理论问题

　　"中国制造 2025"推动我国社会由工业社会向智能化社会转型，高等工程教育是社会的重要组成部分，也必然要发生转型，才能适应社会转型的需要。工程教育转型可以理解为从一种形态向另一种形态的转变，这种转变是整体性的、根本性的变革，意味着构成高等工程教育的诸要素，如工程教育理念、工程学科建设、工程人才培养模式、工程专业课程体系、工程教学方法、工程师资队伍、工程校企合作教育等将发生质变和量变。国家社会科学基金项目"面向'中国制造 2025'的高等工程教育转型发展研究"课题组就中国高等工程教育转型发展有关基本理论问题访谈了 6 位中国工程院院士，其中 3 位院士分别任我国 3 所重点大学的校长、1 位任重点大学的副校长、2 位院士分别是西安交通大学和北京航空航天大学的教授。这些院士从事高等工程教育多年，他们既是工程领域的专家，又是高等教育领域的专家，对高等工程教育转型发展中的工程教育、工程人才培养、工程教育范式、工程学科建设、工程师资队伍建设、校企合作、大工程教育观等基本理论问题从不同角度阐述了各自独到的看法，为高等工程教育转型发展提供了有益的理论指导。

一、"工程教育"的内涵

关于工程的含义，众说纷纭，但广泛接受的概念认为：工程交融于科学、艺术与社会，但不等于三者的叠加。作为一个独立自主的范畴，工程具有鲜明的社会目的性，正如赫伯特·西蒙所说的"人工物"以造福人类。换言之，它是一个运用科学与数学的原理，通过艺术的手段改造自然、造福人类的社会活动过程。在工业4.0和"中国制造2025"的背景下，现代工程教育应当被赋予新的内涵。刘炯天院士对工程教育的内涵做了系统的阐述，对教育工作者科学地认识工程教育非常具有启发意义。他认为，应该从三个层面来认识工程教育。

首先，工程教育意涵是工程科学的教育。我国的整体经济发展，工程起到引领作用。工程、科学和技术这三者中，最具影响力的、贡献最大的是工程。由工程项目作为载体和驱动力，引领并带动了技术的发展。我国目前在技术上还没有完全走出一条原创性的道路，但在工程项目实施的过程中，我们倒获得了一些原创性的认识，这种反求的过程又会推动工程的建设。单项工程技术在国际上是否首创、研究水准如何，并不能成为评估工程项目成功与否的指标。我国工程技术的发展或者说原创性的认识，通常是在一个个工程项目实施的带动下产生的。在往后中国工程领域发展的进程中，一定会产生很多对工程认识上的突破，这就是工程科学。刘经南院士认为，工程科学包含发现、规律、机理三个层次。

其次，工程教育也是工程科技的教育。不厘清工程科技的内涵、边界和外延就无法抓住工程教育的本质。工程科技不是一般意义上的科技，认识它的内涵一定要与重大工程相关联，超出了单纯的技术问题和具体的技术本身，因为重大工程项目一定涉及许多工程科技。工程当中肯定有科技问题，现在大多数人的认识仅停留在这个层面上，而工程科技不是独立的、局部的科技问题，而是独立的科技之间内在的相互关联的问题。通俗地说，工程科技实际上就是工程当中必有一个特定的知识体系，而不是一个知识点，它是在工程实践中认知上的突破、技术上的集成和整体的设计。因此，工程教育一定不要回避工程科技教育。基于大工程，基于工程科技，很多教育的内涵、教育的内容、教育的方法都要变。它不能等同于一个小的产品，不能等同于传统的单独的技术认知，它实际上是一个新的知识体系，需要一种新的思维方式和方法论的变革才能全面理解。

最后，工程教育更是整体性的教育。工程是复杂的整体，工程教育应该是从整体到局部，而不是从局部到整体的教育；应该是工程知识体系、工程方法论和工程整体性思维的教育。这就是工程教育的本质和内涵。

　　刘经南院士认为，工程教育和工科教育在内涵上是有区别的。从知识层面来讲，工程是在科学、技术、文化上的集成，工程教育培养出来的人是工程人才而不是工科人才。工程人才不仅有科学技术背景，还有文化背景、社会法律背景、经济管理背景，所以工程人才是集大成者。科学和技术是允许失败的，也可以复制，但工程是不可轻易失败的，因为会造成重大经济损失，甚至危害人的生命安全。工程并非一个人完成，它需要组织管理体系。如果把工科看作制造工业产品，那么产品本身也是工程的一部分，是生产链的一环。培养工程人才时要融入文化、管理、艺术、法律的知识，使工程人才有社会责任意识，为人民服务，制造出有社会价值、经济价值和使用价值的产品。然而，教育体系内部和教育主管部门对工程教育的理解比较简单化，常常将工程教育简化为工科教育，这是很狭隘的。

二、工程人才培养

　　第四次工业革命不仅影响工程教育的内容及手段，而且会引发工业及商业的变革，并改变工业及商业对劳动者素质的需求，从而对高等工程人才培养提出更高要求。培养什么样的工程人才、如何培养工程人才是中国高等工程教育转型发展的核心问题。

（一）工程教育的人才培养目标

　　工程教育应当培养什么样的人才？

　　刘经南院士指出：21 世纪的主题是战争与和平（政治）、发展与衰退（经济与科技）、环境与健康（生态与社会）。中国高等工程教育应面向世界、面向未来、面向社会，培养有人类命运共同体意识、共同志向、共同奋斗目标和社会责任感的工程人才。从工程教育自身的培养目标来看，刘经南院士认为，高等工程教育人才培养目标定位应与《华盛顿协议》工程专业认证的基本要求等效，突出以学生为中心、以需求为导向，重视培养具有创新能力、实践能力，具有问题意识、安全环保意识、社会责任意识的合格人才。刘经南院士指出，高校应将工程人才培养目标层层分解到课程体系设计中，目标与课程形成关联支撑式矩阵结构；对学生要达到的工程能力和职业素养进行透彻分析，每项能力与素养要有对应的课程和教学方法来保障。

　　刘经南院士还强调，工程人才培养的第一要求是要培养合格的社会公民，然后是要让利益相关者满意，这是中国特色的工程教育改革之所在。具体从培养的学生来讲，学校领导要满意、教师要满意、学生自己要满意、社会要满意、用人单位要满意、家长也要满意。中国高等工程教育不要盲目以赶超欧美国家为目标，要建设符合自己国情、有中国特色的高等工程教育体系，但是工程教育的共性不能丢，如接触社会、重视实践、跨学科学习、面向需求、面向问题、面向实际，培养敢想、敢创、敢干、敢为人先的工程人才。朵英贤院士着眼于社会大系统的需求，强调各类人才都有用，什么人才都需要，但培养各级各类社会经济建设所需的工程人才，都必须以保证质量为前提。

（二）工程人才培养的两个关键点

谈及工程教育转型发展中应当如何培养工程人才，院士们提出要抓住两个关键点：一是跨学科综合培养，二是重视工程实践教学。

跨学科综合培养的关键是跨学科教学。刘炯天院士指出，跨学科教学是对传统课程教学的一种"颠覆"，将诸多本来就有深度、复杂性的学科复合在一起教学是具有一定难度的。传统的授课模式，课程间界限分明，知识体系单一，学生没法做到学科间的融会贯通。跨学科教学的一个抓手是项目制教学，需要不同学科的相互作用和多位教师的共同参与，这是比较可行且有效的方案。跨学科教学又可以分成两个层面，一个是认知层面，另一个是专业层面。认知层面就是对于不同学科，必然有自生基础知识体系，学生应具有学科基础性的学术素养，即前期要求学生打牢相关学科的理论基础，在此基础上开展综合性的项目制教学就能付诸实施。专业层面就是以解决实际问题为导向，在解决实际问题过程中实现学科知识的融合。比如，张伯礼院士在提及高层次中医工程人才（硕士研究生）的培养时说到，以前是中医学科自己培养，学制八年，培养效果并不理想，后来改革为跨学科培养，从工科院校本科毕业生中招收硕士研究生，再学习四年的中医，在做项目和课题研究过程中培养，能很好地把工程技术和中医结合起来，较纯中医学科培养的中医工程技术人才效果更好。

工程的实践性是工程教育的基石。朵英贤院士指出，激发学生学习的主动性、训练学生养成自主学习的习惯、重视实践动手能力的锻炼，是提高学生创造力的关键。刘经南院士认为，对实践教学的重视程度不同是中西方工程教育的主要差距。比如，德国大学工程教育十分强调实践，学生必须独自联系企业实习三个月，得到实习证明后才可获得学位。德国有法律规定企业必须接受学生实习，并且政府以减免税收作为激励政策。中国对学生工程实践的要求并不严格，也缺乏相应的政策法律为学生的工程实践提供条件和保障。张伯礼院士在校长任内，已经有意识地加强学生的工程实践教学。他所创建的中医药工程学院欢迎企业带着项目、人员和资金来校合作，学生在学习中就实践解决企业的问题。学生因为解决企业的问题而和企业紧密结合在一起，成长为企业所需要的、真正用得上的人才。而且学校提供的实训条件特别好，学生在学习中能充分接触和使用各种先进仪器，教学效果理想。比如，脉象这门课程，以前教师主要在课堂上讲授，学生怎么也学不好，每年考试平均分只有 70 多分。后来通过与企业合作开发出脉象仪，建立了脉象仪实验室，全天候开放，学生主要在实验室学习，天天练，反复练，体会什么叫滑脉、什么叫塞脉、什么叫揉脉、什么叫虚脉，慢慢就能掌握其中的要诀，学生学习的效果明显提高，考试平均成绩达到九十分左右。

三、工程教育范式

所谓工程教育范式，是指一定历史时期内工程教育界所普遍认可的工程教育模式，是开展工程教育所持有的理论、观点和实践形式，以及解决复杂工程问题的基本途径。从工业化的历程来看，工业化发展的不同阶段对工程教育人才培养的素质要求不同，工业化发展过程中技术变革的进程，也是工程教育范式变革的历史。在工业 1.0 的蒸汽时代，工业生产主要依靠学徒制培养的"经验人"，高等教育人才培养游离于工业化进程之外，或只培养低端的手工艺者；在工业 2.0 的电气化时代，高等教育主要通过专业教育培养从事流水线生产的"机械人"；在工业 3.0 的信息化和自动化时代，高等教育侧重培养"宽口径＋专业化"的"现代人"；在工业 4.0 的智能化、数字化、网络化时代，高等教育要培养从事设计、生产、管理、决策的，具有较高 IQ、EQ 和 AIQ 的"智能人"。我国正处于工业 2.0 与工业 3.0 并行，同时工业 4.0 引领未来制造业发展的时代。从"中国制造 2025"战略的发展方向来看，在加快升级改造传统产业、拓展优势产业的同时，实施以智能化生产为标志的工业 4.0 标准是我国制造业未来实现"弯道超车"的必然选择。工业 4.0 或"中国制造 2025"所追求的不只是生产技术的升级，也不仅仅是单一生产环节的技术创新，而是技术要素和生产要素配置方式的革命性变化，以及生产过程、要素配置、销售物流过程、数据存储等环节的协同创新。在这种背景下，物联网、云计算、个性化制造、柔性自动化生产技术将取代大规模的标准化生产，成为先进制造业的主流生产模式；非线性、非常规、系统性、整体性的复杂问题将取代标准化、常规性、一致性的线性问题模式。也就是说，制造业的转型不仅包括生产技术、生产组织方式的演进，还包括产品全生命周期系统化能力的提升。相应地，在制造业由规模化生产向智能化生产转型的过程中，对从事制造业生产的低端劳动力的需求将大幅度减少，对创新型、复合型、技能型的高端人才的需求将快速增长。因此，高校必须将"中国制造 2025"和工业 4.0 纳入工程教育转型发展的视野，将"培养什么样的新型工程人才"和"如何培养新型工程人才"作为推进高等工程教育改革的首要命题。

从中华人民共和国成立到 20 世纪 80 年代，与计划经济时期的工业化发展相适应，是工程教育的技术范式时期（范式 1.0），以注重实习实训、培养与职业对口的职业工匠为主要目标；从 20 世纪 90 年代到 21 世纪前 10 年，与市场经济时期"科教兴国"战略相适应，是我国高等工程教育的科学范式时期（范式 2.0），以学习工程科学理论、分析工程原理、培养工程科学家为主要宗旨；近年来，基于对我国高等工程教育严重偏离工程实践、大而不强、结构失衡等问题的检视与反思，工程教育界借鉴美国工程教育理念，开始践行和探索"回归工程"的人才培养模式，以 2011 年教育部发布实施的"卓越工程师教育培养计划"为标志，我国高等工程教育开始进入工程范式时期（范式 3.0）。从该政策的价值取向来看，"卓越工程师教育培养计划"宏观上旨在提高国家创新能力，调整工程教育结构，促进高校人才培养与行业企业对接；微观上旨在通过人才培养模式改革、校企合作、制定培养标准、重构课程体系和教学内容等途径，提升学生的工程实践能力、工程设计能力和工程创新能力。可以说，"卓越工程师教育培养计划"是对以往科学范式的纠偏，或者是力求扭转长期以来工程教育过于注重学术教育、工程科学，而忽视实践导向、职业导向、工程能力导向的"范式革命"。值得注意的是，当前我国所强调的"回归实践"更多的是侧重工程教育的应用性，以及培养工程应用型人才的要求，着眼于学科专业范围内的人才培养模式变革，还没有实现适应新工业革命背景下智能生产与智能制造的实践性回归。

工程教育的技术范式、科学范式和工程范式都是一定历史时期工程人才培养适应工业化发展的必然选择。这并不是说工程教育范式变革或转换是线性的过程，或者仅仅表现为范式之间的简单更替，新范式是包含传统范式中的合理因素，或者新旧范式交叉融合、螺旋式上升或演变的过程。因此，工程范式所强调的"回归工程"既不是回归技术，也不是回归实践应用，而是在技术范式和科学范式聚合基础上的回归。当前，我国工程教育还没有完全进入工程范式，科学范式仍然具有很强的"惯性"，或者说，我国工程教育正处于走出科学范式，彰显工程范式的时期。当然，工程范式也不是工程教育的最优范式或终极范式，随着工业革命推进先进制造业的发展，工程教育范式也不断融合创新，被赋予新的内涵。中国制造业的转型升级、战略性新兴产业发展，以及以信息物理融合系统（cyber physical system，CPS）为基础的智能化生产及其生产方式的变革，要求工程人才具备复合型知识结构、创造性地解决复杂工程实践问题的能力。相应地，工程教育必须破除单科性、专业性思维定式及其教育模式，构建基于工程整体观、创新观、环境观的工程教育范式，探索以智能生产为核心，以产品设计、生产、营销、服务为一体的工程教育范式，推动工程教育范式的综合集成创新和升级版改造（范式 4.0）。

四、工程学科建设

工程教育的转型发展离不开工程学科建设。被访谈的院士们认为，基于"中国制造 2025"的工程教育改革涉及学科群内的课程体系重构、理论知识重组、科学技术集成。

首先，学科建设应当以先进的教育思想观念为引领。卢秉恒院士提出，由于受到学科评估指标的影响，近年来在学科建设中过于关注眼前的局部利益和可视化的成果，如发表了多少篇文章、拿了多少个项目、获得了多少科研经费，却没有树立学科建设长远目标，没有真正考虑过到底有没有重大的创新成果，是否真正为国家工程建设发展发挥了作用。建设世界一流的工程类学科，推进工程教育的转型发展，首先应该确立正确的思想观念，将学科的建设、学校的发展与国家建设发展结合起来，聚焦国家重大战略需求、新兴产业和发展"瓶颈"，真正为国家工程建设及创新提供助力。创新驱动应当成为经济发展的新引擎，以技术创新、应用创新、模式创新为内核，以相互融合为特征的新经济业态，要求工程学科建设要呼应国家新经济发展战略需求，创新性地解决与新技术、新产业、新业态、新模式相关联的重大问题。

其次，在"中国制造 2025"战略实施背景下，高等工程教育的学科建设要关注未来产业和国际工程教育的发展，服务国家重大发展战略，服务人工智能等新兴产业，服务国民经济主战场，注重基础学科与技术学科的融合、交叉、渗透，注重人文社会学科与工程学科的深度结合，注重信息、数字和智能技术对传统学科的改造。刘经南院士认为，"中国制造 2025"、中国工程教育加入华盛顿协议、德国工业 4.0、美国工业互联网时代都将给高等工程教育带来巨大的挑战，很有必要设置"人工智能科学与技术"的一级学科，下设若干二级学科，把计算机技术、大数据技术、电子信息技术、控制技术、脑神经科学技术融合在一起，组成一个包含自然科学与哲学的复合型学科。

卢秉恒院士还提出了工程教育学科建设的三项具体措施：一是聚合力量组织科研大平台，将研究成果真正应用到工程实践中；二是学科建设要与企业密切合作，在企业生产实践中发现与解决问题，并积极从企业中引进有工程实践经验的学术带头人；三是要有一流的育人体系作为工程学科建设的支撑。

五、工程师资建设

教师是工程教育转型发展的生力军，必须做好师资队伍建设。钱锋院士认为我国工程教育师资的突出问题是教师教育背景单一，传统的大学教师培养路径就是本科→硕士→博士→讲师，教师很少有社会生产经历，学历高但仅限于书本知识，而生产实践与书本知识是否脱节、脱节程度如何，却不得而知。欧美高校很多教授都在企业做过很多年的工程项目，有资深的项目经验，这些工程师来高校教学，带给学生的感受会完全不同。此外，我国青年教师缺乏国际视野，而从国外引进的人才对中国的产业实践又不甚了解。

　　院士们的共识是，从企业及社会各界引进具有丰富实践经验的教师是工程教育师资队伍建设的重要途径。刘经南院士认为，工程类高校要重视实际生产情景，应该多聘请有工程背景的教师，甚至是有工程经验的官员。他们有多年的工程项目经验，可以通过讲解工程项目的案例，调动学生的兴趣，让学生感到学习的真正价值和魅力所在。欧美高校很早就聘用了企业工程师任教，考核时不考虑其发表的论文及科研经费数量，将其与普通教师的评价指标分开。吸引优秀的企业工程技术人员到高校，聘用标准要与副教授或教授不同，学校待遇应比企业待遇更好，聘用制度要更为灵活，学校与工程师可以互相协商谈判。卢秉恒院士也认为高校应该积极从企业中引进有工程实践经验的学术带头人，但是以往学校的考核体制有诸多限制，无法留住相关人才。当务之急是学校转变观念，革新体制，制定出适合"中国制造2025"发展需求的工程院校综合教育改革计划，制定出合理的人才引进与考核标准，从企业中引进有丰富实践经验的优秀人才到高校任教。

　　在培养教师的问题上，朵英贤院士认为应当严格教师准入制度，不仅对学术水平要严格要求，对教师的普通话水平、教案撰写能力、讲授内容的把握等都要有严格标准，学校领导、教授要对教师授课进行旁听，以考核其授课质量与水准。教师面临社会环境不断变化与学生特点不断变化的挑战，要不断提升自身知识水平、教学水平。针对工程类教师工程实践经验缺乏的问题，刘经南院士表示，应该鼓励工科教师下基层，多实践、多接触项目。同时要建立相应的激励政策和措施，让教师能够踏踏实实在企业基层工作几年，毕竟工程实践经验需要相当长时间的积累。教师也应改变自身的观念，主动走进企业，锻炼工程实践能力。

　　工程教育师资队伍建设的另一个重要问题是教师评价问题。钱锋院士认为，现行教师评价体系过于单一，习惯了一刀切和一阵风，不能客观、合理地评价教师的能力和贡献。卢秉恒院士也认为现行教师评价体系侧重于考察发表论文和项目数量，导致工程理科化，发文章容易，干工程难，干新工程、大工程、优质工程更难。就工程项目来说，其成果周期长，少则两三年，多则上十年，而工程研发期间可能没有任何成果，每年以成果考核，其结果就会较差；相反，不做工程项目，而发几篇文章的教师，考核却很优秀。这种导向致使很多教授不愿意潜心去做工程，而把时间精力花在写论文上面，这对工程教育的发展是不利的。因此，对工程教育和工科教师不能遵循科学范式来评价，不能仅用《科学引文索引》论文、论文影响因子高低作为评价标准。教学特别是实践教学、创新创业教育应当在工科教师评价中占据重要地位，工程项目开发、工程技术的创新和应用，也应当成为工科教师评价的重要内容。

六、校企合作育人

众所周知，世界高新技术企业聚集的"硅谷"靠近斯坦福大学和加利福尼亚大学伯克利分校；北京"中关村科技园区"则毗邻北京大学和清华大学。技术人才和创新人才是科技成果转化的主体。高等工程教育在与经济发展互动适应的基础上，展现出对现实的超越和示范指导作用，从而引领产业发展和服务产业转型升级。高技术产业依托大学，通过产学研结合，将产业发展的前沿性项目与高校协同研发，有利于高端工程人才的培养，同时，高校为产业发展输送技术人才和创新人才，并通过知识和技术创新引领和指导产业转型升级。

校企合作致力于打造产、学、研、工、创一体化的深度合作育人模式，是实施工程教育的重要途径，也是企业合作开展技术革新的研发平台，育人与研发紧密结合，相辅相成。

卢秉恒院士认为："工程教育要在工程实践中发现课题，在工程实践中培养人才，研究成果要能在工程实践中发挥作用，这就要求高校与企业密切合作。"德国弗劳恩霍夫研究所就是与企业密切合作的典范。弗劳恩霍夫研究所建在学校旁边，师生随时可以到研究所做实验。研究所的领导都是有工程实践经验的大学教授，几个人带领几百名学生做研究，效果非常好，研究效率非常高。这得益于理论与实践紧密结合，课程知识在工程项目中及时消化，在实践中产生新的问题，促使学生对问题进一步探究、挖掘，最大限度地激发了学生主动学习的潜能。更可贵的是，德国有很多革新技术都是由弗劳恩霍夫研究所提供的，真正做到了工程带动科研，科研反哺工程，实现强强联合，双赢甚至多赢。

卢秉恒院士指出，在校企合作中，政府、大学、行业产业，三个方面缺一不可。西安市的科技创新港就是在政府统筹规划的基础上，充分考虑了国家战略、学科发展、技术转化、企业需求等多个因素而建立的一个广阔的校企合作平台。大学依靠此平台，可以争取到更多的项目，有更多与企业强强联手的机会，真正做到产学研深度融合。

张伯礼院士也非常注重政校联手、校企合作。他向政府申请设立"产教融合中心"，获得国家发展和改革委员会批准并拨款一亿元，加上学校配套的一亿元，共两亿元资金建设 1.5 万平方米的厂房，引入"4.0 智能"中药生产线。"产教融合中心"实质上是一个"企业研究院"，面向全国中药生产企业开放，吸引企业带着项目、资金、人员前来合作。哪个企业来合作，中心就挂谁的牌子，等企业的项目完成了、问题解决了，再另外引进企业，如此循环，无缝链接。这样，学生们就在学校的"产教融合中心"里、在参与解决企业问题的过程中学习，实践能力得到很好的锻炼，非常适合企业的需求。张伯礼院士认为，大学不仅要与企业合作，服务企业，还要引领社会发展，引领行业发展。21世纪初，全国销售过亿的药品只有40多种，张伯礼院士看到了药品市场的巨大潜力和药品改良的迫切需求，向天津市申请药品改造项目，利用政府投入的科技攻关资金与中药生产企业合作，改良了30多个药品，经过8年的不断改进，30多个药品的产值翻了几倍。"我国中药产业要怎么发展？就是要把中药生产中的配方和工艺问题转化为科学问题，在科学研究的基础上再进行技术创新，促进中药生产的技术进步，这才是本事。现在，企业找我们研发药品都是要排队的。"张伯礼院士以他主持的校企合作实践探索，找到了一条实现产学研结合并引领行业发展的特色之路。

七、大工程教育观

科学是对客观世界（包括自然界、人类社会和人本身）存在和变化的规律进行探索，其探索的过程就是科学活动，探索得到的结果就是科学理论，科学的目的是认识世界，其结果体现为"发现"；技术是改变客观世界的方法和手段，技术的结果体现为"发明"；而工程是运用科学理论和技术手段来改造世界、创造财富的实践活动，工程的结果体现为"造物"。三者之间既有关联性，但更有明显的区别。

大工程并不是指工程规模本身的庞大，而是指解决工程问题所需的学科基础知识的博杂，还涉及人文、政治、经济、生态和环境等多因素的交叉与融合。

在工程实践中，工程人员不仅要运用工程技术、工程方法和企业管理标准等专业知识开展工程活动，而且要关注工程价值判断，感知社会问题，实现经济效益与环境效益、现实利益与长远利益的有机整合。

所谓大工程教育观，就是超越狭义的科学技术范畴，包括人文社会科学在内的宽广知识领域；要以工程链的形态和集成化的思维思考工程问题，科学、技术、人文、社会、经济、管理、伦理、道德等内容都包容在内，即思维整体性与实践可行性的统一，工程与科学、艺术、管理、经济、环境和文化相融合。其中，工程技术是主体，科学理论是基础，艺术方法和管理手段是辅助，经济效益、环境伦理及文化价值是统筹要素。确立大工程观就是既要突破"技术上狭隘的工程教育""狭隘于技术的工程教育"，也要突出人的主体作用。人是大工程教育观的主体，科学、技术与人的整合作用，可以解决工程问题，创造社会财富。学机车的不懂自动控制、学控制的不懂交通装备；学物流的不懂电商、学电商的不懂物流；学生只专注于技术的学习，缺乏对经济、社会、环境和文化的整体把握，缺乏人文素养。面向未来、面向社会、面向工程，高校应培养"大专业"工程人才，避免培养只懂得科学理论知识的"学者"和"技术上狭窄"或"狭窄于技术"的"小工程"人才。

现代大工程教育观具有四个方面的特征：第一，工程的综合性。工程涉及多学科的技术，不是采用常用的方法和技术能够解决的，而需要将科学、技术及非技术要素融为一体，形成完整的工程活动系统，在注重工程技术本身的同时，整合非技术因素，综合解决工程问题。第二，价值的多元性。大工程教育观突破了以追求经济利益为单一目标的价值理念的限制，将经济、人文、社会、美学及道德等价值观立体交叉起来，在工程与人、社会和自然之间的和谐状态中甄选工程价值取向，实现多元价值观。第三，知识的系统性。大工程教育观强调工程人才的整体知识结构体系，较强的工程实践能力与应用能力，积极的创造发明精神，良好的人格品质和人文素质。第四，问题的研究性。解决现实的复杂工程问题没有现成的方案，甚至涉及多方面因素的冲突，因此，对复杂的工程问题应深度分析、提炼、研究、建模，提出多种解决方案，进行可行性、经济性、生态性、伦理性等的比较评价，科学决策。大工程教育观就是注重工程的综合性、多元性、创新性、系统性，"四性"实际上隐含着对现代工程人才能力与素质的要求。

高校工程人才培养的现实是遵循理论—实践—理论的逻辑，每门课程教师先教给学生一些理论，然后通过实验环节去体会和检验这些理论，但从认识论角度看，应遵循实践—理论—实践的逻辑，这是马克思主义的基本原理，工程教育改革微观层面上应先让学生参与实践，有了感性认识后循证理论解释，再用理性认知指导实践，对现行"满堂灌"式的教学方法进行颠覆性改革。

第二节　高等工程教育转型发展的必要性

改革开放 40 多年来，中国高等工程教育培养了一大批工程技术人才，服务于国家各行各业的建设。但面对"中国制造 2025"战略的实施，高等工程教育存在着适应性不足和引领性缺失的问题，面临着五大挑战：一是前瞻性、战略性的谋篇布局不够；二是供给侧结构性过剩和短缺并存；三是专业动态调整机制亟待完善；四是质量建设"最后一公里"还未真正落地；五是质量评估检查保障力度不够，质量文化建设刚刚起步。在未来工程教育改革发展进程中，推进高等工程教育转型，找准转型发展的着力点、突破口，才能增强高校为国家产业转型升级、高新产业创新突破和区域经济社会发展服务的能力，才能引领和服务行业企业技术进步，为"中国制造 2025"战略顺利实施承担起坚强的人才支撑的责任。

一、转型发展是高等工程教育走出困境的最佳出路

（一）缓解工程人才培养与"中国制造 2025"的结构性矛盾

目前，我国高等工程教育学生规模大，是世界第一。学校有高等职业教育（专科）、本科、硕士、博士，层次齐全，全日制工程学位教育、专业工程学位教育、成人工程学位教育，类型多种，但结构性矛盾仍然突出，培养的人才与产业需求吻合度不高，在培养质量上还远远不能达到"中国制造 2025"对工程技术人才的要求。"面向'中国制造 2025'的高等工程教育转型发展研究"课题组访谈了钱锋院士，在问到对"高等工程教育的人才培养，甚至是教师的科学研究是否能真正适应产业发展的需求？"这一问题的看法时，钱锋院士说："我们的高等工程教育与产业是脱节的。第一，评价体系不合理，评价体系包括各个方面，教师评价不能只看重论文、《科学引文索引》等；第二，我们现在的高校教师教育背景单一，缺乏工程实践经历；第三，工程教育改革在各所高校还没有深入人心，工程教育本身还落后于产业发展需要。"

对比欧美制造强国，我国工程人才培养还有很大差距，主要体现为：一是高端工程技术人才培养存在较大缺口，人才培养质量和结构与产业需求存在错位。二是学生创新意识淡薄，创业能力欠缺，缺乏沟通协调能力、实际动手操作能力及团队合作能力等；部分工科专业学生缺乏国际视野、岗位胜任力不足、综合素质能力有待进一步提升。三是大部分行业还没有建立明确的工程师能力认证制度，导致高校无法根据企业用人标准实施人才培养；难以实现企业与高校协同培养工程师，缺乏相关的法律制度保障。四是部分高校在办学定位、办学理念、课程专业布置等方面与社会相分离；没有建立起人才培养的质量认证体系，缺乏相关制度保障；课程教学内容单一陈旧，工程类教师工程素质有待提高；实践课程占比较少，不重视工程实践能力的培养，实验、实训阶段流于形式。

（二）回应"中国制造 2025"施加于高等工程教育的外在要求

国家经济转型发展倒逼教育变革，"中国制造 2025"是为适应国家经济转型发展出台的重大经济战略。在全球产业结构不断调整的背景下，"中国制造 2025"

给我国制造业发展规划出了一条清晰的路线，要始终坚持以创新引领制造业发展，以新型信息技术与产业的深度融合为重点，稳步推进中国向制造强国迈进。人才是实现"中国制造2025"战略目标的核心要素，是实现技术创新的中坚力量。实现制造强国不仅需要高端科研型人才，也需要基层应用技能人才。概括来讲，这些人才包含技能型工程人才、技术型工程人才、"绿色"型工程人才、复合型工程人才和创新型工程人才。毫无疑问，现阶段我国高等工程教育应当根据产业结构特点主动调整发展战略，实现高等工程教育的转型发展。

"中国制造2025"背景下高等工程教育的现实困境在于缺少技术创新者和训练有素的一线产业工人，高端制造缺少创新型高素质人才，低端制造缺少拥有熟练操作技能的产业人员，企业产品质量的创新与升级有赖于工程技术人员的整体素质水平。高等工程教育肩负着为国家与社会培养各层次工程技术人才的重任，"科学教育"和"狭窄的工程教育"无法满足"中国制造2025"需要的具有创造性、灵活性和适应性的工程师的要求，培养能够灵活将学科知识运用到现实生产中的综合型创新工程人才是其改革的目标，这就需要在工程技术人才的培养过程中，坚持形成和谐发展、融合发展、"绿色"发展的培养理念，培养出更多具有大工程观、社会观及整体观的工程执业人才。毫无疑问，走出学科教育的"藩篱"，"回归工程"，建设"新工科"，是高等工程教育适应"中国制造2025"需要，是培养新型工程技术人才，走出当下困境的有效出路。

（三）校正工科教师胜任工程教育能力存在的知行偏差

国家社会科学基金项目"面向'中国制造2025'的高等工程教育转型发展研究"课题组在118所公办本科院校（"985工程"院校27所，占比22.9%，"211工程"院校33所，占比28.0%，普通本科58所，占比49.2%[①]）中问卷调查了1602名工科教师，调查结果反映出工科教师对工程教育改革的认知与参与工程教育的实践出现一定程度的偏离。

一是在工程教育师资队伍建设方面，调查数据反映出教师的国际化程度整体上不高，具有丰富工程实践经验的教师比例偏低。获得海外学历的教师比例太低，超过三分之一的教师没有出国进修访学经历，在有访学经历的教师中多数人的访学时间也较短。在工程实践方面，大部分教师的工程实践经验来自参加课题研究，这是不深入的、碎片式的。高校虽然采取了支持青年教师到企事业单位实践锻炼的措施，但实际执行不到位，较多流于形式，走过场。

二是大部分工科教师对"回归工程"的认知偏离工程实践本义，认为回归工

---

① 由于数据进行了四舍五入，总和不为100%。

程仅仅是对工程教育技术范式的再次强调，或将工程实践狭隘化，简单地将突出工程实践等同于增加实践学时数，加强工程实践能力等同于增加实践操作技能训练。认知偏差导致工程教育改革只停留在表层，实践教学环节只是机械地进行操作训练和基本技术技能培训，或是用仿真模拟，或是用验证性实验替代工程实践，工程教育模式仍然停留于"技术范式"阶段，忽视现代工程应有的情景化教学，忽视学生解决复杂工程问题的综合性能力的培养。

三是工科教师对于工程教育改革充满期待。被调查教师普遍认为工程教育确实需要改革，但普遍信心不足，觉得上层热下层冷、喊得多做得少、雷声大雨点小。现阶段工程教育开始有一些改革举措，譬如，调整人才培养方案，提升实践教学比例；促进跨学科融合，建立工程师学院；适应新工业革命需求，创建未来技术学院；与国际工程教育接轨，开展工程教育专业认证。这些举措仍然是局部范围内的改革，不是系统的转型发展，成效必然不尽如人意。

二、转型发展是实现高等工程教育提质增效的根本途径

（一）"适销对路"是高等工程教育和产业界的共同呼唤

基于"中国制造 2025"对工程技术人才的工匠精神、创新能力、"绿色"意识等素质重新要求，我国高等工程教育培养出来的人才应具有大工程意识，具有协同性、实践性和创造性的能力。

工程教育以培养具备胜任现代工程设计、工程制造、工程施工、工程管理、工程运营、工程维护、工程营销能力的产业人员为己任，现阶段的任务就是要培养适应"中国制造2025"战略要求的高素质工程技术人才，而现在许多学校追求的目标越来越脱离社会需求，不重视就业创业执业能力的培养，这是一个严重的认识误区。高等工程教育是为社会输送工程技术人才的最主要基地，其人才培养要实现与社会需求对接，培养"适销对路"的工程技术人才。现阶段，我国高等工程教育人才培养还存在"闭门造车"的倾向，未能及时了解社会形势的变化与顾客需求的改变，因此培养出的工程技术人才与社会需求之间存在结构性矛盾。由此可见，高等工程教育的转型发展刻不容缓，培养出"适销对路"的工程技术人才是高等工程教育与企业的共同呼唤。

（二）产教结合是实现高等工程教育自身价值的必由之路

高等工程教育培养的是工程师，在国外工程师能力的共性要求是：一是具有

创新精神，能够研发新技术、新材料、新产品；二是具有实践能力，能及时有效地解决生产过程中出现的问题，促进生产高效优质地进行；三是能改革经营管理体制，使企业获得最大的效益。国内学者李晓波（2006）将工程师的职业素质归纳为道德、能力、责任、知识、合作、管理、创造、改革等方面。为企业输送合格的工程师是高等工程教育的职责与使命，也是实现自身价值的根本途径。"中国制造2025"对工程技术人才提出新的要求，与传统产业要求的高技能人才素质不同的是，他们不仅要掌握精湛娴熟的操作技能，而且需要具备对现代信息技术及智能系统的解释与运用能力。现阶段，我国高等工程教育为应对瞬息万变的全球经济环境，满足产业变革发展需要，实现自身价值，应该主动对接产业，根据自身特点合理定位。具体体现为：主动调整和优化专业布局，校企协同参与培养工程人才的各个环节，重点培养急需紧缺型人才；给学生提供更多现场操作的机会，增加实践课程的学分比例，使学生深入企业，实现理论与实践相结合；加快健全校企合作的协同育人机制，加快培养产业发展需要的工程技术人才。由此可知，实现我国高等工程教育的转型发展不仅是高等工程教育实现自身价值的迫切需要，更是"中国制造2025"制造强国战略乃至整个产业界的呼唤。

三、转型发展是高等工程教育适应新工科的必然选择

（一）"中国制造2025"背景下的新工科建设

"中国制造2025"对制造业提出的新要求推动了传统工科的改革，在此背景下催生出"新工科"这一新兴名词。2017年2月中旬，教育部在复旦大学召开了高等工程教育发展战略研讨会，参与的高校以新型工程人才培养为中心，分析讨论了新工科新的内涵、特点、知识结构与发展途径，最终达成了共识。同年4月初，教育部又在天津大学举行研讨会，教育部高等教育司时任司长张大良提出要坚持以问题导向为原则，切实做到以产业需求为中心建设专业，以技术发展为中心改革内容，以学校主体为对象推行改革，以学生兴趣为基础转变方法，以资源为中心创造条件，以国际动态定标准等行动计划。新工科建设号角的吹响，标志着我国的工程教育改革必须进入新的阶段，也呼应了"中国制造2025"战略的需求。中国制造业要突破核心关键技术，逐步提升自己的核心竞争力并在全球经济发展竞争中立于不败之地，就亟须培养大批的新型工程人才。"新工科"是"中国制造2025"背景下提出的新概念，是我国高等工程教育应对制造业强国战略三十年长期规划做出的适应与改革，是培养新型工程人才的重要工科形态。

（二）新工科建设是高等工程教育转型的重要举措

"中国制造 2025"战略规划对我国工程教育提出了外在要求，内在驱动和外在倒逼的综合作用必将推动传统工科向"新工科"的转型发展。"新工科"的提出是对现实问题的有效应对，可以促进工程教育系统的不断完善和发展，也是对"中国制造 2025"所要求的智能制造、质量为本、"绿色"发展、个性化服务等的积极回应，能够实现工程教育形态的转变和重构。"新工科"是在传统工科基础上的改革、发展和创新，是与制造业强国战略下未来较长一段时间内的社会需求相匹配的工程教育形态。当前，我国高等工程教育的人才培养理念不明确、课程体系设置不合理、教师队伍不适应等问题亟待解决，新工科建设是高等工程教育转型发展的重要举措。一些发达国家的改革已经证明，要实现推动工程界人力资本结构转变和发展新型经济的目标，就必须结合实际调整高等工程教育体系、顺应时代潮流改革落后的观念，发展新型工科专业，培养新型工科人才。我国高等工程教育转型就是要在新型经济和产业的大背景下，增强创新意识，把握智能化、品质化、"绿色"化、个性化的工程特征，将传统专业与新型专业相结合，建构新的人才培养模式，增强自身的核心竞争力，打造具有国际影响力的工程教育品牌，最终实现我国工程教育的强国梦。

第三节　高等工程教育转型发展的要义

制造业是经济发展的基石，制造业的发展水平代表着一个国家经济发展的水平。近年来，虽然网络经济和服务经济占我国国内生产总值（gross domestic product，GDP）的比重不断增加，但对经济结构而言，如果没有制造业实体经济的发展，网络经济和服务经济的发展将是"空中楼阁"。从世界范围来看，欧美等发达国家近年来正在着力实施制造业"再工业化"战略，本质上就是在政府的推动下对以往"去工业化"的纠偏。当然，再工业化不是实体制造业的简单回归，而是以网络技术、智能科技、数字技术的应用为核心的制造业转型升级的过程。以德国工业 4.0 为代表，信息物理系统、工业物联网和工业互联网的应用或高端制造业发展战略被称为"第四次工业革命"。在这种背景下，国务院 2015 年颁发的《中国制造 2025》就是基于我国国情，以互联网和智能制造为核心的中国制造业由大图强、转型升级的战略选择。因此，分析"中国制造 2025"背景下工程教育转型的内涵与特点是推进转型发展、培养未来卓越工程人才的题中之义。

一、高等工程教育为什么要转型发展

转型是系统理念、深层结构与模式的方向性的发展和改变。高等工程教育转型意味着教育结构形态、运转模型、教育性质和观念的根本性转变，它是在外部和内部条件共同作用下的以教育目的为核心的诸要素质变的过程和结果（鲁洁和冯建军，2013）。

从社会生产力的变迁角度看，人类社会可分为农业社会、工业社会和后工业社会。高等工程教育转型与社会形态紧密相关。"中国制造 2025"战略的实施，标志着我国已经进入后工业社会，知识、信息、人才成为生产的关键要素，智力劳动在社会经济发展中的作用越来越重要。"中国制造 2025"不是翻版德国的工业 4.0，更不是德国工业 4.0 的全盘引进和输入，二者既有共同之处，也有显著差别。德国是在机械和装备制造业的自动化水平世界领先，以及工业 3.0 充分发展的基础上，为保持制造业的全球领导者地位，推动制造业与现代信息技术的深度融合的，并以此赢得第四次工业革命的先机。中国是在制造业大而不强、产业结构不合理、自主创新能力较弱，以及大部分制造业处于产品价值链低端的基础上实施"中国制造2025"战略的，旨在提升中国制造业整体水平，以跻身于世界制造先进行列。当前，我国制造业技术水平参差不齐，既有集群优势中低技术的日用品制造领域，也有高铁、通信设备等部分先进技术的制造领域，还有与西方发达国家有很大技术落差的战略新兴产业制造领域。中国制造要实现"弯道超车"，既要追赶德国工业 4.0，聚焦于制造业的高端产业和高端领域，又要对大量传统产业实现升级改造，解决创新能力不强、产品质量不高、信息化程度不足、产业结构不合理等突出问题。从战略执行层面而言，制造业转型的发展有赖于高等工程教育及新工科人才的支撑；在实践中，如果没有高等工程教育及人才培养范式的转型，中国制造业转型升级只能是设想。

二、教育维视角的高等工程教育转型

一般来说，工程学科具有两个方面的含义：其一，是指将自然科学原理应用到工、农业等生产部门而形成的各种学科的总称。这些学科包括应用数学、物理、化学等基础学科的原理，是结合生产实践中积累的技术经验发展而来的，其目的是利用和改造自然为人类服务，如机械工程学、生物工程学、化学工程学等，其实质是工程技术科学。其二，是指具体的基础建设工程项目，如铁路基地、桥梁建造等。无论是前者还是后者，都是人作用于自然或具体事物。工程学科的这种性质决定了工程教育的性质，即工程教育培养的人既要有良好的数学、自然科学基本素养，工程技术科学的基础知识和工程应用技术的专业知识，又要受到必要的工程训练，具备分析与解决工程实际问题的能力。作为一种技术教育形式，工程教育的基本特征为：以技术科学为主要学科基础，以应用技术为主要专业内容，以工程应用为主要服务对象。因此，工程教育致力于受教育者的科学素养、工程意识及应用技能的培养，高水平的工程师是高等工程教育的目标追求，技术全面、能力高超、责任感强是高等工程人才的基本指标。

工程教育的性质深刻地影响工程人才的培养模式，工程人才培养质量是工程教育的核心问题。不论什么样的人才培养模式，都包含了培养目标、教学内容、培养制度、培养过程这四个最主要的因素。2000 年以来，中国高校工程教育在"回归工程"思想的指引下进行了大量的改革与实践，正在积极探索具有中国特色的工程人才培养模式，即培养目标从培养工程科学家转变为培养工程师，教学内容从学科体系转变为工程过程体系，培养机制从标准化培养转变为个性化培养，培养过程从传统教学转变为现代化教学。但一切还都处于"回归工程"的转型之中，恰遇"中国制造 2025"战略规划的发布实施，迎来了新工业革命的挑战，这要求高等工程教育不仅要体现"回归工程"，还要体现新产业形态和新商业模式的要求。为此，需要建立高等工程教育与新产业形态和新商业模式融合的教育范式，以此来指导实践中国工程教育改革创新。

那么，为制造业领域培养工程科技人才的高等工程教育应该如何定位？高等工程教育应如何应对多层面的工程实践需求？这些是工程教育转型迫切需要厘清的现实问题。一方面，工程教育不能对再工业化浪潮及第四次工业革命视而不见，固守传统的工程教育模式，这样会错失高等工程教育支撑制造业发展的战略机遇；另一方面，工程教育也不能只盯着少量高端制造产业及智能制造领域，而忽视大量中低端制造产业转型发展的现实问题。高等工程教育要着眼于为整体制造产业培养人才的使命，而不仅仅是为局部先进制造业培养人才。因此，中国制造业整体转型升级需要工程教育整体转型发展，提升整体工程教育水平。当然，这种转型不是均衡划一式的发展，而是基于制造业整体水平提升的多样化发展。其缘由有两点：一是随着我国制造业从要素投入式发展战略转向创新驱动发展战略，传统制造业或中低端制造业必然要实现升级改造，加快工业化与信息化的深度融合。在这种背景下，高等工程教育就要适应制造业发展及其转型升级的要求，从人才培养目标定位、教学内容和课程体系、人才培养模式等方面进行适应性变革。二是高端制造业的发展，产品生产的数字化和智能化，以及未来消费市场对个性化、定制化产品需求的增长，必然推动对创新型、复合型高端人才需求的快速增长，这就要求工程教育具有超前性和预见性，并根据未来制造业发展的需要进行适应性变革。近年来，我国高等工程教育人才培养滞后于制造业发展需求，大学生结构性失业现象突出，不仅表现在传统产业升级过程中的"结构性缺人"上，更表现在制造业未来重点建设领域的"数量性和质量性缺人"上。

三、工程维视角的高等工程教育转型

从系统的视角来观察，工程具有如下属性。

（1）社会性与价值性。工程旨在造福人类，工程实践过程受社会政治、经济、文化、环境、法规等制约，工程的价值是创造社会财富，满足人民群众日益增长的物质、生活、文化需要。可见，工程教育的出发点离不开社会，教育过程离不开社会，最后归宿也离不开社会，社会属性贯穿于工程教育的始终。

（2）创造性与艺术性。创造性是工程与生俱来的本质属性。《愿景报告》认为，"工程"一词来自拉丁语" ingeniator"，意思是独创性（ingenuity）；美国国家工程院曾任院长 William Wulf 对此做了进一步的阐释，他说："工程师所做的就是在限制条件下设计（design under constraint）"，"工程是非常具有创造性的活动，而追求精致的设计则是最具创新性的活动之一"。Ronald E. Graham 则认为，"工程是运用科学最佳地转化自然资源以造福人类的艺术"。工程与艺术的最大共性有三：①追求独创；②满足人对和谐的审美需求；③遵从道德上向善或曰人文关怀的引导。工程的艺术性即在于此。

（3）综合性与复杂性。工程的产出是技术及其产品，但是技术上最优并不等于工程上最优。工程是在确保能源消耗低、环境污染少、设计与生产可持续发展的前提下寻求低成本的技术最优，因而它是在众多边界条件的制约下追求最佳折中点的极具综合性和复杂性的过程。美国学者 K. Eric Drexler 认为，科学家一般不需要通过合作的方式整合他们的结论，他们是在描述同一样东西的不同方面，他们的结论最终能汇聚成一个单独的图景。然而工程却不同，它的设计过程实际上是一个信息递增和信息综合的过程，即将简单的东西创造性地复杂化的过程，因此通常需要团队合作，需要一个能够致力于把工程师完成的各个部分衔接整合起来、形成共同图景的团队，这是工程综合性和复杂性的另一个方面。

（4）道德性与制约性。工程的最终目的是造福人类，因此，为了确保工程的力量用于造福人类而不是摧毁人类，工程在应用的过程中必须受到道德的监视和约束。法国剧作家 Marcel Pagnol 早在 1949 年就告诫人们要小心工程，因为它"始于缝纫机，止于原子弹"。工程是市场行为，时刻都会受到来自各方面的利欲诱惑及人类认识能力局限的蒙蔽，因此，尽管工程对人类做出了巨大贡献，但是如果缺乏道德制约，它对人类生活也会产生破坏性的乃至毁灭性的影响。

（5）全球性与开放性。工程现在已经成为一种全球事业，现代工程的全球性首先是由于经济竞争的全球化，而不仅仅是因为工程师使用的是国际性"语言"（数学、科学与技术）；其次，由于现代科技的迅猛发展，工程满足不断扩大的市场需求的努力及其在能源、环境乃至社会文化方面的后果也变得无远弗届。美国国家工程院（National Academy of Engineering，简称 NAE）George Bugliarello 在《工程与人类的十字路口》一文中指出，工程实际上是无边界的，工程师寻找改造宇宙与生命的方法，目的在于延伸我们的生命，提升我们的生活品质，改善我们的生存环境，所以工程就是关于"怎样"（how）的学问：怎样快点或慢点、高点或深点；怎样战胜疾病；怎样提供水、食物与庇护；怎样保护自己；怎样更好地相互沟通；怎样扩展我们的记忆、感知与肌肉等。美国《愿景报告》也提到了"没有边界的工程"（engineering without boundary），工程从最初的两个分支（军事与土木）向着矿业、机械、化学、电子及工业工程等延伸，一直扩展到人类物质生活的几乎所有领域。

未来工程教育实践活动具有五个维度的特征。

（1）技术维度：未来工程教育活动涉及的技术维度将呈现智能化形态，数字化、信息化和物联化将是这种技术形态的主要特征。大量先进技术和产品被不断运用，工程活动从构思、设计到制造、服务都将带来智能制造的新挑战，工程产品与服务都将面临从自动化到智能化的全面转变。未来这种智能化转变将是大量中小微企业生存和发展的必由之路，这就要求工程从业者应该对未来"技术"具有全新的综合性认知。

（2）规模维度：未来工程教育活动涉及的规模维度将呈现长尾化形态，分散化、个性化和定制化将是这种规模形态的主要特征。工程制造由传统的集约化和规模化形态向全球集散、深度个性化生产转变，特别是物流的方式变革将对工程活动原料、成品的集中/分散带来巨大影响，而工程设计思维、技术路线、生产工艺也将随之发生巨变。

（3）政治维度：未来工程教育活动涉及的政治维度将呈现全球化形态，多域互动和广泛协作将是这种政治形态的主要特征。随着"万物互联"网络平台的搭建，工程活动（哪怕只是一个小企业，如蛋糕烘焙店）正在走向从原料到产品的全球化发展，工程日益突破时间空间限制，成为跨地区、跨文化的活动形式，这就要求工程活动进行广泛的社会协作。但毫无疑问，工程活动将会受到更多的政治因素、文化传统因素、环境因素、法律因素等的巨大影响，一项工程活动的顺利实施将更多地受到非技术因素（即政治形态）的制约，工程从业者也必然需要具备更多的文化包容和跨界沟通交流能力。

（4）产业维度：未来工程教育活动涉及的产业维度将呈现跨界化形态，宏思维、关联性和平台化将成为这种产业形态的主要特征。工程活动涉及的全产业链条[①]的各个环节的相互关系将更加密切、完整、一体化，任一环节的工程从业者都需要具有宏思维和全局观，都需要知晓其他环节的业务活动和表现形态。任一环节价值最大化的实现途径，都将主要依赖全产业、跨行业的资源整合，即资源平台的建立和使用。同时，伴随着这种产业新形态，工程活动的价值链条也在延展，不仅是加工制造实物产品，工程转包、技术贸易、产品创意也能产生崭新而巨大的价值。这就意味着，未来不论是设计工程师还是制造工程师，都应对产品（市场）的需求信息有清晰的了解，而不仅仅只是"技术岗位之师"。

（5）人文维度：未来工程教育活动涉及的人文维度将呈现服务化形态，同理心和关爱服务将是这种人文形态的主要特征。工程活动将从现在的以技术应用和加工制造的"物"为核心，转移到以满足人们个性化需求的"服务"为核心，正如叶民和钱辉（2017）所说：工程就是创造有用的人造物。相对于制造"硬产品"，工程活动将转变为真正关注"人"的需求的一项服务工作。这就意味着，工程从业者必须具有更为广泛的人文情怀，工程师的行为将是众多服务工作中的一个环节，而不仅仅是工程师的个人活动。

德国工业 4.0、工业互联网、"中国制造 2025"等新工业战略规划的实施，将引发工业界革命性的变化。所有这些，既是中国工程教育的机遇，也是巨大的挑战。工业 4.0 和工业互联网，都是把信息和互联网与制造业在各个环节进行融合和创新，工业 4.0 战略提出要把信息互联技术与传统工业制造相结合，打造"智能工厂"与"智能生产"。工业 4.0 偏重"硬件"，工业互联网偏重"软件"。因此，我们需要重构中国工程教育的治理体系，积极探索并实践中国工程教育与中国工业界、国际工程教育的融合创新，改革基于学科的人才培养模式，超前布局新工业革命需要的专业，做成整合型的课程计划，深化与工业行业的紧密合作，培养新工业革命所需要的人才。

从"中国制造 2025"战略要求及全球范围内制造业发展的竞争格局来看，制造业的未来发展对高等工程教育变革的要求是全方位的，高等工程教育不管是被动适应还是主动引领，都不可能置外于制造业转型发展的潮流。工业领域及制造业对工程科技人才的需要是多层次的，既需要具有宽阔知识结构和创新能力的工程科学家，也需要拥有较强实践能力和组织管理力的卓越工程师，更需要大量应用操作能力较强的工程应用型人才。从学校层面来讲，不同层次高校要在不同学科专业领域突出特色，培养不同类型和层次的新工程型人才。工科优势高校人才培养要对工程科技创新和产业创新发挥主体作用，综合性高校要对催生新技术和孕育新产业发挥引领作用，地方高校要对区域经济发展和产业转型升级发挥支撑

---

① 全产业链条即从构思（conceive）、设计（design）到实现（implement）和运作（operate），简称 CDIO。

作用。现在的关键问题不是高校要不要发展新工科，以及要不要进行工程教育改革，而是如何发展新工科和怎样培养新工科人才。从专业层面来讲，关键是要建构与国家战略性新兴产业和区域主导产业相适应的，与学校办学特色与服务面向相匹配的学科专业体系。升级改造现有学科专业，通过专业内涵建设、专业结构调整，打造传统学科专业的"升级版"，进而服务于能源、石油化工、汽车、造船、纺织、钢铁、建筑等传统产业的转型升级；根据国家与区域制造业的发展需要，设置战略性新兴产业相关专业及与未来新技术需求相适应的交叉学科和新型学科专业，引领制造业发展的新方向。

四、高等工程教育转型发展的特点

"工程教育转型"受启于社会转型的提法。所谓"型"，是指形态，即事物的稳定结构和存在方式，可以用若干要素进行表征。工程教育转型是指工程教育在外部（如社会转型或经济发展）和内部（教育自身发展）条件的共同作用下，以教育目的为核心的工程教育诸要素在不同工程教育形态之间所发生的质变过程和结果（鲁洁和冯建军，2013）。

"中国制造2025"背景下的高等工程教育转型有以下几个特点。

第一，高等工程教育转型既是一个过程，也是一个结果。"转型"一词既可以作为动词，也可以作为名词。作为动词强调转型的过程、路径，主要回答"怎么转"；作为名词则强调转型的结果、形态，主要回答"转到哪里"。本书研究"中国制造2025"背景下的高等工程教育转型，主要侧重于转型的过程和路径。

第二，高等工程教育转型是整体性和实质性转型。高等工程教育是一个多层次、多类型、复杂的教育系统，多个要素构成有序的结构，并与社会经济发展的各个领域发生相互作用，发挥出整体的功能。所以，高等工程教育转型不是局部的、某个要素的或"补短板"式的转变，而是高等工程教育系统性、整体性地由一种形态向另一种形态的变革过程，是实质性的变革。

第三，高等工程教育转型是以教育目的为核心的转型。随着"中国制造2025"战略的实施，中国社会形态不断地发生变化，高等工程教育也会为适应社会环境的变化而发生转型。但高等工程教育转型是为了更好地达到教育的目的——为了培养什么人、如何培养人，是促进工程学生专业知识、工程能力和综合素质全面发展的转型。

第四，高等工程教育转型是没有确定终点的转型。本书研究的高等工程教育转型是在"中国制造2025"背景下的、第四次工业革命进程中的转型，是高等工程教育与外部环境变化相互作用的变革过程，但转到哪里去，并没有确定的终点，只能引导转型的方向，或某个特定阶段的形态。正是由于"中国制造 2025"是三阶段发展战略规划，在未来实施过程中还会有建设内容的调整，具有复杂性和不确定性，所以，高等工程教育转型一定是一个动态变化的过程。

第五，高等工程教育转型包含宏、中、微观的转型。高等工程教育本身是一个庞大的系统，具有宏观、中观、微观三种形态。着眼于高等工程教育的整体性变革是宏观工程教育转型，着眼于高等学校工程教育的变革是中观工程教育转型，着眼于工程教育教学活动的改革是微观工程教育转型。三者是相互联系、相互影响的。本书着眼于中、微观层面工程教育教学和人才培养过程中相关要素的整体性、结构性转型。

五、高等工程教育转型发展的开放性

2008 年全球性经济危机以来，发达国家提出并实施制造业"再工业化"战略，高端制造业领域开始出现向发达国家"回流"的趋势。当然，这种"回流"不是简单的产业区域位置的变更，也不是经济结构简单的"由虚向实"地转换，而是制造业"转型升级"及其与现代信息技术的"融合发展"。"中国制造 2025"是世界智能制造和新一轮产业革命潮流在中国的体现形式，同样表现出"转型升级"与"融合发展"的实践特征。或者说，"中国制造 2025"是实现高新技术、现代信息技术与新兴产业融合发展的战略举措，是迎接新工业革命和科技变革的全球挑战的开放型经济发展战略。当然，这种开放性不仅体现在面向全球制造业发展的竞争性开放，以及与未来战略新兴产业和区域主导产业发展的适应性开放等方面，也体现在满足社会需求和用户需求的市场化开放方面，更体现在与高新技术、现代信息技术的相融性开放方面。可见，"中国制造 2025"所追求的不是制造业的封闭发展、传统生产模式的再循环，而是以创新、智能、"绿色"为核心的开放型制造业体系。与此相适应，工程教育必须走出技能型或学术型人才封闭培养的制度性桎梏，固然也不是局限于工程实践经验的简单累积，而是要着力实现新工科教育范式的开放性实践建构。这种开放性不仅是新工科教育模式的实践表征，同时也是对传统工程教育模式或既有教育模式的实践超越。

一是学科专业的开放性。工业 4.0 时代，基于大工程观的教育理念，中国高等工程教育不仅要构建向制造业发展需求的开放教育模式，而且学校内部也需要学科专业资源的开放和整合。工业 4.0 时代，以物联网、互联网为纽带的不同行业企业之间的联系越加紧密，制造业的发展不仅体现为生产环节的技术革命，也表现为生产环节上下游价值链的提升，以及制造业与社会、环境、伦理等相关联的生态系统的建设。这就要求未来工程师具备跨学科知识、融会贯通的学习能力及解决复杂工程实践问题的能力。因此，高等工程教育改革必须打破学科专业壁垒，开展跨学科学习、跨学科教学；跨学科教与学不仅要有工科与工科的交叉融合教学、理科与工科的交叉融合教学，也需要有人文社会学科与工科的交叉融合教学。实践中的关键问题是如何通过制度创新和组织变革，搭建跨学科工程教学平台，建立跨学科工程教学资源共享机制；通过"互联网＋""大数据×"在工程教育中的应用，实现跨学科工程教育资源利用倍增效应，进而构建人性化、个性化的自主学习体系。同时，高等工程教育改革还需要围绕未来制造业重点发展领域建设相关学科群，构建跨学科交叉课程，建设跨学科专业，支持学生参与跨学科创新训练和工程实践训练，将培养跨学科复合型、创新型人才的理念落到实处。

二是培养主体的开放性。工业 4.0 时代，"回归工程"的教育理念体现出集成性、实践性和创新型的特征。在实践层面，工程教育就是由传统的培养学术型人才模式转向培养现代工程实践所需要的复合型人才培养模式。在这种背景下，未来工程师的培养不可能封闭在课堂和学校中进行，人才培养不仅仅是学校的责任，而且必须由封闭走向开放、由课堂和学校走向工程实践，由学校单一主体责任转向多主体的协同责任。因此，我国要以实施"中国制造 2025"战略的新工科建设为契机，建立政府、制造产业、高校、行业协会等多元利益相关者协同合作的教育机制。在实践中，这种协同机制是多层面的、多主体之间的"两两合作"和"多方合作"，致力于建构政产学研有效协同的工程教育体系。高等工程教育改革在校际合作层面应推动不同层次和类型的高校围绕制造业创新链建构多层次、多类型的人才培养结构，以及工程教育资源的共享机制；在校企合作层面应推动行业企业参与人才培养标准研制、专业课程建设、培养方案制订，联合共建实习实训基地、工程训练中心等校内外工程教育和训练平台，构建校企人才培养与人才需求的良性互动机制；在第三方及社会参与工程教育层面应推动制定工程师岗位入职标准、专业人才培养质量标准，定期评估和发布制造业人才需求、人才培养质量和就业状况；在政府职能层面，教育行政部门应联合科技部、工程院、科学院等部门对高等工程教育和工程师培养体系进行顶层设计，厘清政府、高校、企业、行业协会等不同主体的地位和作用及其协同机制，制定促进工程教育改革与发展的政策措施。

三是培养模式的开放性。培养模式的开放性就是要打破以理论教学和课堂教学为主的教学模式，建立在真实工程环境中体验工程实践的教学模式。现代工程教育有两个特点。一是规范化和标准化。伴随着高等教育国际化，相同或相近经济发展水平的国与国之间、学校与学校之间、不同培养模式之间都试图建立一个规范的培养体系和专业认证标准，也都倾向建立工程岗位准入和工程人才资质认证标准。二是创新性和特色化。在现代工程实践中，工程师所面临的工程实践问题是复杂的、多变的，工程教育必须注重培养学生的创新素质与适应能力，不同层次和类型的高校要体现人才培养的独特价值。这两个特点彼此关联，标准化是特色化的基础，特色化是标准化的提升；同时这两个特点又必须通过开放的工程实践环境才能达成。开放的培养方式根据教学目标可以分为三类：体验模式、实践模式和创新模式。体验模式是以验证工程理论知识、熟悉工程环境为目标，主要包括在工程训练中心、"仿真工厂"、行业企业进行的实习见习实训；实践模式是以培养学生工程实践能力、解决工程实践问题的能力为目标，主要包括 CDIO 工程教育模式、基于问题的学习（problem-based learning，PBL）教学模式、基于学习成果的教育（outcomes-based education，OBE）教学模式等；创新模式以培养学生的创新思维能力、创新工程科技、把握学科前沿为目标，主要包括以项目为依托的工程创新实验、以科技竞赛为载体的工程创新能力训练等。三类培养模式各有侧重，在实践中可以优势互补、综合运用，但三者的基本理念是相通的，就是由以教师为中心向以学生发展为中心的教育理念的转变，由以课堂教学为主向以真实工程环境为主的教育时空的转变，由侧重知识传授向以工程实践能力培养为主的教育重心的转变。

第四节　高等工程教育范式及其转型

"范式"最初是由美国科学哲学家托马斯·S.库恩（Thomas S. Kuhn）在《科学革命的结构》一书中提出的，他给出的定义是：范式主要是指科学研究中"那些公认的科学成就，它们在一段时间里为实践共同体提供典型的问题和解答"。库恩认为范式转换就是科学的成长或发展，从根本上来说，范式转换就是一种科学的革命，任何理论体系或实践手段都是围绕一定领域的假设命题，当这种理论体系或实践手段能较好地解释，进而能指导或解决遇到的该领域的大部分问题的时候，该范式是科学的，不需要转换，否则就需要转换。就承担工程教育的高校而言，范式是有世界观和方法论意义的，是看问题和解决问题的方式、方法的集合，是开展研究、进行实践的方向性指引。

范式转型不是新范式推翻旧范式，也不是全盘否定旧范式，而只是否定旧范式中已被证明不合理的部分，其中合理的部分则应传承在新范式中。工程教育范式从科学范式向工程范式演进，并不是否定科学技术在工程实践中的重要性，而是为了突出未来工程的特性，更加重视科技、文化、社会和生态环境等要素在未来工程中的作用（李茂国和朱正伟，2017）。

一、高等工程教育三种范式

叶民和钱辉（2017）将高等工程教育范式分为技术范式、科学范式和工程范式。简单地说，技术范式指：工程即技术，是艺术、技艺、技巧、技能的应用。科学范式指：工程即科学，是科学的分支，是科学原理的应用。工程是一种专门职业，工程师借助知识学习、实践体验和试错反思得到自然科学知识，并结合自己的逻辑判断，经由经济有效地开发利用材料与自然力的途径，使之造福人类。由于认知偏差，在目前的工程教育实践中，我们过度强调了科学技术的理论教育重要性，忽视了工程本身的实践体验和试错特性。把工程教育封闭于理论与方法的象牙塔，无异于折断了工科职业的飞翔翅膀，路越走越窄。

工程教育技术范式：工程教育技术范式与科技驱动型创新模式的第一阶段技术驱动型创新模式阶段同步发展，形成于工业发展初期，鼎盛至 20 世纪 50 年代。技术范式的形成是为了适应农业经济时代和工业经济时代初期简单生产和工艺创新的需要。由于当时工艺创新和简单的产品创新主要依靠手工艺技术实现，师徒制传承方式成为工程技术教育的主要模式。但是随着工业经济时代的飞速发展，工业创新和产品创新竞争日趋激烈，院校式工程教育模式开始萌芽和涌现，推进了工程学科体系和课程体系的持续丰富，并催生了本科、硕士、博士不同阶段的工程教育层次结构。工程教育技术范式重视工程实践，强调技术应用和实践操作，以应用手册和公式为主，以培养现场工程师为目标。

工程教育科学范式：工程教育科学范式与科技驱动型创新模式的第二阶段科学驱动型创新模式阶段同步发展，主导时期为 20 世纪 60 年代到 20 世纪 80 年代。科学范式的形式源于对第二次世界大战后工程师作用的反思。一方面，由于当时的工程师偏重实践，普遍缺乏科学方面的严格训练，难以将科学原理应用于产品创新；另一方面，随着科技革命的深远影响和亚当·斯密劳动分工理论应用带来的效率的提高，特别是第二次世界大战期间雷达技术和原子弹的使用所显示出的科学技术对创新的巨大影响力，需要工程教育范式发生变革以适应环境的复杂变化。以格林特报告为标志，美国工程师培养开始紧跟科学和技术发展的步伐，师资入职条件迅速提高，博士成为必要条件；隶属于大学的工程科学研究中心和实验室大量涌现，师资兼职或者全职参与研究和开发工作；研究型大学承担起了通过知识生产推进知识流通和知识消费的重要使命，并确立了工科课程划分的若干基本方针，创立了工科的学科体系，工程教育一头扎进了科学的怀抱，工程师的培养模式与科学家的培养模式越来越相似。科学范式的主要特点是高度重视数学和科学、强调工程科学和理论分析，工程师的培养模式与科学家的培养模式趋于雷同，工程甚至被认为是科学的应用分支。

工程教育工程范式：工程教育的工程范式出现于 20 世纪 80 年代以后，源于非科技型元素在创新过程中的作用不断得到挖掘，对工程教育体系的深刻反思和积极回应。随着社会发展进入知识经济时代，经济全球化、新技术革命的深远影响、可持续发展观的树立、社会需求的多元化和个性化的出现，产品创新竞争日益激烈，在科学范式下培养的工程师已经很难应付技术、市场、文化等融合产生的复杂性问题，培养具有卓越技术、广博知识、适应团队合作且具有系统性思维的工程师已经成为产业升级和社会发展的迫切要求，此时许多发达国家开始对工程教育范式进行反思，并开始了新的改革尝试。麻省理工学院主导的 CDIO 工程教育改革成为工程范式的典型代表，目前已成为全球工程教育改革关注的焦点。CDIO 理念高度重视文化、市场、科技等不同来源的知识在创新实践中的巨大作用，它以产品的构思、设计、实现和运营等全环节生命周期为抓手，重新梳理了工程教育课程体系，在构思和设计阶段强化了文化、市场和科技等知识要素在产品创新的运用，在实现和运营阶段又传承了科技知识在实现产品功能方面的支撑作用，成为开放式、重实践、综合性的新型工程教育模式。工程教育工程范式的主要特点是重新诠释了"科技以人为本，工程造福人类"的工程教育核心理念。

技术范式、科学范式和工程范式都契合了当时经济、社会的发展，都在追求工程教育利益相关者的最佳满意度。工程范式注重工程实践，强调要"回归工程"。但这里所说的工程实践不是技术范式时期的实践，它所强调的回归并不是单纯的线性回归，而是在原有基础上更进一步的螺旋式回归，是同时注重工程与科学协调发展的回归，是为了应对新问题、迎接新挑战的回归。

二、高等工程教育范式转型

为了定义高等工程教育的新范式，需要认识范式的形成过程。范式的概念和理论是美国科学哲学家托马斯·库恩阐述的，指常规科学所赖以运作的理论基础和实践规范，是从事某一科学研究的研究者群体所共同遵从的世界观和行为方式。现有范式不能解释和指导某科学领域的科学工作，范式开始转变并形成更加合理的范式。因此工程教育范式转变可以理解为：在传统的工程教育范式下，工程教育培养的人才服务于工业和经济社会发展。当科技和社会进步改变了产业和工业发展，导致已有工程教育范式不能满足产业对工程技术人才的需求时，工程教育界便开始开展教育教学改革，转变工程教育范式。目前的工程教育范式转变，源于多年前就开始的各种工程教育改革尝试。新工科教育改革的讨论和实践，使中国工程教育界形成共识，建立新的工程教育范式。新工程教育范式形成一段时间后，随着科技和社会的进步，又会出现新的发展、新的知识、新认识和对于工程教育的新理解，又会开始更新一轮的工程教育范式的转变，因此工程教育范式的转变、形成、稳定和再转变是一个动态和发展的过程。在这个过程中，适应当前发展的工程教育范式内容被保留和传承，不适应的部分在这个过程中就会消失。因此，工程教育范式转型是传承和渐变的过程，很少是颠覆性的推翻重来。

传统工程教育侧重工程教育技术范式。在工程教育的传统阶段，基于对真实世界进行"物理联通"的需要，工程需求更多体现在技术层面，重视在工程实践中对技术本身进行突破与攻关，基于此，该阶段的工程教育注重工程人才的专业领域培养，以工程技术和工程实践为主要内容，呈现出工程教育的技术范式特征。

当代工程教育侧重工程教育科学范式。在工程教育的当前阶段，基于对真实世界超越"物理联通"、创造性地实现"信息联通"的需要，工程需求呈现出科学性、复杂性等特征，更加重视科学理论的指导和不同领域学科知识的综合运用，基于此，工程理科化、学科交叉化成为该时期工程教育发展（改革）的压倒态势，呈现出工程教育的科学范式特征。

未来工程教育侧重工程教育工程范式。在工程教育的未来阶段，工程将基于技术、规模、政治、产业和人文五个维度上的新特征，致力于实现未来智能社会的"万物互联"，从而实现对人类社会的全方位服务。基于此，"回归工程"将成为这一时期工程教育发展（改革）的重要议题，强调基础学科、工程学科和人文社会科学等学科在更大程度上实现集成的同时，在肯定科学理论的基础上，注重回归工程的实践本质、综合特征和系统整体性。

在认识世界和生产活动中，"科学认知""技术范式""工业革命"具有相关性和因果性，它们之间是互相影响、互相联系的关系。科学认知的发展是人类认识世界的结果。这种结果必然影响科学理论和科学技术的进步，它是科学技术理论社会建构的重要因素。科学认知的进步，一定会引起科学技术的进步。当科学理论和科学技术进入成熟的阶段时，就会形成科学共同体的"技术范式"。但是，这种"技术范式"是一种科学理论与实践的"社会建构"。它只能是暂定的或约定的，是大多数科学共同体成员承认的结果。当更加先进的技术取代当前的"技术范式"时，便出现了"技术范式"的转变。这种转变不是一种简单的科学技术的发展，而是一种人类对客观世界认识的飞跃。正是因为有了这种深刻的科学认知的改变和技术范式的转变，才会导致社会生产实践活动的变革——工业革命。虽然工业革命不单单是来源于认知和技术范式的转变，它还有社会、政治、经济等其他因素的影响，但是科学认知的革新和技术范式的转变却是工业革命的必要条件。一方面，工业革命是一种社会的生产实践活动，它会反馈和检验技术范式的转变和科学认知的发展。另一方面，技术范式的转变和工业革命表征了科学认知。厘清了这三者的关系，就可以探究工业革命之源、科学认知的最终去向，以及技术范式的科学载体作用。

　　李晓强（2008）系统总结了科学范式和工程范式的特点，提出了两者之间的差异性，如表 2.1 所示。

表2.1　科学范式与工程范式的差异性

序号	科学范式	工程范式
1	注重纵向思维	注重横向思维
2	主要从书本抽象学习	主要从实践体验学习
3	强调还原（细分）	强调集成（聚合）
4	发展有序	联系无序
5	追求确定性	处事调和折中
6	重分析	重综合
7	重研究	重设计、重过程、重制造
8	注重问题求解	注重产品形成
9	注重开发想法	注重实现想法
10	独立探索	团队协作
11	关注学科基础	关注社会环境

第三章 高等工程教育转型发展的核心要素

要素是指构成一个客观事物的存在并维持其运动的必要的最小单位，是构成事物必不可少的因素，又是组成系统的基本单元，是系统产生、变化、发展的动因。要素在系统中相互独立又按比例联系成一定的结构，并在很大程度上决定系统的性质。高等工程教育体系转型的要素是指与高等工程教育转型相关联的因素，并非仅指工程教育系统内部因素，也包括对其产生影响的系统外部因素。中国高等工程教育需要的并不是局部的改革，而是顺应世界工程科技发展潮流的整体转型发展。转型发展势必会对高等工程教育系统的要素及其结构稳定性带来冲击。为应对高等工程教育转型发展的需求，应提升系统各要素，运用新方法改进、整合自身结构，实现系统的动态平衡，使之具有适应现代工程实践需要的能力，实现目标最优化达成的功能定位、体系架构和制度安排，以切实提高工程教育质量，培养出适应社会需求的工程人才。整体转型发展需要对高等工程教育的要素进行改造、整合与结构重组。

第一节 结构功能主义分析框架

一、结构功能主义

结构功能主义（structural-functionalism）是功能主义在 20 世纪中期的重要发展，其集大成者是美国现代社会学奠基者塔尔科特·帕森斯（Talcott Parsons）。在帕森斯看来，社会是相互关联的结构组成的系统，社会系统的存续以各个结构的功能性作用为前提，社会的整体稳定依靠各组成部分的功能发挥，且在结构发生变化时，结构的自我整合可以促进系统趋向稳定。帕森斯最为著名的理论是分析社会系统动态平衡的 AGIL 功能关系图式，其中，A（adaption）为"适应"，即一个系统从外部环境获得可支配的资源和手段；G（goal attainment）为"目标达成"，即系统确立目标及其主次关系，并配置资源达成目标；I（integration）为"整合"，即维持系统各单元之间的协调有序，防止系统内部的冲突与障碍；L（latent pattern-maintenance and tension-management）为"模式维持和张力调控"，即系统维持自身独特性和共同价值体系的模式。AGIL 功能关系图式是纵横拓展、多层分化的立体分析框架，其中，纵向分化上可对社会系统的各子系统进行分析，横向交换上可分析各子系统的双向互动关系。简言之，结构功能主义的逻辑进路是将结构概念置于功能概念之上，不同单位结构（子系统）在系统中发挥不同的功能，结构的本质是规范、规则、秩序，价值取向是系统建构和重构的维系力量，是社会秩序形成的条件。强调以"主流共识""共同价值"整合系统内部结构。下面应用结构功能主义理论，建立高等工程教育转型要素的分析框架。

二、高等工程教育的要素结构

林建（2017）认为，高等工程教育体系是一个系统，该系统的整体功能是培养优秀的工程人才。高等工程教育的根本任务是培养造就一批具有创新创业能力、跨界整合能力、高素质的各类交叉复合型卓越工程科技人才。高等工程教育系统转型从外部环境获得可支配的资源和手段，因此与外部要素之间发生密切联系并形成一定特殊结构。确立系统转型的目标，并在系统内部各要素之间进行资源配置以达成目标；在此过程中高等工程教育系统内部各要素需要建立协调有序的结构模式，防止系统内部的冲突与障碍；同时，系统要素结构需要有顺畅的运行模式和必要的结构张力来维持自身的独特性和共同价值体系。由此，依据结构功能主义建立包含高等工程教育系统外部结构和内部结构两个维度的分析框架。高等工程教育系统外部要素包含了政府、企业、第三方组织，这是高等工程教育转型的宏观要素，这几个要素形成了一个三棱锥式的立体结构。高等工程教育系统内部要素包括教育理念、人才培养模式、学科专业建设、教学模式、课程体系、教学方法、教学条件、师资队伍、评价体系，这些内部要素可以分为两个层次：教育理念、人才培养模式、学科专业建设、课程体系是关涉高等工程教育转型的具有全局性的内部要素，统领其他的内部要素，将其定位为中观要素；教学条件、教学模式、师资队伍、评价体系是与教学一线密切相关的更为具体、微观的要素。

这两个维度三个层次的要素之间是紧密关联、密不可分的。整体而言，内部要素是最主要的、起关键作用的要素，外部要素对其有重要的影响，内部要素和外部要素在高等工程教育中是协同发展的；高层次的高等工程教育转型的要素对较低层次的要素起着指导的作用，特别是中观层次的内部要素，直接引导微观要素的发展，指导着工程教育教学一线的转型改革，同时这两个层次又是互动的，在实践中也是协调发展的。"两维度三层次"结构如图 3.1 所示。

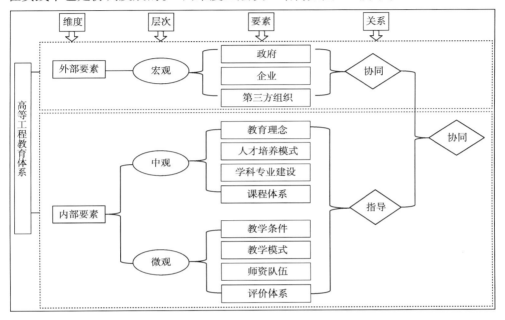

图 3.1　高等工程教育体系"两维度三层次"要素结构图

第二节　宏观视角的外部要素及其功能

高等工程教育是一个庞大的系统，它是由若干个外部要素和内部要素所组成的，要素之间相互作用的序形成高等工程教育的结构，不同的结构具有不同的功能。

一、高等工程教育转型相关的外部要素

高等工程教育始终要以服务国家战略、满足企业或产业需求和面向未来发展为自身的历史使命和社会责任，政府、企业或行业及社会第三方组织与高校工程

教育的改革和发展具有密切的关系，也分别具有一定作用和功能。外部政府、企业/行业、社会第三方组织与高等工程教育之间的结构关系如图 3.2 所示。

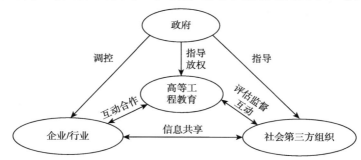

图 3.2　外部要素的结构关系示意图

（一）政府与高等工程教育的关系

政府有广义和狭义之分。狭义的政府指国家政权机构中的行政机关，广义上则泛指行使国家权力的所有机关，包括立法、行政和司法机关，代表着社会公共权力。乔耀章（2000）在《政府理论》一书中对政府所做的界定是："政府是由现实的少数人员组成的受一定传统、习惯、规范、法令、规章约束公共事务管理行为的制度化了的行使公共权力的组织机构体系。"政府就是国家权威性的表现形式，政府行为一般以公共利益为目标。高等工程教育是对国民经济发展具有重要作用的公益性事业，需要政府以自身的权威性及公共权力推动和促进其发展。

中国改革开放四十多年来，经济有了飞速的发展，其中起主导作用的是工业、制造业。从 2010 年开始，中国已成为世界第一制造业大国。制造业是整个国民经济的物质基础，各种自然资源要通过制造业加工成为商品才能为人类社会所用，并实现价值，国家的实力、国防力量也都要依靠制造业来实现。现在，创新主要是在制造业领域中产生并实现高的社会和经济价值。据西方发达国家统计，有80%左右的创新是在制造业中发生的，社会进步的根本动力来自科学技术的发展，而科学技术主要的应用领域是制造业。鉴于制造业在国民经济中的地位，作为制造业发展引擎的高等工程教育的发展必然需要政府的支持、引导、推动。我国制造业产业结构还停留在中低端，体现为产品功能性能的中低端和价值链的中低端，呈现出高端短缺现象。同时，由于各地产业趋同，出现低端产能普遍过剩的现象，制造业面临转型。因此，高等工程教育业也面临转型。在此转型过程中，政府扮演着重要的角色。2018 年全国工科教师调查数据显示，27.3%的工科教师认为高等工程教育转型的最佳路径是自上而下的政府改革，60.8%的工科教师认为是自上而下的政府改革与自下而上的学校自发行为相结合。[1]这充分说明高校工科教师认为政府在工程教育转型中具有重要的地位。

（二）企业与高等工程教育的关系

企业在社会中是从事物质生产的部门，具备生产所必需的技术和物质基础。在生产过程中，企业吸纳所需的各方面人才，以市场的需求为指导，充分利用高校输送的先进科研成果，并在政府的调控下，不断地进行商品化，为社会提供所需要的各种产品，以追求利益的最大化。企业作为市场经济的主体直接面对着市场，因此要掌握市场的行情，了解市场未来的走向和趋势。企业是产品生产和技术应用的场所，是高校工程人才培养和创新产品（供给侧）的接受者（需求侧），也是评价工程教育质量的第三方主体。企业作为工程技术人才的需求者，对整个工程教育起到倒逼的作用。同时，企业作为市场经济的主体，拥有高质量的工程技术人才和管理人才，也是高校工程人才培养的重要参与者。企业在高等工程教育中的角色定位应当是参与者、合作者、评判者。校企合作是高等工程教育转型发展的必要路径。

（三）第三方组织与高等工程教育的关系

从法律角度而言，第三方一般称为第三人，即在法律关系中除了双方当事人之外的、与这段法律关系有关的第三人。经济学背景下的第三方是介于买卖双方之间的第三个行为主体，通常指合同关系双方的两个主体之外相对独立的、有一定公正性的第三主体，一般引入第三方的目的是确保交易的公平、公正，避免纠纷和欺诈。延伸到高等教育领域，第三方组织是指包括各种社会团体、社会组织甚至公民个人等的独立于高等学校和政府部门的第三种力量，第三方组织的作用主要是进行监督、评估。席成孝（2014）指出，高等教育质量第三方评估是指具有相应资格的第三方组织，依据法律法规、高等教育规律，按照一定的标准和程序，采取各种方式对高校教育教学、人才培养和办学质量等方面做出评价和判断。

二、外部要素在工程教育转型中的功能

（一）政府在高等工程教育转型中的功能

在工程教育转型中，政府起基础性作用，不可或缺，是一只有形的手，与

---

[1] 国家社科基金课题"面向'中国制造2025'的高等工程教育转型发展研究"课题组调查资料。

市场经济中看不见的手互补。政府是政策和法律的制定者、信息共享的引导者、契约关系的约束者、评估机构的监督者。在工程人才培养过程中，政府部门通过宏观调控、政策制定、间接参与和信息引导，以及发挥监管作用，使整个工程教育体系朝健康、有序、可持续方向发展。政府的作用是不可或缺的，也是不可替代的。

1. 顶层设计与政策引导

首先，政府是高等工程教育转型的顶层设计者。需要确定新时代高等工程教育转型的方向、规模与结构，把握行业产业未来发展方向，预测未来对各种类型工程科技人才的需求，提前布局、建设和发展产业未来需要的新的学科专业，及时引领培养未来产业发展的卓越工程科技人才。譬如，规划"新工科"建设、推动高等工程教育与国际接轨、扩大工科专业招生规模、调整工科专业设置等。出台支持高等工程教育转型的具体措施与专项行动，出台宏观经济政策调控企业行为，引导企业参与高等工程教育。

其次，政府是高等工程教育转型的良好政策环境营造者。第一，政府做好顶层设计，加强政策引导。中央和地方各级政府出台统筹性政策，为工程教育规划蓝图、指明方向、统筹发展。只引领大局，不干涉办学细节，给予高校充分的办学自主权，让高校遵循工程教育发展规律，自主开设适合市场需求的工科专业，自主引进师资力量，更好地实现转型发展，形成具有中国特色、世界一流的工程教育体系。第二，政府出台保障性政策。保障教育经费的充足，增加工程教育的专项经费投入，推出一系列的工程教育改革专项计划与资金支持。制定法律法规，保障企业与高校在校企合作中的各项权力和利益。第三，政府出台激励性政策，如税收减免等，以激励各方参与工程教育的积极性。第四，政府加强对第三方组织的建设与监管。政府对第三方组织的建设与监管并不意味着政府对其施加强力控制，而是推动更多第三方组织的产生与规范运行，在制度的约束下使其发挥最大的功能。

国家的经济发展走向和政府科研政策对于高校的工程技术人才培养方向和创新起到导向作用。政府并不直接参与高校的建设，而是从宏观角度指导高校培养符合行业用人标准的工程人才，以政策和制度来引导高校的办学行为。各级政府部门通过密切联系、相互配合和有效管理，使工程技术人才培养计划符合经济发展规划，保障技术人才适应社会需求。

2. 搭建信息沟通及资金资助平台

在高等工程教育转型中，各宏观要素之间的协同育人至关重要。信息沟通与交流是促成协同育人的基础，各方充分认识到协同目的、认同协同育人的方式，有利于协同育人更长期、稳定和深入。政府在信息掌握方面具有天然的优势，可以发挥中间桥梁和媒介作用，充分利用所掌握的各种信息，加强合作各方在工程教育人才培养系统内部和外部的沟通。

政府运用经济手段搭建资金资助平台，刺激和引导各方协同培养工程人才。直接出资设立专项科学基金，资助部分工程教育的经费；鼓励高校和企业联合申请基金项目，对有企业介入的投资开发项目实行重点资助；牵头出资，与企业和高校共同建立科研基地和科学园，以此为载体共同培养工程人才；在税收方面对校企合作项目予以税收优惠，对高校参与企业技术改造和工程教育培养的项目给予适当倾斜。

3. 监督校企合作育人取得实际成效

质量是工程教育永恒不变的主题，是工程教育的灵魂。政府对工程教育质量保障有监管的职责，对于推动企业和高校协同培养工程人才可以发挥监督作用。政府作为协调机构，凭借自身的行政权力，在高校和企业共同制定工程人才培养模式和协同培养人才的过程中，作为"隐形"的机构监督构建校企协同的质量保障体系，以及在企业专家与高校教师之间建立起协同机制，确保工程人才的培养质量。

（二）企业在高等工程教育转型中的功能

1. 提供工程人才培养的实践基地

工程教育在高校中培养人才，最终要将人才输送到企业中服务，仅仅依托高校和研究机构培养是不够的。工程人才的培养必须理论联系实际，将所学技术和知识应用到解决实际问题中去，而企业具备优良的先天条件为工程教育提供实践基地。现代企业的工程师们既拥有丰富的实践经验，还拥有扎实的理论基础，聘请他们到学校兼任导师，不仅能弥补实践型师资不足的问题，还能扩宽工程专业学生的技术视野。实践基地可以起到企业与高校沟通的桥梁作用，在实践中企业人员、教师和学生可以优势互补，为工程实践、项目研究、产品研发提供实施载体。教师和学生向企业人员传授最先进的前沿知识及理论，企业人员教授教师学生实践经验及企业发展动向。校企深度合作既可以培养出符合企业需要的人才，又为高校工程教育改革指明了方向。

2. 提供将隐性知识转化为显性技术的场所

企业是知识应用的场所，在工程教育的校企合作过程中，会产生很多有价值的课题和前沿知识，高校由于自身因素及经济束缚，难以将高新技术转化为市场科技。企业恰好拥有这方面的优势并急需高新技术作为企业发展的支撑力。企业在与高校协同培养工程人才的同时，运用现代企业制度，依托高校的学科优势、政府的政策扶持，将科技在市场经济环境下实现成果转化，从而反哺政产学协同培养工程人才。企业在与高校协同培养工程人才的同时吸纳高校高层次人才参与企业核心技术攻关，带来企业技术进步和转型升级，又通过科研成果不断转化带来经济效益。企业导师在参与工程人才培养的同时，可与高校教师交流互动，有利于促进企业技术创新，提高生产效益。此外，企业在与高校协同培养人才的过程中，可以发现和招聘优秀的毕业生，继续进行科技研发和新产品研制，将隐性知识转化为经济成果。

3. 提供企业需求信息促进高校工程教育改革

企业的技术创新活动受到市场信息需求变化的影响，其创新成果反映的是市场经济变化情况。企业掌握大量信息，对市场变化最为敏锐，根据市场需要进行自我调节；高校拥有雄厚的人力资源，却缺乏灵敏嗅觉和反应迅疾的市场化运作。企业的出现恰好弥补了高校人才培养信息的不对称性。企业的技术难题和产品创新也并非完成几篇学术论文就可以解决的，需要与高校深入合作攻关，在为企业解决实际工程问题的同时，又联合培养工程人才。企业作为社会需求风向标，作为校企协同培养工程人才的平台，发布企业创新发展信息和对工程人才的素质要求，指导工程学生对市场信息做出迅速反应。高校与企业合理利用资源，使高校培养的工程人才能够瞄准市场和社会需求，适用国家建设和科技发展需要。

4. 企业深度参与工程教育合作育人

企业在工程教育中起着不可或缺的作用。在工程教育转型中，首先，企业需要将目光放长远，避免急功近利。企业作为营利机构，对参与合作有着明确的利益追求是理所当然的。但企业应具备战略眼光，着眼于长远利益，不应只关注眼前利益。毕竟育人是一个长期工程，而未来的回报是巨大的。经过企业协同培养出来的人才，能够学以致用，节约企业大量的人力资源培训成本，同时对于企业的技术创新有着至关重要的作用，技术创新能带来巨额利润回报。企业应加强与高校工程教育的合作，从长远考虑，充分地发挥自己在工程教育中所起的作用，与高校合作建设产业学院，共同搭建工程教育平台，共同制订专业培养方案，共同制定人才培养标准，共同主讲部分专业课程，共同编写实用性教材，共同参与实践教学，共同指导学生毕业设计（论文），共同推荐学生就业，共同研发企业需要或期待的项目，共同促进人才培养与社会服务的双赢，形成稳定的、良性循环的"十共"育人关系。

（三）第三方评估组织在高等工程教育转型中的功能

第三方评估组织要保障独立地位，增强自主性。高等教育第三方评估组织作为教育评估工作的"新生代"，是联系政府、社会和高校的桥梁与纽带，而不是作为政府的附庸；其成立是大学治理"管办评"分离的逻辑基点，是高等教育健康发展的必然选择。为此，必须保障高等教育第三方评估组织的独立地位。对于高等教育第三方评估组织而言，需明确独立性是第三方评估组织生存和发展的根本，不是紧随政府亦步亦趋，而是要摆脱第三方评估组织作为政府附庸的逻辑桎梏，增强第三方评估组织的自主性；有效转变政府职能，加强对高等教育第三方评估组织的引导和扶持，拓宽高等教育评估的"发展域"，保证第三方评估组织独立自主行使评估活动的权力，同时需规范和监督第三方评估组织的发展，切实保障高等教育评估工作独立自主的本真之貌。

第三方评估组织应提升专业水平，提高公信力。不论是官办型第三方评估组织的转变、民间性第三方评估组织的成熟，还是选择与境外第三方评估组织的合作，第三方评估组织具有一定的专业性水平是前提。因此评估组织本身需要加强评估理论的研究，详细制定相关的评估指标，以理论指导实践，在具体的评估工作中尽可能做到科学、客观和高效，提升第三方评估组织的专业化水平，提高其评估结果的权威性和可信度。

第三方评估组织能对高等工程教育起到监督作用，从而促进高等工程教育转型发展。对于高校来说，第三方评估组织开展评估，得出的评估结果是高校发现问题、改进策略的重要参考。一次有效的第三方评估能够全方位精确地掌握被评高校的工程教育质量、管理水平与办学效益，及时发现工程教育活动中存在的各种显性及隐性问题，高校由此调整高等工程教育办学理念，改革教学活动，提高管理质量，使高等工程教育质量和效益得到最优化，有利于促进高等工程教育健康、合理、科学、有序发展。同时，在评估中取得较好的评估结果可以帮助高校吸引更多的生源，获得更多的政府财政资金与社会捐助。在高等工程教育领域，由专门职业或行业协会（联合会）、工程教育专业认证协会组织的高等工程教育专业认证是第三方评估组织评估的重要形式。

对政府而言，第三方评估组织评估是教育部门宏观调控工程教育发展的重要途径，无论是中介机构组织的评价，还是纯民间机构组织的排名活动，都直接或间接地为教育决策部门做出民主、科学的决策提供了可参考的依据，从而改进对高等工程教育发展的宏观指导。对企业而言，第三方评估组织提供的评估信息可以帮助其了解各高校的人才培养质量与特色，从而较为便利地选择合适的工程人才；还可以依据评估信息选择合适的目标学校开展人才培养、科学研究方面的校企合作。对于第三方评估组织而言，公正客观的评估结果有利于提高自身的信誉度，增强其社会影响力。

第三节　中观视角的内部要素及其功能

　　一般意义上而言，人们认识事物是一个从大到小或者说由整体到个别的过程，在此期间，人们观察事物的方式就分为宏观、中观和微观三个角度。首先，宏观视角倾向整体主义，表现的是事物的应然状态，对事物的整体统领性关注度高；微观视角即侧重事物的个体发展，分析解决事物面临的实然问题，能够把握事物细微的变化。相应地，中观视角则是相对于宏观和微观而言的问题研究视角，是连接整体与个体的重要过渡。在问题研究过程中，往往重视对宏观的把握，但宏观和中观有何关系呢？上海市政治学会会长桑玉成教授曾经举过一个形象的比喻：宏观视角好比是毛坯房，而中观视角是将毛坯房进行装修，以使其诸功能发挥应有的作用。那么，就高等工程教育体系而言，如果说研究高校、政府和第三方评估组织的关系是从宏观角度出发，微观意义上就要研究高等工程教育体系中的师资队伍和教学方法等个体要素，而教育理念、人才培养模式、学科专业建设及课程体系等就是使宏观和微观的价值要素能有机地联系到一起，从而发挥各部分的最大功能，促进整个体系的良好和高效运作。

　　针对我国高等教育转型中出现的教育理念不清晰、人才培养模式僵化、教学模式单一化及课程体系制定不完善等阻碍工程教育发展的诸多问题，需要找准其根源，并在结合工程教育自身规律的同时，积极构建新工程教育理念、新人才培养模式、新工程学科专业、新课程体系等四要素的发展策略，这对于探索符合时代特征的工程教育新体系有着深刻的影响和意义。

一、高等工程教育理念及其功能

（一）高等工程教育理念的嬗变

　　一般认为，教育理念是人们在理论与实践基础的结合中形成的、用以表明教育事务自身发展规律和性质的根本看法与判断。高等工程教育理念是用以指导工程教育发展理性认识的总的看法，对于指导工程教育理论与实践起着基础性的作用。它包括高等工程教育的实然理念和应然理念，其中蕴含高等工程教育世界观、价值观和方法论定位及指向。高等工程教育理念是对高等工程教育的理性认识与哲学反思，它是从整体、系统和一般的角度思考我国高等工程教育中存在的问题。加强我国高等工程教育理念的研究，既有利于校正高等工程教育中的偏差，又有利于规范高等工程教育的改革与发展，更好地为社会建设服务。工程教育理念指引工程教育发展的方向，是构建工程教育模式的向导。

我国高等工程教育理念具有发展性，随着社会的发展不断与时俱进，在不同的历史时期、历史条件下，其内涵和外延都会有所变化，并指引着未来教育的发展方向，成为教育实践的理论先导。李志峰和陈莉（2019）认为，我国工程教育理念经历了从民国时期的实用主义理念到计划经济时代的工具主义理念，再到改革开放以来的科学主义理念的过程。此前的这些工程教育理念又被称为传统工程教育理念，现代社会处于信息技术革命、人工智能快速发展的重要时期，国外教育界首先提出了"大工程观"的教育理念，即建立在学科基础上的工程教育回归本来含义上进行改革，更加重视工程实际及本身的系统性和完整性。近年来，我国高等工程教育界掀起了"工程教育转型"的浪潮，我国原有的工程教育体系受到巨大冲击，建立适合我国高等工程教育发展的新工程教育理念已经是大势所趋。

但凡变革，必定理念先行。唯有理念转变，才能有行动的转变；唯有理念一致，才能形成合力。在课题组问卷调查中，当问及 5326 名样本教师"您认为高等工程教育应从哪些方面进行转型（多选题）？"时，教育理念的占比最大，为 22.94%，占 7 个可选项中的第一位（表 3.1）。可见，"中国制造 2025"背景下的高等工程教育转型的首要任务就是教育理念转型。

表3.1 对高等工程教育转型着力点的看法（N=5326）

转型着力点	样本数	有效百分比	排序
教育理念	1222	22.94	1
师资队伍	939	17.63	3
专业设置	410	7.70	6
课程体系	846	15.88	5
人才培养模式	851	15.98	4
实践教学	1011	18.98	2
其他	37	0.69	7
缺失值	10	0.19	—
合计	5326	100	—

资料来源：国家社会科学基金课题"面向'中国制造 2025'的高等工程教育转型发展研究"课题组调查资料

　　Reynolds 和 Seely（1993）研究指出，第二次世界大战结束后，以美国为代表的西方国家工程界发现工程技术的进步依靠于科学研究的突破，工程教育也开始由以往的注重实践经验走向偏重科学研究，主要表征为过分注重科学知识的传授、忽视学生工程实践能力的培养、工程教育与工程实践脱离。此后，美国工程教育界在实践能力和科学基础之间如钟摆一样摇摆不定。工程教育是知识和应用的整合，以"学以致用"为宗旨。基于工程教育与工程实践脱离，以及对工程教育"科学化"的反思，20 世纪 80 年代以麻省理工学院为代表的美国工程教育界提出了"回归工程实践"的教育理念。该理念主要突出工程本质，强调工程的系统性和实践性，倡导工程教育从科学主义向工程实践回归。

　　"回归工程实践"理念的提出，促使美国工程教育界开始重视工程实践。美国国家科学基金会（National Science Foundation，NSF）设立基金建立工程研究中心，鼓励学生参与研究中心的项目，在真实的项目中拓展实践经验；美国国家工程院在《2020 的工程师：新世纪工程的远景》（*The Engineer of* 2020： *Visions of Engineering in the New Century*）研究报告中将分析技能（analytical skills）、实践经验（practical ingenuity）和创造力（creativity）作为"2020 工程师关键特征"的前三位特征。在此背景下，美国工科院校从课程体系、教学方法和培养制度等方面进行了多样化的探索和实践，其改革特点主要体现在以下几个方面：第一，强调产学研合作教育，创造真实的工程实践环境。在美国，产学研合作是回归工程实践的重要体现。企业为学生提供工程环境和实践机会，学生针对企业需求，为企业发展提供知识、技术支持。第二，加强实践教学环节，培养工程实践能力。美国高校强调理论与实践结合，鼓励学生参与项目设计、实验实训、导师的课题研究等实践训练。这种实践训练让学生全程参与从科研立项到项目实施再到成果总结等环节。同时，毕业设计要求学生以企业的实际问题为背景制订方案，学生自主设计、自我安排。第三，制定个性化的培养模式，灵活多样地培养人才。例如，麻省理工学院为学生制订了本科生研究机会计划（undergraduate research opportunities program，UROP）、本科生实践机会计划（undergraduate practice opportunities program，UPOP）等不同的培养方案，学生可以根据兴趣和能力有针对性地选择适合自己的学习计划。大一学生也可以自由参与，前提是必须与工程实践结合。美国工程教育之所以强调回归工程实践，主要是为了纠正工程教育"科学化"的偏失，突出工程实践在工程教育中的作用，特别是对工程设计能力和工程创新能力的培养。

　　中国现代工程教育起步较晚，中华人民共和国成立初期，国家效仿苏联模式发展工程教育，强调教育与生产劳动相结合，实质上是一种专业教育模式。20 世纪 50 年代，我国进行了两次院系调整和专业设置改革，发展专门学院，特别是工业学院，形成了以单科性工科学院为主的工程教育模式。这种模式注重学生的生产能力，将生产实习作为教学的重要环节，教学内容以技术应用为主。除了实验教学，还有生产认知实习、金工实习、生产实习等实践教学环节。这个时期的工程教育注重理论联系实际，但进行的工程实践多停留在技术生产层面，缺乏创新和突破，处于技术范式阶段。20 世纪 80 年代，我国开始对传统工程教育模式进行反思。1980 年 1 月，教育部将工科培养目标由"完成工程师的基本训练"改为"获得工程师的基本训练"，强调学术能力的培养。培养目标的转变为工程教育偏离工程实践埋下了伏笔。1982 年，针对工科专业完全按照行业岗位设置、专业划分过细、学生知识面过窄的问题，国家对专业结构进行了第一次的大规模调整工作，对本科专业目录进行全面修订，主张按学科划分专业，拓宽专业口径。同时，受美国前期"工程科学化运动"的影响，工科院校开始注重学科发展，加强专业理论教学，强调科学主导工程，我国工程教育模式开始由"技术范式"转向"科学范式"。在此背景下，工科院校实践课程大量削减，强化学科知识和科学研究，相对忽视综合性工程实践训练，更缺乏对工程系统要素的整体把握，导致工程教育培养目标的"去工程化"和培养模式的"学术化"。

1994 年，国家教育委员会颁布《高等教育面向 21 世纪教学内容和课程体系改革计划》，明确提出"综合性、重实践"的教学改革要求。次年，国家教委工程教育赴美考察团首次将美国大学"回归工程"的理念引入中国，提出了"回归工程"的改革方向，即工程教育从过分重视工程科学转变为更多地重视工程系统及其背景上来；加强工程实践能力的培养；强调课程"整合"与课程"集成"，重建课程内容和课程结构；学会学习和终身教育。进入 21 世纪以来，中国工程教育开始探索回归工程实践的具体路径。2005 年，汕头大学率先引入实施 CDIO 教育模式，建设具备学校特色的 EIP①-CDIO 工程教育模式。2008 年，在教育部的指导下，CDIO 教育模式开始在全国范围内推广。2010 年，教育部启动实施"卓越工程师教育培养计划"，建设国家级工程教育中心，旨在强化工科学生的工程实践能力、工程设计能力和工程创新能力，先后有三批共 300 多所高校加入该计划。该计划标志着中国对回归工程的认识和实践已经达到新的高度，工程教育由"科学范式"开始向"工程范式"回归。目前关于新工科建设的讨论如火如荼，各种新的工程教育理念，如大工程观、做中学、创中学、CDIO教学模式等不断被引入工程教育，这些理念对工程教育的转型发展起着引领和指导的作用，同时在转型发展实践中这些理念又在不断融合、发展，进而形成更多更成熟的工程教育新理念。

工程实践是工程的核心，工程设计是工程实践的精髓，工程设计是从构想到实现的全方位、全周期、系统化的过程。相对于人文学科和自然科学，工程学科

---

① EIP 即 ethics、integrity、professionalism，职业、道德与诚信。

具备明显的实践性、应用性和创造性的特征。因此，创新被视为工程实践的本质属性，创新强调思想、行动和实践的相互作用，是一个新想法从诞生到付诸实践的全过程，它是生产创造的开端。可以说，"回归工程实践"本质是对工程本义的回归，不是简单地增加实践教学学分比例，而是强调工程教育要培养具有工程设计能力、实践创新能力，能够创造性解决工程实际问题的人才。

（二）工程教育新理念的功能

传统高等工程教育理念系指从工程教育发展之初所产生的实用主义理念、技治主义理念及科学主义理念等一系列工程教育理念。纵观传统工程教育理念发展的历史，不难发现从民国时期开始至今，由于受到西方实用主义的影响及中国特定的历史条件，加之工程教育自身的实践性特征，传统工程教育理念是围绕着实用性不断发展的。无论是改革开放前的技治主义理念还是改革开放后的科学主义理念都非常重视工程实践成果的产出，国家还通过增设理工科专业和课程甚至是学院的方式来大力推动工程教育的发展。在过去很长的一段时间内，在人们充分认识到科学带来的工程外在价值后，科学主义迅速地占据了工程教育理念的大半壁江山，科学至上的思想被人们所认可。一方面，人们享受着科学带来的便利：工程类院校为社会培养了大量的工程科技人才，取得了数不胜数的工程硕果；研究工程领域的学者和企业提高了声望和地位；工程教育开始趋于功利化发展。另一方面，由于过于注重工程教育的外在价值，忽视工程教育本身的内在价值，助长了浮躁的不良社会风气，工程类人才的人文素养呈现下降趋势，其创新意识和综合能力都非常薄弱。

传统高等工程教育理念在现代社会实践的检验中已然失去了原有核心价值的光芒，新的高等工程教育理念正在探索中逐步形成。早在 1995 年，国家教委工程教育赴美考察团在考察过程中第一次接触到"大工程观"理念，并在回国后形成了考察报告。报告提出，基于我国工程教育系统发展的复杂性与系统性，新的工程教育理念需要被重新构建。目前，"大工程观"教育理念得到了国内外工程教育界的广泛认同，国内学者虽然也很认同大工程观，但对大工程观教育理念的内涵持有不同的观点。大工程观作为一种多元的开放式工程教育理念，旨在摒弃传统高等工程教育中存在的工程科学化和狭隘技术化的弊端，是建立在科学与技术基础上的包含政治、经济、道德、文化、生态等多维度的大工程含义。随着"中国制造2025"战略的实施，新一轮技术革命和产业变革的到来，当代我国高等工程教育转型需要建立起"人—科技—工程—社会"的大工程教育理念，以社会需求为导向去培养人才，并在培养过程中重视"人"的主体地位，强调人才的全面发展。（图3.3）

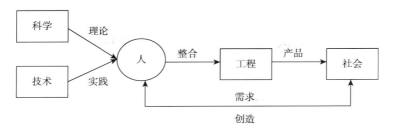

图 3.3　高等工程教育新理念

　　这种大工程观本质是多种工程教育理念的结合与提升，是全面的、综合的、科学的、创新的工程教育理念。大工程教育理念有两个核心含义：一是跳出单一的科学主义或技术主义，以社会需求为导向来重新审视工程教育中的人才培养问题；二是在人才培养过程中注重"人"的主体地位，强调工程人才的全面发展。工程教育不仅要引导学生掌握专业技术，更要强化学生的社会责任感与时代使命感。工程与人、科技、社会之间有着密不可分的联系。科学与技术是不可分割的，科学是技术的理论指导，技术是科学的实践转换，工程则是人们通过整合科学理论知识和技术实践经验，研究、开发、设计并生产出新的产品以满足社会需要的一种创造性活动。这种创造性活动的载体——工程技术人才的培养，便是工程教育的目的与追求。工程教育与人、科技、工程、社会之间的内在联系将使得"人—科技—工程—社会"的大工程教育理念成为新时代我国高等工程教育转型的重要理念。

二、工程人才培养模式及其功能

（一）工程人才培养模式

　　人才培养在教育发展的过程中已经逐渐形成了一种固定的模式，称为人才培养模式。1998 年，教育部召开的第一次全国普通高校教学工作会议的文件《关于深化教学改革，培养适应 21 世纪需要的高质量人才的意见》中提到，"人才培养模式是学校为学生构建的知识、能力、素质结构，以及实现这种结构的方式，它从根本上规定了人才特征并集中体现了教育思想和教育观念"。张光斗（1996）院士认为人才培养模式指人才培养的内容和要求、培养规格、培养学制和方法。总的来说，人才培养模式就是在国家的教育方针指导之下，依据相对固定的教学内容和课程设置，采取合理的教学方法，建立科学管理体系与评估方式，实现人才培养的目的。工程人才培养模式就是要回答工程教育应该"培养什么人才，怎样培养人才"的问题。换句话说，工程人才培养模式是实现高校培养新型工程人才，并使其知识、能力、素质符合现代工程发展要求的框架结构。

顾秉林（2014）指出："工程科技人才规模和水平直接影响着一个国家的工业化进程和国际竞争力。"在新工业革命浪潮的推动下，科技创新成果不断地改变着经济发展的模式和样态。为了在新一轮科技竞争中取胜，世界各国都高度重视工程教育改革，积极探索和实践工程教育人才培养模式变革。我国走新型工业化道路，实施创新驱动发展战略，迫切需要大批创新创业型工程科技人才。目前，我国工程科技人员最大的问题是缺乏创新创业的意识和能力。因此，必须对传统工程教育人才培养模式进行根本性变革，以实施创新创业教育为核心，着力培养工程科技人才的创新创业能力，为经济和社会发展提供强大的工程技术人才保障。

从国际上来看，西方发达国家根据当代产业发展的需求，不断调整工程科技人才培养标准，优化和改革工程教育人才培养模式。尤其是在新一轮工业革命背景下，经济和社会发展对工程科技人才创新创业能力的要求日益突出。2001年美国国家工程院与美国国家科学基金会共同发布的"2020工程师"计划中明确指出，未来工程师必须具备分析能力、实践经验、创造力、沟通能力、商务与管理能力、伦理道德和终身学习能力。为了大力培养学生的创新创业能力，2012年《斯坦福大学本科生教育研究报告》提出"通识教育+创业教育+实用教育"的人才培养模式。在工程教育人才培养模式改革方面颇具代表性的是欧林工程学院（简称欧林工学院）。该学院创立于1997年，在成立后的短短20多年间，其以前瞻性的办学理念和颠覆性的教育方式，成为全美乃至全球关注的工程教育改革典范。欧林工学院在建校之初就将培养杰出工程创新人才作为根本使命。为切实履行这一使命，欧林工学院将自由艺术教育、传统工程教育与创新创业教育融为一体，提出了著名的"欧林三角"人才培养模式，培养了一大批优秀的创新创业型工程师。从欧林工学院的办学经验可知，想要培养创新创业型工程科技人才，必须改革和创新工程教育人才培养模式，破除阻碍创新创业型人才培养的体制和机制障碍。创新工程教育人才培养模式培养创新创业型工程技术人才，是新时代工程界发展对工程教育的必然要求，也是我国实施创新驱动发展战略的必然选择。

（二）工程人才培养新模式的构建

我国存在的人才培养质量不高、创新意识缺乏等诸多问题表明，传统的高校人才培养模式已经与国家社会发展不相适应，需要克服"旧"人才培养模式发展中的瓶颈性难题，在探索和尝试中寻求工程人才培养新模式的合理构建。

1. 工程教育的人才培养目标

人才培养目标是人才培养模式改革的首要问题。工程教育应当培养什么样的人才？从工程教育培养目标来看，工程人才培养目标应该由培养工程科学家逐渐转向培养工程师，培养具有创新能力、实践能力，具有问题意识、适应工程实践和社会发展需要的人才。高等工程教育人才培养首先要满足工程教育专业认证的基本要求，即重视培养工科人才综合能力、实践能力，突出以学生为中心；人才培养基于目标，并将目标层层分解到课程体系设计中，目标与课程达成矩阵式结构；将学生要达到的能力和素质详细分解为毕业要求的指标点，每项能力与素质要有对应的课程和教学方法。同时，工程人才的培养要让利益相关者满意，培养合格的社会公民是基本要求。中国工程教育不要盲目地赶超欧美国家，要建设符合自己国情、有中国特色的工程教育；但是工程教育的共性，如结合实践、接触社会、跨学科学习、面向需求、问题导向培养人才不能丢。①

　　以上三个方面实际上是工程教育社会化培养目标、个性化培养目标和工程化培养目标的融合。从我国工程教育体系来看，工科高校数量众多、层次类型丰富，但是人才培养目标存在趋同现象，人才培养缺乏层次性和差异性。依据工程科技人才市场的需求结构，高等工程教育主要培养学术型、工程型、技术型和技能型人才。高校确定人才培养目标，首先要找准自己的特色和优势，进行准确定位，明确与其他高校人才培养的层次和类型差异，切忌盲目攀比和"划一式"培养。同时，要根据高等工程教育对区域经济和行业需求的服务定位确定培养目标，建立多层次工程人才培养目标体系，既要培养一批拔尖领军的创新创业型工程师，又要培养一批具有创新创业能力的高素质工程型、技术型和技能型人才，为国家的创新发展提供全方位、多层次的人才支持。

　　2. 工程人才培养新模式的功能

　　工程教育转型发展中人才培养模式有两个新的功能：一是跨学科培养模式，二是多元化培养模式。跨学科培养的第一步是跨学科教学。跨学科教学是一种用以解决实际问题的教学方法，针对复杂的现实问题，可能需要多学科的理论知识和技术，因此，需要多学科的教师协同教学，培养学生跨学科思维，指导学生综合运用多学科知识或技术解决实际问题。传统的授课模式，课程间界限分明，学生掌握知识程度生硬，没法做到学科间的融会贯通。具体来讲，跨学科教学包括认知层面和专业层面。认知层面就是对于不同学科，必然有一个基础知识的全面掌握，这是一种基础的学术素养，即前期要求学生打牢相关学科的基础理论，在此基础上后期项目制教学付诸实践。首先，专业层面离不开具体实践，即同样领域的知识可以进行融合，没有必要划分得太细致，要以解决实际问题为主，在解决实际问题过程中实现学科知识的融合。其次，跨学科培养还涉及多学历层次的

———————————————

① "面向'中国制造 2025'的高等工程教育转型发展研究"课题组专家访谈资料。

跨学科联合培养。

工程人才培养新模式的多元化。工程人才培养新模式并非单一的、僵化的固定模式，而是多元、多面、交叉兼容的。为提升工程人才培养的整体质量，我国各类高校在人才培养模式方面进行了多样化的探索和尝试。总体来说，初步形成了以应用型人才培养模式、研究型人才培养模式、复合型人才培养模式和创新型人才培养模式等四种为代表的人才培养模式。首先，应用型人才培养模式主要是地方应用型高校为了培养具有专业知识与技能、面向特定就业岗位的高级人才，这类人才能够熟练掌握和应用与社会实践相关的知识与技能，因而社会适应性和创业能力都较为突出一些。其次，研究型人才培养模式着眼于培养具有高素质、高水平的研究能力和创新能力的高质量精英人才。在培养方式上，尤其注重对理论知识的系统建构和探索精神的培养，使学生成为具有国际视野、思维活跃兼具创新意识的高学历群体。再次，复合型人才培养模式关注培养具有多学科知识与技能背景的、能快速适应社会发展的人才。最后，创新型人才培养模式以培养学生的"创新能力"为核心，因材施教，进而充分促进不同学生的个性发展和全面发展，这种培养模式是对传统人才培养模式的颠覆和重构，也是我国高校在重点探索的模式之一。西安交通大学最先提出有自身特色的"2+4+x"创新人才培养模式，其特点是以创新教育为主线，将创新意识、创新能力培养贯穿于人才培养的全过程和每个教学环节，打破了传统的学制、课程设置及教师聘任等制度。

三、工程学科专业建设及其功能

学科是科学学的概念，它既是指一个知识体系，又是指一种学术制度。就组织层面而言，学科是根据工程人才培养或教学科研需要建构的知识范畴体系或学术分类，专业是人才培养的基本单元，也是工程教育人才培养范式的实践载体。就实践层面而言，工程学科专业建设不是无目的性的建设，而是在社会需求和人才培养目标价值导向下的实践过程。因此，学科专业建设是工程教育人才培养范式转型的核心，工程教育人才培养范式的实践性也是通过工程学科专业建设的实践性来体现的。不同的工程学科专业建设价值取向、建设内容和建设方式反映不同的工程科技人才培养的目标取向，以及社会对工程科技人才需求的不同标准。工程学科专业建设的实践逻辑就是以工程教育的实践性、创新性、综合性为人才培养的价值导向，从传统的学术性导向的学科专业建设模式转向工程实践导向的学科专业建设模式，培养具有跨学科知识结构、能够创新性解决工程实践问题的复合型工程科技人才。在实践中，学科专业建设有狭义和广义之分，狭义的学科专业建设主要是指学科专业的增减，或增加新学科专业，或停办现有学科专业，以及学科专业结构布局的调整；广义的学科专业建设不仅包括学科专业增减，还包括学科专业办学条件的改善、学科专业交叉与教育资源整合，以及学科专业内涵的升级改造等。面向"中国制造2025"的工程学科专业转型主要是指广义上的转型。工程教育学科专业的转型发展离不开学科交叉。

（一）工程教育专业的跨学科交叉建设

1. 工程活动的复杂性决定了跨学科交叉的必要性

工程活动的复杂性体现在四个方面。第一，问题的复杂性。郝莉等（2020）认为：工程是针对问题寻求解决方案、提升生产生活质量的过程。然而，现实世界的复杂性决定了问题的复杂性。当今社会我们面临的所有重大问题，都不能通过单一学科独立解决，如气候问题、能源危机、全球饥荒、宇宙起源、大规模流行性疾病防控、文化认识与艺术表现等。这些问题都超越了单一学科的范畴，甚至跨越了自然科学、社会科学和人文科学，需要综合多门学科的知识、观点、方法、工具来解决。第二，约束的复杂性。国际生产工程科学院（The International Academy for Production Engineering，CIRP）的 Jeswiet 和 Szekeres（2014）将工程活动定义为"应用技术和科学原理制造产品，目的是保护环境、节约资源、促进经济进步、回应社会关切和可持续发展的需要，同时优化产品生命周期，最大限度地减少污染和浪费"。面对复杂约束，基于全生命周期的产品开发是优化设计提升效率的有效途径。然而，充分实施全生命周期工程，需要工程师具有足够的知识经验积累、形成对相邻学科的理解、具备表达沟通技能及创造性，才能提出新的想法或创新的解决方案，因而同样需要综合多个学科。第三，系统的复杂性。现实世界大多数工程项目都是复杂系统，因而既需要了解系统中各部分如何运作，也需要了解这些部分间的相互作用，以及时间和环境如何影响它们的运作模式与相互关系。只经过必修课和单一传统学科的学习，往往会形成"筒状视角"，缺乏对整个系统背景的理解及通过多学科视角观察现实和特定问题的能力。然而跨学科研究和学习，可以通过借鉴与特定问题相关的多门学科知识，将其研究的最小系统与更大的整体联系起来（雷普克，2016）。第四，知识方法的复杂性。如今的大部分工作都变得越发知识密集，而计算技术的发展更加剧了这种复杂性。无论是建立模型进行模拟，还是使用数字技术生成分析大量数据，都需要多个学科的知识。与此同时，这种抽象的模型和数据加大了解读知识的难度，因而更要求人们掌握理解、运用和整合多学科的知识和方法。

2. 跨学科交叉是高等工程教育改革的必然要求

雷普克将多学科与跨学科研究分别比作水果拼盘和混合果汁。水果拼盘中的每种水果代表一门学科，它们紧紧相邻，外观味道彼此独立，对于水果类型和数量的选择，可能是为了好看。混合果汁则不同，它以预期的味道外观等（最终结果）为目的，来选取水果（学科及其见解），而水果的混合（整合进程）改变了每种水果的成分并形成了新的东西（更全面认识）。也就是说，跨学科教育是为了解决实际问题，跨学科研究可以有效地推动通识教育、专业培训、社会经济与技术问题解决，培养批判性思维、促进教师发展及生成新知识等。跨学科教育可以在学习动机、素质能力与信心培养等方面使学生受益。跨学科教育对于教师同样具有积极作用，教师更容易将教学与科研进行融合，与学生建立学习共同体，形成新的创新性见解。同时，不同学科教师在共同开展教学的过程中，通过交流合作熟悉彼此学科领域，更容易找到学科交叉领域的新的研究方向与研究方法，形成新的研究增长点。学校有效推动跨学科教育，将能够更好地解决重大问题，激发教师与学生的积极性、活力与创造力；能够与开展跨学科教育的同类机构建立伙伴关系并共享资源和成果；能够使得不同学科间更好融合促进，进而生成更多新的研究与教育增长点。

（二）学科专业建设的育人功能

学科的核心功能是学科育人，就是以培养人才为目标，以学科知识为载体，挖掘学科中的哲学与德育内涵，培养学生科学求真的理论方法和求美求善的人格素养。学科育人是一个有机系统，立德树人（目的）与知识体系、教材体系和教学体系四位一体，促进学生德智体美劳全面发展。周光礼（2016）认为：专业是社会学的概念，其意是专门学业或专门职业。课程则是教育学的概念。课程来源于学科，是从学科知识体系中选择一部分"最有价值的知识"组成课程教学内容。专业是由若干门课程组成的，围绕一个培养目标组成的课程群就是一个专业。一流工程专业是培养一流工程人才的基础。只有把课程、教师、教学、学生及教学方法和技术都在专业这个平台上优化整合、协同发挥作用，培养一流工程人才的目标才可能实现。

培养创新型、复合型工程人才必须依赖于学科专业建设。大学的产品不是学生而是专业与课程，学生只是大学服务的顾客，专业和课程是大学唯一可以标价的商品。不同专业生均拨款不同、学费标准不同，不同的课程的教学成本也不同。专业实质上是一个课程群，因此大学提供的最基本的服务是课程。工程教育专业建设是有通用的标准和行业标准的，我国工程教育专业认证就规定了通用标准，包括七个方面：生源建设、培养目标、毕业要求、持续改进、课程体系、教师队伍和支撑条件。其中，毕业要求有 12 条，其中有 8 条特别突出了"解决复杂工程问题的能力"，见表 3.2。

表3.2　工程专业认证的12条通用毕业要求

序号	毕业要求	详解
1	工程知识	能够将数学、自然科学、工程基础和专业知识用于解决复杂工程问题
2	问题分析	能够应用数学、自然科学和工程科学的基本原理，识别、表达并通过文献研究分析复杂工程问题，以获得有效结论
3	设计/开发解决方案	能够设计针对复杂工程问题的解决方案，设计满足特定需求的系统、单元（部件）或工艺流程，并能够在设计环节中体现创新意识，考虑社会、健康、安全、法律、文化及环境等因素
4	研究	能够基于科学原理并采用科学方法对复杂工程问题进行研究，包括设计实验、分析与解释数据，并通过信息综合得到合理有效的结论
5	使用现代工具	能够针对复杂工程问题，开发、选择与使用恰当的技术、资源、现代工程工具和信息技术工具，包括对复杂工程问题的预测与模拟，并能够理解其局限性
6	工程与社会	能够基于工程相关背景知识进行合理分析，评价专业工程实践和复杂工程问题解决方案对社会、健康、安全、法律及文化的影响，并理解应承担的责任
7	环境和可持续发展	能够理解和评价针对复杂工程问题的专业工程实践对环境、社会可持续发展的影响
8	职业规范	具有人文社会科学素养、社会责任感，能够在工程实践中理解并遵守工程职业道德和规范，履行责任
9	个人和团队	能够在多学科背景下的团队中承担个体、团队成员及负责人的角色
10	沟通	能够就复杂工程问题与业界同行及社会公众进行有效沟通和交流，包括撰写报告和设计文稿、陈述发言、清晰表达或回应指令。并具备一定的国际视野，能够在跨文化背景下进行沟通和交流
11	项目管理	理解并掌握工程管理原理与经济决策方法，并能在多学科环境中应用
12	终身学习	具有自主学习和终身学习的意识，有不断学习和适应发展的能力

四、工程专业课程体系及其功能

（一）课程是人才培养的核心要素

　　全球大学教育改革的一个重要趋势是淡化专业、强化课程。课程是大学的真正产品，重视课程建设有利于明确教师在维护一流方面的职责。如果我们把大学视为"超市"，学生视为"顾客"；那么，专业只是商品分类的"货架"，课程才是琳琅满目的"商品"。专业建设的内涵之一是构建课程体系，即围绕专业培养目标制定毕业要求，依据每一条毕业要求分别构建课程支撑模块，如支撑毕业要求 1 的课程模块、支撑毕业要求 2 的课程模块、支撑毕业要求 N 的课程模块；所有支撑毕业要求的课程模块的集合就是这个专业的课程体系。传统专业人才培养方案中依据知识体系的层次性或类别划分为通识课程模块、基础课程模块、专业课程模块、实践课程模块、创新创业教育课程模块等。还有按专业不同方向划分为专业方向 1 的课程程模块、专业方向 2 的课程模块、专业方向 3 的课程模块、专业方向 N 的课程模块等。这几类关系都是线性的一维关系，而工程专业认证要求构建的毕业要求或指标点与课程体系的矩阵，则是二维关系，更科学、更细化、更有意义。

换句话讲，课程体系不仅仅是课程的简单汇总，而且是对多种学习体验与学习序列的选择和组织，从而引导学生最终获得丰富而有意义的知识积累。它是为实现教育目标经选择而纳入教育活动过程的知识、技能、行为规范、价值观念等文化总体的一般体现形式。工程教育每门课程是由课程目标、课程内容、课程结构和课程实施方法等部分组合而成的。未来经济社会发展及现代制造业要求的工程人才所需要具备的工程知识、综合能力和品格素养，其习得的主要途径来自课程体系。工程教育的转型发展必然涉及对课程体系的改革，这种改革不是局部的改良，而是对原有课程体系整体上的拓新、重组、再建。

（二）工程专业课程体系的功能

林健（2011）认为，适应"中国制造 2025"的工程人才培养需要的课程体系应当具备五个方面的价值取向：一是满足培养目标需要的根本价值；二是体现学科专业领域整体的继承和发展价值；三是反映高校人才培养独有的特色价值；四是体现学生主体发展的最终价值；五是适应经济社会发展的未来价值，重点强调工程专业课程体系改革要面向未来，适应国家经济社会未来发展需要，体现培养未来卓越工程人才的价值。

要充分发挥课程体系在工程教育育人中的作用，就有必要依据 OBE 理念，面向"中国制造 2025"工程人才的培养改革课程体系，基本思路是"加、减、乘、除"法。一是"加法"。为了支撑新的工程专业毕业要求（或指标点），如原有的课程不能支撑或支撑不足，就应增加新的课程，支撑毕业要求（或指标点）的达成。二是"减法"。因人才培养目标的调整导致毕业要求改变，原有的部分课程教学内容过时了，不能支撑现有的毕业要求（或指标点），这样的课程就应该删除。三是"乘法"。如果有多门课程内容重叠，同时重复支撑某一毕业要求（或指标点），为了提高课程教学效率，可以将这类课程进行整合，构建一门新的课程。四是"除法"。为了更好地支撑毕业要求（或指标点）的达成，将原有 N 门课程组合，将原教学内容重组乃至更新，重新再设计新的 N（或 $N+X$）门课程。华南理工大学倡导"4I"课程体系建设，即一是通过学科交叉（interdisciplinary），建设跨学科课程，帮助学生形成复合型知识结构；二是通过产学研合作（industry-university-institute cooperation），建设校企合作课程，培养学生解决复杂问题的能力；三是通过国际协同（international collaboration），建设全英课程，拓宽学生国际视野；四是推进深度学习（in-depth learning），建设挑战性课程，提升学生发展潜力。

郑州大学刘炯天院士强调指出，工程教育的课程体系设置要注重系统的基础知识体系、方法论和思维方式的培养。他说："做工程的人一定有整体性思维。学工程的人，你学了这个不会那个，这是不合适，他得学习方法论。另外还应该有逻辑思维能力和逻辑思维方式训练的课程。实际上，教师讲授学科知识的同时，就应该教学生思维方式。教育是教思维的，思维方式没有教，教育本质的意义就失去了……做工程的人必须有整体意识、系统意识，这就是做工程的人和其他人的一个差别。仅认为搞工程的是一个务实的人，这种认识是有偏差的……人们认识世界，要有一个基本的知识结构，所以大学生前两年应好好学习，把基础理论打扎实。如果化学、数学、物理等自然科学基础知识缺失，一定在思维方式和认知上是有缺陷的。"[1]

北京航空航天大学朵英贤院士认为，传统文化教育也应引入工程教育课程体系之中。[2]当今的工程类院校缺乏人文教育和传统文化教育。他指出："在传统工科教育中，只是重视学生的专业知识教育，而缺乏对学生思想和内心方面的引导、交流，这种培养模式所导致的后果，其实在当今社会中也能看到。工程学科的人文教育很重要，要引起重视。"科学使人明察天文时变，人文使人化成天下，人的精神境界、思想品质、综合素养、价值观念等都依赖于人文教育和文化氛围的熏陶，工程人才既要追求真理，又要追求至善至美。对于工科的学生而言，文化的缺失可能意味着内心世界的缺失。良好的人文教育，有助于学生成为具有高尚品格和人文情怀的优秀工程人才。

第四节　微观视角的内部要素及其功能

高等工程教育的宏观要素对其转型发展发挥外在的作用，中观要素是其转型发展的方向指引、目标导向和实现架构，微观要素是其转型发展的实践支点和着力点。仅有宏观和中观要素的转型，其结果一定是"空中楼阁""海市蜃楼"，只有宏观、中观和微观要素协同转型，才能实现高等工程教育的实质性转型。

---

① "面向'中国制造 2025'的高等工程教育转型发展研究"课题组专家访谈资料。

② "面向'中国制造 2025'的高等工程教育转型发展研究"课题组专家访谈资料。

　　微观是一个与宏观相对的概念，本书中工程教育的微观视角指的是从工程教育系统内部，从具体的工程教育活动开展及教学一线去考察和研究工程教育。师资队伍、教学条件、教学模式、教学评价这些要素都是与开展工程教育教学直接相关的，因此，从微观视角研究工程教育，就必须研究这些要素。工程教育的转型，最终要落脚到教学一线，需要在教学一线中去实施，从这个意义上说，微观要素更具有决定性作用。

一、师资队伍及其功能

　　教师承担着传播知识、传播思想、传播真理的历史使命，肩负着塑造灵魂、塑造生命、塑造人格的时代重任，是高等教育发展的第一资源，是国家富强、民族振兴、人民幸福的重要基石。建设高等工程教育强国，提升高等工程教育质量，教师是关键，是办好人民满意的高等工程教育的根本力量。习近平总书记在 2018 年 9 月 10 日召开的全国教育大会上再次强调，必须坚持把教师队伍建设作为基础工作①。习近平总书记对教师队伍建设的重要论断，是新时代新形势下对教师地位和作用的新定位，强调了从战略和全局高度充分认识大学教师发展工作的重要性，对于新时代加强教师队伍建设具有重大意义，对大学教师发展提出了新的更高的要求。

　　《教育部关于实施卓越工程师教育培养计划的若干意见》中强调指出："建设高水平工程教育师资队伍。"工科教师是工程教育改革与发展的关键要素，是工程教育改革与发展的生力军。实施"中国制造 2025"战略规划，需要大批能够胜任高素质工程创新型人才培养的工科教师。正如 1955 年美国著名的《工程教育的评估报告》（又名 *Grinter Report*）所指出的："师资的素质和能力是任何教育计划成功的最重要因素。"我国现行工程人才培养存在的主要问题：一是高校教师难以为学生提供能够满足企业岗位胜任要求的优质工程教育；二是近年来我国高等院校发展的趋同性，与行业企业技术进步脱节，使得工程教育的实践性、工程性特征不鲜明，由此出现了高等工程教育人才培养体系中卓越工程技术人才的缺失。在这种严峻的工程教育局面下，为保障卓越工程师的培养，高校工科教师胜任力成为高等工程教育领域关注的重要问题（刘兴凤，2016）。拥有一支基础扎实、实践能力突出、综合能力强大和价值观正确的工程师资队伍才能培养出能应对现代复杂工程问题的工程人才。

---

① 习近平出席全国教育大会并发表重要讲话，http://www.gov.cn/xinwen/2018-09/10/content_5320835.htm[2021-05-20]。

（一）调查呈现的工科教师群体特征

1. 专业知识储备充足

学历是教师基本素质的体现，表征大学教师接受教育的时间和程度，蕴含着大学教师的知识储备。储备专业知识是大学教师从事学术职业的基本条件。目前博士研究生学历基本是大学教师入职的"门槛"，因此近年来大学教师学历结构提升非常迅速，被调查工科教师中 72.4%具有博士研究生学历，22.8%具有硕士研究生学历，本科及以下比例为 4.8%。可见，工科教师的学历层次较高，专业知识储备较为充足。但不同类型的院校具有博士研究生学历教师的比例尚有较大差距，"985 工程"院校为 90.5%，"211 工程"院校为 81.6%，一般本科院校为 66.7%。

2. 海外经历与工程实践经历不足

在教学科研一线上的工科教师的出国经历对其科研的前沿性、知识的深度和宽度、视野的开阔程度等都具有重要的影响。具有国际化背景的工科教师，主要有两个渠道，一是直接引进在国外取得学位的师资，二是派教师去国外进修访学。在被调查的工科教师中，在国外获得学位的教师仅 111 人，比例为 5.4%，具有国外学历的教师占比很小。在进修访学方面，64.3%的教师有过出国进修、访学、调研的经历，出国次数集中在 1~2 次，所占比例为 58.1%，整体出国次数均值为 1.53 次。从教师单次出国时长来看，半年以内的占 46.5%，半年至 1 年的占 35.8%，2 年以上的占 17.9%，出国时间长度的整体均值为 7.85 月。"985工程"院校、"211 工程"院校、普通本科院校教师出国进修访学比例呈降序排列，教师职称从高到低出国访学比例呈降序排列，按年龄高低分组该比例也呈降序排列（图 3.4）。

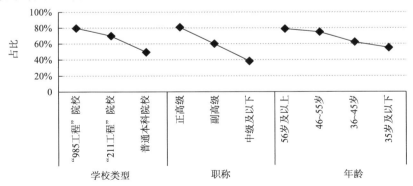

图 3.4　工科教师海外经历分类对比

　　工程实践经历应视为工科教师必备的基本素质之一。被调查工科教师中有27.8%的教师曾经在企业全职工作，工程实践经历较为丰富；7.6%的教师应学校要求参加过中长期（累计大于 6 个月）工程实践，13.3%的教师只应学校要求参加过短期（累计小于 6 个月）工程实践，35.5%的教师只因课题需要参加过工程实践，还有 15.8%的工科教师从未有过工程实践经历。调查表明我国工科教师队伍中既有一年以上工程背景又有学术水平的"双师"型教师严重缺乏。

　　3. 对工程教育人才培养导向有清晰认知

　　工程教育的根本任务是培养造就一批具有创新创业能力、跨界整合能力、高素质的各类交叉复合型卓越工程科技人才。高校必须将 "培养什么样的人"作为推进高等工程教育改革的首要命题。调查问卷将工程人才的能力划分为知识能力、学术能力、技术能力、创新能力、管理能力、社会能力等六种能力。虽然工程教育的培养目标是培养具有综合能力的工程人才，但在培养过程中应有主次之分。对于"工程教育中应当注重培养哪些能力（多选题）？"，工科教师选择频率按降序排列为：创新能力（占 81.0%）、技术能力（占 73.8%），知识能力（占 42.3%）、社会能力（占 32.1%）、学术能力（占 24.6%）、管理能力（占 21.2%）。创新能力与技术能力比例最高，与其他选项差距明显，这与当前学界关于工程人才培养目标的主流观点一致，即创新能力与技术能力的培养具有特殊的重要性。

（二）被调查工科教师教学状况

　　1. 工科教师比较重视教学投入

　　教师应有足够的时间和精力投入本科教学和学生指导中，并积极参与教学研究与改革。被调查工科教师普遍重视教学投入。从时间分配上来看，工科教师在教学、研究、服务、管理四个职能的平均时间投入比例分别为36.1%、33.7%、11.7%和18.5%，工科教师用于教学的平均时间比例略高于研究。在 2014 年华中科技大学沈红团队对全国 5186 名教师（全学科）的调查中，这一数据为31.1%、48.9%、8.9%和11.1%。工科教师用于教学、服务和管理的时间分别高出全学科整体水平约 5 个、3 个、6 个百分点，而用于科研的时间比全学科整体水平低 16.2 个百分点。其原因与工科教育规模大、教学任务重，甚至是承担班主任等管理工作有较大关系。此外，工程教育重视实践教学，指导实践教学也需要占用教师更多的工作时间。

2. 教学模式与考核方式创新不足

在教学模式选用方面,在本次调查提供的 CDIO 模式(基于项目的教学模式)、CBE①模式(基于能力的教学模式)、OBE 模式(基于学习成果的教学模式)、DBE②模式(基于设计的教学模式)、PBL(基于问题的教学模式)、PBCL③(基于项目的批评学习模式)六种教学模式中,被调查工科教师最为认可的模式是 CBE 和 PBL,他们在教学中实际运用最多的也是这两种模式(图 3.5),这表明他们在教学中较为重视培养学生的能力和问题意识,这符合工程教育人才培养目标要求。但值得注意的是,认可 CDIO 模式的教师比例仅为 19%,在教学中运用该模式的比例为 15%。CDIO 工程教育模式是近十几年来国际工程教育改革的最新成果,以汕头大学为代表的一批大学引入并推广 CDIO 模式已有十余年,在人才培养实践中取得了不错的成效。教师对 CDIO 的认可度低,主观上是由于他们对该教学模式缺乏了解,客观上反映出高校关于 CDIO 教学模式的培训不够,学校的政策引导不力。只有当他们能接触、了解到 CDIO 模式的优势时,才能认可并主动运用到教学中。

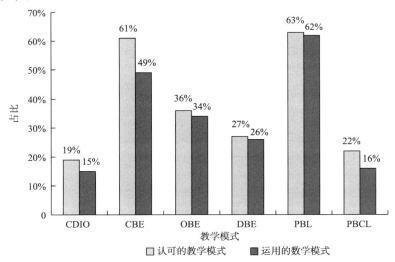

图 3.5　工科教师认可与运用的教学模式

① CBE 即 competency-based education。

② DBE 即 design-based education。

③ PBCL 即 problem-based cooperation learning。

（三）师资队伍建设的功能

教师是推进高等工程教育转型的主干力量。教师的基本职能是传道授业解惑，在传递知识的过程中，同样传达了一种人生态度，对学生的价值观、人生观有一定的导向作用。因此，教师自身具备健全的人格、良好的品质、较强的自信心和积极乐观的生活态度，能够成为学生学习的榜样及良师益友。

以职业素养传递智慧。工科教师具有学科特殊性，科研对象和知识内容包含多个学科，且技术含量较高，对工程的环节和相关因素都需要全面系统考虑，所以要求工科教师应当热爱工程事业，并且具有严谨求实的态度。工科教师的科研成果具有较强的应用性，且工科教师担当着社会服务的角色，因此，要求工科教师善于钻研技术，并且能够秉持服务社会的理念，具备较高的工程技术人员的道德操守。

以渊博学识启迪学生。工程教育转型发展要求工科教师应当成为工程教育的"领航者"。当代工程教育教师的能力是"国际视野+教学创新能力+工程实践教学能力+工程技术研发能力"的有机结合。国际视野与教师学术工作质量与前瞻性具有正相关性。应增加教师出国交流的机会，适当延长出国交流访学时长；特别是应提供给中级职称教师及青年教师更多的访学机会，他们正是特别需要进行国际交流、拓宽视野、积累经验的群体。这需要国家增加资助工科教师出国访学交流的项目与资金，同时大学也可以自筹资金增加此项投入。此外，还可加大海外人才的引进力度。

以过硬能力教人做事。教师的工程实践经历，与其教学创新能力、工程实践教学能力和工程技术研发能力密切相关。76.8%的教师认为自己需要提升工程实践能力。校企合作是有效提升教师教学能力、实践能力、工程能力的治本之策，高校是强化教师工程实践能力的主体。职称较低的青年教师，主要任务在于通过"学习"提高自己的实践技能，提升实践教学能力。学校要鼓励青年教师深入企业获取实践经验，建立优惠政策激励教师在企业工作几年，以全面、充分地了解工程实践。对于年龄较大又具有高级职称的教师，则要求在加强教学创新、校企合作、开发或承担企业科研项目等方面有所作为。

二、教学条件及其功能

（一）教学条件的范畴

教学条件是指为有效开展教学而提供的辅助性条件，通常包括教学材料、教学环境及教学保障系统。工程教育的教学条件主要包括以下几个方面。①学校教学设施。学校教学设施包括两部分：设施环境与人文环境。教学设施包括校园、教学楼、运动场、体育馆、图书馆、会议礼堂、学习园地、大学生活动中心、教师办公室、宿舍、食堂等。②实践教学平台。实践教学平台可以分为校内和校外两个部分。校内实训平台包括实验室及设备、校内实训基地等，作为课堂教学的补充手段，在数量及功能上满足课堂教学所不能达到的教学需要；校外实践平台则指的是与企业合作为学生提供的实习和实训基地，有利于工科学生在接受学校教育的同时参与现实工程实践，培养工科学生的实践能力。③教学资源库。教学资源库指由计算机、互联网、教学管理平台，以及数字资源、慕课（massive open online course，MOOC）资源、视频资源、虚拟现实等构成的能够满足学生日常学习及教师教学需要的资源集。

（二）教学条件在工程教育转型中的功能

教学设施直接关系到教学活动的正常进行。良好完备的设施环境有利于教育教学活动的有效开展。工程教育的课堂教学条件随着社会的发展和技术的进步，已经发生了很大的变化，多媒体课件及网络技术手段使得课堂教学条件朝着多样化发展。现代化的教学设施有利于教师开展"实践导向"的教学，教学内容关注现实问题，将解决实际问题作为教学的中心任务；教学组织上有助于开展小班教学、小组研讨式教学、项目团队式教学、实施翻转课堂教学改革等。

实践教学平台是培养工程人才重要的教学条件。良好的实践教学平台可以为学生提供实践实训的机会，使学生获得真实的体验和认知。第一，实验教学平台可以与专业教育、创新创业教育紧密结合，使教学过程最大限度地与产业企业生产过程对接，学生"做中学""学中做"，学习过程情景化，学习效果实用化，适应现代科学技术和先进制造业发展的需要，培养学生的专业意识和工程能力。第二，工程训练中心是目前我国大学工程教育普遍采取的模式，它是校内工程实践能力培养的最直接有效的方式。工程训练中心的功能模块可以分为三部分——工程基础训练、工程综合训练和工程创新训练，有助于培养学生的工程意识和工程基本能力。第三，先进的实践教学不仅能消化吸收学生在课堂所获得的专业知识，还能让学生在实践学习过程中培养和提高专业技能。第四，实践教学平台与行业企业共建，探索产学研结合的有效途径，促进高校科研成果转化为现实生产力，以服务求支持，从社会获得更多的教学资源，反哺工程人才培养。第五，校外实践是工科学生走出校园踏进社会的第一步，通过校外实践这个环节，可以系统地锻炼工科学生理论联系实际、综合运用知识的能力。

教学资源库是教育信息化时代工程人才培养必不可少的基础教学条件。在教育教学过程中，教学资源库与教学管理系统、学生管理系统、校园信息管理系统集成互联互通，无论何时何地何空间，为学生提供可选择的学习资源，有利于学生自主学习。尤其是虚拟仿真教学项目的开发和丰富，使学生过去在学校不能做的实验、不能拆装的大型设备、不能涉足的高危施工现场、不能感知的微观世界、不可触及的危机灾害事故等真实情景感知、教学和训练，都可以在学校完成，有助于提高工程专业教学质量。

三、教学模式及其功能

教学模式既能为各学科专业课程教学提供一套成型的教学活动框架或体系，也给教师和教学之间搭建了一座理论与实践的桥梁。美国学者乔伊斯和韦尔曾在《教学模式》一书中提到："教学模式是构成课程和作业、选择教材、提示教师活动的一种范型或计划。"那么，一般认为教学模式是经由实践的检验及教学理论的结合后，形成的系统化的知识范式或教学活动策略体系。

（一）典型的工程教育教学模式

1. 基于产品生命周期的 CDIO 模式

CDIO 工程教育模式是近十几年来国际工程教育改革的最新成果，CDIO 代表构思（conceive）、设计（design）、实现（implement）和运作（operate），它以从产品研发到产品运行的生命周期为载体，让学生以主动的、实践的、课程之间有机联系的方式学习工程。以汕头大学为代表的一批大学引入并推广 CDIO 模式已有十余年，在人才培养实践中取得了不错的成效。CDIO 教学模式的特点是：①背景特性，将工程产品、系统或过程的构思、设计、实现与运行的生命周期，作为工程教育的环境；②关联特性，课程强调知识、能力与态度的关联，强调数学、科学、技术与工程知识的关联，强调个人能力、专业能力、人际交往能力与工程实践能力的关联；③出口导向，课程的设计建立在雇主需求分析的基础上，工业界共同参与课程实施和评价；④"做中学"，通过学生积极主动的动手设计或建造，达到深度学习的效果。

2. 基于工程问题的 PBL 模式

基于问题的教学（problem-based learning，PBL）是一种以真实情景中的需要为基础，以学生为中心的自我引导的方法。PBL 教学模式的特点是：①以真实的开放性的复杂问题为导向，以问题的解决为目的；②以项目为实施载体；③学生自主设计学习进程与问题解决方案；④在问题解决过程中培养学生多种社会能力；⑤以学生的自我评价和同伴评价，促进和提高学生的反思与能力；⑥教师的角色是"教练员"。

3. 基于工程项目的 PjBL 模式

PjBL（project-based learning）模式在英联邦国家的工程教育中应用广泛。学生需完成一个或多个任务，以最终的产品——设计、模型装置或计算机仿真作为学习成果；学生最后需进行口头或书面的汇报，以介绍项目实施过程和产品实现方法，说明自己是如何实现最终的项目成果的。PjBL 教学模式的特点是：①项目来源于实际生活与产业需求，如工地建造项目、创业与产品设计、视频制作与展示、机器人竞赛、汽车设计等；②学生以团队或小组合作的方式主动完成项目，也可实施跨校园、跨学科的合作项目；③项目可分为低年级的初级层次和大四综合项目的高级层次；④精心设计学习经验，并有严谨的评价方法；⑤项目的实施对资源要求较高，如教师需具备工程经验并投入较多时间、硬件与软件设备及学习场所的改造等。

4. 基于项目的批判式学习的 PBCL 模式

Armand Hatchuel 通过与设计理论相结合，改进了原有的 PjBL 的思想。PBCL 模式结合了传统 PjBL 培养模式中的优势（提供了未知的、开放的真实或准真实情境）及理论方法（提供了集成框架、具体推理过程、复杂问题的发现与识别等），强调设计思维的形成，以设计的思想来解决问题。

5. 基于设计的 DBL 模式

设计型学习（design-based learning，DBL）模式强调以设计流为主线，在真实设计中进行知识的储备与应用，提升工科学生的自主学习能力。所谓设计流，就是让设计成为一种系统的训练模式，不同阶段的设计有不同的特征要求，但也环环相扣，前一阶段都是为下一阶段的设计奠定基础。DBL 模式以集成式课程群为辅线，避免了以设计为主线所带来的知识碎片化现象，推荐可供选择的对应课程以提升学生自主学习能力。DBL 的课程观认为要妥善处理理论课程（study）、体验课程（experience）与实践课程（practice）三者的比例关系。其中，体验课程与实践课程的主要区别在于课程发生的情境，体验课程主要还是侧重于在校内对真实工程情景的仿真与模拟，而实践课程则是在产业界"真刀真枪"地见习与操作。在评价环节，对设计作品的评价需保证产业界具有相当的话语权。

从上述工程教育主要的教学模式来看，以问题、设计和项目为主线，强调工程实景嵌入工程教育全过程，要求产业/企业界参与人才培养已经是回归工程实践理念下工程教育的重要发展趋势。教学模式并无定式，在工程教育的教学实践中，有很多不同的具体教学模式将会不断地产生、运用与完善。

（二）SPOC 教学模式在工程教育转型中的功能

基于小规模限制性在线课程（small prirate online course，SPOC）的深度学习模式。Marton 和 Säljö（1976）发表了 *On qualitative difference in learning：I-Outcome and process* 一文，创造性地提出并阐释了深度学习（deep learning）和浅层学习（surface learning）这两个相对应的概念。SPOC 是网络课堂与实体课堂的有机结合，具有完整的翻转课堂教学流程，可以分为线上课前教学与线下课内教学两个阶段，曾明星等（2015）分析了 SPOC 翻转课堂教学流程，如图 3.6 中的最里层的虚线框所示，使学生致力于运用多样化的学习策略，如广泛阅读、交流互动、资源整合、系统思考、情境学习等，达到对知识的深层理解。

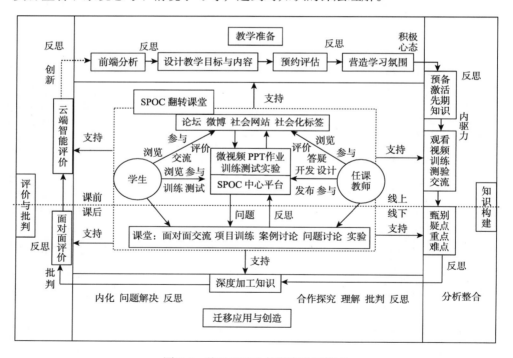

图 3.6　基于 SPOC 的深度学习模式

（1）线上课前教学包括教师设计、开发教学资源；学生观看微视频学习新知识；学生训练测验；师生、生生交流与评价等环节。

（2）线下课内教学包括课堂导学、课堂研讨、课堂评价三个环节，见图 3.7。

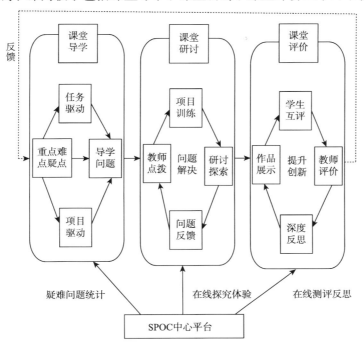

图 3.7　SPOC 反转课堂线下课内教学模式

SPOC 教学模式能实现网络学习与传统学习的完美结合，为学生从浅层学习向深度学习转变提供了环境与条件、资源与内容、方法和策略。构建基于 SPOC 的深度学习模式，既能克服 MOOC 与传统教育的弊端，促进 MOOC 资源在高校实体教学中落地生根，又能提高学生的创新能力、问题解决能力和批判性思维等高阶思维能力，大大提升高等教育的质量。

江苏理工学院王晓跃等提出了 SPOC 混合式教学模式下的三主体、六动机、三维度和三环节的学习支持服务构建模式，如图 3.8 所示。其中，三个主体指学习者、教师和在线学习平台；六个动机是在线学习动机的六个要素，指注意、相关性、信心、满足感、陪伴和约束。注意是学习者对教学内容的兴趣和关注；相关性是教学与需求、目标的一致性；信心是学习者能够获得预期的成果；满足感是学习者不断地获得学习成就；陪伴是学习过程中学习同伴和教师的参与；约束是对学习者提出学习要求并进行督促。

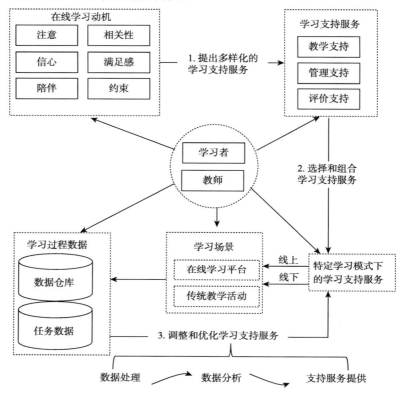

图 3.8　SPOC 混合式教学中的学习支持服务构建模式

四、教学评价及其功能

教学评价是以教学目的为依据，运用可操作的科学手段，通过系统地收集有关教学的信息，对教学活动的过程和结果做出价值上的判断，并为被评价者的自我完善和有关部门的科学决策提供依据的过程（施良方和崔允漷，2009）。工程教育的教学评价主要包括两个方面：一是评价教师的教学和学生学习效果；二是评价毕业要求达成度，即评价人才培养质量。教学评价是与工程教育教学一线紧密结合的，保证工程教育的人才培养质量。

（一）教学评价面临的困境

1. 缺乏清晰的质量标准

对于教师教学的评价，主要关注教师教学工作的"量"，对于教学工作的"质"关注较少。具体表现为评价指标中教师着装、是否按时上下课、布置与批改作业情况、备课情况等体现管理价值的指标占据了主体地位，而关于教师教学行为和教学效果的指标较少。对于学生学习效果的评价，多以理论课程的学业成绩为评价标准。"你认同哪种常用的考核方式（多选题）？"的调查结果显示，传统的笔试、课程论文和实验报告占据优势，比例分别为 70.9%、45.3%、43.5%；调研报告、项目设计、技能操作、作品展示、学生互评与自评等考核方式所占比例较小，比例分别为 35.6%、28.3%、23.3%、18.7%、5.8%。片面考核知识掌握程度与工程教育的特点和要求不相适应。在人才培养质量评价方面，学校的人才培养标准与行业标准、国际标准契合度较低。目前我国进行教学质量评估总是看重结果，而行业标准、国际标准则是看重学生拥有的解决实际问题的能力和技能。根据"中国制造 2025"战略和《华盛顿协议》背景，高等工程教育须设计一套完备的学生素质能力评价标准和相应课程、教学评价指标，以实现与国际工程教育专业认证相接轨。

2. 重知识轻能力的痼疾

在学生评价方面，对学生的工程实践能力的评价难以量化，测评难度大，因此在实践中主要还是采取可以量化的成绩指标评价学生的学业，形成了注重知识掌握而轻能力提升的评价取向。导致学生重视课程内的知识学习，而忽视工程实践，工程实践能力难以提升，不能适应行业/企业的需求。在教师评价方面，看重论文、SCI 等评价指标，教师无论是职位晋升还是科研申请，论文、影响因子等都是并且几乎是唯一的评价指标。对教师的教学表现，评价指标基本都是对"量"的要求，对于教学的"质"几乎没有要求。教学评价也没有在学术评价中取得应有地位，游离于学术评价之外。教学成就对于教师晋升和选拔的价值寥寥无几。

3. 评价主体过于单一

教学评价在实践中以学生评教为主：基本上所有高校都开展了学生评教，其他评教方式，如督导评教、同行评价、师生自评等的实施范围很小，并且在教学评价体系中所占比重也非常小。学生评教存在一定的局限性，主要表现为：学生评教能力不足使得评价的有效性受到质疑；学生对课程的兴趣、个人情感等主观因素使评价的客观性受到影响；班级规模、教学环境等客观条件也间接影响学生的教学评价。

（二）教学评价在工程教育转型中的功能

教学评价具有四个方面的功能。

一是鉴定功能。教学评价具有鉴定教学活动、专业建设、课程建设、实验室建设、实习实训基地建设、教材建设状态优劣的作用。学校根据质量保障的需要，通过收集被评价对象的相关教学信息或质量信息，进行数据统计分析，与教学主要环节的质量标准或教学规范要求进行比照，以评判被评价对象的状况。这是高校内部健全质量保障体系很重要的一个环节。教学评价又可以分为合格评价和水平评价，其中合格评价是对被评对象是否具备基本的条件、达到基本的要求或质量标准的判断。水平评价是评价被评价对象的状态达到什么样的水平，或者教学质量的高与低，以区分出不同被评价对象的优与劣。

二是自省功能。学校通过教学评价，了解教学的基本状态或与教学环节质量标准、学生毕业要求、人才培养目标等的符合程度，有利于学校、学院，甚至教职工自我反思，分析存在问题的严重程度，查找主观与客观原因，研究改进工作的对策措施，以求持续改进，不断完善工作体制机制，稳步提高教学质量。

三是参谋功能。学校在组织教学评价的同时，可以充分听取评价专家的意见与建议，检讨办学过程中出现的问题，探讨克服面临困难与挑战的政策与措施。可以说，教学评价不仅仅是为了查找问题，更重要的是为了研究问题、分析问题和解决问题；教学评价专家不仅仅是对被评价对象做出判断，更重要的是为学校提供改进工作的意见或建议，发挥专家咨询、参谋的作用。

四是中介的功能。参与教学评价的主体一般与被评价对象没有直接的亲属关系，学校虽然聘任评价专家进行教学评估，但也会要求他们站在公平、公正、客观、实事求是的立场进行教学评价，不会"有罪推定"式地明示或暗示评价专家采取不当评价行为，希望评价专家真正以第三者身份做出公正评价，使学校获得"真情况"，发现"真问题"，制定针对性解决问题的"真措施"。

教学评价既有积极作用，也有消极作用。其消极作用有三个方面。一是"教师中心"的误导作用。很长一段时间内，教学质量评价侧重于教师的教，忽视学生的学，导致以教的质量来衡量教学质量，其实，更应该以学生为中心，重视学生学的质量评价。二是"马太效应"的畸形作用。因为学校一般以教学质量的评价结果论英雄，被评价者只要得分高，职称晋升、工资待遇、绩效奖励、评优评先等就可以优惠对待，相反，被评价者只要得分低，利益相关的项目可能与他无缘，不管是何原因。三是"逆反心态"的消极作用。由于教学评价的"马太效应"，评价获优者得利更多，评价平平者得利少，在学校中处于发展不利的地位，继而会使部分人士产生抵触情绪，对一些事物采取消极的、被动的、不合作的态度，甚至对一些正确活动或行为，挑刺找茬、说三道四、指责批评等，从根本上站到了反面。

第四章　高等工程教育转型发展的实然分析

在"中国制造 2025"背景下实施高等工程教育转型发展，就是高等工程教育从现实形态转变到未来与经济社会发展相适应的形态，那么，现实中的高等工程教育存在什么问题？转型过程中存在哪些困境？影响工程教育转型的内部及外部原因是什么？如何突围困境？回答这些问题，对于有效推进高等工程教育转型是很有必要的。

第一节　高等工程教育存在的现实问题

高等工程教育转型不仅是高等教育发展的必然选择，也是"中国制造 2025"战略推动我国制造业结构转型升级的关键所在。虽然国家出台了"中国制造 2025"来倒逼高等工程教育改革，高校工程教育专业认证也在稳步推进，学界发表了一系列工程教育理论与实践研究成果，但高等工程教育改革似乎仍未达到预期，主要体现在工程教育理念、工程专业建设、人才培养模式、课程体系设计、教学资源配置、课堂教学方法、工程教育认知、教师工程经历等八个方面。

一、工程教育理念上：重视科学与轻视工程

高等工程教育以培养应用型人才为出发点和归宿，它的应用性、实践性和综合性是区别于其他科类高等教育的典型特征。熊志军（2013）在《试比较工程理念与科学理念》一文中指出：科学理念是以科学精神为核心，它的特点是求真务

实和勇于创新，工程理念的特点是以人为本、可持续发展，强调尊重自然界的发展规律并有目地对自然界进行改造。在课题组的访谈中，当问及刘经南院士"我国工程教育存在哪些需要改进的问题"时，刘经南院士说："从教育体系本身和领导教育的政府层面来说，对工程教育的理解比较简单化，常常将工程简化为工科，工程既要依靠知识和技术，还要注重法律、市场、服务，而科学与技术局限于某个领域。当今社会因为经济、政策经常产生变化，所以不确定性比较强，工程教育培养的人才要适应社会的不确定性，注重拓宽工程人才的知识面。"在人们的思维定式里，总是习惯性地认为科学高于技术、理科高于工科。高等工程教育的任务是培养能够适应产业发展需要的工程师，而不是某些高校所培养的科学学士。因此，当下我国高等工程教育应该明确坚持以培养适合现代企业需要的工程师为培养目标。但是，现阶段我国高水平大学本科人才培养目标定位几乎都为"拔尖创新型人才"，几乎没有哪所大学明确是要培养高素质的工程师。如曾以培养红色工程师摇篮著称的清华大学，本科人才培养目标是：培养健全人格、宽厚基础、创新思维、全球视野和社会责任感的人才。上海交通大学本科人才培养目标为：培养德智体美全面发展，知识、能力、素质协调统一，具有创新精神和能力的高层次人才。华中科技大学本科人才培养目标是：为社会各行各业培养具有创新精神、实践能力和国际视野的未来领军人物和创新人才。可见，我国的工程教育还没有探索出一条适合"中国制造2025"战略发展的人才培养路线，现阶段我国培养出的工程人才与社会需要之间存在着差距。

推进工程教育转型，提高工程教育质量远非一日之功，现正在路上。根据课题问卷调查资料分析，高校教师对"'中国制造2025'对新人才的要求"的了解程度，"了解"和"一般"比例不高，"非常了解"比例很小，"不了解"所占比例倒较高（表4.1）。

表4.1 高校教师对"中国制造2025"的了解情况调查表

了解程度	"中国制造2025"的内涵	"中国制造2025"与工程教育关系	"中国制造2025"对工程人才的新要求
非常了解	143（8.9%）	96（6.0%）	104（6.5%）
了解	555（34.7%）	494（30.9%）	503（31.4%）
一般	502（31.4%）	563（35.2%）	538（33.6%）
不了解	308（19.3%）	353（22.1%）	363（22.7%）
非常不了解	92（5.8%）	94（5.9%）	92（5.8%）
有效数据	1600	1600	1600

注：由于数据进行了四舍五入，总和不为100%

应该说，无论是国家层面还是高等教育领域，在重视工程教育上已达成共识。上至政府教育行政部门，下至各高校都在研究和部署，采取了许多有效的措施贯彻和落实，进展和成绩有目共睹。但是，冷静地分析，会发现在工程教育形势喜人气氛下，仍然没有跳出一贯存在着的"形式上热烈、实质上冷清"的状况。虽然政府和高校要求不断深化工程教育改革，但工程教育的发展似乎仍未达到预期，基本上停留在强调和认识层面，浮于表面的形式多，落实落地还有相当距离。出现这种现象的原因是多方面的，如在衡量高校办学水平、教育质量和教师发展上，长期以来形成的重学术、重研究、轻教学、轻实践的评价标准及其评价机制根深蒂固，唯论文、唯文凭、唯职称、唯帽子、唯成果的"五唯"顽瘴痼疾依然统治高校市场；同时，政府和社会在评价高校时，重视短平快，急功近利现象较为严重，科研、课题、帽子、排名等恰恰适应了这种短期容易出效益的评价"土壤"，而工程教育教学工作具有周期长、见效慢、评估标准模糊等特点，因而具体工作中，尤其是岗位考核与晋升中，总是出现纵向项目硬、横向项目软，SCI 论文硬、教学成效软等畸轻畸重现象，致使高校和教师不愿在工程教学工作上投入过多时间和精力，以至于工程教育"喊起来重要，做起来次要"，推进工程教育转型行动不可避免打上折扣。

二、工程专业建设上：学科规训与工程冲突

学科规训制度是建立在知识分类基础之上的规范知识生产和人才培养的制度，学科规训制度的实质是学科分化和范式规训。面向"中国制造 2025"的新经济、新业态快速发展呼唤新型工程人才的培养，被规训的工科专业建设与新经济发展的不适应性逐渐凸显。

（一）工科专业划分过细，背离学科融合的专业建设理念

我国工程学科形成与发展的内在动力与西方不同，主要表现在工程知识的生产与分类逻辑存在差异。在西方，科学为日常生活的需要服务，科学的发展催生了技术的变革，人们认知水平的提高与研究范式的科学化产生了新知识，学科分化是在知识体系膨胀、复杂化，科学研究细化的基础上展开的，同时也顺应了社会生产与社会分工不断专门化、精细化的社会发展趋势，因此，西方以工程知识自身发展为关注点进行的工程学科分类，实际上遵从了学科生长的特点，学科专业发展分化的动力是由内而外的，有助于学科分类体系的自我完善，知识不断扩充为新知识的产生及在此基础上新兴学科的生成提供了成长空间。在中国，工程教育"后发外源性"移植的特点及其在产业发展中的支撑作用，使得国家发展目标与国家发展规划一直成为工程教育发展的政策导向与扶持性力量，工程教育体

系建设、工程教育规模扩张都是基于国家现代化战略布局的需要。由于我国特殊的历史文化背景，知识生产、分类受到行政化、指令化的历史惯性的影响，学科分化体现出一定的被动性。高校依据教育部颁布的《普通高等学校本科专业目录》进行学科专业设置与规范管理，长期以来高等专门人才培养以对某一学科或者专业高度依附的方式进行，"学科人"高度认可其学科专业身份并自觉捍卫学科专业边界，不同工科专业之间壁垒高筑，工科专业知识门类之间沟壑纵横难以逾越。

我国工科专业设置一般按照学科进行分类，划分得十分详细，专业面过于狭窄。工程教育过于专业化，课程体系虽注重学科的内在逻辑性，但缺乏与其他学科之间的联系和交叉融合，更缺乏跨学科人才培养的模式和体制，学生的知识面狭窄，思维局限在本学科领域，跨学科创新性思维和创业实践能力明显不足。以2016年我国某理工科大学为例，其校内有21个院，89个专业，许多专业非常接近，如信息工程学院包含电子信息与工程、电子科学与技术、通信工程、信息工程等。工程教育专业划分过细会造成两个"狭窄"。一是"文化狭窄"，工科毕业生不懂管理、经营，缺少人文素养和道德修养；二是"技术狭窄"，学机的不懂电，学电的不懂机，学硬件的不懂软件，学科之间没有交叉融合。根据"美第奇效应"，当一个人思考问题能够综合不同领域、不同学科和不同文化时，可以将不同概念融合在一起，就可以形成大量的新方法、新思想，反之亦然。2017年，教育部、人力资源和社会保障部及工业和信息化部联合印发的《制造业人才发展规划指南》指出，"制造业企业要适应产品全生命周期管理需要，加快培育复合型人才"，"推动高校探索建立跨院系、跨学科、跨专业交叉培养新机制"。现有细致的专业划分显然不能满足我国目前制造业的发展需求，亟须进行改革。

张伯礼院士认为，高校内部缺乏跨学科融合的机制，专业结构壁垒太深，这是学校的责任，学科专业不融合学生怎么去融合，培养狭窄的专业人才不能适应现代工程发展的需要。学科专业之间的制度性隔离，阻碍了跨学科知识的生产，同时也为新型工程人才的培养设下重重障碍。目前，我国的工科专业分布于高校的不同工科院（系）中，很少按工科大类设置学院，虽然工科学科的分化便于单位内的教师评聘、教学管理，有助于提高知识生产与组织运行效率，但学科专业细化、专业化在很大程度上限制了不同学科专业的交叉融合，挤压了学科间知识的交集作用、边缘学科与新兴交叉学科的生存空间。由于长期致力于更为细致的学科专业建设，碍于不同学科话语体系的阻隔，缺少不同学科师生之间交流探讨的机会，教师自身也缺乏多科性知识的更新与储备，客观上加剧了从事交叉学科研究与跨学科人才培养的难度。同时，面向学科培养出来的工科人才虽然拥有某一学科专业扎实的理论知识优势，但是由于课程设置倾向将各门课程的理论知识线性、完整性地呈现，学生的知识体系被割裂，囿于单一、闭塞、块状、狭窄、过分专业化的学科专业背景，学生跨学科的工程知识体系与实践能力、创新思维的培养收效甚微，单向度的工程人才培养模式难以支撑以创新为核心的新经济的发展需求。工程都是复杂的体系，涉及许多相关学科的知识与技术，要克服培养技术狭窄或狭窄于技术的人才，学校应当打破专业界限，实现学科专业融合，让学生在学校就变成"半个社会人"，知道应该怎样研究工程问题，如何获得各方面技术和综合资源，把研究成果转变成产品，再把产品转变成商品。

（二）工科专业建设对"科学化"的倚重造成的偏差

在实践中，工程学科与自然科学学科既有联系又有区别，科学工程是自然科学与数学在技术层面的应用，二者是"流"与"源"的关系。比彻和特罗勒尔（2008）在其合著的《学术部落及其领地：知识探索与学科文化》一书中，基于认识论视角将广义上的学科分为"纯硬科学""应用硬科学""纯软科学""应用软科学"四个类型，并从对象的特点、知识发展的性质、研究人员和知识的关系、研究程序、研究成果的信度和研究标准、研究成果的表现形式等方面分析与描述了学科范围间的界限。软、硬科学的划分依据是学科辨识度、认同度的高低，即是否存在逻辑严密的学科理论框架。纯科学与应用科学划分的依据是学科研究的问题与实践联系的紧密程度。因此，以物理、化学为代表的自然科学属于纯硬科学领域，工科属于应用硬科学领域。纯硬科学关注知识的客观性、科学性、可量化性，其研究成果表现为对于未知事物或现象的发现或解释；应用硬科学领域知识的突出特点是明确的目的性、注重实用性，旨在以基础知识的习得结合实践经验找寻到解决实际问题的法门。

基于以上认识，我国在教育实践中，工科学科专业建设过度地遵循了客观性、科学性、可量化性的自然科学标准，直接表征就是以理论知识为中心的人才培养模式。在课程设置上具体表现为：注重理论知识编排的完整性，基础理论课程占整个课程体系的比重较大，相对压缩了实践环节的教学时空；同时，实践环节中存在按理论逻辑而非应用逻辑安排教学与训练的现象，工程实验教学成为理论知识的重复演示与验证，工程教育实践去情境化的情况比较突出，学生缺少真实的工程实践体验，缺少培养学生解决工程问题能力的有效平台。在评价方式上表现为：以理论考察为主，侧重对学生确定性学科专业知识的掌握情况、训练成果的标准化考核，考评范围狭窄、手段单一，忽视对学生综合素质与创新思维能力的评价，科学化倾向与学术性标准替代或僭越了探索性、创新性和实践性标准。瞿振元（2017）在《推动高等工程教育向更高水平迈进》一文中严肃指出：对科学教育的迷思造成工程人才培养过程中责任意识和综合素质的缺失，工程教育在强调学理与技术教育的同时，忽视了对学生进行与伦理、环境、人文相关的工程师伦理的教育。工程学科最突出的特性在于它的实践性，新工科更加强调工程人才创新思维、终身学习能力、实践动手能力的培养，现行专业人才培养模式与支撑新经济发展的新工科人才培养的要求之间还有不少差距。

三、人才培养模式上：注重知识与轻视能力

随着"中国制造2025"战略的实施，我国经济发展已经进入新常态，传统粗放型的经济增长模式已经难以为继，科技创新、工程创新已经成为促进经济转型升级的首要推动力。在此背景下，我国传统工程教育人才培养模式与新经济发展对创新创业型人才需求之间的矛盾日益突出。

（一）弱化的实践教学环节使学生缺乏工程教育体验

目前，工程教育实践教学环节主要存在五个方面的问题：一是工程教育课程体系中理论课程占比过大，实践课程的比重偏小。课题组问卷调查了几十所高校的2075名样本教师，在问到"您所在高校的工程教育中实践教学占整个教学计划的比重约为多少？"时，有效回答样本1600份，其中认为实践课时比例小于30%的占到80.82%；认为实践课时比例小于20%的占到40.13%，大部分高校的教师回答实践课程比例仅占20%~30%（表4.2）。

表4.2 样本所在高校的工程教育中实践教学占整个教学计划的比重

所占比例	样本数	有效百分比	排序
小于10%	134	8.38%	4
10%（含）~20%	508	31.75%	2
20%（含）~30%	651	40.69%	1
30%（含）~40%	199	12.44%	3
40%（含）~50%	71	4.44%	5
大于50%	37	2.31%	6
合计	1600	100.00%	—

以实践教学学分在整个教学体系中所占的比例为例，美国大学课程体系中实践教学比例均超过30%，而我国大学这一比例都在25%左右，相差较大。李培根等（2012）研究了斯坦福大学和伊利诺伊大学机械类专业的课程学分，其中，斯坦福大学机械类专业总学分为189，实践学分为68，约占总学分比例的36%；伊利诺伊大学机械类专业课程总学分为132，实践学分为45，占总学分比例的34%。

　　二是实践基地建设滞后，实践教学质量不高。主要表现为校内实践基地建设资金投入不足，设备更新缓慢，缺乏先进的仪器设备，学生只能重复操作落后的企业已经淘汰不用的设备，无法接触到前沿的科技和生产实践情景，校内实践教学徒有形式。此外，高校和企业之间尚未建立起良性互动模式，企业不愿意接收实习学生，甚至把学生实习当作负担；即使部分企业接收实习学生，也往往将他们安排在技术含量低的岗位。实习学生缺少对企业核心技术的深度学习和体验，也就无法真正了解企业运作流程和创业项目从规划设计到生产成为产品的整个过程。三是国内高校的实践课程大多是形式大于内容。具体体现在：工程实践内容单调，且实践教学环节所包含的并不全都是实践内容，课程设计、毕业设计脱离生产实际，无须深入企业中，大多在学校就可以完成，不能称为真正的社会实践。实践时间较短，基本都是 1~3 周完成，并且参观多、实习少，根本不能给学生留下深刻印象。四是虽然专业存在差别，但工程实践教学环节中的课程安排却难以真正体现学科差别，基本属于大同小异，有许多相同相似环节，如无论什么工科专业，实践环节都包括军事训练、机械制造、电工实习、认识实习、生产实习等，不能真正体现学科的专业性。五是实践基地建设滞后，实践教学质量不高。主要表现在校内实践基地建设资金投入不足，设备更新缓慢；高校和企业之间尚未建立起良性互动模式，企业未能很好地实施实践教学环节。

（二）工科专业教育与创新创业教育相脱节

　　张伯礼院士认为，我国工科学生普遍存在的突出问题是创新能力不足，学生对新事物、新知识知道甚少，即使知道也仅是皮毛，对其了解不深入；还有创新精神不强，这是由于工科教师本身对国际新进展、新动态就不太了解。[①]教师不创新、不知道工程科技最新的进展，如何能让学生知道前沿知识和技术！

　　我国现行工程教育人才培养模式属于学科型专业教育范式，专业教育与创新创业教育脱节，或者只是零星地接受创新创业教育，导致毕业生专业知识有余，而创新意识和企业家精神不足；毕业生就业时受困于专业知识和能力的局限，岗位适应期和过渡期较长。毕业生即使掌握了专业知识和技能，但是由于缺乏管理理论、创新意识、创业理论和实践的基础训练，创新创业的成功率也很低。实际上，创新创业教育是一种高水平的素质教育，它可以从根本上改变学生的学习态度和动机，激发学生学习和探索的欲望，有助于培养学生的企业家精神及服务于国家和民族的社会担当和责任感。这样的学生在就业过程中就会表现出明显的优势和竞争力，深受企业和用人单位欢迎，往往也会表现出较强的创业才能。目前，

---

① "面向'中国制造 2025'的高等工程教育转型发展研究"课题组专家访谈资料。

大学生的创新创业活动多数集中在商业及服务领域，普遍缺乏现代技术的支撑，专业知识和技术含量较低，商业创新也只是在较低层次发展，难以实现大的技术突破或模式创新。

（三）跨学科培养工程人才尚未真正开展

基于大工程观培养复合型工程人才，需要开展跨学科培养。但目前高校并未把握跨学科培养的实质，实施跨学科培养流于形式，并非真正意义的跨学科培养。不管是目前开展的"主副修复合型"模式，还是"二元复合型""多元复合型"模式，或者"通识型"模式，都不是严格意义上的跨学科培养，因为其课程体系的设计并没有体现出让学生真正将不同学科的知识相互融合，并用于分析解决具体问题、具体项目设计或系统开发中。跨学科教育不是简单地将多个学科的知识传授给学生，而是面对真实复杂问题开展研究；跨学科教育也不是多学科教育，不是学科间的对话，而是需要突破学科边界，有意识地整合不同学科的资料、概念、理论和方法，理解并利用不同学科间的耦合关系去解决复杂的工程问题。

四、课程体系设计上：偏好学科与弱化应用

（一）课程目标脱离社会需求

工程教育课程目标的制定，应当围绕工程师在工业或企业环境中所需的知识、能力与素质，但目前工程教育课程目标脱离了现实中工业的需求。主要包括三个方面。其一，课程目标的内涵没有面向工业界的需求。武汉大学原校长刘经南院士认为，培养过程要以目标为导向、以需求为导向、以问题为导向；课程目标面向问题和需求来确定。[①]高校课程目标侧重知识性，与社会需求不匹配。现实中，高校课程的应然目标有三个方面：一是行为性目标，如工程知识、问题分析和使用现代工具等；二是展开性目标，如工程与社会、环境，可持续发展与沟通等；三是表现性目标，如研究和终身学习等。但从社会需求角度来看，工程人才不仅仅需要掌握基本的工程理论知识和操作技能，更加强调要成为具有数理基础、掌握前沿技术和具备创新开发能力的高科技人才，具备能够解决工程实际中真实性和情境性问题的能力。学科性课程目标与"中国制造 2025"对工程人才的要求是不吻合的。其二，课程目标制定过程没有体现工业界的参与。当前大学工科课程目标的制定好似在学校

---

① "面向'中国制造 2025'的高等工程教育转型发展研究"课题组专家访谈资料。

内"闭门造车"，必然导致目标与工业需求之间的隔阂。具体表现在课程目标的趋同化、课程目标的智性化、课程目标的空泛化三个方面。趋同化指不同类型的高校课程目标差别不大，呈现"千校一面"的特点；智性化指课程目标过于重视学科知识的掌握，而对工程能力的培养重视不够；空泛化指课程目标表述过于笼统和宽泛，起不到指导和规范教学过程与学习评价的作用。其三，课程设置遵循学科逻辑。我国高校工程专业课程体系设置还没有跳出"以学科为中心"的痼疾，过分遵循于学科理论逻辑，片面追求专业的学科体系，一味注重理论知识的系统性。在课题组访谈时，刘经南院士尖锐地指出："当今高校工程教育教材体系的学科痕迹太重，单从学科完整化考虑，而今后要注重从解决问题出发编写教材。"

（二）课程结构分离工程能力

廖哲勋（1991）认为，课程结构是指课程内部各组成部分间的联结方式和组织形式。我国高校工科专业课程结构主要以学科性课程为核心，坚持通识课程、专业基础课程、专业核心课程和实践活动课程的基本模式，课程结构分离工程能力表现如下。

第一，高校课程结构坚持学科逻辑，交叉课程和综合课程较少，课程结构凸显刚性，弹性不足。一个工程问题的解决，仅依靠一门课程的知识或一个学科的知识是远远不够的，如一个桥梁的建造，工程师需要设计能力、想象能力、土木桥梁建造专业知识、地理科学知识、机械设备使用能力和环境保护知识等。按照现行的课程结构，培养出来的专业人才能力狭窄，不同专业学生之间的能力是分离的、破碎的，这与"中国制造2025"对工程人才综合能力的要求是不匹配的。

第二，课程结构中，专业理论课在比重、资源投入和关注度方面都要比工程实践课高，大多数高校"实践教学"占总计划的10%~30%，且存在实验环节是多人一组的情况，很难做到每位学生都能得到训练；在实习环节时间上打折扣，内容上流于形式，观摩的多，顶岗的少，实践效果差。工程能力不仅强调专业学术能力，更关注工程创新能力、信息化与智能化能力和质量管理与人际交流能力等，学科性课程结构严重影响了工程能力的培养。

（三）课程内容脱离工程实践

学会理论联系实践，将科学与技术应用到工程实际问题中是工程教育最为核心的一环。然而目前的工程教育课程内容却偏离了工程实践。首先，工程课程内容过于陈旧。我国高校工科课程主要包括理论课和实验、实习、实训课。实验课有验证型课程、演示型课程和综合性实验等，依旧是在书本知识基础上验证，内容单一且更新不足；实习主要是结合课程需要到企业参观或非岗位性见习；实训还是停留在传统的金工动手能力训练上，包括铸造、锻压、焊接、材料热处理、车、铣、刨、磨及钳工实习，缺乏对机、电、光、声、热、化、气、液、仪及纳米材料和人工智能等的综合集成实训，对新时代背景下涉及前沿技术和科学的知识有所忽视，课程内容偏离工业实际、跟不上产业发展。其次，课程中实践内容在数量和比例上，少于学科理论内容，也就是说，课程内容以基础科学、学科技术知识和工程科学为主导，学科知识与工程能力两方面的内容失衡，超过半数的学生认为，专业课程与工程实践的关联程度一般、较低或很低；工程设计、问题解决、工程创新这些面向工程实践的核心内容没有很好地包含在课程内容中。最后，工程实践教育形式大于内容。工程思维最大的特殊性，在于它的实践性和应用性，这也影响着工科学生应当掌握怎样的知识、具备怎样的能力与素质。如何将理论知识和学科技术应用到工程实践中，是工程能力的关键。

华东理工大学钱锋院士指出："当前工程类高校课程体系和科研实践过于老化，脱离实际，无法应对时代的变化和面前的挑战，与之相比，很多国外高校的科研实践教学和专业实验室早已工程化和产业化。同时，我国高校在课程设置上对工程理论、产业历史、发展状态、前沿远瞻等综合性课程不够重视，导致培养的人才发展后劲不足。"

课题调查问卷统计表明：工科专业课程内容严重偏离工程实践，主要体现在两个层面。

第一，实验内容陈旧需要改进达到 66%，课程内容与职业需求脱节达到 44%。由图 4.1 分析可知，课程内容更新需求较高。

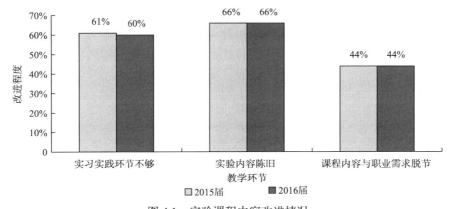

图 4.1　实验课程内容改进情况

资料来源：W 高校毕业生培养质量评估麦可思调查数据

第二，实践课程中涉及的课题实践活动内容偏离工程实践。陈敏和李瑾（2015）的研究显示，44%的学生在大学期间没有参加过任何工程项目研究，33%

学生只参与过 1~2 项，课程设计的题目 41%源自教师的虚拟题库。

（四）课程教学远离学生中心

在我国高校工科专业课程教学中，主要的教学方法有传统课堂教学法、多媒体教学法、案例教学法、微课程教学法、实践教学法、启发式教学法等。其中，传统课堂教学法、案例教学法和实践教学法居多，存在远离学生中心的问题。

在传统课堂教学法中，教师以"填鸭式"教学为主，师生互动交流少。选择"教学方法无法调动学生兴趣"的人数比重为 52%，选择"课堂上学生参与度不高"的人数比重为 31%，可见课程教学与学生之间有距离。

在实践教学法中，实践方式未能充分满足学生需求。选择"分组人数太多，没有操作机会"的人数比重为 52%，"专业实习"要求改进的占比 75%，"毕业实习"要求改进的占比 52%，"实验"要求改进的占比 31%，"课程设计""认识实习""毕业设计"要求改进的占比分别为 27%、21%和 19%，"金工实习"要求改进的占比 8%，说明实习和实验整体上来说需要改善。[①]

（五）课程评价方式单一陈旧

课程评价方式是对课程教学效果和学生学习成果检测的一种手段。在我国高校工科专业课程评价方式中，笔试、课程论文和实验报告排在前三，其中以填空题、判断题、简答题、论述题和论文等形式为主，所占比重高达 58.31%。随着社会发展和工程实际需求的变化，可知实际教学中课程评价方式单一陈旧。

工科专业课程评价方式主要是针对学科理论知识进行考察，在产业转型升级和人工智能快速渗入各行各业的形势下，对于工科专业来说，这种课程评价方式就显得不恰当。工科专业的培养目标是培养出能够解决实际工程问题和难题的高科技人才，对学科理论知识的掌握是基础，但是将理论知识运用到工程实际中更为重要和关键，在评价中应该更注重工程问题的解决能力，而不是理论知识的考查。通过调查发现"课程考核方式不合理"需要改进的比例在 2016~2017 年为 22%。

五、教学资源配置上：行业企业与高校分隔

在教学资源配置上，我国大学与企业的互动支持是缺失的。工程教育师资队伍大多是从校门到校门，教师的工程素质和实践经验不足，高校学生到企业实习难以

---

① 资料来源：W 高校毕业生培养质量评估麦可思调查数据。

落实，校企协同育人机制没有形成。资源分配上存在严重不平衡的现象，大量地方高校在条件和资源方面比较匮乏，现有办学条件无法满足工程科技人才的需求，供需矛盾是影响工程教育发展和改革的重要因素。在课题组的问卷调查中，从"您认为工程教育改革的阻力有哪些（多选题）？"回答的整理（表4.3）中可以看出，"与产业、企业合作较少"选项占比最高，为22.49%，在七个可选项中占第1位。由此可知，产企与高校分离是当前高等工程教育最突出的"短板"。

表4.3　工程教育改革的阻力

改革阻力	样本数	有效百分比	排序
工程教育理念	877	18.39%	2
学校不重视	704	14.76%	5
经费不足	830	17.40%	3
与产业、企业合作较少	1073	22.49%	1
师资力量不强	468	9.81%	6
教师没有改革的积极性	770	16.14%	4
其他	39	0.82%	7
缺失值	9	0.19%	—
合计	4770	100.00%	—

　　工科人才的特征决定了工程教育的独特性，其中实践性、综合性和创新性是工程教育最为突出的特点，产学结合是培养优秀工程技术人才的必由之路，其中合作深度和方式是工程教育应该关注的重点。但是，我国工程教育在发展过程中，高校与企业的关系处于两种状态，一种是无联系，另一种是联系形式化，即高校与企业在人才培养过程中在课程改革、师资建设和实践平台建设等方面有合作但不紧密，合作形式不深入，效果不明显且不持续。

六、课堂教学方法上：理论灌输与应试盛行

　　当前，我国高校工科人才培养主要采用班级授课的理论教学形式，课堂教学一般以讲授为主，教师讲得过多，学生练得过少，教师在课堂中一直是处于主导地位的角色，将自己根据课程学科的特征准备的课程知识体系以灌输的方式传授给学生，忽视了对学生主体性和能动性的培养。课堂教学质量评价也是强调教师向学生传授知识的系统性，注重工程科学知识的演绎、归纳和推理，但缺乏评价师生之间的互动和交流，缺乏评价学生之间基于研究和创新的合作学习。课题组访谈华东理工大学钱锋院士时，他指出目前我国工程类院校传统的教学方式培养的人才素质结构较为单一，综合素质和解决复杂实际问题的能力不强，不能满足

现代企业、社会对于高素质工程人才的要求。在课程组的问卷调查中，当问及 4377 名教师有效样本"您在考核学生学习成果时，最常用哪些考核方式？"时，"笔试"和"课程论文"分别占比 25.89% 和 16.54%，在九个可选项中分别占第 1 位和第 2 位（表 4.4）。可见现阶段对学生的考核方式仍然以笔试为主。

表4.4　考核学生最常用的考核方式

考核方式	样本数	有效百分比	排序
笔试	1133	25.89%	1
实验报告	695	15.88%	3
技能操作	372	8.50%	6
项目设计	452	10.33%	5
作品展示	298	6.81%	7
研究/调查报告	568	12.98%	4
学生自评与互评	93	2.12%	8
课程论文	724	16.54%	2
其他	38	0.87%	9
缺失值	4	0.09%	—
合计	4377	100.00%	—

在新型的师生关系中，教师应该是导师的角色，激发学生探究自主学习方法并提供指导，培养学生独立学习和思考的能力及成为一个可以灵活适应不同情境的现代化人才。"大学教育是要使学生在毕业以后获取极强的自学能力，做到无师自通，如果毕业后仍然无师不通，那是教育的失败。"（冯秀芳，2007）可是，我国高等教育在培养人才过程中过度强调考试分数，将分数作为评价学生整体学习效果的重要标准，导致学生能拿高分却缺乏实际应用的能力，到企业中并不能真正将自己所学知识运用到工作当中。根据麦肯锡咨询公司的研究报告，我国工程师数量高达 160 万名，但是仅只有 10% 符合西方公司的用人标准。

七、工程教育认知上：主观意识与客观不符

（一）工程教育认知与实践的偏离

课题调查反映出教师对工程教育改革的认知与参与工程教育的实践出现一定程度的偏离。

第一，工科教师对于工程教育改革的导向、目标、阻力及路径的认知尚未充分融入工程教育实践中。在工程教育师资队伍建设方面，重视师资国际化，但工科教师国际化程度并不高，获得海外学历的教师比例太低，超过三分之一

的教师没有出国进修访学经历，在有访学经历的教师中多数人的访学时间也较短；重视教师工程实践能力，但具有丰富工程实践经验的教师比例偏低，大部分教师的工程实践经验来自参加的课题研究，这是不深入的、碎片式的；虽然采取了支持青年教师到企事业单位实践锻炼等措施，但实际执行不到位，较多流于形式、走过场。

第二，在人才培养导向方面，强调"回归工程实践"，培养以创新能力和技术能力为核心的复合工程人才，但在工程教育实践中并未得到充分落实。大部分工科教师对"回归工程"的认知偏离工程实践本义，认为回归工程就是要增加实践教学学时数，加强工程实践能力培养就是改善实验实训条件、让学生"做中学"。认知偏差导致工程教育改革只停留在表层，实践教学环节只是机械地进行操作训练和基本技能培训，或是用仿真模拟，或是用验证性实验替代工程实践，工程教育模式仍然停留于"技术范式"阶段，忽视现代工程应有的系统性、创新性、集成性特征，忽视学生知识、技能、素质及解决工程实际问题的综合性能力的培养。课题组调查反映出教师指导学生实践教学就是验证书本知识，对学生学习成果的测量仍以传统的知识理解力测试为主、对项目设计式等工程教育教学模式的了解与运用不足等现象，这些都是认知与实践相偏离的具体表现。

（二）工程教育改革质疑与期待的矛盾

工科教师认为工程教育需要改革，但对目前的改革行动持质疑与观望的态度。课题调查显示，36.9%的工科教师认为教师没有改革的积极性。部分教师的观点是："少喊口号，做实一点，做真一点""从来不缺想法，缺的是真干实做""高校价值导向很关键，轻教学重论文的情况下，教师不会投入精力""很多想法是好的，但流于形式"。工科教师在问卷开放题中提出的意见和建议反映出教师对当前工程教育改革的质疑。但同时，他们也期待并支持工程教育改革转型。譬如，有的教师认为："中国高等工程教育转型势在必行，因为今天的工科学生就是明天'中国制造2025'的中坚力量""转型是必然的，是大势所趋。从中国制造到中国创造，再到中国智造，离不开高等工程教育培养高素质的人才和高水平的技术支撑。"有88%的教师表示，如果所在学校进行工程教育改革，会积极参加。这种看似矛盾的态度，其实有其客观原因。其一，由于高校对工程教育改革动员不足，先进工程教育理念的宣传普及程度不够，改革激励措施力度不大、可操作性不强，教师参与积极性不高。其二，目前的工程教育改革举措仍然是局部范围内的改革，不是系统的转型改革设计，因此成效必然不尽如人意，使部分教师失去信心。其三，工科教师的内心深处期待工程教育改革既"顶天"又"立地"，既期待有新理念、新体系、新模式、新标准等顶层设计，也期待制定切实可行、有效激励的政策及投入必要的经费来支持工程教育改革。

（三）工程教育改革阻力与瓶颈并存

　　有改革就会有阻力。课题问卷调查统计显示，在教育理念、学校重视程度、教学经费、产业企业合作、师资力量、教师改革积极性、实践教学条件七项工程教育改革可能的阻力多选问卷中，工科教师们认为工程教育改革最大的阻力是"与产业、企业的合作难以实现"（占 52.2%），工程教育改革阻力排在第二位和第三位的分别是"实践经费不足"（占 42.0%）与"工程教育理念落后"（占 39.5%）。值得注意的是，"教师没有改革的积极性"（占 36.9%）紧随其后，排在第四位。教师作为工程教育改革的主力军，如果缺乏改革积极性，那么推进工程教育转型就步履艰难。

　　目前，高等工程人才培养并不能适应经济社会发展的新要求，制约人才培养的瓶颈何在？课题问卷调查统计显示（图 4.2），工科教师认为，首要的制约因素是"实践教学设备与条件跟不上"（占 40.2%），第二是"缺乏有工程实践经验的教师队伍"（占 36.0%），第三是"企业行业合作育人难以实现"（占 34.8%）。其他七个因素的影响程度从高到低分别为："学生理论课程学习压力大"（占 29.1%）、"实践教学环节设计不合理"（占 27.9%）、"缺少有效的能力导向的学习成果评价机制"（占 26.1%）、"人才培养目标不清晰"（占 24.4%）、"对学生的需求关注不够"（占 19.3%）、"课程体系与产业发展不匹配"（占 18.3%）、"与行业企业人才需求不一致"（占 15.9%）。人才培养制约因素与工程教育改革阻力本质是一致的，都指向校企合作与实践教学，这的确是当前工程教育面临的主要问题。

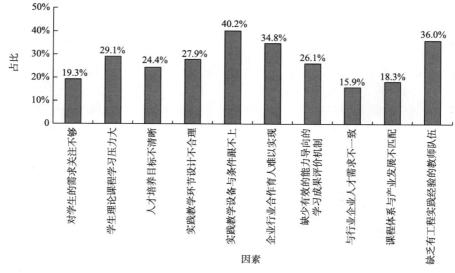

图 4.2 制约工程人才培养的因素

八、教师工程经历上：重学轻术与工程失衡

我国政府曾明确提出了一系列规范教师到企业实践的制度文件。教育部、中央组织部、中央宣传部、国家发展和改革委员会、财政部、人力资源和社会保障部联合颁布了《关于加强高等学校青年教师队伍建设的意见》（教师〔2012〕10 号），明确要求"组织青年教师广泛开展社会实践活动，帮助他们进一步了解国情、社情、民情"。2012 年《教育部等部门关于进一步加强高校实践育人工作的若干意见》指出，要主动聘用具有丰富实践经验的专业人才，要鼓励教师增加实践经历，参与产业化科研项目，积极选派相关专业教师到社会各部门进行挂职锻炼。《教育部高等教育司2016 年工作要点》中进一步提出要推动高校与行业企业和实务部门开展实践教学师资队伍的双向交流，加强教师实践教学技能培训。显然，实施这些政策的目的都是促进高校教师能够深入企业工程技术实践，在企业实践中提升自身的工程技术能力。

刘经南院士认为，工科教师缺少工程实践能力，观念还局限于应试教育模式。华东理工大学曲景平校长认为，高水平高校工程类教师相当部分为外国引进人才，理论有余但缺乏相应的产业尤其是中国产业实践经验。[①]

在教育活动中，教师的工程经历是影响学生学习效果的重要因素，我国重点高校工科专业教师工程经历存在很大的局限性，这是制约工科课程效果的关键因素。形式上，教师参加工程实践具有很强的目的性，非自愿性居多，见表 4.5。1600名教师中，"因课题研究需要参加过工程实践"占比 35.50%，其工程实践经历很容易局限在课题领域内，缺乏整体观；"应学校要求参加过短期工程实践（累计小于 6 个月）"与"应学校要求参加过中长期工程实践（累计大于 6 个月）"分别占比 13.31%和7.63%，他们大多对工程实践只处于了解程度，迫于高校考核压力参加实践；"从没有过工程实践经历"占比 15.75%，"曾经在企业工作（全职）"占比 27.81%。表 4.5 表明，有过不同工程经历的教师占绝大多数，但是这种"工程经历"深入工程实际不足，形式感大于实质感。

表4.5　高校教师工程实践经历调查表

数据	从没有过工程实践经历	曾经在企业工作（全职）	应学校要求参加过短期工程实践（累计小于 6 个月）	应学校要求参加过中长期工程实践（累计大于 6 个月）	因课题研究需要参加过工程实践
人数	252	445	213	122	568
占比	15.75%	27.81%	13.31%	7.63%	35.50%
总人数	1600				

---

① "面向'中国制造 2025'的高等工程教育转型发展研究"课题组专家访谈资料。

第二节　我国高等工程教育转型的困境

　　"中国制造 2025"的提出加快了我国制造业实现技术升级和产业结构调整的进程，高等工程教育应该为制造业应对新一轮产业和科技变革提供人才支撑。"中国制造 2025"战略正在倒逼高等工程教育转型进程，但在转型的过程中也面临着多重困境。

一、工程教育理念转型的困境

（一）对传统教育教学理念的依赖性

　　传统的教育理念突出教师的中心地位，以课堂讲授为主，学生被动地接受。传统教育理念是时代的产物，在原始社会，师徒制是师生之间关系的代表，主要体现在日常劳动生产和教育活动中，自古以来老师就承担着培养人才和答疑解惑的责任。知识传授具有局限性，只有少数人才拥有知识，学生只有跟从教师才可以获取知识，解答疑惑。在传统教学理念的影响下，学生理解和记住知识是教学的最终目的。长久以来，中国传统的"尊师重道"文化根深蒂固，形成了"师本主义"，即教师灌输式传授，学生被动式学习。传统教学理念下的课程教学，使学生掌握的课程知识零散化、孤立化，不能实现学科知识的交叉融合与融会贯通。对传统教育理念的依赖严重阻碍了高等工程教育教学理念转型的进程。

（二）对现代工程教育认识的肤浅性

　　工程人才根据特征可以分为技能型人才、技术型人才、创新型人才、复合型人才、"绿色"型人才，俗称为工程师。我国在工程人才的培养过程中，一直将培养目标定位在技术型人才上，侧重于培养学生的工程思维和具体工程技术。随着社会进步和科技发展，这种人才在工程实践中只能从事技术性的工作，不能从事高水平管理和研发性质的工作。全球化经济中的工程预示着工程教育改革发展必须在 21世纪大背景下，强调工程的经济性、集成化和融合性的特点。现代工程教育体系与传统工程教育存在根本性的差别，主要体现在发展背景、基本特征、培养目标和社会需求等方面，现代工程教育不仅向学生传授工程知识和技能，更为关键的是通过新的教学内容和教学方式为学生提供跨学科、综合性的知识背景，在使学生在获得系统化知识技能的同时，还可以掌握面对动态化社会随机应对的能力和思维。

（三）教育理念转型的艰巨性

教育理念是在长期的教育实践中形成的用来指导教育实践的思想，是教育者根据自身经验和教育实践得出的可以适应和促进教育发展的一种理念。行为是理念的一种具体化表达形式，教育理念体现在教育的整个过程中，如教育目标、课程理念、教学方式、教学评价和师资队伍等。教育理念一旦形成，在未来将其改变就比较困难，教育工作者已经将教育理念与自身的知识体系融为一体。重新构建出一种新的理念需要创新，需要自我反思和理念碰撞，新理念的产生是与旧理念激烈斗争的结果。正如克劳士比（2005）所说的一样，"要是新理念很容易被接受的话，那世界就变得和迪士尼电影中的童话世界一样美好了"。可见，教育理念转型非常艰巨，是一项长期的任务。

（四）坚守"象牙塔"的顽固性

初期高等教育的职能是"对高深学问的研究"，推崇"精神贵族"的教育，培养学术型精英人才，以学科范式作为教育活动的基本规范。随着社会发展和市场需求的变化，高等教育从"人才培养"延伸出"科学研究"和"服务社会"两大职能，高校在教育理念上已经发生了很大的变化，但是高校改革发展总是局限在校内，与社会和企业无实质性沟通，重点高校仍然顽固坚守学术"象牙塔"，对市场需求和社会发展的接受度和开放度较低。

课题问卷中，"您认为高等工程教育应从哪些方面进行转型？"，"教育理念"占比 22.94%，排在首位。问卷中，"您认为工程教育改革阻力有哪些？"，"工程教育理念落后"占比 18.39%，排在第二位。调查数据说明，在高校工程人才培养过程中，教育理念仍然坚持学术性人才培养，固守高校学术领地，这种现象已经成为工程教育转型改革的拦路虎。

二、工程教育制度转型的困境

（一）工程教育政策的过时缺失

在我国，缺乏相关的人事制度对大学教师与企业高阶层人才的互动提供保障。

高校在工程人才培养上，每年培养的人数都在不断增加，这种培养数量在一定程度上对培养质量产生了很大的压力。由于工程教育自身实践性的独特要求，在课程设置中必须对实践环节加以重视，但是学生总数的增加、教师队伍的不足和教学条件的缺乏，迫使课程实践环节被削弱，这就直接导致工程教育质量的降低。在这个过程中，具有工程实践经验的教师非常缺乏，我国高校工程教师普遍存在一些问题，如部分高学历的年轻教师缺乏工程实践经验和经历，这些教师渴望被派到企业中实践锻炼，但是在这个过程中高校没有具体的文件对教师的工作量和工资进行保障。另外，很多企业为了高校培养的人才毕业之后可以快速投入工作中，愿意到高校中传授自己经验，但是从企业中聘请兼职教师又受到很多体制方面的限制，导致高校和企业在人才流动上不能做到人尽其才。

（二）高校评价制度的学术偏好

我国对工程教育的评价与对其他学科的评价基本相同，都是基于结果的评价，侧重于学术成果的产出。这种评价对于研究型学科来说比较适用，而对于工程教育并不是很适用。工程教育是基于新时代的社会需求采取新的教学内容和教学方法培养工程技术人才的教育，实践性、创新性、综合性和信息化是其重要特征，应该以实践性、运用性和创新性作为其评价的重要标准。许多研究型高校评价方式重视理论、轻视实践训练，主要体现在重视学术论文、学科思维和成果获奖等方面，在工程教育评价中采用以研究成果为导向的评价方式，会引导工程实践弱化并逐渐走向学术化，最终失去工程教育的特质，导致工程教育培养的人才"眼高手低"。高校评价制度的学术偏好导致学术风气浮躁，培养的工程学生存在高分低能、不愿干事、不会干事、干不好事等多种弊端。

（三）传统社会制度惯性的影响

波兰尼（2007）对社会因素与经济因素两者的关系进行过研究，认为经济因素对社会延续非常重要，因为一旦经济体系通过分立的、以特定动机为基础并被授予特殊地位的制度来运转，社会就必须以使该体系以根据自身法则运转的方式来形塑自身。这种情况同样也适用于我国工程教育转型，即工程教育对传统制度运行的习惯进行重塑。"中国制造2025"是促进我国高等工程教育转型的外在推动力，同样也是其转型的社会大背景，传统产业的转型升级及战略性新兴产业的蓬勃兴起，对工程人才胜任力提出了新的要求和挑战，在这种社会变革的背景下，高等工程教育转型是其内在发展的必然，但肯定会受到社会传统教育制度的影响甚至掣肘。原始社会、农业社会、工业社会、信息社会、数字社会的教育形态各不相同，根本区别就在于社会制度的差异，传统的社会制度会对"中国制造 2025"背景下高等工程教育转型产生阻力。

三、工程教育模式转型的困境

近年来，我国工程教育持续发展，规模不断扩大，但规模发展与质量提升之间很不平衡，传统的工科人才培养模式依然根深蒂固，传统人才培养的体制机制依然保持着很强的"惯性"；面对新工业革命和信息技术革命的冲击，以及新工科人才培养的要求，局部性改革过多，系统化、前瞻性改革较少，工程教育还没有真正实现向工程实践的"回归"。

第一，高校教师提升工程教育认知并非一日之功。实践中，虽然大部分院校已经意识到工程实践训练、工程实践环境的重要性，倡导工程教育向工程实践回归，但对工程实践内涵的理解却有失全面，认为回归工程仅仅是对工程教育技术范式的再次强调；或将工程实践狭隘化，简单地将工程实践等同于实践训练，加强工程实践能力等同于加强实践操作技能训练，忽视工程真实情景实践本身的实践体验、试错反馈和能力提升的教育价值，没有将"回归工程实践"作为一种系统的工程教育改革理念来认识。

就理想状态而言，回归工程实践就是基于"大工程观"，向现代科技主导、整体运作的系统化、集成化的工程实践的回归。"中国制造 2025"背景下，现代工程活动具备跨界性、复杂性、动态性、创新性、集成性的特征，要求工程人员具备全局思维，及时应对快速变化的工程环境。相应地，现代工程教育观需要学生置身于真实的工程环境中，及时了解工程领域的现实状况，切身感受工程活动的变化，在实践中学习，在工程环境中培养工程能力。由此，工程实践是一个全面的工程训练，使得与现代工程相关的前沿科技、人文、经济管理等知识集成与内化，将创新思维和工程意识的培养贯穿于实践过程中，让学生在实践中整合理论知识、总结实践经验、提升综合能力、实现工程创新。邹晓东（2010）认为，人们对工程教育本质和工程实践内涵的认识依然模糊不清，将工程视为科学的分支，工程教育等同于科学教育；零散的工程实践"狭窄于技术"，或仅仅依赖于模型分析和计算机模拟；在整个工程教育体系中，技术性、实践性和综合性的内容不断削弱，学术性和理论性内容不断增加；学与工脱节，工程设计和实践教育严重缺失。

第二，专业与课程设置的理论逻辑长期司空见惯。长期以来，工科院校定位不清，强调工程科学，忽视工程内在属性，按照科学家和研究型人才的模式培养工程师。在专业设置方面，依据学科知识体系设置专业，专业结构调整以学科逻辑为价值导向，学科专业之间壁垒森严，学科教学融合"口惠而实不至"，导致学生知识视野狭窄，想象力和创造力得不到"滋养"，与现代工程实践的系统性、综合性和复杂性的要求相距甚远；在课程体系方面，工科专业课程内容侧重于科学基础，强调学科逻辑体系构建，过分注重理论知识完备性，而工程设计、解决工程问题、工程创新等体现工程本质的教学内容严重欠缺；课程教学设计与工程实际问题的连接不够，课程内容与行业企业的需求相距甚远；课程结构相对分散，缺乏整合，课程之间相对独立，自成体系，忽视工程实践的系统性要求；课程改革仅仅习惯于增加课程，忽视课程整合；教师愿意做课程的"加法"，不愿意做课程的"减法"，更不善于做课程的"乘法"和"除法"，导致课程越开越多，总学时控制越来越难；在实验实践课程建设方面，真正培养工程实践能力的实践课程严重缺失。由于实践环节投入大、组织管理难度大，以及教育观念的偏失，实践课程大多是封闭的校内实验课，缺少在真实工程环境中的实践教学。校内实验也主要局限于对原理知识的检验，学生被动求证知识，或进行模仿性实验，学生自主设计的实验较少，综合性、创新性工程实践训练更少。以解决工程实际问题为导向、以工程项目为载体的综合性工程实践教学模式还没有成为主流，教师依然是理论化教学的主体、学科知识的讲授者和看护人。实际上，这种知识结构松散、过分学术化的课程体系及教学内容安排，与现代工程人才的多学科综合、实践创新的要求相悖，使得学生很难学以致用，更难以主动运用知识，以及创造性地解决工程实践问题。

第三，高校工程人才培养与社会需求脱节的惯习难调。我国工程教育人才培养长期存在与社会需求脱节、学生学非所用、实践创新能力薄弱的问题。具体原因可以归结为两个方面：一是培养目标与产业需求脱节，人才培养模式改革滞后于产业变革的需要；二是人才培养过程缺乏工业界的深度参与。工程教育封闭型的人才培养模式，导致高校面对快速发展的产业革命与信息技术革命，依然抱守"鸵鸟"心态和"蜗居"式人才培养模式，专业调整滞后于新经济发展背景下产业发展的需求，行业产业需要难以转化为学校专业结构调整和人才培养模式变革的动力。教育部、人力资源和社会保障部、工业和信息化部 2016 年 12 月 27 日印发的《制造业人才发展规划指南》预测新一代信息技术产业、高档数控机床和机器人、新材料、航空航天装备、电力装备、节能与新能源汽车等制造业十大重点领域，在当前和未来十年面临巨大的人才缺口。由于高校对人才市场反应的迟滞性及人才培养模式改革滞后，产业快速升级和结构调整与所需工程人才匮乏之间的矛盾越加凸显。

当前高校虽然意识到工程教育必须服务社会需求，面向产业，但也只是站在学校角度，臆想社会需求，单方面替工业界制定人才规格和培养模式，缺乏有效的校企合作人才培养机制。高校工程实践教学脱离行业企业工程环境，忽视工程技术成果推广与应用，也未能为行业产业转型升级起到实质性推动作用。

四、工程专业建设转型的困境

（一）专业设置滞后于社会发展需求

近年来，随着全球范围内产业结构的战略性调整，我国制造业发展面临着内外部因素的挑战。一方面，新一轮科技革命和产业革命促使世界各国抢占未来制造业发展的制高点，以美国工业互联网战略、德国工业 4.0 战略为代表，发达国家正在加紧实施再工业化战略，发展中国家加快推进工业化进程，我国制造业面临高端制造业向发达国家回流、中低端制造业向发展中国家转移的"双重挤压"；另一方面，我国制造业"大而不强"、技术层级参差不齐、少量高端装备制造与大量中低端制造并存，处于工业 2.0、工业 3.0 与工业 4.0"三期并存"的发展阶段。在这种背景下，国务院正式印发实施"中国制造 2025"战略，目的就在于实现制造大国向制造强国、中国制造向中国创造、中国产品向中国品牌的转型升级，既实现高端装备领域及智能制造领域的"弯道超车"，也通过对传统产业及中低端制造业的升级改造，实现中国制造业水平的整体提升。无论是发达国家的再工业化还是"中国制造 2025"战略，其主流方向都是以技术创新引领制造业发展，实现新一代信息技术与工业化进程的深度融合。在工业 4.0 时代，制造业转型升级不仅仅是生产环节的技术升级，还包括产品设计、生产方式、销售模式的系统性"再造"，智能化、虚拟化、数字化技术将贯穿产品运行的全生命周期；柔性化生产、个性化生产将取代传统的规模化生产而成为主流的生产模式。未来工程师所面对的不仅仅是生产领域的常规性问题、局部性问题，更多的是全局性问题、综合性问题和非线性问题，这就需要未来工程师具有复合型知识结构、创新性地解决工程实践问题的能力。也就是说，制造业转型所需要的是不同于传统制造业人才市场需求的"新工科"人才，这就要求对传统的工程教育范式和工科专业建设模式进行根本性改革。专业建设不能仅仅局限于专业结构的调整或专业数量的增减，而是要着力建设适应制造业转型升级实践需要的"新工科专业"。"新工科专业"的"新"体现为两个层面：一是新设战略性新兴产业相关专业或未来重点发展的制造业领域相关专业，主要是现有专业设置中没有的或比较薄弱的专业；二是对传统专业进行适应制造业发展需要的升级改造，包括调整专业培养目标、更新教学内容与课程体系、促进学科专业交叉融合、创新人才培养模式等。

（二）专业结构与社会需求严重失调

从当前及未来一个时期我国制造业人才市场的供需状况而言，工科专业建设及人才培养的主要问题不是总量问题，而是结构性问题。结构性问题的直接表现就是结构性失业，即一方面部分工科毕业生"毕业即失业"或就业质量不高，另一方面大量制造业岗位招聘不到满意的毕业生。也就是说，实践中的关键问题不是制造业人才市场需求不足的问题，而是人才市场需求难以得到有效满足的问题。可见，工程教育的结构性问题主要体现为供给侧结构性失衡，直接表现就是工程教育与制造业人才市场需求脱节，工程专业建设滞后于制造业转型升级与结构调整的要求。因此，供给侧结构性问题必须以推进供给侧结构性改革、治理结构性失业的办法推进工科专业建设，扩大工程教育的有效人才供给，提升人才培养结构和质量对制造业人才市场变化的适应性。一是通过工科专业教育范式改革，提升专业教学质量，进而提升人才培养的社会适应性，减少由质量问题导致的结构性失业；二是通过新建战略新兴产业相关专业及制造业重点发展领域相关专业，优化工科专业结构，减少由数量问题导致的结构性失业。

五、专业课程体系转型的困境

（一）学科体系规训的突围非常艰难

自古以来，高校是生产知识和传播知识的学术性场所，学生获得知识的同时必定接受着一种严谨的学科规训。大学的院系和专业都是以学科为主线，进行课程设置，安排课程教学内容。学科规训的实质是遵循知识内在逻辑和体系的，关注知识的系统性、关联性、演绎性、探究性，但课程设置的理论逻辑根深蒂固。工程教育转型的核心点就在于突破学科规训，由以学科为中心转向以工程实践为中心，强调综合性和实践性。我国高等工程教育转型需要政府、学校和产业界的积极配合，从观念源头出发转变教育教学理念，可以说是牵一发而动全身。这也需要摆脱传统的路径依赖思维范式，不能简单地把工程看作对科学知识的简单应用，转变工程学科是相较于科学学科的次等学科这一传统观念。但是，工程教育学科规训的突围对于高等工程教育转型来说是一项必要而艰巨的任务。

（二）课程内容更新付出得不到回报

课程内容是工程教育转型最为微观的一个方面，是工程技术人才培养的最终落脚点。目前我国高等工程教育的课程内容存在诸多问题，主要体现在以下几方面：首先，在工程知识的传授过程中过于遵循学科体系，强调学科性、系统性和单一性，主要体现在课程教学以本学科为核心，主要教授单一学科的知识，或者以本学科为主，将相关学科知识的讲授作为补充，跨学科融合度较低；其次，工程课程内容过于陈旧，对新时代背景下涉及前沿技术和科学的知识有所忽视，课程内容在现实中早已过时，根本无法满足实际需求；最后，教学方式主要采取教师口头传授，对实践训练重视度不够，学科类课程所占学分多于实践类课程，综合交叉课程少，信息方法类课程不足。课程内容过于学科性，学生实践训练不足，对社会需求了解度不够，简单来说就是课程与时代需求脱节，不能满足时代和社会的需求。从而导致课程在计划安排上理论与实际相互分离，学生没有真正意义上掌握和运用工程类知识。传统的课程内容已明显不能适应新工程时代对新型工程人才的需求。

六、实践教学体系转型的困境

（一）实践教学目标模糊，导致转型迷失方向

长期以来，虽然大部分工科院校已经意识到工程实践的重要性，积极开展工程实践教学，但是对工程实践教学内涵的解读却有失全面，实践教学目标模糊不清，忽视工程实践"能力导向"的基本定位。这是大量高校，尤其是地方高校存在的普遍问题，主要表现在两个方面：首先，工程实践教学对自身的特色和优势缺乏明确的认识。在我国高等教育体系中，存在着理性主义主导的知识体系"僵化"和科学教育对工程科技人才培养模式的"遮蔽"现象，工科院校按照科学人才的模式培养工程人才。因此，工程实践教学的独特性无法得到彰显，工程实践教学目标的特色和优势遗失殆尽。其次，高校实践教学目标趋同化。受大学综合排名驱使，高校一味地向综合性大学、研究型大学、一流大学发展，导致高校人才培养目标趋同，呈现出"千校一面"的特点。盲目追求综合性、研究型大学的发展目标，工科院校原有的优势工科专业的建设与发展无法得到加强，工程实践教学特色无法体现，教学目标呈现趋同化倾向，存在着"有形无神"的问题，结果只是舍本逐末。

为引导高校瞄准科技前沿，实现人工智能领域科技创新，教育部在 2018 年 4 月 2 日印发的《高等学校人工智能创新行动计划》中强调：不断推动人工智能与教育深度融合，为教育变革提供新方式，从而引领我国人工智能领域科技创新人才培养和技术应用示范。理想状态下，新工科工程实践教学的总目标是为了让学生在"化零为整"的综合实践过程中培养实践创新能力，使学生做到"学以致用"，即将能力培养贯穿于实践教学体系的各个方面，全方位、多角度地培养和提升新工科人才的核心能力和竞争力。由此，工程实践教学体系需在理解原有实践教学目标的基础上，找准与新工科建设的切合点，进一步强化工程实践教学的目标和特色，培育新工科人才。然而实际上，工程实践教学目标狭隘化，零散的工程实践环节"狭窄于技术"，简单地将工程能力的培养等同于实践操作技能训练，或是用模型分析、验证性实验及计算机模拟代替综合实践。在整个工程实践教学体系之中，实践性、综合性和创新性的实践内容少之又少，工程人才的培养目标只在于简单地传授实践经验和训练实践技能，忽视工程实践自身具备的现实体验、试错纠正和能力提升的实践教育价值。工程人才培养目标定位不明、趋同化严重所造成的结果是：工科学生缺乏特色，工程能力不足，培养出来的学生要么是拿来主义思维的"跟踪式人才""单一技术的工程师"，或是习惯性"听话人才"，这与工程实践教学"能力导向"的基本目标相背离。

（二）实践教学内容陈旧，内容更新严重滞后

工程实践教学效果可从实践教学内容的安排和实践教学内容的质量两个层次进行探究。关于工程实践教学内容的安排，我国工程教育以学科逻辑为价值导向，从学科出发组织内容体系，强调知识本位，过分注重理论知识的完备性，教学内容以基础科学、学科技术知识和工程科学为主。工程实践教学在数量和比例上远远少于学科理论教学，在整个教学体系中处于边缘化地位，这是导致实践教学内容一成不变的最直接的因素。长期以来，传统的专业实践课程也只是讲技术、讲分析，以还原论为基础，与工程实践的要求背道而驰。仅有的实践课程设置中，验证性实验偏多，而工程设计、解决工程实际问题、工程创新等体现工程内在属性的实践教学内容严重欠缺，教学内容的编排与工程实际问题相距甚远。这样的教学内容安排以知识习得为主、能力提升为辅，导致工科学生在学科知识和工程能力方面失衡。新工业革命时代的到来，新知识呈指数级发展趋势，大数据、云计算、人工智能等新兴概念如雨后春笋般纷纷涌现，工程技术知识体系面临着多层次、全方位的更新。但从内容上看，工程实践教学内容陈旧，缺乏动态调整机制，更新速度滞后于科学技术发展速度，现有理论化、专门化的实践教学内容较为陈旧，不能适应产业发展大融合的趋势，更不符合新工科建设的基本方向，在

培养新时代工程人才方面越加显得力不从心。

（三）实践教学资源匮乏，经费保障难以到位

与理论教学相比，实践教学涉及内容更多，操作起来更加复杂，受实验设备、实践场所和实践教师的限制，实践教学活动需要大量人力、物力的投入。教育部办公厅于 2018 年 3 月 15 日印发《关于公布首批"新工科"研究与实践项目的通知》（以下简称《通知》），提倡高校统筹内外资源，利用多渠道来拓宽经费来源，为新工科实践项目创造条件。但现状是工程教育实践教学经费紧张，硬件条件不足，高素质的实践教学师资队伍更是青黄不接。关于硬件条件方面，随着高等教育规模的扩张，招生人数持续增加，政府对高等教育的经费投入也在增加，但是经费投入的速度远远跟不上学生数量的增长速度。2018 年，我国本科已有 201 种工科专业，在校生人数高达 550 万，毕业生占所有本科毕业生数量的 1/3。面对如此大规模的工程教育，办学经费相对紧张，使得原本就不富裕的实践教学资源更是受到限制，实验设备陈旧老化，实践教学场地不足、面积狭窄、容纳度低，开放时间受到制约，校外实践基地数量不足，且稳定性不高，难以为工科学生营造真实的工程实践环境。为了省事、省力、降低实践教学成本，许多高校采用集中统一实践训练，许多专业性实验或实训少则 3~4 人一组，多则 7~8 人一组，少数人做，多数人看，这样的实践训练效果就大打折扣了，完全与学生进行工程实践、工程创新的初衷不符。

实践教学经费投入不足，实践教学计划难以有效落实。高等教育大众化以来，高校的办学规模及在校生人数持续不断增加，高校用于建设基础设施支出和人员性支出的经费也逐年增加。地方公立高校的办学经费主要来源于财政拨款，因各个区域之间的经济发展不平衡，导致部分地方高校的办学经费有限，而用于实践教学环节的投入经费更是少之又少。相对于其他理论学科的教学，工程实践教学对实践设备和实践场所等硬件装备要求较高，需要投入更多的人力、物力和财力。但因我国地方办学经费有限，对于实践设备的更新速度慢，导致出现实践场地欠缺、实践设备老化和配套设施缺乏等问题。硬件配套设施落后会造成实践教学内容跟不上时代发展，从而造成产学脱离，不利于工程技术人才的培养。另外，学校对工程实践类教师的培训方面投入的经费不足，教师很少有工程训练和出国深造的机会，这不仅制约了工程类教师能力的发展，同时也挫伤了工程教师提升自身能力的积极性。

（四）实验实训实习虚化，形式主义蔚然成风

工程人才培养中对实践训练基地需求很高，实践动手能力是工程人才最基本

的能力，也是其他能力的基础。在高等教育追求快速发展的背景下，高校的教育经费大多投入在学校基础设施建设与人员开支中，导致用于购买实践教学设备的经费不足。实践教学设备得不到及时补充，实践设备陈旧，数量上也难以满足学生实践教学的需要。实践教学设备的欠缺使工程人才实践能力的培养大打折扣，在课题组的问卷调查中，当问及 5635 名样本教师"您认为您所在的学校制约工程人才能力培养的主要因素是什么？"时，"实践教学设备与条件跟不上"这一因素占比最高，为 13.72%（表 4.6），可见实验、实训基地对于培养学生实践能力的重要性。

表4.6　制约工程人才能力培养的主要因素

制约因素	样本数	有效百分比	排序
实践教学环节不合理	579	10.28%	5
实践教学设备与条件跟不上	773	13.72%	1
企业行业合作育人难以实现	680	12.07%	3
与行业企业人才需求不一致	340	6.03%	10
课程体系陈旧，与产业发展不匹配	397	7.05%	9
缺乏具有工程实践经验的教师队伍	720	12.78%	2
缺少有效的能力导向的学习成果评价机制	540	9.58%	7
对学生的关注度不够	450	7.99%	8
学生理论课程学习压力大	585	10.38%	4
人才培养目标不清晰	564	10.01%	6
缺失值	7	0.12%	—
合计	5635	100.00%	—

注：由于数据进行了四舍五入，总和不为100%

（五）校企合作机制不畅，协同育人有名无实

第一，校企双方育人的目的不同。校企育人中的两个主体育人的动机不同，企业的动机是提高学生的工程实践能力和创新能力，从而为企业提供高素质的应用型人才，能够适应企业和社会发展的需要。学校的目的是通过强化学生的实践教学环节，使学生学习的技术知识、管理知识能够应用到工程实践中去。最重要的一点是企业合作育人的动力不足，对于企业来说学生到企业中实习可以解决短期用工需求和降低劳动力成本，缺乏对校企合作育人的长期效益的追求。学校和企业对校企育人的目的存在错位，从而很难实现校企合作的真正意义。

第二，企业育人的积极性不高。由于校企合作需要较长的周期才能带来经济效益，企业作为追求经济效益和产出的社会组织，在校企合作育人的过程中参与

的积极性不高。企业仅仅提供实习、实训的场所，而对于工程实践问题的教学和技术技能的指导相对较少，导致学生实习工作流于形式，没有发挥校企育人的实质性作用。

第三，缺少校企协同育人的保障机制。我国的校企育人还处于初步的探索阶段，国家还尚未设立专门的管理机构，且没有针对校企育人制定专门的政策法规。现阶段校企合作育人的形式比较单一，大多是学生在课程学习的最后一个阶段，通过与企业签订实习合同的形式，到企业中进行短短一个月左右的实习。

第四，法律制度保障一直无人问津。近年来，国家为保障教育工作的快速发展，出台了一系列的教育法律法规，其中也包含了一些关于工学结合和校企合作的政策文件，但没有针对产学合作出台专门的法律规章制度。法律条文的缺失导致校企合作育人缺乏法律保障，正是由于缺乏规范的法律制度和法律条文的保障，校企协同育人的约束力不足，学校和企业的权利义务得不到保障，从而造成校企协同育人的实施过程困难重重。

七、推进社会服务转型的困境

（一）现代企业的制度和技术先进于高校

现阶段的教学环节存在诸多问题，我国科学与工程专业的课程内容单一陈旧，不能适应产业发展的需要，缺少先进前沿知识，国际化课程内容相对较少，不能跟上现代科学技术的发展速度。教育教学工作缺少大学科观念、综合发展及交叉融合观念，科学教育缺乏强有力的社会竞争动力，教材与教学内容，以及教学方式、教学手段远远落后于现代企业技术的发展。相反，许多企业引进了大量发达国家的先进生产装备、技术和管理模式，其企业的制度和技术远远先进于高校，如计算机辅助设计、计算机辅助制造、集成制造系统等。主要包括微电子技术、信息技术、材料加工、成形的新技术、现代管理科学与技术等。课程的教学内容与快速发展的工程技术之间有一定差距，导致工程教育培养的毕业生不能够达到用人单位的要求。

（二）高校科研成果能转化为生产力甚微

高等学校是重大科研成果的产生地。2017年全国高校共获国家自然科学奖、国家技术发明奖、国家技术进步奖分别为24项、33项、100项，分别占授奖总数的68.6%、67.3%、75.8%。其中，高校为第一完成单位的获奖项目占通用项目授奖总数的 52.8%。可以看出，我国高校是科研重地，每年都有数以万计的科研成果得到表彰，其中有三分之一以上的科研成果被鉴定为全球领先、全球首创，但是在如此高产出的科研成果中，仅有为数不多的一部分可以转化为生产力。大多数科研成果仅仅是停留在论文和实验室中，失去其本身的研究价值。

国外则与我国不同，他们比较注重科研成果的应用，企业会主动对接高校与科研院，将最新的科学研究应用到企业的技术攻关中，使其迅速转化为生产力。争取到科研成果的企业一旦将其应用并转化到实际产业需求中，往往会给企业带来巨大的经济利益，实现突破重大的技术攻关。相反，我国的科研成果往往被尘封起来，无人问津。中国人民政治协商会议常务委员葛剑平指出，市场需求往往是推动科技成果转化的核心。现阶段的科研项目申报大都依赖于学术思想和专家思想，缺少市场的引导指向作用。高校课题申报没有结合市场需求与发展，导致课题研究成果与市场发展需要不匹配。受全球经济发展环境变化的影响，企业在科技成果转化的过程中，需要承担巨大的投资风险，大多数企业没有将科技成果转化为生产力的积极性，更愿意运用现成的技术成果。[①]此外，高校没有充足的科研经费去跟踪后续的科研成果转化，导致一些有意义的科研成果"悬在半空中"，抑制了科研成果的转化，造成巨大的资源浪费。

第三节　高等工程教育转型困境的成因解析

通过对高等工程教育转型困境的剖析可以看出，我国高等工程教育虽然经过了多年的改革发展，但是改革过程中遇到了多重阻力，改革成效并不明显。所谓具体问题具体分析，想要解决这些问题，就要分析问题形成的不同原因，这样才能找到解决问题的办法。为了加快高等工程教育转型的进程，实现高等工程教育转型困境的突围，本章分别从内部和外部两个维度入手阐释我国高等工程教育转型困境的主要成因。

一、高等工程教育转型困境的内部成因

我国高等工程教育转型困境的内部成因有五个方面，主要是工程教育理念、工

---

① 《葛剑平委员：强化市场引领机制　提升高校科技成果转化率》，http://roll.sohu.com/20140305/n396103378.shtml[2014-03-05]。

程类专业建设、课程体系改革、工程教师队伍及现行高校内部管理体制与机制。

（一）现代工程教育理念被虚化

工程教育理念是工程教育转型发展的灵魂，但是较长一段时间内我国工科院校人才培养目标趋同，缺乏正确的工程教育理念和明确的发展方向，严重制约了我国高等工程教育的转型进程。工科院校的人才培养目标定位不准，几乎没有高校再理直气壮地标榜是"培养现代工程师的摇篮"，而不少高校把培养"科学家"作为学校的目标。一些工科院校在专业人才培养方案上与综合性院校基本没有什么差别，培养规格单一，千校一律。工程教育专业发展被忽视，教育部颁布实施的《普通高等学校本科专业设置管理规定》中要求，高等学校在专业设置时要根据学校自身发展现状和社会经济发展需要，但是事实上很多高校在专业设置时并没有考虑到这些因素。大多数高校在专业设置时，把专业设置的成本和投入产出率放在首位，大多去设置那些投入成本低、对"硬件"设施要求不高的专业，如法学、社会学、金融学、会计学、电子商务、市场营销、物流管理等。专业设置的初衷不是适应产业发展需要，导致培养的人才数量上都与产业需求脱节，以至于近年来法学、金融学、会计学等专业的毕业生就业困难。这不仅使高校专业发展的重心偏移，也造成资源的浪费，原本以工科专业为主的高校，将教育资源分摊到其他"热门"专业，使工程教育质量下降。

（二）高校工程类专业建设学术化

高校专业建设的核心是课程体系建设，它决定了高校学科专业发展的质量。本节仅从课程建设的课程体系和课程评价两个方面对高校工程类专业建设学术化问题进行阐述。

首先，在课程体系设置方面，实践课程安排缺失，导致实施过程中受到传统教学模式的限制。工程技术人才知识与能力的特征，决定了工程类高校人才培养应将实践课程和理论课程的关系放在首要改革地位。现阶段，我国工程类高校的课程设置问题，表现为以下几个方面：第一，课程设置受传统模式的影响。以往的课程设置模式受计划经济体制影响，传统意义上高等教育的目标是培养学术型人才和科学研究型人才，课程安排上以理论课程和实践课程交错推进为主要特点，先是进行理论教学，然后再是实践教学，通过实践课程教学巩固和加深对理论课程内容的理解、深化与应用。当前的工科类高校课程设置也是在这样一种模式下进行的。第二，实践课程占比偏低。工程类高校以培养适应产业发展需要的应用型人才为任务，其教学课程的设置应当提高实践课程的比例。通过对课题组问卷调查的数据整理，对"您所在高校的工程教育中实践教学占整个教学计划的比重约为多少？"问题的回答如表 4.2 所示，可以看到大部分高校的实践课程比例仅占 21%~30%。

其次，课程评价的方式相对单一。课程教学质量评价是评价主体对课程实施效果的价值判断，以此来评判课程教学目标的达成程度，进一步改进和提高课程对学生学习的价值，具体而言，可以把握教学投入、教学经验、教学效果，以及学生学习的收获有多少，对于教学持续改进和学生学习反思具有重要作用。现阶段，课程评价存在评价主体单一、评价内容单一的局限。第一，评价内容的单一是指对学生的评价大多集中在专业理论知识、学术水平等方面，导致工程课程难以体现其独有特点。第二，评价主体单一是指评价主体仅仅局限于教师，缺乏行业专家和企事业领导的参与。现阶段对学生专业学习掌握程度的考察，主要针对课程理论知识掌握程度，评价的标准是学分，学分修满后就可以毕业。工程类高校培养的是能够适应产业发展需要的应用型人才，对工程类人才的考核不能仅仅局限于专业理论知识的掌握。由于我国高校工程类教师大多数缺乏工程背景，没有到企业实习锻炼的经验，以教师为主体实施单方面的评价考核缺乏评价效果的合理性。教师实施单方面的课程评价，会导致学校培养的优秀学生到企业中不受欢迎，即供需不一致，学校培养的学生与企业需求之间存在错位。

（三）工程专业课程体系改革形式化

工程类高校的专业课程体系改革大多是以课程目标为核心的，从课程的设置、课程内容的选取两方面进行。课程设置是课程模块内的学时设置、选修课与必修课的比例设置、理论课与实践课的比例设置、通识课与专业课的比例设置等。将工程人才应具备的各项能力、培养需求与工程教育能力培养的目标相结合，并形成明确的课程目标，最后反映到相关模块的课程设置中去。反观现阶段我国高等工程教育的课程设置，以专业教学与实践教学的比例为例，大多仍然延续传统课程体系设置，改革效果并不明显。课题组问卷调查的数据显示，实践教学在高校工程教育的整个教学环节中所占比例仍然很小，约为 25%。

工程专业课程内容的改革具体体现为加强人文与社会科学课程、注重知识结构的系统性和知识点布局的全面性，而且教学应该高标准、严要求。工程类课程的设置应当在体现学科理论知识内容的基础上，融入工程实践训练的内容。但是，改革的成效并不明显，穿新鞋走老路现象普遍存在。许多学校的教育观念有所转变，愿望与教学设计都是好的，但在具体操作过程中，却放不开步子，常常不自觉地受传统教学模式的影响。

课程体系改革是教育改革系统工程的一个部分，其成功受制于诸多因素，需要很多相关配套政策和制度的支持。当前工程专业课程改革的配套政策、制度建设仍显滞后。政策方面，如舆论导向、经费支持、队伍建设、硬件设施等；软件方面，如教师培训制度、学习监测制度、科研深造制度等。有些严重缺位，有些延续多年，有些正在探索，但进展缓慢。这些都在一定程度上制约了工程专业课程改革的有效推进。

（四）工程专业教师队伍结构学者化

"中国制造 2025"规划着 2015~2025 年，乃至未来制造业发展的方向，制造业的新理念、新装备、新技术、新管理、新服务层出不穷。现阶段，工科高校的教师队伍大多是拥有硕士、博士学位的高才生，他们大多是毕业后就到学校教课，缺少到企业中实践的经验，不具备"中国制造 2025"所要求的知识体系和能力要求，与高等工程教育的快速发展对教师素质的要求有一定的差距。工科学校的教师队伍存在师资结构不合理、年龄和知识结构老化的现象，大批优秀的青年教师流失到发达国家，不能够适应当代制造业人工智能和"互联网+"迅速发展的需求；高素质的师资队伍是工程教育改革创新的关键和保障，但目前看来，我国既有科研教学水平又有工程实践能力的教师严重缺乏。一方面，高校与产业界追求的目标和利益基点不一致，存在着天然的鸿沟；另一方面，作为指挥棒的教师绩效评价体系呈现出脱离工程化的趋势，即在对工科教师的教学评价过程中，忽视对工科教师的产学合作绩效、工程社会服务绩效和科研创新能力绩效等的考核。由此导致我国高校工程类教师队伍的非工化趋向越来越严重，既具备扎实理论基础又具备工程实践经验的"双师"型教师在工科学校教师中所占比例较小，工程类教师普遍存在工程意识不强、能力不足等问题；年轻教师的待遇过低，人才断代，缺乏较年轻的、优秀的工程研究和教育工作者。

德国可以称得上是名副其实的制造业强国，德国的工程类教授不仅具有丰富的工程实践经验，而且还有学术著作。另外，还有相当一部分来自企业的兼职教师。德国高校的工程专业教师不仅掌握深厚的专业理论知识，而且具有丰富的工程实践经验。与德国相比，我国的工程专业教师队伍的工程背景相对薄弱，高素质的工程教师欠缺。受现行教育制度的影响，到高校兼职的优秀企业人员寥寥无几。高校工科老师大部分没有工程背景，从高校到高校，对企业的生产工艺、流程、设备、技术了解甚微，如何培养出高素质的工程人才呢？

（五）高校内部管理体制与机制僵化

我国高等工科院校经过多年改革实践，取得了阶段性实效。但时至今日，适合我国高校发展的内部管理体制还没有真正建立起来。首先，现行的高等工程教育管理体制存在着行政权力大于学术权力的现象，二者之间长期失衡。因此，就形成了"官"比"师"高的价值取向。在许多人的潜意识中，"当官"是一种绝佳的职业选择，"学而优则仕"和利益诱使是重要的原因。从这个意义上讲，高等学校的"行政化"和"官本位"造成了行政权力与学术权力的失衡，在高校中出现了学术权力让位于行政权力的怪圈。其次，高校缺乏办学自主权，无法根据社会需求办学，导致学校人才供给与企业需求不符，不利于发挥地方办学的积极性。查建中教授认为：我国工科学校大多是关门办学，与产业和社会发展脱节，不适应产业发展的需要。哈尔滨工业大学王树国教授认为：我国高等工程教育的人才培养模式存在的问题源于一系列的体制问题，如工程教育的计划模式、工程教育目标模糊不清。最后，高等学校"条块化"的内部管理体制制约高等工程教育的转型，工科院校按不同行政系统设置管理机构，造成了机构繁多、人浮于事的高校管理现状，导致管理部门处于职能重叠、边界不清、有利抢着干，无利不知由谁干的状态。

二、高等工程教育转型困境的外部成因

高等工程教育作为高等教育的一部分，其转型发展受高校评价制度、高校办学体制及校企合作的法律制度等相关外部环境的影响。

（一）社会评价高校制度的弊端

"高等教育评价制度是高等教育评价机构以特定目的为依据，采用规范的标准和程序对评价主体实施评价的制度。"（闫飞龙，2012）高校评价主要有行政性评价、第三者评价和自我评价三种方式。我国现行的高校评价制度是以大学科研能力、本科教学、学科发展及学位点为评价客体的多元高校评价体系。虽然我国逐步建立起了多元评价主体、日益制度化的评价模式与体系，但该体系建立和运行的时间较短，且在评价理念及评价指标体系构建上存在着明显不足。突出表现为：在评价理念上我国高校评价性质过于传统，基本上仍属于以测量、描述为主要特征的鉴定性评价；在评价客体上主要局限于学术性评价指标。这便是我国目前高校评价体系对高等工程教育转型的核心制约因素——评价指标的学术化偏向。

现行的高校评价大多是对科研能力、教学能力、学科发展情况进行评价，并以此为依据对大学进行排名，如《中国大学评价》、软科（上海交通大学）世界大学学术排名和 QS 世界大学排名等。由于评价主体不同，以及评价委托人、评价

主体与评价客体的利益关联不同，不同类型的评价对高校所发挥的影响也不尽相同。相比较而言，官方评价具有权威性，其评价结果可以直接用于引导政府的教育资源分配，而且它们对高校的影响可以直达高校运行体系内部，影响直接且强大。我国高校评价体系的建立，客观上强化了我国高等教育领域的质量意识，为完善高等教育质量保障体系奠定了基础。但是也正是这个逐步确立的体系，在国家定向投放资源的过程中扮演了高等教育机构分化助推器的角色。高校抛弃自身发展特色，往综合性方向发展，工程类院校也将重心从发展工程类专业转向其他学科专业建设，这不仅抑制了我国高等工程教育的转型进程，也不利于学生专业技能知识的掌握。

（二）高校办学体制机制的制约

"学院式"封闭办学体制使学校与社会及企业界缺乏合作。"学院式"老路子是指学校以学院为单位实行封闭式办学，学校忽视甚至漠视与社会、企业界的交流与合作。"学院式"老路子的主要特征是学校实行"条块分割"办学及管理，导致学校与社会、企业界缺乏合作。一方面，由于学校实行相对封闭式的管理，不主动与社会、企业界发生联系，学生主要是进工厂、企业参观，而很少能到生产过程中亲身体验。因此，所培养的工科毕业生普遍缺乏动手操作能力和创新实践能力。另一方面，校企合作长效机制尚未完全建立，工科院校与政府、企业之间缺乏合作的载体和平台，尚没有形成长效的互动机制。

企业以追求利益最大化为目的，而现阶段的校企合作，对责权的要求不够明确，缺乏对企业的利益补偿，使企业缺乏合作动力。因此，当前学校与企业在培养工程技术人才方面还存在不少问题。例如，学校未能直接和及时地了解社会、企业界对工程技术人才的要求；社会、企业界在要求学校提供合格人才的同时，也没有意识到自己在工程技术人才培养过程中所应承担的社会责任，而且没有直接参与人才培养和管理的全过程，没有做到校企双方优势互补、资源共享。应该指出，不少工科院校还在继续走"学院式"的老路子。教师的工程背景欠缺，缺乏在企业工作的实践经历；另外，由于制度的保障缺失，企业具有高素质的工程师不愿意到学校兼职代课。由以上可知，当前的高校办学体制制约了我国高等工程教育的转型发展。

（三）校企合作育人法规的缺失

校企合作育人的法律制度为校企合作实质性运行提供保障。现阶段，我国的校企合作缺乏顶层的制度保障，国家尚未出台保障校企双方权利义务的政策法规。尽管国家提出推行实施"工学结合、校企合作"①的人才培养模式，并做出了相应的规划，但是校企合作育人的实施效果不佳，企业缺少积极性，合作动力不足，校企育人难以实现其真正意义。缺乏健全的校企合作育人的人才培养保障机制，难以实现学校与企业真正协同合作育人。从表 4.6 中可以看出，在制约工程人才能力培养的主要因素中，"企业行业合作育人难以实现"这一因素占比较大，为 12.07%。由此可知，校企合作育人还难以真正实现。

　　健全的法律是实施校企合作育人的保障，法律制度的落后使我国校企合作出现"木桶效应"。我国在校企合作办学、合作育人方面尚未出台专门保障法律，校企合作双方权利、义务和责任也就没有法律规范，虽然在《中华人民共和国劳动法》和《中华人民共和国职业教育法》中涉及校企合作，但内容简单、操作性不强，且缺乏强制力。可见，在校企合作教育方面的政策法规还需制定和完善。企业为学生提供实践训练的场所，但实质上大多只是走走过场，并没有真正发挥校企合作的实质作用。对参与校企合作教育学生的财政专项补贴和税收减免方面的法律政策还存在空缺，还未建立起完善的校企合作育人的专项基金体系。具体表现为：第一，尚未建立起完善的校企合作育人的法律制度，高校人才培养没有把校企合作教育纳入体系中，人才培养方案的制订没有与行业企业紧密结合，课程体系没有体现出校企合作育人的特色，教学内容与教学过程没有真正实现产业与高校的紧密结合。第二，高校缺乏针对校企合作实施的规范性的操作制度及后续的保障措施，导致校企合作难以真正实现其自身价值。

---

　　① 《国务院关于大力发展职业教育的决定》，http://www.gov.cn/zwgk/2005-11/09/content_94296.htm[2005-11-09]。

第五章 国外高水平大学工程人才培养模式

近年来，美国政府提出"加强科学、工程和技术教育，引领世界创新"的理念，美国国家科学技术委员会在 2012 年发布《先进制造业国家战略计划》，以培养拥有创新素质和领袖素养的高水平工程人才为目标，强盛美国制造业。在欧洲，由于欧洲一体化进程的不断推进，欧洲高校与工业界的联合进一步加强，先后推出了"欧洲高等工程教育"（Higher Engineering Education for Europe，H3E）、"欧洲工程教育教学与研究"（Teaching and Research in Engineering in Europe，TREE）等计划，通过增强院校协作、学生交流等举措来促进欧洲高等工程人才培养的多元化和国际化，构建欧洲的整体工程教育体系，增强欧盟国家的工程核心竞争力。日本在《2015 年版制造业白皮书》中提出"科技工业联盟"，将工程教育与经济发展相结合，以提高工程教育的适应性作为达成经济持续稳定增长的重要纲领，确保日本以全球竞争优势来面对工业发展的转型，国外高水平大学也积极对高等工程人才培养模式进行着改革。本章选取在工程教育发展中具有代表性且在工程人才培养模式改革上颇具特色的麻省理工学院、东京大学、慕尼黑大学、里昂中央理工大学，对其工程人才培养模式及改革进行深入分析，并归纳出特点，提炼共性经验，以期为我国高等工程教育转型提供启示与借鉴。

第一节 麻省理工学院的发掘式工程人才培养模式

美国高等工程教育处于世界领先水平，作为美国顶尖大学的麻省理工学院（Massachusetts Institute of Technology，MIT），不仅在工程人才培养上成绩显著，而且一直紧跟工程领域的发展需要与趋势。2017 年 8 月，麻省理工学院启动了新工程教育转型（The New Engineering Education Transformation，NEET）计划，目的是从根本上对工程教育进行一次系统性反思，反思的内容是学生如何学习及学习的内容是什么，旨在通过变革学生的思维方式和学习内容，让他们成为满足社会需求的企业家、创新者和发现者。

麻省理工学院的管理层指出，由于学术惯性、认证和专业协会的僵化标准、企业招聘等阻力，麻省理工学院的工程课程体系基本围绕"旧机器"（机械、电气、化学）进行，主要培养学生设计"旧机器"的能力。在新工业革命背景下，NEET 计划团队的目标是专注于"新机器和新系统"，开发将工程教育与应用联系起来的新课程。"新机器和新系统"是指学生未来职业生涯的构建物和产业系统，包括物联网、自动化和机器人系统、材料制造系统、智能城市基础设施、可持续材料和能源系统、生物医学诊断和治疗、大数据系统和网络系统。"新机器和新系统"拥有高度的整合性、复杂性和网络化、更高水平的行动自主权和独立性及支持可持续的环境。NEET 计划指出工程教育所面临的挑战之一是向学生提供以学生为中心的学习，工程教育不应该仅仅关注知识的获取，更应该关注思维方式的训练和培养，以学生学习为研究出发点，把学生学习问题作为研究问题。麻省理工学院确定了成功的工程技术人员所具有的 11 种思维方法，包括制造、发现、人际交往技能、个体技能与态度、创造性思维、系统思维、批判与元认知思维、分析性思维、计算性思维、实验性思维及人本主义思维。麻省理工学院以学生为本，充分考虑学生学习的个体差异，积极推进各种教学方法改革，支持学生的差异化学习，以培养学生的创新能力和创新意识，围绕"新机器和新系统"设置了以项目为中心的课程体系（project-centric curricular construct），将项目作为学习和创新的主要工具，承担着基于 NEET 计划思维方式满足学习成果的重要责任。学生处于工程项目的中心，可根据自己的兴趣爱好每年选择一系列明确的跨部门项目，基础知识则继续在部门提供的科目中学习。在项目的实施过程中不断提高其专业深度和广度。

一、案例描述

（一）培养目标

麻省理工学院在其 2018~2021 年的战略目标中提出要丰富本科生的经验，改善咨询、职业服务和专业发展，促进知识发展和教育学生在科学、技术和其他领域服务于 21 世纪的国家和世界的使命。麻省理工学院 NEET 计划在 2017 年开始实施，NEET 计划是为学生建立一个"新工程教育未来"，做到以学生为本，以跨学科和项目学习为中心，让学生自主选择在毕业时想要发展的专业领域，变革学生的学习思维、学习方式与学习内容，培养可以在未来社会的变化中适应和引领发展的领导型工程人才[①]。例如，电气工程与计算机科学系（department of electrical engineering and computer sciences，EECS）培养目标和毕业能力标准为：本科生应具有工程气质、领导力、多样性、从事服务等适应未来生涯发展的核心能力，使其能适应未来各种各样的社会环境和职业要求，不论从事任何类型的工作都游刃有余、富有创造力（表 5.1）。

表5.1　EECS人才培养目标及能力标准[②]

培养目标	能力标准（课程 6-1；6-2/6-3）	
工程气质：EECS 的毕业生将应用所学的物理、分析和计算方法来应对未来的挑战，提炼概括问题的基本框架，识别不确定性问题的来源，并使用适当的模型、技术和评估工具来形成解决方案——EECS 毕业生以技术为导向解决新问题，无论这些问题涉及工程、管理、医学、教育、法律，还是创造性艺术方面	1.通过应用工程、科学和数学原理，识别、制定和解决复杂的工程问题	1.分析复杂的计算问题并应用计算原理和其他相关学科知识来确定解决方案
	2.应用工程设计，生产满足特定需求的解决方案，同时考虑到公共健康、安全和福利，以及全球的文化、社会、环境和经济因素	2.设计、实施和评估基于计算的解决方案，以满足计划规则环境中的一组计算要求
领导力：毕业生将把创新的自信、诚信和技术优势，以及沟通和协作技能带进他们未来职业生涯中，以激励和指导团队实现他们的想法——EECS 毕业生的影响力不仅在于他们的个人技术创新，还在于他们对团队和公司及他们的领域的影响。麻省理工学院的目标是让毕业生成为各自领域和职业生涯中的有效领导者	3.与一系列对象进行有效沟通	3.在各种专业环境中有效沟通
	4.认识到工程领域的道德和职业责任并做出明智的判断，必须考虑工程解决方案在全球经济环境和社会环境中的影响	4.根据法律和道德原则，承担职业责任并在实践中做出明智的判断
多样性：毕业生将在 EECS 课程明确代表或预期的领域和专业之外，创造性地和富有成效地应用他们的能力、才能和见解——EECS 毕业生以多种方式在世界上留下了自己的印记，他们创办公司、成为教授、发明技术，并在每个职业、科学和艺术领域做出创造性贡献	5.在团队中有效地发挥成员或领导者作用，创建一个协作和包容的环境，并且建立目标、计划任务来实现目标	5.在参与团队活动时，有效地发挥作为成员或领导者的作用
从事服务：毕业生将会对专业和社会环境保持敏感，致力于道德行动，并坚持终身学习以保持其成为团队中的有用之人——EECS 毕业生将在现实世界中运用他们的才能。他们必须具备技能和态度，才能成为负责任和有思想的社会贡献者	6.设计并进行适当的实验，分析和解释数据，并使用工程判断来得出结论	
	7.使用适当的学习策略，根据需要获取并应用新知识	

---

① http://neet.MIT.edu/[2018-11-28]。

② Program Objectives and Student Outcomes，https://www.eecs.MIT.edu/academics-admissions/program-objectives [2018-11-15]。

（二）课程设置

1. 通识课程

麻省理工学院通识教育课程分为外显课程和潜在课程（图 5.1），其中潜在课程包括学校建筑、校园景观、师生关系等人文内容，在此不做赘述。外显课程包含了正式课程和非正式课程。非正式课程涵盖新生指导训练、社团活动、宿舍文化和指导等无学分教育。正式课程即平常所说的通识课程（general institute requirements，GIRs）。通识课程包括 5 类课程，分别为科学基础课（science），人文、艺术与社会科学课（humanities，arts and social sciences，HASS），科技限制性选修课（representational state transfer，REST），实验（laboratory）和体育。学生需要修满 17 门课程，另外还有游泳和 4 门体育选修课要求。麻省理工学院鼓励学生进行广泛而全面的学习，并不要求新生在一年级就确定专业方向，本科生在第一学年完成的大部分课程都是学校通识课程，具体课程安排见表 5.2。

图 5.1　麻省理工学院通识教育课程基本类型

表5.2　麻省理工学院通识教育选修要求表

课程	选课门数	说明
科学基础课	6	化学、物理、数学、生物 4 个学科 20 门课程中共选 6 门
人文、艺术与社会科学课	8	根据人文、艺术与社会科学课程列表选择 8 门课，其中 2 门必须选择交流强化课程（CI-H）
科技限制性选修课	2	在科技限制选修课程列表的 50 多门课中选出 2 门
实验	1	根据实验课程要求单元约 60 门课至少选择 1 门达到 12 学分，也可任意组合达到 12 学分
GIRs 总科目（不包括体育）	17	——
体育教育	5	完成游泳要求和 4 门体育教育课程

资料来源：http://catalog.mit.edu/mit/undergraduate-education/general-institute-requirements/[2020-07-15]

2. 专业课程

麻省理工学院规定在第二年，学生通常继续学习满足各种学院要求的科目，并开始各院的专业课程。EECS 是世界知名的严谨与创新的典范，是麻省理工学院最大的教学单位，拥有最多的本科课程，它允许学生从二年级开始选择各个学院的任何课程，同时开设五个本科方向学位课程（6-1、6-2、6-3、6-7

和 6-14 ），以下是电气工程与计算机科学专业的课程（6-1），具体课程安排见表 5.3。

表5.3 麻省理工学院电气工程与计算机科学专业方向课程6-1

	课程编号及名称	学分	预修课程	并修课程
导入课（1门）	6.01 通过机器人技术介绍 EECS	12	6.0001 Python 中的计算机科学编程简介	
	6.02 通过通信网络介绍 EECS	12	6.0001 Python 中的计算机科学编程简介	
	6.03 通过医疗技术介绍 EECS	12	微积分 I（GIRs）；物理 II（GIRs）	
	6.08 通过互联嵌入式系统介绍 EECS	12		
编程技巧（1门）	6.0001 Python 中的计算机科学编程简介	6		
	6.S080 Python 简要入门	12		
基础课（2门）	6.002 电路和电子	12	物理 II（GIRs）	18.03 微积分 II（GIRs）或 2.087 微积分 II（GIRs）；物理 I（GIRs）
	6.003 信号和系统	12	物理 II（GIRs）	18.03 微积分 II（GIRs）或 2.087 微积分 II（GIRs）；物理 I（GIRs）
	6.004 计算结构／6.007 电磁能：从电动机到太阳能电池	12		
	6.007 电磁能：从电动机到太阳能电池	12	物理 II（GIRs）	18.03 微积分 II（GIRs）或 2.087 微积分 II（GIRs）；物理 I（GIRs）
主干课程（3门）	6.011 信号、系统和推论	12	6.003；6.008、6.041A 或 18.600	
	6.012 微电子器件和电路	12	6.002	
	6.013 电磁学和应用	12	微积分 II（GIRs）；物理 II（GIRs）	
	6.014 科学与工程复杂性掌握的洞察技术	12	物理 I	
	6.021 细胞神经生理学和计算	12	物理 II（GIRs）；18.03；2.005；6.002；6.003，10.301；20.110	
	6.036 机器学习简介	12	6.0001	

续表

	课程编号及名称	学分	预修课程	并修课程
高级课程（2门）	6.023 生物系统中的场和流动；6.025 医疗器械设计；6.027 生物分子反馈系统……	24 ~ 27 学分		
EECS 课程列表（2门）	6.01 通过机器人技术介绍 EECS；6.02 通过通信网络介绍 EECS；6.03 通过医疗技术介绍 EECS……	共 24 学分		
其他（2门）	6.口头表达（UAT）①	9		
	6.本科高级研究课（UAR）②	6		
数学（1门）	18.03 微分方程	12		
	2.087 工程数学：线性代数和常微分方程（ODE）③	6		

资料来源：http://student.mit.edu/catalog/m6a.html[2020-07-16]

从图 5.2 可以看出，该专业重基础，理论与实践并重，专业覆盖面广，每个学生可以从 50 多门专业选修课中根据自己的兴趣选择 2 门课程作为高级课程，在 70 多门 EECS 课程中再选择两门学习。通过专业课的学习，学生具备了应用数学、科学与工程等领域的知识和能力，理解构成现代电气、电子和计算机技术基础的基本原理；具备设计、实验分析与数据处理的能力，对工作的环境、社会、安全和经济环境有一定的认识，且形成整体思维方式，能够创造性地应用他们对科学和工程学原理的理解来解决工程领域中的问题。

（三）领导力培养项目

Gordon-MIT 工程领导力计划（Gordon-MIT engineering leadership program，GELP）计划是麻省理工学院培养学生领导力的最突出的项目。在该计划中，工程领导被定义为变革中的技术领导：以技术为支撑来创造新产品/流程/项目/材料/分子/软件/系统，以满足客户和社会的需求④。其使命为：培养学生更加倾向能够有效地为现实世界的工程项目做出贡献；提供各种教育和实践机会，以促进学生领导能力和品格的发展；提高麻省理工学院工程教育在全国工程创新、发明和实施方面的领导地位。该计划认为有效领导者必须具备核心领导力，如建立联系、理解情景、创设愿景、实现愿景、技能与推理方面的能力。学生通过工程情境实践进行沉浸式体验，学习

① UAT 全称为 user acceptance test。
② UAR 全称为 upper atmosphere research。
③ ODE 全称为 ordinary differential equation。
④ Bernard M. Gordon-MIT Engineering Leadership Program Capabilities of Effective Engineering Leaders，http://gelp.MIT.edu/sites/default/files/documents/leadershipcapabilities.pdf[2018-12-20]。

电气工程与计算机科学

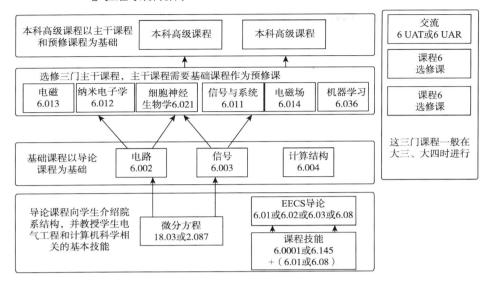

图 5.2　麻省理工学院电气工程与计算机科学专业课程①

领导力概念和理论，并通过自我指导和评估来反思和发展价值观（图 5.3）②。

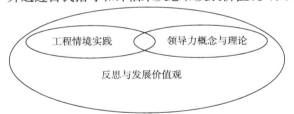

图 5.3　Gordon-MIT 工程领导力实现途径

　　针对不同潜质的学生，麻省理工学院为领导力教育设置了四个目标，体现了多元主体、分类指导的原则：①为所有学生提供基于项目学习的"做中学"的核心经验，以及作为常规学习的以结果为导向的领导力经验；②为工程专业的大多数学生提供高级课程和跨专业学习，使他们将来能为工程发明、创新和实践做出实践性的贡献；③为工程专业的少数"戈登-麻省理工学院工程领导力计划"学生提供核心项目训练，使他们成为工程发明、创新和实践的未来领导者；④提高美国对工程发明、创新和实践的领导人才的关注，为学生提供服务，为教师提供资

　　① Course 6：Electrical Engineering and Computer Science Fall 2011，http://student.MIT.edu/catalog/m6a.html[2018-12-12]。

　　② Gordon-MIT Engineering Leadership Program——Approach，http://gelp.MIT.edu/about-GEL/approach[2018-12-20]。

源，为产业带来机遇，促进并丰富麻省理工学院为培养工程领导人才所做的努力。

　　Gordon-MIT 工程领导力计划的领导力模型为学生提供了在校内外真实的环境中培养领导力并解决工程问题的有效途径。学生通过课堂学习、实践和讨论三类活动来完成领导力的培养。在领导力课程中，分为两个阶段——GEL1 和 GEL2。GEL1通过提供开发、实践工程领导能力的机会，使学生们接触到工程领导理论的基础知识、参与多学科的团队协作活动；在 GEL2 阶段，学生进一步发展他们在 GEL1 中接触并实践的领导技能，同时还与学生主导的组织密切合作，与企业领导者高度互动，并与教学人员合作规划 GEL1 阶段的活动，切实地实践并优化领导能力，见表 5.4。

表5.4　麻省理工学院工程领导力课程表[①]

级别	课程	课程描述	上课时间	学分
GEL1	6.911/16.650：工程领导实验室	在交互式、体验式、基于团队的环境中向学生展示工程领导框架和模型。活动包括：设计-建造项目、角色扮演、模拟和其他学生的表现评估。（两学期）	每周2小时	6个学分（每学期3个学分）
	2.723/6.902/16.662/2.723：工程创新与设计	介绍了适用于许多不同领域的迭代设计过程。活动包括：设计一个语音识别应用程序，并有效且有吸引力地演示出来。（两学期）	2小时讲座，1小时朗诵	6个学分
	6.912 / 16.651：工程领导	介绍模型和理论，如四项能力框架和有效工程领导者的能力。讨论使用特定模型实现工程成功的适当时间和原因。（两学期）		共6个学分（每学期3个学分）
	工程实践反思（EPR1）	所有学生必须在工程背景下反思在项目团队中工作的经验。确认他们参与的项目已经符合标准。通过结构化的反思任务，学生们可以练习编写项目后的反思	每周1.5小时	完成即可
	个人领导力发展计划	旨在提高对有效工程领导能力的熟悉程度，并鼓励对个人和职业发展的反思。学生持续评估每种能力的水平		长达1年
	行业指导	定期举办小组辅导活动，让学生们可以与具有行业经验的工程师和工程领导人会面		可选
GEL2	6.913/16.667工程领导实验室	在交互式、体验式、基于团队的环境中向学生展示工程领导框架和模型。活动包括：设计-建造项目、角色扮演、模拟和其他学生的表现评估。*GEL2学生与计划人员密切合作，为GEL1计划、组织和提供实验练习。（两学期）	每周2小时	12个学分（每学期6个学分）
	6.914/16.669项目工程	在现实的背景下介绍项目管理的基本原则、方法和工具。以具体项目案例，介绍项目管理，重点是财务、评估和组织 *批准备用课程：1.011项目评估和管理	为期4天的课程	6个学分

---

① Gordon-MIT Engineering Leadership Program—Program Overview，http://gelp.MIT.edu/student[2018-12-25]。

续表

级别	课程	课程描述	上课时间	学分
GEL2	高级工程领导选修课（选 1 个主题）	10.01（1.082、2.900、6.904 和 22.014）工程师道德；10.806（2.96、6.930 和 16.653）工程管理；11.011 谈判的艺术与科学；15.301 管理心理学实验室；15.301 管理心理学；15.320 战略组织设计；15.665 权力与谈判 15.668 人员和组织；21G.019 跨文化交流；WGS.150 性别、权力、领导力和工作场所	见课程目录	6~15 个学分
	实习+	学生获得实习和工作机会，使他们的经验最大化，也可以要求额外的责任或承担特殊项目		在 GEL2 年之前的夏季
	工程实践需求访谈（EPR2）	访谈一位来自工业领域的工程领导人，并书写经验报告		完成需要
	个人领导力发展计划	本任务旨在提高对有效工程领导能力的熟悉程度，并鼓励对个人和职业发展的反思。学生评估每种能力的能力水平		长达 1 年的任务
	最终演示	介绍自己在有效工程领导能力方面的发展和进展		完成即可
	行业指导	学生可以选择与行业中高级工程领导者导师配对		推荐

注：EPR 全称为 engineer property records

（四）多样化的能力培养项目

高级本科研究机会计划（super undergraduate research opportunities program，Super UROP）是 2012 年开展的本科生研究机会计划的进阶版，是 EECS 管理的工程学院项目。Super UROP 面向工程学院和人文社会科学院的学生，为其提供深入的科学和工程探究所需的时间、培训、资源和指导。这项计划旨在加强学生和教师的联系以促进合作研究，通常学生会和老师匹配进行为期一年的项目研究。学生和教师一起选定一个领域的研究课题进行深入研究，在此过程中学生着重锻炼科研能力与学习行业最新的方法和技术，并为自己以后的生涯发展做相应的准备。

独立活动期（independent activities period，IAP）计划为麻省理工学院的学生、教师、员工和校友提供组织、赞助和参与各种活动的独特机会。该计划包括举办会议与论坛、体育活动的开展，举办系列讲座，开展竞赛，提供机会让学生共赏电影，一起旅游等。IAP 计划在一月开始，持续四周的时间，为麻省理工学院成员提供大约 50 个类别的 600 多项非学分活动[①]。在 IAP 计划实施期间，负责人员鼓励学生建立自己的活动计划和时间表、追求独立的项目、和喜欢的教师会面，或进行在上课无法完成的活动。教师可以自由地推出创新教育实验的活动。个人

---

① About IAP:Dates and Deadlines，http://web.MIT.edu/iap/about/deadlines.html[2018-11-30]。

和部门都可以通过研讨会、讲座来展示在一年中的努力成果。许多教师、职员和学生根据个人兴趣和个性来组织活动，如组织艺术、音乐、电影、烹饪等方面的活动。IAP 为学生提供了了解新事物、新想法的机会。

共识课程（concourse program）计划主要是面向大一学生，教学形式和实践非常灵活自由，以小班授课的形式来教授通识教育要求的数学和科学课程，以及一些人文基本问题，如人性的内涵、道德的基础和特点、自由的必要条件、科学的地位及找到真正幸福的可能等议题，使学生习得一些经验和认识论[①]。实验研究小组是为在校期间有兴趣发挥积极作用的学生设计的小型研讨课程，提供生物学、化学、数学、物理和人文学科第一年核心课程的教学。许多研讨会都是由学生发起的，实验研究小组每年会雇用大约 25 名本科生，担任助教和评分员。这种同伴教学经验为第一年的学习增添了一层深度和价值[②]。

由工程学院发起的本科生实践机会计划有着"职业生涯加速器"的美誉，是麻省理工学院最大的课外活动之一，该计划"非常重视学生职业生涯的发展"，旨在增加本科生和工业界的接触与联系。学生参加 UPOP 可使自己的工程实践能力得到锻炼，而且该项目还联系成功的校友为学生提供辅导、开办体验研讨会、进行公司实地考察、开展 UPOP 员工的一对一咨询、网络沟通活动，还联系诸多公司进行小组特别讨论，这些公司有埃森哲、苹果、谷歌、诺斯罗普·格鲁曼和特斯拉汽车公司等，除此以外，UPOP 还与 2000 多名雇主合作提供实习机会。

二、特点分析

（一）将工程领域的发展需求与学生生涯发展相结合

麻省理工学院在创立之初，William Barton Rogers 校长就提出将工程领域的发展要求列为学生培养目标的重要向度，他指出为了给予学生在毕业后更多的职业选择权，必须让学生掌握基础的科学知识，并且也要关注他们在人文社会知识方面的教育。麻省理工学院在《学生学习和生活调研报告》中提出，21 世纪受过本科生教育的个体特征应是"理性、知识和智慧"的（朱清时，2002）。麻省理工学院本科生培养目标的设定就是为了帮助学生发展应对现代需求的知识和能力。该校强调以学生为中心，更多地尊重学生的个体需求与职业兴趣，通过工程教育赋予工程人才更多更广阔的职业生涯领域和更灵活的职业选择。为了实现学生从实

---

① Welcome to Concourse，http://concourse.MIT.edu[2018-12-27]。

② Experimental Study Group，http://esg.mit.edu/explore/[2018-12-30]。

践取向的制造领域到认知取向的研究领域的不同个体需求，麻省理工学院强调工程教育需以学生为中心和重心，在学生获得必要的专业基础知识的同时，也要获得适应工程领域要求的个人生涯发展性的能力素质，使学生拥有应用所学来应对未来的工程气质、在专业领域和职业生涯中引领团队的领导力、在专业领域外也可以做出贡献的多样性，以及致力于社会贡献的服务精神。

麻省理工学院认识到，封闭的校内实践环境难以真实全面地反映工程实际，只有让学生直接面对现实工程问题，他们才能够深刻地认识工程理论的用途和局限；只有让学生参与产业界的项目和实践，他们才会处理校内实验之外的复杂工程问题。因此，UPOP 旨在通过与企业、行业合作，为学生提供多样化、真实性的工程实践机会。目前，埃森哲、苹果、谷歌、诺斯罗普·格鲁曼和特斯拉汽车公司等 2000 多家企业参与到 UPOP 中，为学生提供实地考察、体验实习、专有小组讨论等机会，使学生在真实的工程环境中提高自身的工程素养和实践创新能力，满足社会当前和未来发展需求。企业参与 UPOP 的形式可以是企业根据自身发展需要，提出科学研究项目，企业提供研究经费，由学校教师与学生负责技术攻关，解决企业技术难题。也可以是校企联合提出创新项目课题，企业提供资金支持，双方成立技术攻关小组研发前沿技术，科研成果所有权归企业所有。UPOP 通过产学合作，为学生提供了理论联系社会的机会，被誉为"职业成功的加速器"（career success accelerator）。

（二）以学生生涯发展为核心的多层次课程体系

学生不仅要培养成为未来工程领域的工程师或是创新科学知识的科学家，更应该是一名个性而全面的"人"，这就要求工程教育应该是能为学生提供未来生涯发展所需能力的教育，并以广博深入、系统先进的协同课程体系和丰富多样、实践科研相结合的国际化、多样化的项目计划来培养学生的知识和能力，使其成为具有适应社会发展素质的社会人、解决现代不确定问题的专业人、寻求发现自我生涯发展路径的个性人。麻省理工学院关注学生的生涯发展，以最适合学生的学习方式提供多维开放教育方式，全方位、多角度地为学生提供优质生涯发展资源，探寻真理、发掘能力、内外协助，促进个体对自我的认知和对生涯的定位，使其适应社会的不断变迁，以致在任何团体中都可以发挥角色作用。

课程具有"出口"特性，设计基础来源之一是社会，尤为关注工业界和企业雇主的需求，关注工科毕业生未来的职业生涯。麻省理工学院将产品从研发到进入应用作为整体的生命周期，以此为载体创立出 CDIO 模式，而且通识课程遵循人文、科学融合，理性、实用结合的育人理念，进行多学科的学习，使学生拥有广博的知识视野，通过理性和感性的均衡发展，认识到公民在社会生活中的责任和机会，完善学生在智能、情感和社会化等方面的发展；专业学习课程是以跨学科为原则来设定的，设定必不可少、长期有效的专业基础课程，具有系统性和逻辑性的主干课程及体现前沿性和深入性的高级课程，通过这些层层递进的课程学习，可以保障在将来的职业生活中拥有坚实的工程基础及开阔的视野和想象力，从多学科的角度批判性地看待问题，运用多种知识综合解决工程问题。灵活多样的选修课程旨在提高学生的批判性思维能力、交流能力、创新能力、领导能力、协作能力等综合素质，隐性地内化为职业生涯适应能力和职场发展能力等长远的综合能力。

（三）立足学校定位关注核心能力的培养

除了知识的培养外，麻省理工学院提供多种研究和实践机会给学生，学生可以参加个体感兴趣的活动，如工程领导力的培养项目或本科生实践机会计划项目等，通过体验式学习培养学生的自我效能感，培养他们未来生涯所需要的核心素养。通过参加这些活动，可以开发、实践并磨炼他们的隐藏潜质，同时训练他们进行建设性的个人反思，提高思维能力，丰富经验和认识。比如，对麻省理工学院学生未来发展最具影响的领导力的培养，学生在参加项目之后，可能有不同的发展路径：有些人可能会带领一队成员，观察和提供反馈；而另一些人则在学生社团组织中担任职位。两年中，通过学习基础理论、实践项目工程、组织发展、谈判、解决冲突，锻炼领导力及其他关键的团队导向技能，提高学生的沟通和演讲技巧，充分培养学生实践能力和领导能力。在本科生实践机会计划项目中，麻省理工学院提供机会让学生通过实践的方式，在大学生涯的早期就开始关注未来职业生涯的发展，通过这种"非线性"的职业发现和发展道路，逐渐学会"如何真正在团队中工作，如何委派角色，如何明确沟通"①。

第二节 东京大学的工程素质养成与产学合作双向契合培养模式

东京大学作为日本顶尖大学的代表，在工程教育等领域拥有世界级的影响力。

---

① Student Profile: Ryan Koeppen '19，http://upop.mit.edu/[2019-01-02]。

面对工业发展的新需求，东京大学始终立足学生综合素养的培养，在工程人才培养模式上不断进行着改革。

一、案例描述

（一）培养目标

东京大学工程学院认为，从基础科学到制造业、生物技术，甚至技术管理和社会系统，"工程"所处理的领域越来越复杂。另外，"工程学"在包括基础科学的同时也与社会紧密相连①。东京大学还认为工程学的使命是"挑战技术创新，开拓新的产业和文明""承担社会和环境的责任""丰富人类的生活"。学习"工程学"就是要了解最先进的科学，同时要触及当前的社会，获得理解社会的能力，并拥有具体、全面的跨学科知识来更好地改变下一个时代，共同创造新的社会②。

工科学生除了必须拥有丰富的科技教育和专业领域的系统知识、工程和逻辑思维外，还需具有国际意识、能与不同文化和背景的群体交流与交换信息的能力、很高的科技伦理标准及积极贡献社会的意愿，致力于为人类的可持续发展做出贡献，并拥有先锋精神，努力成为其领域的领导者。

（二）课程设置

东京大学于 2015 年开始实施四学期制，各个学院学期制度并非一致，分为 I 型（type I）和 II 型（type II），采用哪种类型是由各个学院决定的，这是为了学生有更集中的时间进行海外留学或实习。例如，工程学院在 2016 年后采取的是 I 型，S1 学期是从 4 月到 6 月 3 日，S2 学期从 6 月 4 日到 7 月 31 日，7 月 31 日到 9 月 19 日是暑假时间，A1 学期从 9 月 25 日开始上课到 11 月 16 日；A2 学期从 11 月 17 日课程开始到 2017 年 1 月 29 日结束，期中，12 月 28 日到次年 1 月 6 日是学校规定的寒假时间；春假为 2017 年 1 月 30 日到 3 月 31 日，校内没课的学生可以到 4 月 1 日再返校，这样可以给予实习的学生和国际留学生充分的时间去完成实习及相应的任务，详见图 5.4。

---

① 駒場生の皆さんへ，http://www.t.u-tokyo.ac.jp/foe/admission/to_learn.html[2019-01-07]。

② 工学部を目指す皆さんへ，http://www.t.u-tokyo.ac.jp/foe/admission/index.html[2019-01-07]。

图 5.4　东京大学学期安排

1. 通识课程

　　东京大学认为通识教育的主要目的是培养学生具有综合判断能力、社会责任感和国际化视野。大一、大二是前期课程，理工科需修满 76 学分，主要分为基础科目、扩展科目、综合科目和主题科目①。基础科目是旨在让学生获得基本知识和技能的科目，这些知识和技能可以成为本科课程学习的坚定基础，获得主动和自发思考的意识。它是所有科目的必修课，有 60 多门课可供选择，总体分为外语（先修课程/初级课程）、信息、体育锻炼/健康科学实践、第一年研讨会（文科/理科）、社会科学、人文科学、自然科学，其中，自然科学是理工科生必修，包含基础实验、数理科学、材料科学和生命科学四类课程。第一年的研讨会旨在通过小班辅导培养学生发现问题、提出问题和解决问题的能力。学生可根据课程特点、学习能力、学习动机、入学考试中的科目选择及文理科必修科目等来选择课程。扩展课程是由社会科学研讨会、人文科学研讨会、自然科学研讨会和文理融合研讨会组成的选修科目，每个研讨会根据学术领域和学术方法进一步分类。扩展课程的时间一般在前期课程和后期课程之间，小班教学，每个学生都要参与，通过小班教学，有的学生在其自主选择的领域中获得独特的思路和分析方法。综合科目是具有多样性和系统性的科目，从广泛的角度培养学生的综合判断能力和灵活的思维能力，由七个系列组成，分别是 L.语言·沟通、A.哲学·艺术、B.国际·地区、C.社会·机构、D.人类·环境、E.物质·生活及 F.数学·信息，进一步按等级分为主要科目、课程、个别课程。学生将广泛学习各种社会科学、人文科学和自然科学科目，而不会偏向于特定的学科。主题科目是专门针对特定科目的专题科目，包括"学术前沿讲座""大学自由研究讲座""全校经验研讨会""国际研修"，使学生有机会触及最前沿的主题，或加深对主题的理解。此外，国外学校获得的学分可以作为"国际研修"的要求学分。

---

① 開講科目一覧，http://www.c.u-tokyo.ac.jp/info/academics/zenki/curriculum/index.html[2018-12-13]。

为了使学生能够在国际社会表达自己想法和见解，东京大学积极培养学生的英语能力，由母语为英语的教师作为英语课教师来进行小班教学，如英语交流工作坊（fluency-oriented workshop，FLOW）[1]。

2. 专业课程

经过一年的基础素养的培养，如果对工程专业感兴趣，学生可以在第二年的素养教育中尝试选修自己的意向专业课程，如有倾向选择精密工程专业的学生就可以选择一些该专业建议的课程（表 5.5），但大二第一学期的培养还是以教养学部为主，在进行通识教育的同时去涉猎一些感兴趣的专业课程，充分考虑学生的兴趣爱好，为其发展奠定良好的能力与素质基础。

表5.5 精密工程专业大二开设的专业课[2]

大 二		8：30~10：15	10：25~12：10	13：00~14：45	14：55~16：40	16：50~18：35
A1	周一			编程基础 I		
	周二	材料工程 I	电路基础	机械振动学基础		
	周三		测量和制造基础	精密数理 I-1	数学 1-A	
	周四	概率/统计		设计练习 I		
	周五	连续动力学基础	信号处理工程	精密工程基础练习		
A2	周一			设计练习 Ⅱ		
	周二	材料工程 I	电路基础	编程基础 Ⅱ		
	周三		测量和制造基础	精密数理 I-1	数学 1-A	
	周四	精密数理 I-2				
	周五	连续动力学基础	信号处理工程	精密工程基础练习		

在前一年半的以教养教育为主的前期课程中，学生逐渐认识到自己的优势与兴趣，并和自己感兴趣的专业有了一定的契合度，可以向意向学院提交申请书，最多可申请 3 个专业，成功被院录取就可以进入专业后期课程的学习。专业院系会筛选申请的学生，选择成绩达标、符合条件的学生进入学院学习。确定了专业以后，学生就可以进行专业课程的学习。学生可以使用教学大纲搜索系统（mining information for management and acquisition search，MIMA Search）来检索他们想要学习的主题，帮助他们创建具有相关课程主题的个性化教育课程。工科学生须修够 84 学分，其中毕业论文占 8 学分。表 5.5 是精密工程专业学生的课表，

---

[1] FLOW，http://www.c.u-tokyo.ac.jp/info/academics/zenki/flow/index.html[2018-12-02]。

[2] 募集要項（願書）、大学案内等の入手方法のご案内，https://www.u-tokyo.ac.jp/ja/admissions/undergraduate/e01_02_03.html[2018-12-06]。

当然也可以选择非本专业的课程。大三、大四主要进行专业课的学习,优势交叉课程较多,还会以渐进式的讲座为学生巩固基础、开阔视野。

(三)产学研合作及支持体系

东京大学非常重视产学研合作,他们信奉一条基本准则:为了解决当今人类社会面临的各种问题,人们需要共享知识,进行合作。在这种情况下,工业界和大学之间的合作尤其重要,这样可以将大学研究的前沿知识有效地传播到社会生产中。东京大学致力于将工程学院的研究成果服务于社会,高校行业合作就是实现这一目标的最有效手段之一。东京大学创建了 500 多项发明,基于其高等教育和研究能力,每年开展约 1600 个合作研究项目,这使得大学周围建立了 200 多家创业公司。东京大学旨在建立一个"全球知识合作基地"的环境,在这里,行业和学术界相互协作,"联姻"合作,共同努力,研究解决企业的工程课题。通过这种方式,东京大学持续为解决社会问题做出贡献。

东京大学在学术追求的基础上,进一步开发围绕大学发展的生态系统,同时对知识产权管理和运作系统进行改进和改革。近 200 家日本公司及海外公司与东京大学合作,它们资助了近 100 个合作研究项目,这些项目是工程学院的主要项目,来自公司的资金也是研究收入的重要组成部分。为确保有效的研究和积极的成果转换,首先通过 Proprius21+流程评估协作研究[1],来确保对研究目标达成共识,建立衡量进展的指标和重大事项,并确定结果和知识产权的归属。合作的项目,如"下一代分析仪器"、下一代生物技术/医学分析系统的核心技术研究、用于节能信息处理的下一代纳米/微器件和系统、利用注塑成型技术开发精细转移技术、可移动机器人的控制装置开发等联合项目[2]。东京大学还建立了产学协创推进本部(divison of university corporate relations, DUCR),其使命是"促进社会和行业强有力的协调和合作,让学术的进一步发展应用于工程领域"。不仅增强了东京大学研究的可用性,为国内外产业提供积极的支持,而且还与企业联合,为学生提供"创业Ⅰ、Ⅱ、Ⅲ(工程学院)""下一代全球企业家精神的探索与发展""UTokyo 1000k 创意大赛"等项目和活动,在实践中培养学生的创新意识、研究兴趣和实践技能,也为学生今后进入合作企业奠定良好的基础。

---

① Divison of University Corporate Relations—Proprius 21Plus, http://www.ducr.u-tokyo.ac.jp/en/activity/research/proprius21/index.html[2018-12-10]。

② 社会连携·共同研究, http://www.t.u-tokyo.ac.jp/foe/cooperation/index.html[2018-12-10]。

（四）学生生涯发展指导体系

除了课程和实践研究外，为更好地服务并促进学生生涯发展，以及配合支持各学院，东京大学于 2005 年 5 月成立了东京大学职业支持办公室（career support office，CSO）[1]。进大学之始，东京大学便让学生探索读大学的意义和兴趣，配合学校理念，职业生涯支持室设立的目标是毕业，是职业生涯的一部分，而不是"能找到工作"。要求学生考虑"你想不想首先做自己？""怎么能为社会贡献自己的能量？""为了能够在社会上成功，自己应该做哪些准备？"，这对学生进入大学后选择课程有很重要的影响。所以，职业支持办公室全年开展各种活动，以确保学生生活充实。作为帮助学生未来职业选择的一种方式，职业支持办公室主要推行以下三项活动：①"提供与 OB/OG（毕业生）交流互动的机会"，为学生提供机会与活跃在各个领域的 OB/OG 进行互动。②"切实支持求职活动"，负责筹划和管理活动来了解行业，并举办求职活动研讨会。此外，职业支持办公室还收集和维护信息，收集对求职有用的毕业生的访问线索，为促进求职活动提供实际支持。③"成为职业道路的顾问"，职业支持办公室提供专业的职业顾问负责职业咨询，并协助做好职业规划。除此之外，职业支持办公室还提供就业相关信息和往届毕业生就职企业等资料、规划和管理各种关于求职的活动和研讨会、对知识创造性项目提供运营支持、为外国学生和博士后研究员提供就业支持、发布职业支持电子邮件杂志，还举办包括毕业生讲座、行业研究讲座、职业生涯设计研讨会、职业支持讲师讲习班、毕业生模拟面试指导、公务员考试信息提供等活动。

通过这些活动和讲座，学生可以较为清楚地定位和把握未来生涯发展的方向，提前在大学中准备好个体理想职业所需的必备能力，掌握最新国内外行业信息，为生涯发展奠定扎实的基础。

毕业后的学生仍旧可以通过东京大学 MOOC 在线免费课程、东京大学开放式讲座（Utokyo open course ware）、YouTube 上的 UTokyo TV[2]进行学习[3]。也可以参加东京大学提供的终身学习计划，与东京大学一直保持联系，并从全球角度继续为大学和社会做出贡献。终身学习计划与大学—产业合作总部合作，聚集各个领域和组织的毕业生，开设不同主题的计划，如"东方创业计划"（Todai Venture Square）旨在培养企业家精神，领导者、IT 企业职员、创业者都可以进行交流；

---

① 東京大学のキャリア支援，https://www.careersupport.adm.u-tokyo.ac.jp/about/index[2018-12-21]。

② TV 即 television，意为电视机。

③ 東京大学社会連携—オンライン講座一覧，https://www.u-tokyo.ac.jp/ja/society/visit-lectures/online.html[2018-12-11]。

"大东京大学"是一个讲座式的终身学习计划，作为东京大学对社会的教育活动之一，采用现实社会中存在的前沿和熟悉的主题，让毕业生和在校生继续为实现公平社会和从全球视角创造科学和文化做出贡献；"东京大学购物中心"是一个门户网站，由毕业生组织、共同举办早间咖啡馆和志愿者学习课程，从 2012 年开始举办，截至 2018 年已有 2000 人参加；"东京大学自我投资"的标语是"周末自我投资@东京大学"，利用东京大学的资源和知识，在课堂或工作坊中实行颠覆性知识和现实"头脑风暴"，让毕业生和在校学生一起交流学习①。

二、特点分析

（一）"专业化延后"的培养理念夯实通识基础

《东京大学宪章》中规定，东京大学实行大类招生，并且以"专业化延后"（late specialization）与"提前发现"（early exposure）来作为培养学生的理念。在填报志愿时，学生可以不确定自己所学的专业。学生统一在教养学部进行两年的基础教养教育，在夯实通识教育基础，且充分了解自己的兴趣和潜质后，理性地选择专业和院系。学生前两年进行前期阶段（junior division）的课程学习，后两年接受后期阶段（senior division）的专业学习。前期课程是教养教育，即以通识教育为主。后期阶段学生可以通过前期的学习，了解自己生涯发展倾向，确定自己的意向专业，即"专业化延后"。学校在充分尊重学生的个人志愿和兴趣潜能的同时，还为学生在本科教学过程中提供研究生院的研究成果展示，让学生深入了解专业的领域和研究方向，了解自己是否对该专业感兴趣，并将其当作自己毕生的职业发展方向，这样的方式即为"提前发现"。"专业化延后"与"提前发现"互相支撑，为学生综合素养的养成提供保障。

（二）立体化的课程设置提高学生自主选择空间

东京大学充分尊重学生的个人意志和学习兴趣，关注学生的生涯发展和能力培养，赋予大学生学习选择权。东京大学为了适应学生的个性发展和生涯发展的需要，在前期通识课程中设置了几千门可供选择的课程，充分尊重学生的个人兴趣和意愿，让学生不仅可以在自己的大类方向中选择感兴趣的课程，还可以尝试学习其他类别的课程。前期课程并没有设置很多选择限制，而是提供更为宽阔的

① 東京大学の行動シナリオ FOREST2015 の成果，https://www.u-tokyo.ac.jp/content/400032733.pdf [2018-12-05]。

课程选择空间，让学生通过课程的学习来探索自身生涯发展的专业道路，这样可以避免因为对专业和课程的不了解盲目跟风选择，从而导致对专业不感兴趣或因为课程难度太大而无法适应等影响学生生涯发展的问题。在后期专业课程中，学生根据自身的意志和能力选定专业方向。工科学生除了进行必不可少的工程基础课程和基础实践课程、学科优势领域的交叉课程学习外，可以灵活自由地选修各类课程来满足要求。除此之外，学校有非常完善的 MIMA 课程搜索系统来帮助学生选课，学生在系统中设定专业领域或是感兴趣的方向，系统会提供所有可选择的课程，并给出多样的选择路径来辅助学生，学生可以筛选最适合自己的修课路径，也可以以此为依据自主选择。另外，根据自己的规划，学生可以设定学期和每学期学分的要求，让辅助系统来帮自己规划最为合适的课程选择路径。

（三）产学研合作保障学生综合素质的养成

东京大学对工科学生的目标定位以其发展为考虑基准，以培养综合化、国际化、引导性的创新工程人才为目标，以适应能力素质多元化的社会要求。东京大学专门成立教养学部，以广泛而多样的教养教育来赋予学生广阔的视野和丰富的体验，以此为基础来探寻个体的专业兴趣和生涯方向，奠定全面发展的素质基础，从而更好地适应并引领未来工程领域的发展。工程学院的专业课强调自由学习、跨学科、渐进性及理论与实践相结合，注重文理渗透和基础拓宽，提供前沿性和国际性研究学习，与企业进行产学研合作，为学生提供真实的环境来进行专业训练和实习，保证理论学习、实践练习和专业研究融合进行。在活动方面，东京大学对接国际企业和院校，组成国家联盟，鼓励学生充实学校生活、探寻自我意义并服务于社会，有利于学生获得广阔的视野和确立自身价值体系。学校还成立了生涯辅导中心来为学生提供职业生涯援助，除了提供职业规划和职业意识培养等方面的支持，还和东京大学毕业生建立良好的沟通渠道以获得经验、交流信息、把握方向。在毕业后，学生仍旧可以参加各种为毕业生提供的计划来进行学习和探讨，或者可以通过在线课程更新自己的知识体系，进行终身学习。

在生涯意义的探索中完成自我基础素养的养成，再辅之以国际化的实际体验和产学结合，东京大学学生拥有开阔领域视野并能促进知识迁移，在自我成长的同时为世界服务，真正成为东京大学向社会承诺的"具有全球视野的精英公民"。

第三节　慕尼黑大学的自主与协同工程人才培养模式

面对工业 4.0 的要求，德国精英高等工程人才培养逐渐超越传统的自主路径，探索更深层次的协同之路。其中，由慕尼黑大学等三所精英大学合作的巴伐利亚州软件工程精英硕士项目是比较有代表性的实践案例，其特点为：促进学生发展与工程教育规律的深度融合，通过课程项目深化协同，将工程实践嵌入培养过程。这对我国高等工程教育改革有一定的启示。

一、案例描述

（一）自主：德国精英高等工程人才培养的传统与路径

德国工程教育的发展经历了一个不断调适、逐步完善的过程，逐步形成了层次分明、类型多样、通过分轨满足不同社会需求的工程教育结构体系。其中，精英高等工程人才培养既立足于满足工程领域对于高端工程人才的需求，又着眼于引领与促进工程领域的持续发展。

1. 德国精英高等工程教育与普通高等工程教育

总体上看，德国高等工程教育可分为两类：一类是应用技术大学，另一类是综合型大学的工程类专业，而综合型大学工程类专业的研究生教育培养的是德国精英工程人才。如表 5.6 所示，由于目标导向的不同，精英高等工程人才培养除了教学与实践环节之外，更强调研究环节，突出教学、科研、实践与学习的融合。从德国工科专业认证机构（German Accreditation Agency for Study Programs in Engineering, Informatics, Natural Sciences and Mathematics, ASIIN）对信息与计算机学科本科生与硕士生培养的目标规定中，不难发现：研究生教育阶段更立足大工程，更强调算法、数学能力，专业视野的前沿性与宽广性；重视对工程全过程的掌控能力；突出方法论的掌握与研究能力，以及创新与反思能力等，如表 5.7 所示。

表5.6　精英高等工程教育与普通高等工程教育的比较

比较维度	精英高等工程教育	普通高等工程教育
与政府/社会的关系	受政府作用明显	通过专业协会协调与控制
目标	精英工程人才（领导型/研究型）	多元化
主要导向	引领工程发展	社会需求
价值取向	精英与卓越	效率与公平
人才培养形式	教学+研究+实践有机结合	上课+实践
质量标准	定性与定量	指标化

表5.7　ASIIN关于信息与计算机学科本科生与硕士生培养的标准比较

	项目	本科生	硕士生
专业能力	知识与理解能力	理解信息学的核心概念和理论。熟悉算法、数据结构和解决问题的模式	对信息学原理有深刻认识，特别是形式化算法、数学能力。对专业前沿有全面、详细的了解
	分析、设计和执行能力	理解最先进技术中的信息学系统原理，注重分析能力的培养	立足前沿，能够使用正式方法描述分析问题，开发和评估可能的方法，并选择和实现解决方案
	方法论能力	—	能够设计并实现信息模型、系统和过程。能够运用创新方法解决问题。为信息学的发展做出贡献
	实践能力	掌握建模、构造、验证和测试的方法，在实践中运用，并能考虑技术、人体工学、经济、法律和社会的限制	运用不同领域知识处理复杂问题。全面了解适用的技术和方法及其限度。精通某个研究领域，并掌握该领域最新知识和最先进技术
	批判思维能力	对自己的工作进行批判性的反思	对最新发现具有批判性思维，并能评估其影响
社会能力		工程伦理，熟悉与信息学相关的法律，有关伦理和安全问题。团队合作，团队学习和工作技巧，团队工作和沟通能力。语言能力，增强语言技能	项目管理能力　能够识别机会，定义目标，从不同角度评估观点、方法和技术，完成任务，组织和监控过程。能够有效领导跨学科团体并将工作结果传递给社会

2. 德国传统精英高等工程人才培养的路径与限度

学术自由、教学与研究相统一一直是德国大学恪守的传统。这一核心是坚不可摧的，表现为教师对教学、科研及自身事务的自主管理权与学生学习的自主权等。这种理念与制度很大程度上保证了大学在人才培养上的自主性。随着知识生产与知识经济的发展，知识，特别是占优势地位的研究型大学所提供的创新知识，发展了工业生产上的奇迹，与此同时，也被用来减少发展生产时所引起的弊端（布鲁贝克，2001）。从这个角度出发，高校在精英工程人才的培养上虽然观照现实，但更要依靠对科学、工程发展的前瞻、自身优势等来确定人才培养的最终指向和具体的路径，从而发挥引领知识生产与工程发展的功能，带有较强的自主色彩，这既源于传统又着眼于未来。从工程人才培养本身看，随着社会发展对工程师素质要求的变化，工程教育的理念与内涵拓宽了，但工程这一主题不论发展到何种阶段，都需要工程师的深邃内心和系统思维（朱凌等，2015）。这既是社会需求的产物，又是高校在产业与学科、社会需求与人才发展之间的权衡与坚守。自主权是高校进行权衡与坚守的基础。

自主是德国精英工程人才培养的重要特征，但这种自主是有限度的。虽然洪堡强调教学与科研相统一，但他从未想过把大学构建为无目的的教育场所，而总是有着为国家社会培养未来精英的意图，因此"大学总是与实际生活和社会需求有着密切联系"（姜锋和 Erich Thies，2015）。精英高等工程教育在德国创新体系与发展战略中的重要性，也决定了国家对精英工程人才培养的关注与控制，当涉及人才培养质量保障时，国家必须履行职责。随着知识生产模式的转型，工程问题变得复杂，工程知识生产的边界变得模糊，在这一情况下，大学既要坚守知识生产与人才培养的内在逻辑，又要探寻与外部和谐共生的路径，大学努力在独立性与共生性之间寻找着平衡，所以这是一种受限的自主，依赖中的独立。

（二）协同：工业 4.0 背景下高等工程人才培养的超越

作为《德国 2020 高技术战略》十大未来项目之一的工业 4.0 战略，由德国产学研各界共同制定，其标志是建立高度融合数字化、网络化与智能化的个性化生产与服务模式，其核心是智能工厂、智能生产与智能服务的深度融合（刘欣，2017）。和谐与卓越是工业 4.0 对精英高等工程人才提出的新要求，包括：坚实的工程基础，特别是数学计算能力，跨学科的基础，敏锐的洞察力与工程思维，卓越的领导力与合作力，以及对全生产周期的全面掌握。正如德国工程师协会（Verein Deutscher Ingenieure，VDI）提出的未来工程师是技术创新的开发者、驱动者和合作伙伴，也是我们未来积极的设计者。

面对工业 4.0 的新要求，以及国际高等工程教育综合改革的趋势，特别是工程实践日益综合化的需求，传统的自主培养模式面临着一些困境，这种困境突出体现为单所高校资源的有限性与精英人才培养需求的复杂性之间的矛盾。如何实现卓越与效率并举，成为精英高校面临的突出问题。面对这一问题，德国一些精英大学开始探索更深层次的协同之路。

协同不是对自主的摒弃，而是将"卓越"的理念融合到"效率"的框架之中。首先，这意味着工程人才培养需要实现：①研究与发展的协同。工业 4.0 战略是源自科研、面向科研的未来项目，我们需要加强所有参与方之间的协调，需要从实践中寻找适用于实践的例子。VDI 在 2015 年提出了《STEM①计划作为普通技术教育机会——学校研发》的行动建议，指出学校"研究与开发"是工程教育的重要组成部分。必须系统地建立与学校"研究与发展"相辅相成的区域产品和设施，并提供发展兴趣和鼓励人才的平台。②政府与学校的协同。所有州一级教育政策的参与者要与具有相关教学方法和技术科学方面的专家合作。③在高等教育领域里，VDI 还建议高校开展"开放式创新"，通过协同引导变革并开放创新流程。德国的创新力和竞争力将通过区域和超区域协同网络与研究结构之间的密切合作而得到改善。其次，协同是博洛尼亚进程中，欧洲高等教育发展的重要路径，无论是欧洲工程师协会的创立，还是大学联盟的兴起与发展，无一不昭示着这一理念与路径是最优化的选择。再次，德国政府的一系列政策也为精英工程人才培养中的协同提供了前提和条件。比如"精英战略"②，在德国政府 2017 年 4 月开始的"精英集群"项目申报中明确规定："只有成功单独申请到两个以上或联合申请三个以上'精英集群'的大学才有资格参与'精英大学'的申请。"这无形中要求大学在发展中必须寻找同盟。最后，德国大学固有的自主性与开放性也为大学间的协同提供了可能。

　　计算机学科的发展是工业 4.0 战略的重要支撑，因此，计算机学科相关专业必须在人才培养上有所作为。作为计算机学科下属专业的软件工程具有较强的工程特征，而巴伐利亚州的慕尼黑大学、慕尼黑工业大学、奥格斯堡大学在该专业具有较强的优势，三校通过精英硕士项目开启联合培养，该项目得到了巴伐利亚州的支持③，这是德国软件工程专业的首个精英硕士项目，旨在通过资源整合与人才培养来确保各大学在该领域的持续优势和引领作用。其人才培养目标为使学生具有系统深入的软件工程知识与技能、独立工作和批判性地运用现代科学方法的能力，并能够在事实基础上做出战略决策。④学制为两年，总学分要求为 120 个。

---

① STEM 即 science，technology，engineering，mathematics。

② "精英战略"（exellenzstrategie）是原"精英计划"（exellenzinitiative）的后续计划，于 2016 年 6 月 16 日由德国总理和各州政府首脑正式通过。联邦和州政府将按 3∶1 比例出资，每年投入 5.33 亿欧元为 11 所精英大学和 50 个精英集群提供资助。精英集群项目于 2017 年 4 月启动，最终进入精英集群的项目名单于 2018 年 9 月 27 日由精英委员会表决通过并公布，自主从 2019 年 1 月 1 日开始，最终获批的"精英集群"预计 45~50 个，每年总资助 3.85 亿欧元。

③ 该计划是支持本科以上学历的优秀学者进行深造的平台，精英网络涵盖人文社会科学、自然科学、工程学、计算机科学和生命科学等领域。具体内容包括精英研究生课程、马克斯·韦伯-巴伐利亚计划、国际博士学位课程、研究奖学金和国际初级研究小组。巴伐利亚凭借该精英网络很早就加入了科研领域的国际竞争。软件工程精英硕士项目于 2006 年 10 月 1 日至 2016 年 9 月 30 日获得第一期资助，2016 年 10 月 1 日起方案延续。

④ Software Engineering–Elite Graduate Program，https://swt.informatik.uni-augsburg.de/elite/se/[2017-12-20]。

二、特点分析

（一）联合开设精英课程项目，构建学习共同体

精英课程项目是三校联合培养的重要依托，坚持以"学生为中心"，面向未来，通过课程模块实现实践性与专业性、基础性与创新性的统一。课程体系包括核心课程模块、短期课程模块、选修课程模块、实践项目和扩展类课程。每周学时基本要求为 55 个。课程主要在奥格斯堡大学和慕尼黑大学进行。课程教学采取讲授小组的形式，讲授小组由三校教师、工业企业及精英计划项目的相关人士组成。在课程学习中，学生的个人学习是重中之重，通过三校的合作，融入更多开放性要素，深化师生之间及校内外的互动，从而加强知识的学习和转化。同时，在课程学习过程中，几乎每周都会有一位导师召开学术研讨会，类似于学术讲座，讲座内容来自导师的最新研究成果及前沿动态。这不仅使学生可以掌握系统的专业知识和工程前沿问题，而且使自主学习、交互学习、研究性学习等成为常态。值得一提的是，课程在考核形式上也是通过考试模块的形式，进一步强化学生的学习效果（表 5.8）。

表5.8　软件工程精英硕士项目的课程情况

课程模块	具体课程		总学分	考试形式
核心课程	软件工程；正式方法；高级数据库系统；分布式系统；人机交互		30	笔试、口试
短期课程	项目管理		6	
选修课程（按方向列表）	形式化算法（列出课程至少选 2 门）	反应系统的建模，规范和验证；基于模型的安全分析；实践 IT 安全	34	笔试同时进行口试、研讨会、论文、案例研究
	软件工程方向；分布式系统方向（至少选 3 门）	基于需求的软奖惩专题；软件工程测试；基于模型的软件开发；分布系统软件工程；嵌入系统软件工程		
	人机交互	可用性工程		
	数据库建设（至少选 1 门）	现代 CPU 的数据系统；Web 数据库的连接		
项目实践	工业实习（第 3 学期）		10	口试、项目成果展示
扩展课程	演讲技巧；人员管理和团队发展；跨文化竞争力；领导技能；创造力和创新；写作培训；等等		10	跨学科研讨会
学位论文			30	

资料来源：根据 https://swt.informatik.uni-augsburg.de/elite/se[2019-01-03]中的相关信息整理而成

注：CPU 即 central processing unit，意为中央处理器

（二）工程实践嵌入培养过程，学习、研究与实践相融合

该项目将学生发展规律与工程实践逻辑有效整合，将实践内化于培养过程始末，而培养过程很大程度上呈现出工程的全过程。实践教学形式包括综合课程中的实践部分、专门的实践课、校企合作项目、专业实习、国际交流项目、扩展类项目与毕业设计等，呈现出过程性、多元性、阶段性与发展性的特征，如图 5.5 所示。

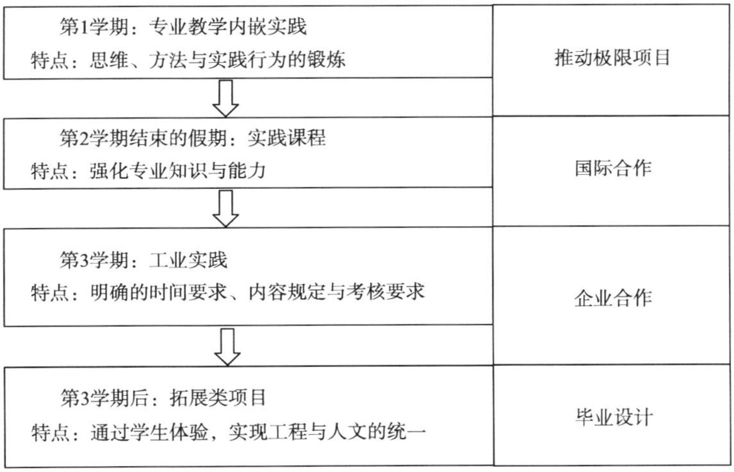

第1学期：专业教学内嵌实践 特点：思维、方法与实践行为的锻炼	推动极限项目
⬇	
第2学期结束的假期：实践课程 特点：强化专业知识与能力	国际合作
⬇	
第3学期：工业实践 特点：明确的时间要求、内容规定与考核要求	企业合作
⬇	
第3学期后：拓展类项目 特点：通过学生体验，实现工程与人文的统一	毕业设计

图 5.5　精英软件工程硕士项目实践体系

第一，紧扣精英目标，采用项目制联合培养，发掘并发展学生的创新能力，促进学生能力的全面提升。学生在学期间必须参加一个"推动极限项目"，这些项目选题基于学生的创意，彰显精英高等工程教育对个人创新能力的尊重与发展。

第二，将"全过程实践"内化于项目之中。①在专业教学中内嵌实践，将工程的过程属性内化于专业教学之中。实践是工程专业教学的应有之意，专业教学中融合实践要素。例如，在 Bernhard Bauer 教授主讲的汽车软件工程专题中，一是习题课、讨论课和实验课，占较大课时比例，这些练习需要概念和技巧的实际应用。在课程开始时，通过特别的实践设计环节来帮助学生掌握必要的基础知识，如汽车行业常用的"Matlab / Simulink"建模工具组合、"CarMaker"图形模拟和分析工具，以此为切入使学生深入了解更多车辆系统。在这之后，由两至三人组成团队进行自适应巡航控制（adaptive cruise control，ACC）模型设计，完成团队建模、实施和测试，最后进行比较和讨论。二是学生要在合作企业的参与下，完成工作量较大的两个课程设计。三是课程还包含一个实践项目，

由学生或学生团队在合作公司中完成。②在实践课程中强化专业知识体系，第一学期结束后开设的专门实践课程——项目管理课程，具体内容涵盖至少 4 门核心课的知识，通过实践课程可以使学生掌握项目开发运作及风险估算的相关流程、方法与工具；了解生产力、质量、时间和成本预算的控制等。

第三，通过有效的制度实现实践与课程学习的融合，保证实践的落实与效果。第二学期结束后学生进入合作企业进行实践，完成至少 10 周（全职）的工业实习（表 5.8）。首先，实习主题必须在软件工程领域，但纯粹的编程工作是被禁止的，因为它不涉及进一步的挑战。其次，实践内容上要求学生在第三学期开始前的一个星期内，必须把实习任务与第三学期所修课程进行结合，把有关课程学习的实践计划交由任课教师。再次，在实践形式上，在实习合作伙伴和参与大学的共同监督下，学生通常以 5 人一组的形式整合到合作伙伴的项目中，并独立工作。学校设有课程协调员专门负责合作企业与实习机会的信息管理与发布。该专业与宝马、西门子等知名企业建立了长期合作关系，大多数企业每年不仅能提供 2~6 个月的实习机会，而且能提供完成毕业论文的岗位。最后，在实践效果的保证上，要求学生实习完成后，必须有实习公司的书面确认，另外，还要进行 15 分钟的口试，即实习报告。该项目支持学生在第四学期出国交流学习①，如该专业与日本国立信息学研究所开展联合培养，学生可前往该研究所完成论文设计。

第四，在实践中，立足学生需求与实践体验，真正实现工程教育与人文教育的深度融合。在第三学期后开设扩展类项目，有针对性地培养学生的跨文化能力、创新力和领导力。学生在实践过程中进行人文社会类课程的学习，既可以有效提升自己进一步深化实践的影响，又使得具有弥散性的人文课程找到了与工程结合的载体，真正实现工程与人文、社会的融合。

（三）完善组织架构与制度体系，保证协同的有效性

为了保证协同培养精英工程人才的深入性和持续性，州政府对协同的框架做了基本勾画，如 2017 年 7 月修订的巴伐利亚州《高等教育法》第 16 条对大学合作的相关事宜进行了规定，合作通过了《大学协议》，该协议对参与大学的法律地位、义务与合作的内容进行了界定，巴伐利亚州可在《大学协议》后，承担专业监督职责。精英硕士项目得以持续，与巴伐利亚州政府特别是其平台精英网络的支持有着直接的关系。

---

① Regeln zum Praktikum, https://swt.informatik.uni-augsburg.de/elite/se/downloads/Praktikumsregeln-2018.pdf [2017-11-14]。

　　该项目在顶层设计上，通过成立理事会、考试委员会等，既保证大学在协同中对专业发展预知的主导权，又有效协调大学间的内部关系。理事会的职责包括学位课程的内容定位与选择，与大学、研究机构和公司的合作，学位课程的质量保证和能力评估程序的实施等。理事会主席委员由三名成员组成，他们必须是三所合作大学的教授，主席及副主席为不同大学的教授，每个成员可任命一名代理人。理事会成员及其候选人的任命由精英硕士课程的主要研究人员提出建议，任期两年。考试委员会由五名成员组成，理事会主席是考试委员会的常任理事，由于课程实施主要由奥格斯堡大学负责，考试委员会主席必须是该大学教授，主席和副主席应该是不同大学的教授，考试委员会负责考试程序的执行，考试计划的制定、组织和控制，并负责对考试审核员进行评审与评估等。

　　在具体培养过程中，每名学生都会有两名来自学校和工业界导师的联合指导，包括课程选择、项目选择、实习和国外深造，并且导师也会为未来的个人职业和事业发展提供帮助和指导。

　　在制度设计上，最突出的特点就是通过完善的考核与追踪制度，保证学生的学习效果。比如，每门专业课都有明确的课程考核形式，实习结束后也有对学生能力发展的考核，如表 5.8 所示。考试模块包括考试、研讨会、社会服务（包括案例研究和演讲）与作业等形式；口试为就某个问题进行陈述。此外，学生在第二学期结束时，必须通过考试，该考试旨在证明考生能独立处理程序中的问题，并具有关于程序的基础知识。只有通过了考试才有第三学期注册的资格，进而进行具体的方向选择。

第四节　里昂中央理工大学的协同育人工程人才培养模式

　　法国"大学校"培养的工程师具有极高的社会声望，其严格的选拔和招生制度、企业全过程协同培养是长期以来工程教育质量的重要保证。里昂中央理工大学是法国最好的工程师"大学校"之一，作为培养工程师的法国"大学校"，多年来，该校为工业界培养了大批高级工程师和工程领导人才。该校在高等工程人才培养方面积累了宝贵的经验。

一、案例描述

（一）法国高等工程人才协同培养

法国工程教育起源于社会军事和经济的需要，如法国第一所工程师"大学校"——巴黎高科路桥学院，国立巴黎高等矿业学院是为满足法国路桥交通的发展和煤矿等资源的开发而创立的。在法国大革命和欧洲工业革命期间，法国又陆续创办了巴黎综合理工学院和巴黎中央理工大学等培养工程师的"大学校"，其不仅培养军事领域的通用人才，而且也肩负着为各类技术管理机关培养人才的重要使命。这类学校教学严谨，与企业联系密切，在社会上享有很高声誉。其崇高盛誉与其严格的入学选拔方式密不可分，只有少数优秀的贵族学生才能通过严格的选拔入学学习，需要经历第一阶段的预科教育，结束后再次参加选拔考试，然后择优录取。经过严格选拔的学生起点普遍很高，初步具备了精英人才培养的基础。另外，"大学校"设有为期两年的预科班，以保证未来的工程人才具有广泛的科学理论基础。在培养原则和培养目标上，培养学生的多面性是各"大学校"共同遵循的原则。所谓多面性培养，即对未来工程师进行包括科学基础理论、应用技术科学、非技术教育和实践性教学等多方面的综合培养。法国工程师职衔委员会（Commission des Titres d'Ingénieur，CTI）将工程师这一职业定义为"工程师职业的基础就在于解决一些在系统或服务的设计、实现和使用过程中出现的，通常是比较复杂的、具体的技术性质的问题。这种能力一方面来自包括经济、社会和人文在内的所有知识的综合，另一方面建构在牢固的科学文化基础之上"（转引自熊璋，2012）。从这一定义看出，一方面法国精英工程师要掌握全部工程类学科的基础知识和逻辑概念，促使其毕业后能够快速成为某一领域的专家；另一方面非技术教育越来越受到重视，尤其是人文经管类学科知识的学习，使学生精通项目和企业管理本领，毕业后能够在工作中轻松实现技术者与管理者之间角色的转换。法国工程师硕士学位的认证标准如下：①具有持久的适应能力和分析能力（独立学习、终身学习）。②具备快速的适应能力，在本专业领域适应行业内各种活动。除实践技能外，培养为项目提供必要的服务（如职业生涯培训）、活动（如实习、项目、模拟）和条件（校企合作等），从而确保学生实现从学术领域向职业领域的过渡。③研究和创新。④具备商业文化和经济、社会、环境及道德意识。⑤沟通技能和国际化意识。工程师必须能够在国内与国际专业环境中有效地进行沟通，毕业生必须能够在跨学科和跨国环境中工作。

在具体的培养方式和内容上，《法国工程师学历教育认证指南》中指出：现代工程科学是跨学科科学，工程师接受的教育应该建立在一个宽广的、多学科的科学基础上，重点放在学习方法、学习工具、工业背景或工业环境上（熊璋和于黎明，2012）。法国工程师教育是在工业背景下的多模式教育，以课程教学、项目教学、案例教学和实习实践教育为内容，实行多元化的校企协同培养方式。以里昂中央理工大学的通用工程师培养为例，其总共包括三年六个学期的培养计划，从表5.9中可以看出，里昂中央理工大学要求学生具备宽广的多学科基本知识和较强的外语能力。充分尊重学生对个人学习或职业发展的选择，注重专业化的职业发展，鼓励学生参与国际交流。另外，实习或实践模块占据较大比重，实行多元化的协同培养方式，高校与高校之间、高校与企业之间的深度协同是其特色。

表5.9 里昂中央理工大学通用型工程师培养计划

		课程	教学单元	教学目标	特征	备注
一年级	公共课程	S5~S6：8门课程 工程学（各类工程专业基本知识）/经济学/人文社会学	语言+职业发展（项目/会议/体育：压力管理）	①汲取学术知识；②掌握多学科背景；③获得工程能力（包括解决复杂、多学科问题的能力等）	学生需要自学1/4的教学单元，自觉性的培养也是第一学年的关键目标	S6~S7：需要至少一个月的实习
二年级		S7：3门公共课程（范围同上）+1个深入学习单元	语言+职业发展			
	选修课程	S8：5门32小时的选修模块或者去国外交流	语言+职业发展	通过应用研究提升学生的团队合作、沟通和项目管理能力	广度、开放、协调、新颖、英语	S8~S9：需要进行三个月的应用实习
三年级		S9：在7个选修方向或6种职业方向中选择其一进行深入学习或者去中央理工大学集团的任一高校就读S9获得双学位	多样化选择：①专业化协议。②非双学位文凭。在法国本土院校就读第三年。③科研。攻读研究型硕士，毕业后继续学习攻读博士学位。④在里昂高等商学院攻读管理学学位。毕业获得工程师、管理学双文凭			
		S10：进入企业或实验室进行3~6个月的实习或实验				
其他		参加讲座、参观工厂、道德咖啡馆、各类开拓创新项目等活动				

资料来源：根据里昂中央大学校通用型工程师培养计划整理

注：表中的"S"为semester，意为学期

（二）法国高等工程人才协同培养机制

为了达到法国工程师职衔委员会对工程师的认证标准，需要建构通用型人才的复合型知识结构，并积极培养工程人才的国际竞争能力，法国精英高等工程人才培养协同机制由此确立。该案例中，在里昂中央理工大学内部，10个工程学科

和经济学、人文学及社会学等 13 个学科协同，加强对各类工程学科知识及工程伦理的学习；在里昂中央理工大学外部，与里昂高等商学院协同，培养学生的管理才能；与法国中央理工大学集团及其他本土院校协同，进行为期一年的交流学习，获得双学位文凭，在开阔学生视野的同时加强对其通用能力的培养，同时，里昂中央理工大学学生的科研能力培养依托隶属于法国国家科学研究中心的 6 所高水平实验室、5 所国际联合实验室，以及众多工业和研究院协同伙伴。里昂中央理工大学的多元化协同培养方式由此确立。

另外，企业全过程协同培养工程师是法国高等工程教育的重要特征。法国企业与工程师学院在工程人才培养方面一直保持高度密切的关系，法国政府于 2013 年 7 月 24 日修订生效的法国《高等教育法》中对产学协同方面进行了基本框架的勾画，"产业界与高等教育机构协同需遵循以下三点：①工业界代表参与教育计划的制订；②工业界参与教学；③可以在企业或其他公众场所授课，但需接受教学监督"。由此可见，工业界贯穿工程师教育的整个培养环节。例如，里昂中央理工大学与企业保持深度持续的协同关系，他们与合作企业签署具体的合作协议来保障双方的协同进程。随着欧洲高等教育区的建立，以及世界高等教育大门的开放，更多的国际高等教育组织纷纷加入工程师的全过程协同培养中。不仅仅是工程师学校，法国其他高校也逐渐敞开学术的大门，2006 年 4 月法国议会通过法案决议，设立高等教育与研究中心，促进各类高等教育机构的联盟，交流信息与共享资源，增强法国高校的国际影响力和办学质量，法国高等工程人才培养中的协同机制便由此展开。

二、特点分析

（一）法国"大学校"培养精英的理念

传统的精英大学诞生于法国贵族阶级的统治需要，主要培养社会需要的行业管理精英。精英不仅仅是数量上的少而精，更是质量的上乘和出类拔萃。高门槛的选拔制度限制了数量，而多主体协同确保了人才培养质量。法国"大学校"是精英人才的培养基地，与普通大学不同，要先通过选拔性考试进入高强度的预科阶段，结束后再次进行选拔性考试，两次考试都通过的学生才有资格进入工程师"大学校"学习。这种严格的选拔制度决定了工程师"大学校"生源的精英性。一方面，精英意味着通才，对全方位素质要求较高，除了专业领域的课程外，人文社会科学也占相当大的比重，从而保证学生具有宽阔的视野、知识修养及较强的社会适应性，使政府和企业领导者能够更好地应对未来国际化挑战。精英办学理念及工程人才的精英定位影响着"大学校"的人才培养模式，再加上知识生产模式的转型促使知识生产组织的边界不断模糊，呈现主体多元化的特色，决定了通用工程师的培养必须采取多主体协同的方式。跨文化认知、系统性思维、工程伦理和管理本领等全面素养的培养离不开人文学、语言学、经济学、管理学与工程学之间的五位协同。逐渐形成知识学习以工程学科为基础，其他学科相互促进的环形协同培养模式，从知识生产到跨学科研究，每一个要素之间的互动协同程度都影响着人才培养质量的提高。另一方面，精英也意味着培养行业专家，如果精英学生无法从学校跳脱到社会生产的范围，那也只是学术精英而无法称之为社会精英。在增强学生生产实践及企业管理方面，企业是非常重要的协同主体。在这一精英理念下，企业与学校协同培养工程人才是工程教育的重要一环。通过签署双方互促发展的合作协议使协同得以延续，也使法国高校的产学深度融合成为国际高等工程教育的典范。

（二）里昂中央理工大学的协同育人机制

1. 协同主体及其职责

由于法国高等工程人才培养主要在工程师"大学校"展开，工程师"大学校"是兼具强专业性和精英性的大学组织，以展开工程领域的前沿研究和培养通用工程师为目标。在人才培养方面，其协同主体更加广泛多元化。以法国里昂中央理工大学为例，其协同主体分别来自高等教育机构、网络协会、学术伙伴、工业伙伴四类组织，形成内部多学科协同，外部跨界跨国多方参与的广泛协同主体，其职责见表5.10。

表5.10　法国里昂中央理工大学工程师协同培养主体及其职责

协同主体	职责
里昂中央理工大学	制订培养计划；提供教学场所；协同各学科的实验室参与培养
高等教育机构	里昂大学商学院：提供人文、管理等跨学科课程 中央理工大学集团：协调各类课程，分享教学经验 里昂大学：促进区域高校的协同，提升知名度和影响力 欧洲顶级工业经理：培养双语工程师的跨国工作能力 卡诺研究所：开展跨学科研究，培养研究潜质
网络协会	法国"大学校"联盟：提供硕士学位课程的专业认证 法国工程师院校校长联席会议：促进项目、研究、人才培养的联合 法国公立大学校长联席会议：交流大学人才培养的普适性经验 法国工程师职衔委员会：为毕业生提供工程师资格认证 奥弗涅-罗纳-阿尔卑斯大区的学校联盟：为社会培养高层次人才

协同主体	职责
学术伙伴	与全球34个国家和地区的大学建立合作关系，通过提供高质量的研究和工程师教育获得国际认可，授权工科学生在合作大学的双硕士学位
工业伙伴	企业：参与学校管理，承担教学任务，提供实习就业 学校：①工业实验室为企业提供技术咨询从而换取办学经费；②创新研究合作中心与企业共同合作发明创新项目、提供专业服务；③学校研究人员加入行业团队，为学校带来新的卓越中心，倡导采用多学科方法解决复杂的工业问题

2. 协同机制及其运作分析

很大程度上说，开展校企协同培养工程人才的特色协同模式是法国"大学校"里高等工程人才培养质量的保障。协同模式的有效持续进行是合作动力机制、信息沟通机制、利益协调机制和协同保障机制这四个子机制的相互作用。

（1）合作动力机制。在外部合作动力因素方面，政策导向是法国高等工程师协同机制的重要动力。在校企协同的动力因素中，法国工程师"大学校"是国家政治经济发展的产物，根植于统治阶级为了满足国家军事需要而建立，产教融合也是满足工业经济发展的必然趋势，企业全过程参与协同培养精英工程师的动力来自国家和社会阶层，法国《高等教育法》对促进产学协同产生了积极的作用。政治、经济是促使校企协同的重要驱动力。在校际协同动力因素中，欧洲高等教育区的建立及欧洲顶级工业经理组织的诞生，催生了法国政府关于高等教育之间"抱团发展"的想法，2006年法国议会通过了关于促进高等教育机构之间的合作法案，提出设立高等教育与研究中心，促进各类高等教育机构的联盟。在内部合作动力因素方面，校际协同是大学之间保障人才培养质量，提升自身国际影响力和竞争力的普遍做法。法国高等工程人才定位于兼具技术和管理才能的社会精英，并注重人文道德、社会责任、工程伦理和商业管理方面的培养，因此，与其他高等人才培养单位的协同源自精英工程师培养的自身需要。例如，法国里昂中央理工大学与里昂商学院、里昂大学等其他高等教育组织协同培养工科学生的多学科素养，满足了其全面发展的需要，在塑造学生的价值理性的同时帮助其实现从工程师到管理者身份转换的适应性。校企协同的内部驱动力来自企业和学校之间的互相需要，其一是企业选择与高校协同更多地来自自身发展的需要。对于法国企业来说，关心学校的发展来自法国企业的文化和愿景。法国企业认为，学生是企业未来的管理者，参与学生在校内培训的成本远远低于学生入职后的培训成本，因此企业愿意参与校内教学并支付学校为培训学生而付出的费用，由此可以为企业的未来换取更高的人力资本。其二是高校选择与企业协同更多地来自利益驱动，高校与企业的长期协同可以吸引企业投资，降低学校的育人成本。例如，里昂中央理工大学吸引企业提出现实需要开发的项目，并投入必要的开发经费，学校将来自企业的项目列入教学计划中对学生进行真实情景的训练，既锻炼学生团队解决复杂实际问题的能力，又节约学校用于项目开展所需要购买的软硬件设备及耗材等费用成本。

（2）信息沟通机制。一是协同主体的供需分析。里昂中央理工大学的通用型工程师协同培养以校企深度协同为主要特征，与其他合作高校进行双学位和双文凭的协同培养。由于其本身是一所工程师专业学校，具备各类工科优势资源，同时协同校内其他学科提供多学科资源，协同学科包括人文社会科学、经济学、管理学和外语等学科。另外，学校和企业共同为学生提供个性化的职业生涯指导，也为学生准备了特色项目和活动以丰富工科学生的情感价值观和通用技能，如每周一次的"道德咖啡馆"丰富学生的工程伦理素养、每学期开展一次创新创业活动等。协同主体的具体供需情况分析见表 5.11。

表5.11　里昂中央理工大学通用型工程师协同培养主体的供需分析

协同主体		供	需
里昂中央理工大学	内部（各院系、部门）	工科专业知识、多学科资源（经济学、人文社会科学、外语）、特色活动项目	基础研究和应用研究平台、实际生产场所、项目教学经费、职业导师指导
	外部其他高校（中央理工大学集团其他高校、国际合作高校）	专业特色高校（商学院等）、国际教育资源（先进教学设备、经验、跨文化交流）	工科优势资源（硬件设备、高水平人才）
	企业	应用研究项目、生产实践场所、职业导师、管理经验、创新创业资源、市场化信息	工程人力资本、员工培训资源、创新项目、基础研究资源
	实验室	完备的基础科研平台、研究团队、新型项目	研究型人才、科研经费
	法国工程师职衔委员会认证协会	工程师评估认证	政府支持、社会认可
	政府	全过程保障：资金、政策、经济支持	国际通用工程师培养目标

二是建立信息沟通平台。法国工程师学校与其他学校通过网络平台进行校际协同层面的信息沟通，如每届的法国工程学校校长会议、法国大学校长会议、中央理工大学集团会议等网络协会就当前的人才培养状况与合作研究等相关问题进行交流和探讨，共同推进法国高等教育的改革发展，另外，欧洲顶级工业经理网站也会支持和发展国际交流和研究项目，促进协同伙伴之间合作的深入性和持续性。在校企协同方面，里昂中央理工大学设置人员发展与企业关系部，并且建立了学校创新项目招标的网站平台，企业可以登录后创建个性化账户，查阅学校相

关项目的招标，下载业务咨询文件并在线提交报价，学校通过审核后将确定项目归属公司，而后与其建立协同关系。因此，不论是校际还是校企协同，建立信息沟通网络平台是非常有必要的，网络平台的时效性和开放性有效解决了协同各方的需求和难处，以隐性的方式增进沟通互信，确保双方得到最大程度的了解。

（3）利益协调机制。由于法国里昂中央理工大学是一所工程师专业学院，不存在学校内部院系和各单位之间按贡献度分配利益的情况。法国精英工程师协同培养中的利益协调主要指政府、企业与学校之间存在的经费—利益之间的互换和调和，实现价值增值的过程。与其他高等教育机构之间的利益分配受制于政府的管理和调配，且其他高等教育机构并不参与通用型工程师的具体培养过程，仅作为学生自愿攻读其他第二学历和学位的选择。在具体的培养环节中，政府给予人才培养的经费拨款主要由学校董事会进行管理和分配，学习委员会和科学委员会进行协助，董事会成员由参与学校办学的所有合作伙伴构成，企业代表占较大比重。企业为学校提供管理和教学、投资科学讲座、提供学生的实习和就业机会，学校为企业带来发展雇主品牌的机会、招标机会及为员工提供专业培训和认证。企业和学校之间形成资源共享、互惠互利的良性协同关系。法国工程师职衔委员会要求工程师阶段的教学必须有20%的课程由"职业人员"承担。企业和里昂中央理工大学之间存在利益分配问题，政府仅作为经费支持角色不作为经费分配一方，其利益协调机制如图5.6所示。

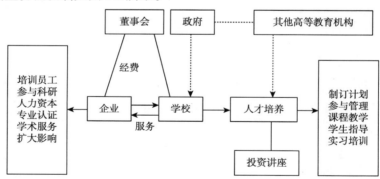

图 5.6　里昂中央理工大学通用型工程师协同培养的利益协调图

（4）协同保障机制。在具体的工程师专业培养环节，由于其他高等教育机构并没有真正参与其中，而参与协同的一些国家合作实验室也是受政府管控的，因此法国的工程师"大学校"其实也是中央集权下的政府管理国家的附属品，政府会积极调动一切可利用资源协同精英工程师培养，在政府、学校和企业之间建立协同保障长效机制。

政府方面：对于工程师高等专业学校，企业将从提供实习场所的简单角色转变为参与学校教学和管理的主体角色。如何加强和保障校企之间的深度协同关系，需要政府在政策和法律层面对协同做出规划和指引。政府致力于加强科学与商业的联盟，2013 年修订的《高等教育法》中勾画了产学协同的基本框架：产业界与高等教育机构协同需遵循三点，一是工业界代表参与教育计划的制订；二是工业界参与教学；三是可以在企业或其他公众场所授课，但需接受教学监督。

学校和企业方面：学校与企业之间通过签署合作协议来保障双方的协同进程。在企业正式协同培养之前，学校和企业会通过信息沟通机制将二者的资源和利益分配进行充分的沟通。二者对协同的原则和目标、协同的内容与分工及权责利的划分方式进行深入探讨，达成一致后正式签署合作协议，协同培养机制由此正式运行；在协同培养的过程中，企业和学校依据协议约定展开各自的工作，如出现分歧，在协议解决不了的前提下可将问题反馈给学校董事会，学校董事会成员进行商议并给予解决方案，确保协同培养的顺利进行；另外，企业和学校之间会召开年度合作会议，并通过年终考核和评估来确认合作协议的内容是否需要调整或更新。合作协议的制定和签署不仅仅是校企双方进行信息沟通的方式，更是工程师协同培养中的制度保障。例如，法国里昂中央理工大学与企业的合作协议包括以下内容：合作的原则和目标、合作伙伴的定位及层次、年终评估计划，以及企业可享有的其他权益。签署校企合作协议确保了双方协同育人的有效性和持续性。

（三）政府主导的多元主体协同

早在 20 世纪 70 年代，欧洲就建立了促进高等教育发展的地区性国际组织——欧洲高等教育中心，通过对区域高等教育的热点问题进行探讨和商议促进高等教育领域的全面改革。在高等工程教育领域，20 世纪 80 年代由巴黎中央理工学院倡导设立了欧洲顶级工业经理组织，该组织发起欧洲五十所理工类大学加入协同培养工程师计划，德国和法国的成员高校居多，加入这项计划的成员学生可以选择除本校以外的任意一所高校进行为期两年的培训，并在学习结束时可获得两所学校的文凭，也是国际工程学双学位的起源。20 世纪 90 年代，法国九所精英工程师学院协同成立法国中央理工大学集团，集团成员在共享资源和企业交流中为工程师培养提供多学科和高层次的服务和支持，如为工科学生第三年的学习提供更广泛的培训选择；与产业界和国际合作伙伴之间协同发展；成立隶属于集团的综合研究实验室；成立支持学校培训和研究的资助基金会等。这些工程教育公共组织的建立为法国精英工程师协同培养提供了借鉴经验，深刻影响着法国"大学校"办学的开放性和包容性，使得法国工程师"大学校"不断走向国际舞台，毕业生也获得国际产学界的认可。

法国政府将国家科学、技术和工业文化战略纳入《高等教育与科研白皮书》，

2013 年 5 月 28 日和 6 月 22 日，法国国民议会和参议院先后通过了《高等教育与研究法案》。该法第 17 条中规定"政府应每五年向议会提交一份《高等教育与研究白皮书》"。高等教育和研究委员会成员来自经济、工业界、企业、产业研究员、大学校长等众多组织。由此看出法国将工业和高等教育视为推动国家发展的两驾马车，委员会成员的丰富和多样化说明法国政府将推进高等教育组织的持续开放，高等工程教育也应融入社会协同发展。法国精英工程师培养的协同主体呈现组织边缘模糊化，跨界主体层出不穷；科学与商业广泛联盟；技术、管理、研究三方协同等三个特点。

（四）专业背景下的内部充分协同

法国工程师"大学校"是一所工科专业学校，拥有强大的工科师资团队和教学资源，在学生培养的前三个学期，进行全部工程学、人文学、经济学、外语及职业教育单元的培养，多学科教学使学生获得通才工程师必备的知识和能力。工程学科、人文学科和经济学科的充分协同培养使学生在前期具备复合型知识结构，后期通过项目、实习和研究增强"技术+管理"通用本领。例如，里昂中央理工大学设置工程学、人文学和经济学联合会，开设工科通用课程，以及经济学与管理科学、人文社会科学、科学与信息技术等多学科课程，每门课程的教学目标为：获得学术专业知识；获取社会、工业、研究挑战等背景知识；获取定义问题、解决方法、创建项目、自我评估及自主学习的工程能力；获得解决复杂或多学科问题的通才型工程师的能力。为了调动学生主动学习的积极性，培养计划要求 25% 的课程教学应由学生自己或小组独立承担。另外，里昂中央理工大学开展项目制教学方法，通过设立科学研究项目和行业应用项目两个模块模拟职业生涯情境，让学生能够对即将在职业生涯中经常面对的情况提出理性的解决方案。这类项目需要在经济学和工程学的协同基础上完成。

（五）"合作协议"保障下的校企深度协同

企业全过程参与精英工程师培养是法国高等工程教育的重要特征。在协同培养前期，企业参与制订学生培养计划、课程设置和实习规则等；在协同培养中期，企业作为学校董事会的成员之一参与学校和教学的管理工作，并且承担适当的教学任务，定期派驻的企业导师在校内召开讲座和研讨会；在协同培养后期，企业接收部分毕业生就业等。与此同时，学校也会为企业提供相应的学术服务作为回报，如学校可以为企业员工提供专业进修和培训；企业能够进入学校科研实验室参与项目合作；学校为企业提供科研项目招标机会，加速企业科研成果转化实现价值增值等。如此一来，双方需要商定一份规定彼此权责利的契约，"合作协议"由此而来，协议规定了双方合作的目标和愿景、内容和权责利的划分，确保学校与企业之间的持续和深入协同。

（六）国际化路径下的跨界协同

随着欧洲高等教育区的建立，法国高等教育不断走出国门，与其他国家在人才培养和科学研究等方面开展合作，致力于共同面对全球性热点和问题的挑战，共同寻求合作共赢的发展之路。法国《高等教育与科研白皮书》中对作为中央原则的"合作"进行了制度化的阐释："在更广泛的全球竞争环境中，拥有许多有竞争力的组织；利用协同效应的互补性，为科学和培训寻找新的有利动力；在大学、学院和各种各样的协会和研究机构之间，建立一种典型的法国模式；在当地、国家和国际组织之间建立更强的协同关系，在此基础上创造更大的经济利益。"法国高等教育的国际化发展趋势，推动着高等工程人才培养理念向国际看齐。例如，法国里昂中央理工大学对精英工程师的国际化能力做出如下要求：①在学习期间至少掌握 2 至 3 门语言，每个学生毕业后都必须至少达到最低标准（托福考试成绩最低 550 分或雅思成绩 6.5 分）；②在第 5 学期，需要至少 3 个月的海外学习时间以促进跨文化交流沟通。

第五节　国外高水平大学工程人才培养模式的启示

本章的案例高校分别选自美、日、德、法四个在高等工程教育方面有着独特历史和最新改革的国家。由于四国高等教育历史与体制的不同，各案例高校在高等工程人才培养上特色各异，本节将对其特色和经验进行提炼，以期对我国高等工程教育改革起到启示和借鉴作用。

一、以学生为中心的人才培养理念

国外一流大学认为培养理念是引领学校发展的旗帜，在人才培养理念上十分突出全人教育，尊重学生的主体性，注重培养学生广博的知识、综合的能力与完整的人格。美日两国工程院校更是认为工程本科人才培养模式的改革是整个高等工程教育改革的基础，必须要立足于学生、学校、社会三方面的实际，明确人才培养目标，从而促进人才培养模式其他因素改革的顺利进行。具体说来，在立足学生实际方面，美国高校在其人才培养目标中强调培养学生能够适应未来职业发展需要及生活学习需要的各方面知识和基本能力，注重学生个体的发展和综合素质的提高，而日本也在其培养目标中有相关的阐述。在立足于学校及社会实际方面，以美国麻省理工学院和日本东京大学为代表的国外高水平院校都强调依据其相关专业科研优势和办学特色制定人才培养目标，并据此指导其人才培养模式实施的整个过程。美国和日本都注重面向社会工程实际、面向产业需求设置相关专业课程及培养目标，在这方面日本高校的做法更加贴近社会发展和产业实际，如东京大学精密工程专业的人才培养就认为学习工程学就是要了解最先进的科学，同时要触及当前的实际社会，获得理解社会的能力，并能更好地应用所学知识来解决社会发展的问题，共同创造新的时代。

我国高校工程教育传统是以教师为主导，以单向性的知识传授为主要方式的教学模式无法满足新经济发展与产业变革对新型工程人才提出的要求，工程教育需要更新"教师中心"的传统教育理念，并将其由理论探讨与研究落到工程人才培养的实践中，将教师教什么、怎么教、教的质量如何转变为学生学什么、怎么学、学到了什么，明确、尊重学生的主体地位，将教会学生学习、思考，帮助学生树立终身学习的理念，并将其作为人才培养的方向，以帮助学生更好地适应社会、更好地胜任工作岗位为目标，以产业变革与发展对工程人才的需求为毕业生应达到的毕业标准，以"中国制造2025"背景下新产业、新经济、新模式所需要的人才培养规格反向设计工程人才培养的过程，构建相应的课程体系，采用更加切合工程实际的教学方法支撑新型工程人才的培养。

二、工程领域需要与学生发展结合

四所案例高校都特别注重工程领域的最新发展趋势，并将其具象为具体的培养目标，以此为指导来优化人才培养模式。譬如，麻省理工学院和东京大学都把拓宽人才培养的专业、加强通识教育，作为提高人才生涯综合素质的基本路径。麻省理工学院要求所有学生都先进行通识教育，选修和必修相结合，强调全局视野、博学广识、奉献精神、责任意识、职业道德和社会能力的培养。使得学生对事物和情境有多维度的理解、对社会有多方面的认知、对世界有更全面的感受，为其生涯发展奠定多途径发展的可能性，使其成为富有社会责任感和综合素质高的公民。东京大学实行大类招生，学生在入学之初不需要选定专业，只需要选择自己感兴趣的大类方向。在第一年的课程学习中，学校不做过多限制，学生可以根据自己的生涯发展规划和兴趣自由选择课程，课程分为基础科目、扩展科目、综合科目和主题科目几个模块，突破学科专业领域的限制，具有很强的适应性和灵活性，有利于学生安排时间来选择感兴趣和需要的课程。在专业课程的学习上，麻省理工学院和东京大学都十分关注课程的交叉性和综合性，在课程的设计上注重跨学科学习，并重视专业知识信息的有效性和稳定性，学生需要学习在日后生涯发展和终身学习中基本的、必不可少的、不易老化的和长期有效的专业课程，来保证未来生涯发展的可靠性。与此同时，两校都能准确把握工程学科及相关学科发展的前沿信息，把最新的知识及时补充到课程体系和教学内容之中。

教学是学生直接吸取知识的重要方式，教学模式对学生吸收知识至关重要。麻省理工学院和东京大学在教学方面赋予教师很大的自主权。教师可以独立地组织课堂，教授方式体现个人特色。一般教学氛围都较为轻松开放，教学方法灵活多样，主要为启发式、探究式、讨论式及项目式，非常注重师生间的互动与交流。利用开放式的问题合作讨论和解决，不仅可以提高学生的好奇心和主动性，还可以培养学生的逻辑分析能力和合作交流能力，在很大程度上提升了学生未来生涯中的思考力和合作精神等可持续发展的能力。

另外，四所案例高校都尊重学生的气质特性和个人需求。学生学习计划的制订和教师的指导都强调学生的个性化培养，在教师的指导下，学生根据自身的性格、兴趣和生涯取向，制订适合自己生涯发展的学习计划，并可以在学习过程中进行动态调整，以期使能力得到更好的发展和接受更有效的培养。

三、将实践嵌入人才培养过程始末

实践是工程的本质，不论是工科科学研究，还是工程项目开发，都是以实践作为其发展的环节和创新的基础。突出特色是将学生发展规律与工程实践的特征相结合，实践体系与工程发展的特征相符，即不是简单停留在对知识的理解和应用上，而是对工程过程的再现，某种意义上说，学习过程中应该存在一种从属的应用活动。事实上，应用是知识的组成部分，因为所知事物的意义在于超出它们自身的各种关系中（布鲁贝克，2001）。一是在课程教学中，围绕实践所需完善课程体系设计与创新教学方法。例如，麻省理工学院和东京大学在入学之初强调通识教育的学习，为以后的实践起到了坚定牢固的基础和支撑作用。在后期专业课程的学习中，两校都将实践作为知识应用和能力发展的必不可少的途径，不仅有专业实验、技能训练，还有一些专业项目供本科生选择和参与。除了专业要求必须完成的实践课程之外，还有如学科竞赛、创新创业项目等灵活多样的课外活动可以锻炼学生的实践能力。麻省理工学院和东京大学根据自身定位，非常重视对学生国际化水平和世界意识的培养，为学生提供世界范围内的实践活动和志愿者项目来拓宽学生国际视野，培养学生的全球意识及全人类观念。二是构建形神兼备的实践体系，关注学生的实践体验，将实践环节系统而分散地安排在学生学习的整个周期，让工科学生循序渐进地、持续不断地、潜移默化地提升自己的核心实践力，为今后生涯发展取得丰富的实践经验。通过产学研合作构建实践平台，已是普遍共识。但在具体执行过程中如何做到形神兼顾，真正把实践的重心放在学生能力提升上；真正协同，实现工程环境与过程的再现是值得探讨的重要问题。实践既是工程教育的目的，也是重要手段。通过对发达国家经验的探讨，不难发现，实践是工程教育的"神"，所谓"神"，就应将其弥散在培养过程之中，内嵌在各个环节，而非简单的实践课程所能代表，应将实践体系与学生的个性发展有机结合，使实践环节能真正为学生创新能力的发掘、全面能力的提升服务，同时要通过完善的组织与制度设计对实践内容、形式，特别是实践结果提供保证。

四、以有效协同机制拓展协同成效

为了紧抓工程教育的特性，将实践真正嵌入人才培养过程之中，四所案例学校都积极和工业界、科技界、政府、其他高校等协同。协同不仅仅是行动层面，更包括理念层面，对于高校来说，协同的根本目的是整合资源，提高人才培养质量。正如德国所提出的：研究与发展的协同，学与术的协同等都是高等工程教育的特征。

四所案例高校的协同机制之所以能够固化并深化，是由于以下几点。

（1）科技革命、政府和高校合力推动协同机制的深化。随着"智能制造"时代的来临，各个国家都在进行着工业结构和工业生产方式的革新，国家积极将工业发展与工程教育联系起来，抓好新时代高等工程人才的培养工作。高等工程人才培养既要立足于工程类学科基础知识的学习，又要增强多学科理论素养；既要掌握实际生产的技术本领，同时也要提升探究前沿科技领域的科研能力。知识+素养+技术+能力是高等工程人才需要考察的四维要求，而高标准、多维度、全方位的培养要求不是大学这单一主体能够做到的。培养高等工程人才，是科技高速发展的时代赋予高校的责任和使命，是世界面临共同难题而向教育界发出的挑战，也是大学增强国际影响力和提升知名度的重要举措。不论是哪个国家，时代要求、国家推动和高校驱动都是高等工程人才培养中协同机制形成的重要动力。

（2）网络化信息沟通平台促进各主体充分互动。无论是校际协同还是校企协同精英工程人才的培养，都是借助网络信息技术的发展搭建一个开放的、可视化的网络平台。网站式的信息沟通渠道能够更好地服务协同主体间的合作，充分展示协同主体的供需和合作诉求，打破时空交流障碍，避免因无法当面沟通而产生误会影响协同进程，消除信息沟通的滞后性，随时在网站上更新各自的实际情况，方便合作伙伴间的即时信息沟通，推动协同机制的运行。慕尼黑大学等高校课程项目搭建了一个官方网站，合作高校的教师和学生、企业甚至异国的师生都可以登录网站，及时满足不同受益者的需求。法国为高校的项目建立了面向企业的服务网站及招标网站，企业可登录查询需要的信息，可根据自己的情况在招标网站进行申请投标，投标成功后双方可在该项目上进行后续的研发协同。

（3）完善的组织结构和制度框架为协同机制提供保障。完善的协同保障机制有效保障了协同的持续深入运行。德法两国协同机制的制度框架和组织结构如表 5.12 所示，在顶层设计上，或由政府出台相关法律政策，或由协同主体之间进行规约和商定，都需要对协同主体进行权责利的划分。在协同项目的组织结构上，建立一个由协同主体各方都参与组成的管理机构是十分必要的，赋予协同主体发言权和管理权，体现协同主体间的平等与尊重。

表5.12　德法两国协同机制的制度框架和组织结构比较

项目	德国	法国
制度框架	巴伐利亚州政府将大学合作的相关协议写入高等教育法，保障协同高校的法律地位及权利和义务	学校与协同企业签署"合作协议"，对合作愿景、目标和内容进行协定，规定双方的权责利
组织结构	由主办高校管理，成立项目理事会和考试委员会	由学校董事会管理，成立学习委员会和科学委员会
	相同：组织成员都由校内成员及工业代表和其他协同伙伴代表共同组成	

需要指出的是，在这个过程中，高校既要关注产业的发展，也要有自己的坚持、判断与行动，要坚持精英定位，找准自身特色，研究并识别协同的办法与对象，找到资源整合的突破口，从而强化"产业◀▶专业◀▶学科"的互动，形成资源整合→协同→培养力提升的良性循环。

（4）搭建多元化跨学科研究平台协同培养工程人才。麻省理工学院跨学科研究历史比较悠久，经过实践中不断的探索与总结，形成了多元化的、独具特色的麻省理工学院跨学科组织模式，主要有三种跨学科平台组织：实体组织形式的国家重点跨学科实验室、虚拟的跨学科组织、跨校合作的组织模式（邹晓东等，2017）。国家重点跨学科实验室是麻省理工学院进行跨学科研究与教育的一种传统的组织模式，最早的国家重点实验室是第二次世界大战初期由美国政府注资建立的辐射实验室。这种以服务国家战略为导向的实体组织形式定位清晰、目标精准，拥有稳定的、可持续的物质保障，凝聚了学科领域顶级专家及学科带头人的研究智慧，项目有始有终，完成度比较高，同时也有助于跨学科学术组织的长效发展。麻省理工学院中研究宇宙基本性质的核科学实验室（The Laboratory for Nuclear Science）和研究开发先进技术、满足国家安全与发展需要的林肯实验室（Lincoln Laboratory）都是与国家重大研究发展密切相关的跨学科研究组织。麻省理工学院跨学科研究主要以跨学科计划、官产学合作项目牵头，通过组织召集不同学科专业领域的师生共同合作这种虚拟的组织模式进行。在这些虚拟的跨学科研究组织中最典型的代表是麻省理工学院计算机系统生物学研究计划（computational and system biology initiative，CSBI），它是一个涉及全校范围的教育和研究项目，CSBI通过多学科的方法将生物学家、计算机科学家和工程师连接起来，共同参与复杂生物现象的系统分析与论证。CSBI拥有来自麻省理工学院科学与工程学院、斯隆管理学院及怀特黑德生物医学研究所等10多个单位大概80名教员的合作团队。跨校合作的组织模式：哈佛-麻省理工学院健康科学与技术项目（Harvard-MIT Health Sciences and Technology，HST）。HST是麻省理工学院、哈佛医学院、哈佛大学和波士顿地区的教学医院，是解决人类健康问题、共同合作的跨学科研究组织，融合科学、医学和工程。

第六章 高等工程教育转型发展的机制设计

"中国制造 2025"背景下的高等工程教育转型是教育系统的整体转型发展。与单一的教育改革不同，高等工程教育转型发展是多重教育改革的集合，是对当前高等工程教育形态的扬弃，是高等工程教育形态的整体变迁。要实现如此大规模、深层次、全方位的高等工程教育转型发展，只有精心设计转型机制，才能打通最后一公里，实现预期的转型发展目标。

面向"中国制造 2025"的高等工程教育转型机制是高等工程教育转型路径中体现转型启动、转型过程及转型保障等环节的具体表现形式，是实现高等工程教育转型发展目标的具体运行方式。设计高等工程教育转型机制，能够帮助转型主体切实可行地实现预期目标。因此，为确保达成高等工程教育转型发展预期目标，实现高等工程教育面向"中国制造 2025"的根本性转变,设计面向"中国制造 2025"的高等工程教育转型机制势在必行。

第一节 高等工程教育转型机制设计的理论基础

"机制"一词源于希腊文，原多用于生物学等理工学科。生物学和医学中常用机制来解释有机体内发生的生理变化及各组织之间相互作用和调节的方式；理工科常用机制来描述机器运作的机理，即机器的构造和动作原理。后经过发展，机制逐渐被引用到社会学、经济学等人文社会学科中。政治学中的机制重视外部和人为作用，体现为一种合理的政府运作形式。社会学着重讨论机制的动态特征和可设计性，强调机制是处于运动中的事物各相关因素相互联结的律动作用，体现的是一种带规律性的"模式"。经济学中的机制，指的是经济活动所处的制度、习俗、法律等一切规范的构型，强调的是一种经济活动背景。

基于不同学科对机制的解读，机制的内涵可从三个层面进行把握：首先，事物内部存在多个要素；其次，各要素之间相互联结、相互联系；最后，各要素之间相互作用从而实现整体机制的功能。此外，机制还表现出两个基本特点：第一，机制是事物构成要素之间相互联系的静态关系与相互作用的动态关系的结合；第二，机制是可以进行人为设计的。

综上可知，机制是处于运动中的事物其内部各部分之间相互联结、相互作用并最终促使事物发挥整体功能效用的原理及其运行方式。工程教育转型机制是指工程教育在内外部多重因素的影响下，基于过程构建和目标优化导向，工程教育系统发生全面而深刻变革的动态过程中各部分、各要素间的相互作用方式及其机理。设计面向"中国制造2025"的高等工程教育转型机制时可基于机制设计理论和系统论。

一、机制设计理论

机制设计理论（mechanism design theory）是近二十年中由微观经济学和博弈论发展而来的经济学分支，具有广阔的应用空间。机制设计理论的代表人物主要为利奥尼德·赫维奇、埃里克·马斯金和罗杰·迈尔森三位美国经济学家。赫维奇开创了机制设计理论，马斯金和迈尔森在其基础上进行了发展和完善。

机制设计理论的产生可以追溯到20世纪的"社会主义大论战"，论战的焦点问题在于社会主义计划经济机制能否实现资源的最优配置。随着争论的不断深入，经济学家开始转向探讨一些更一般化的问题：什么样的机制才是好的？是否存在最优的机制？如果存在，该如何来设计这种机制？经济学认为，评价一个机制的优劣有三个基本标准：资源有效配置、信息有效利用和激励相容。那么，如何基于这三个标准来设计机制并无限接近于最优机制？机制设计理论由此应运而生。

1973年，赫维奇在《美国经济评论》上发表了题为《资源分配的机制设计理论》的论文，提出了机制设计的两个约束条件：参与性约束和激励相容约束。但赫维奇的理论没有解决如何寻找最优机制的问题。在赫维奇的研究基础之上，迈尔森基于贝叶斯纳什均衡提出了机制设计的显示理论。显示理论把复杂的社会选择问题转化为不完全信息的博弈，大大降低了机制设计问题的复杂程度。马斯金提出的执行理论则将机制设计理论的发展推向了高潮。执行理论指出，在一定条件下，人们可以找到并设计出能够实现社会目标的机制。随着激励相容、显示理论和执行理论的相继提出与不断完善，机制设计理论逐渐走向成熟（雷启振，2008）。

（一）机制设计理论的核心观点

机制设计理论研究的主要问题是：在给定社会目标的情况下，能否基于自由选择、自愿交换、信息不完全及决策分散化的前提，设计一套规则来达到既定目标。机制设计理论是理性选择理论、博弈论和社会选择理论的综合运用，它充分考虑了个体的理性选择来构造一种博弈形式，并使得这个博弈的解无限接近既定目标。从具体的路径来说，机制设计理论将社会目标设为已知，将信息不完全和参与者自利行为作为客观条件，利用博弈论设计一套互动规则，从而实现社会目标（田国强，2017）。这个过程同时实现了两个目标，一个是社会目标和参与者个人目标相容并同时实现，另一个是配置结果和预期目标吻合。机制设计理论要解决的问题主要有两个：信息效率和激励相容。

信息效率即设计的机制能够尽可能需要较少的信息或尽可能充分地使用信息以实现高效率。在社会经济活动中，信息起着十分关键的作用，信息量的多少、真假等因素在某种程度上决定着目标能否实现。新凯恩斯学派认为，不完全信息经济更加具有现实性，信息的分散、信息不对称等现象是经济活动的客观现实。机制设计理论关注信息效率，就是要求机制设计者在设计机制时尽可能地简化信息交换和传递过程或者尽可能使用较少的信息（田国强，2014），以避免因信息不足所带来的机制低效或失效。降低机制设计的信息成本，就要求机制设计所需的信息空间维数越少越好（郭其友和李宝良，2007）。从信息效率的角度来看，机制设计理论是既实现预期目标又实现尽可能的信息低成本的设计过程。

激励相容指的是为实现既定目标所设计的机制，既要实现参与者（或者绝大多数参与者）的个人目标，也要实现既定的社会目标。机制设计理论强调理性经济人假设，认为个人存在自利行为，参与者会考虑个人利益并选择对自己最有利的方案来进行活动。暂不考虑理性经济人假设是否过于偏激，社会经济活动中确实存在个体自利行为等现象。那么，如果设计的机制无法实现参与者的个人目标，参与者很可能选择对自己更有利的方案行动，这就很可能导致整个机制无法正常运行。不仅如此，基于信息不完全的假定，如果设计的机制不能使参与者获益，参与者就不会完全、真实地显露私人信息，进而将导致信息效率低下。因此，激励相容在本质上是提供正确的激励使得个体如实显示自己的类型和意愿（内拉哈里，2017）。机制设计理论的激励相容，就是在信息不完全的情况下，设计一套足以激励参与者的规则，使得参与者的个人利益和既定目标能够同时实现，以此调动参与者的积极性并使得参与者如实显露私人信息。

（二）机制设计理论视角下的转型机制设计

基于机制设计理论设计高等工程教育转型机制，就是根据理论逻辑和现实基础制定转型目标，并在转型目标既定的情形下，充分考虑信息问题和激励问题，设计一套高等工程教育转型的规则，使得资源最优配置和既定目标能够同时实现。机制设计理论视角下的高等工程教育转型机制设计需要注意以下两点。

1. 转型机制设计需要突出信息效率

信息对于机制有着举足轻重的地位，信息是否充足、是否高效直接影响转型的成功与否。我国高等工程教育面向"中国制造 2025"转型，需要获取多方主体掌握的信息。相较而言，企业掌握着较多人才市场的需求信息，政府掌握着较多有关高等工程教育转型的政策信息，高校则掌握着较多高等工程教育转型的相关信息。高校、政府和企业等主体掌握的信息不对称且相对分散，增加了各个主体之间的信息沟通成本；如果主体之间无法实现联动，将导致机制低效。因此，设计高等工程教育转型机制时需要考虑信息效率问题。提高信息效率可以通过以下两种方式：一种是简化机制设计中主体间的信息传递过程。信息传递过程越复杂，信息的完整性和信度就越难以保障；简化信息传递过程能够有效提高传递效率。另一种是减少机制设计所需的信息维度，如设计某转型机制时所需要的信息存在于高校、政府和企业中，当通过政府和高校渠道就能完全获得所需信息时，就不需要拓展企业渠道来获取相同信息。简而言之，减少信息维度就是控制信息来源。

2. 转型机制设计要促进激励相容

激励相容同样是转型机制设计过程中需要注意的关键，信息效率的缺乏很大程度上是由激励不相容导致的。前文曾经提到，高等工程教育的相关主体都不同程度地掌握着工程教育转型的有关信息，要促使主体将私有信息完全坦露就需要实现激励相容。高等工程教育转型机制实现的激励相容，是弄清高等工程教育转型过程中相关主体希望获取的利益，并将这些个体利益融入转型的整体目标中，使整体目标和个体目标相容并同时实现。当设计的机制能够实现主体的个人目标使得主体受益时，作为理性人的主体明白，没有其他方案能比遵从这个机制获得更多利益，主体便会透露真实信息以配合机制的运行而获得收益。因此，信息效率影响转型的实现，而激励相容影响转型机制的实施，两者都是转型机制设计过程中需要关注的重点。

二、系统理论

高等工程教育转型是工程教育系统整体形态的变迁，涉及系统概念，在设计机制和模型构建过程中会体现系统思想，因此，系统论也是本章会用到的理论工具。

"系统"一词最初源于古希腊语，意思是部分构成整体。关于系统的思想可谓由来已久，但系统论真正作为一门科学被确立还是始于 1968 年美籍奥地利人、理论生物学家贝塔朗菲的专著《一般系统理论：基础、发展和应用》的出版。系统论是系统科学的哲学，其核心思想是系统的整体观念。"整体性、层次性、开放性、目的性、稳定性、突变性、自组织性和相似性，是系统的八个基本特征，也形成了系统论的八条基本原理"（魏宏森和曾国屏，1995）。

系统论的基本思想认为系统是普遍存在的。系统论就是把我们探讨的对象当作一个系统，分析这个系统的结构和功能，并探讨系统、部分和环境之间的相互关系和变动规律。魏宏森（2013）在研究系统科学时指出，"系统学的任务在于从组成系统的单元的性能和相互作用中推导出整个系统的结构及功能"。经典系统论主要研究系统整体性问题，而现代系统论则更加关注整体和部分之间的关系，并通过这些关系来说明系统。可见，系统论的基本任务不仅仅在于分析、认识系统的特点和规律，更在于利用分析所得去控制、管理和改造系统。

系统论出现的意义十分重大，它使得人类的思维方式产生了深刻变化。以往人们的思维方式深受笛卡儿方法论的影响，习惯将复杂问题分解成一个个简单的小问题，再逐个进行解决。这固然行之有效，但缺陷也十分明显：它无法说明对象的整体性，无法准确反映对象之间的联系。在现代科学综合化的大趋势面前，系统理论无疑弥补了传统分析方法的不足，它体现了纵观全局的思想，为人类的系统思维开拓了新的道路。

基于系统论的观点，高等工程教育转型机制的设计需要考虑到工程教育的系统性和机制设计的系统性。首先，高等工程教育是一个系统，包含了教育理念、培养目标、培养模式、课程与内容、教学方式、管理制度等部分；高等工程教育的转型涉及系统内部各个部分的变革。基于系统论的思想，探讨部分是为了更好地解释系统，高等工程教育转型不仅要着眼于高等工程教育系统内关键要素的转型，更要关注因关键要素转型而带动的系统整体转型。其次，高等工程教育转型机制设计和模型构建需要系统理论的支撑。高等工程教育转型是多主体协同、多要素联动的转型，需要设计一系列机制才能最终实现转型。从纵向维度看，高等工程教育转型过程中包含着负责启动、组织和保障等不同责任分工的机制；从横向维度看，负责启动、组织和保障等不同责任分工的机制又包含着不同层次功能的子机制。这些子机制之间联系紧密、相互影响、相互作用，构成了高等工程教育转型机制群系统。因此，要设计出能够实现高等工程教育转型的机制群，同样需要运用系统理论。

第二节　高等工程教育转型机制设计的基本架构

高等工程教育转型是整体系统的转型，包含了宏观和微观层面。基于有所为有所不为的原则，聚焦研究高等工程教育微观层面的转型机制，主要围绕高等工程教育系统中关键要素的转型进行机制设计。

一、高等工程教育转型机制设计方案

运用机制设计理论工具，结合当前我国高等工程教育的实际，将从转型机制设计的对象、转型机制设计的目标、转型机制设计的主体及转型机制设计的流程四个方面来解读高等工程教育转型机制设计方案。

（一）高等工程教育转型机制设计的对象

高等工程教育转型的关键要素是其转型过程中的主要对象，也是转型机制设计的对象。分析转型的关键要素，有助于抓住转型重点，实现精准转型。正如第三章所阐述，影响高等工程教育转型发展的要素繁多，要从这些要素中选择出关键要素，需要进行分析和筛选。然而，高等工程教育转型是其系统内所有要素发生变革的过程，直接推动全部要素的转型，不仅牵涉繁多，而且工作庞杂，不利于操作。基于系统论的观点，系统内部的要素都是相互联结、相互影响的，那么必然存在关键要素和次要要素。抓住高等工程教育的关键要素进行改革，就能达到以点带面、以部分带动整体的效果。

问卷调查数据代表了被调查教师基于自身的实践经验、对高等工程教育转型的认知，以及对高等工程教育转型的关键要素做出的判断。对于调查问卷中的"高等工程教育转型的关键要素是什么（多选题）？"，由对 2075 名高校教师的有效问卷调查统计结果（表 6.1） 可知，教育理念、实践教学、师资队伍、教学模式和课程体系是高等工程教育面向"中国制造 2025"转型过程中的关键要素，评价体系次之。

表6.1　高等工程教育转型的关键要素调查表[①]

内容	教育理念	师资队伍	评价体系	课程体系	教学模式	实践教学	保障体系	缺失值	合计
样本量	1222	939	410	846	851	1011	37	10	5326
百分比	58.9%	45.3%	19.8%	40.8%	41.0%	48.7%	1.8%	0.5%	
归一百分比	22.94%	17.64%	7.71%	15.88%	15.98%	18.96%	0.70%	0.19%	100.00%
众数	教育理念								
N	2075								

从高等教育学的理论分析来看，这些要素在高等工程教育系统中占据着重要地位，它们的转型又可能产生示范和带动作用，对高等工程教育整体转型具有重要意义。

其一，工程教育理念转型是先导。"工程教育理念是工程教育主体对怎样发展工程教育或者如何办学的理性认识"（周进，2013），是指导工程教育实践的先导。它的转变对教育有着引导作用。纵观世界一流大学的演进方式，"或因古典大学教育理念革命而重获新生，或因现代大学理念创新而迅速崛起"（丁念金，2012），工程教育理念转变对工程教育转型的意义可见一斑。

其二，课程体系转型是核心。课程是人才培养的核心要素，是学生学习内容的系统化预设。课程直接关系学生的发展，能满足人求知的诉求，满足人的生存和发展，它体现出知识的整体性、系统性，是人才培养目标得以实现的关键支撑。

其三，教学模式转型是重点。育人是高等教育的目的和根本任务，课堂是人才培养的主渠道，教学是人才培养过程中的重要手段。教学模式是在一定的教育理念指导下的教学方式方法，是将课程内化为学生知识、技能的重要途径。没有合适的教学模式，课程内容将无法被受教育对象吸收并转化为教育目标设定的人才知识、能力和素质，人才培养的规格和目标将难以实现。

其四，师资队伍转型是关键。人是改造客观世界的主体，工科教师是工程教育改革过程中最为关键的要素。教师不仅是教学模式的实践者和教育理念的贯彻者，也是课程体系的设计者。教师把握课程意义的建构过程，决定课程能否彻底

---

① 说明：本章数据源自国家社会科学基金（教育学）项目"面向'中国制造 2025'的高等工程教育转型发展研究"（BIA160101）课题的问卷调查结果。下文如不加说明，数据来源均同此处。本书仅针对相关问题作数量统计，故不在此列出被调查者的基础信息统计结果及其他结果。

执行。课程体系、教学模式的转型势必需要师资队伍的转型。

其五，实践教学转型是根本。实践是工程教育的根本特性和重要环节，现实工程教育存在的重大问题之一是实践教学的缺失和错位。缺失是指工程教育更加重视实践，然而重理论、轻实践的困局没有根本解决，因为工程师要解决实际问题，产出显性的成果，不是理论上务务虚就可以实现的；错位是指现行的实践主要为知识原理性验证实验、生产现场观摩性实习、为数不多或学生参与度低的创新创业活动，而工程问题具有复杂性、系统性、实用性，需要工程人才具有综合应用理论知识和多学科技术解决真实问题的能力，离开实践或者实践缺失、错位，工程人才的"含金量"就不会高。所以，实践教学转型显得尤为重要。

其六，评价体系转型是保障。工程教育的发展和质量的提升，都离不开一套科学高效的评价制度（徐小洲和辛越优，2016）。教育评价是工程教育实施和专业认证的保障，也是学生学习成果和人才素质水平的监督系统，是检验教育目标是否达成的重要机制。"中国制造 2025"的背景下，高等工程教育的课程、教学等面临转型，教育评价随之转型也势在必行。

通过问卷调查和理论分析，高等工程教育转型的关键要素确定为教育理念、课程体系、师资队伍、教学模式、实践教学和评价体系这六个。因此，高等工程教育转型机制设计的对象相应也是以上六大要素。

（二）高等工程教育转型机制设计的目标

基于机制设计理论的观点，具备既定目标是机制设计的前提。高等工程教育面向"中国制造 2025"转型，首先需要对高等工程教育转型的预期目标进行定位。高等工程教育面向"中国制造 2025"转型的目标，应该基于"中国制造 2025"的特征和要求进行制定。

我国高等工程教育面向"中国制造 2025"转型的预期目标应具有以下特点。

第一，教育理念体现工程教育"四大观"——大发展观、大工程观、大教育观和大实践教学观。大发展观是以社会发展的宏大视野来看工程教育这个社会要素的，要求工程教育重视制造业的人才需求，适度地超前培养人才。大工程观是利用全局的眼光来审视工程，通过集成创新产生新成果，它着眼于培养工程人才宏大、复杂、多学科的工程视野和科学基础素养（李培根，2011）。大教育观不同于传统泛教育观，它着眼于培养不同层次类型的工程技术人才，使每个工科生都能得到最大最好的发展。大实践教学观是针对工程教育内部而言的，它的目标是促使整个工程教育中的人都重视实践教学，真正推动工程教育从论文导向转为成果导向，实现工程实践的回归。

第二，教育目的体现多规格人才标准。"中国制造 2025"强调，传统产业和新兴产业的发展应多采用集成创新、引进、消化、吸收、再创新的策略；核心产业的发展应多进行原始创新，着力进行重点技术突破。要满足各个产业的不同战略发展要求，需要有多种层次类型的工程人才作为支撑。针对当前高校定位趋同化、对不同层次工程人才的培养体系建设不够全面的问题，应当基于新时代背景，弄清社会对工程人才知识、能力、品质的要求。

中国工程院钱锋院士接受访谈时认为："将理论进行产品化、物化、现实化及落实，需要应用型人才、运行运营及维护维修的人才；推进一带一路和走出去，需要国际化人才。"

针对"'中国制造2025'背景下高等工程教育应该培养学生哪些能力（多选题）？"，课题组对教师的问卷调查结果显示：28.48%的教师认为要培养学生的创新能力，26.43%认为要培养技术能力，15.99%认为要培养知识能力，11.58%认为要培养社会能力，9.35%认为要培养学术能力，8.04%认为要培养管理能力（表6.2）。由此可见，创新能力是当前高等工程教育在人才培养中应该着重培养的能力，技术能力和知识能力的重要性紧随其后。

表6.2 高等工程教育应培养学生的能力类型

统计值	知识能力	学术能力	技术能力	创新能力	管理能力	社会能力	缺失值	合计
n	915	535	1513	1630	460	663	8	5724
百分比	44.1%	25.8%	72.9%	78.6%	22.2%	32.0%	0.4%	
归一百分比	15.99%	9.35%	26.43%	28.48%	8.04%	11.58%	0.14%	100.00%
众数	创新能力							
N	2075							

此外，基于行业预测，"中国制造2025"要求的工程技术人才须具备科学技术知识和工程专业技能、创新性思维和批判性思维能力、数字化技术和智能工具使用技能、工程伦理和人文素养及大工程观（徐飞，2016），对工程技术人才的工匠精神、创新能力、"绿色"意识、信息技术应用能力也提出了要求。

第三，课程体系实现科学、工程和人文的综合。美国密西根大学詹姆斯·杜德斯达教授在《变革世界的工程：工程实践、研究和教育的未来之路》报告中指出："我们今天多数大学正试图在一个19世纪的学校，用一套20世纪的课程，来培养21世纪的工程师。"课题访谈中有专家认为：当前的高等工程教育在课程设置上开始偏重实际应用，但轻视产业历史、发展状态、前沿远瞻等综合性课程的开设，缺乏对长远性的眼光和综合素质、能力的培养；课程体系和科研实践过于老化，脱离实际，不能应对全球产业革命带来的巨大变革对于人才培养的挑战和冲击。

"中国制造 2025"背景下的高等工程教育课程，是能够培养出社会所需的多层次、多结构素质工程技术人才，符合时代要求的新型课程体系。它在当前高等工程教育课程的基础上，需要进行课程结构和内容调整。

第四，教学模式推崇多种教学方法并举。面向"中国制造 2025"转型的高等工程教育是不同层次高校的同时转型，这些具备自身特色的高校，在教学模式上也应该体现多样性和个性化。例如，我国教学模式改革的先驱汕头大学在国内率先探索的 CDIO 教学方法可以进一步推广，并办出中国特色；国内一流高校可以尝试多种先进教学方法，如 DBE、PBL、OBE 等。具体的教学过程可以设计为：理论课程的教学可以选择探究式学习、研究性教学等模式，以提高学生的理论基础、创新能力、团队意识和人文情怀。实践课程的教学中，在低年级中可选用情景教学、现场教学、发现式学习等模式；在高年级中可按照培养需要选用 DBE、PBL、OBE 等模式。理论教学和实践教学，两者不是必然分裂的。本科工程教育从低年级到高年级阶段，都应该始终贯穿产学研结合教学，将产业情景、技术、管理、课题融于教学内容之中，在教师指导下开展研究式学习，理论学习的过程伴随着工程实践，而工程实践或者毕业设计也伴随着理论学习，两者穿插进行，螺旋前进，实现产学双赢的目的。

第五，师资队伍打造成"双师"型教师团队。韩愈的《师说》里说道："师者，所以传道授业解惑也。"教师不仅是教学活动的设计者和组织者，也是学生的指导者和引路人。要培养出具备"中国制造 2025"素质要求的工程人才，首先需要具备这些相应素质的教师。这就要求工科教师不仅要有广博的知识面、丰富的实践经历、卓越的工程教育教学能力和崇高的敬业精神及职业道德，还应在工程实践方面具备扎实的工程设计开发能力、超凡的工程技术创新能力、突出的工程科学研究能力（林健，2012）。但是，教师毕竟"术业有专攻"，要一名教师同时具备所有优秀素质并不容易。打造工程实践经历丰富的"双师"型教师团队，就是出于这样的考虑。"双师"型教师团队不仅能解决教师教学实践和工程实践结合的问题，也可以解决多学科结合的问题。

第六，教育评价体现国际标准与本土特色的融合。2016 年我国成为《华盛顿协议》的正式会员，这意味着我国高等工程教育不仅为本土培养工程人才，更应着眼于为世界培养工程人才。基于工程教育认证和转型后人才培养评价方面的考虑，转型后的工程教育要建立全方位的工科学生学习成果评价指标体系、人文素养评价指标体系、工程实践评价指标体系，以实现对工科生培养质量的监督和检测。不仅如此，人才培养评价体系应该运用多种评价方式对人才培养的各个阶段进行评价，包含学生入学前测、学习中测和毕业终测。在高考录取过程中，为保障进入工程教育的学生能拥有基本的工科素养，可采取考试测验和表现性评价结合的方式对学生的基本素养做出初步判断。近年，上海交通大学率先在工科试验班招生上进行录取改革，尝试采用基于统一高考、高中学业水平测试、综合素质测试的综合评价方式（姜泓冰，2014），对学生进行评价和录取。在接受工程教育过程中，运用层次分析法和表现性评价，对学生的理论学习和实践学习进行评价分析。此外，国际化的工程专业认证制度是实现我国工程教育国际互认和工程师资格国际互认的重要基础（宗河，2014）。转型发展后的工程教育需建立与转型目标相一致的人才培养评价指标体系、教师胜任力评价体系、教师发展评价指标体系和教学评价指标体系等。

基于上述分析，可将高等工程教育面向"中国制造2025"的转型预期目标建立为如图6.1所示的模型。

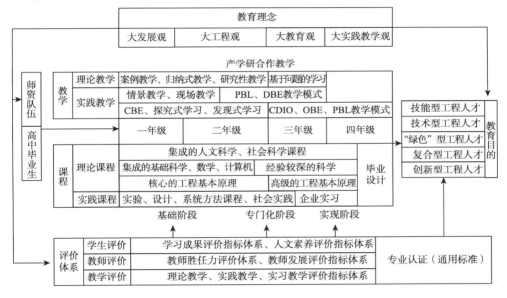

图6.1　高等工程教育转型预期目标

（三）高等工程教育转型机制设计的主体

明确高等工程教育转型的预期目标后，需要确定转型机制的设计主体。基于信息效率和激励相容理论，高校理所当然是高等工程教育转型机制设计的微观主体。

首先，高等工程教育的转型落脚到微观就是工科院校和工科学科专业的转型发展，设计相关的机制来推动高校的转型势必需要大量的高校内部信息，而掌握高校信息最多的莫过于高校本身。高校对自身的办学水平、困难问题、发展方向、服务定向等都有最深入、最充分的了解，高校如果作为机制设计的主体，就能避免高校信息流向其他主体，从而减少信息传递失真，提高信息效率。其次，面向"中国制造 2025"的高等工程教育转型，是各级各类高校在"中国制造 2025"背景下，根据产业需求和自我发展需要而进行的大规模同向发展运动。虽然都是转型，但各高校根据自身条件和定位，进行转型的程度、过程、方式和结果都不尽相同。因此，各高校所设计的转型机制应该是基于自身条件、独具特色的机制。如此一来，如果由政府或者其他代理人来担当机制设计者，必然需要进行更多层级的信息传递，而且还会增加信息维度，从而影响信息效率。

从激励相容的视角来看，我国经济体制从计划经济向市场经济转型后，高等教育管理重心下移，高校在办学过程中获得了更多的自主权。经济制度的转型使得高校从非利益主体转变为利益主体，利益成为高校办学、发展的诉求之一（黄启兵，2007）。为追求自身利益最大化而进行的高校升格——由学院更名为大学、由办本科教育扩展为本研教育，本身就是高校转型的最大动力，承认高校在机制设计过程中的主体地位也就是承认高校在转型过程中的主体地位，这势必会给高校带来最大的激励。而此时，若将政府作为转型机制设计主体，高等教育的管理模式无异于又回到了 20 世纪的计划经济时代，必将由此削减高校的积极性。若将企业作为高等工程教育转型机制设计的主体，则在削弱高校积极性的同时还会影响信息效率：毕竟企业作为人才的需求方，却不懂如何办教育和培养人才。如果由企业来设计转型机制必将需要大量的信息来做前期工作，并需要高校来配合，显然这样会带来信息低效，而且也不利于调动高校参与转型的积极性。

当然，在机制设计过程中，高校也势必需要其他主体提供信息，如政府的统筹协调等，而且在课程、教学和评价等方面还需要各主体的配合。因此，高等工程教育转型机制设计微观主体应该是高校，政府作为推动高等工程教育转型的主导力量在政策环境、保障等方面扮演着机制设计宏观主体的角色。

（四）高等工程教育转型机制设计的流程

基于机制的内涵和机制设计理论的基本观点，高等工程教育转型机制的设计方案包括三个核心部分和两个基本原则。三个核心部分为机制的要素、联系和功能。要素是机制设计的关键，弄清机制所包含的要素是构建机制的第一步。联系是要素之间联结的机理，厘清要素之间的联结方式，能够迅速了解机制的内部作用方式。功能是机制运行后所能达到的效果，机制的设计和运行最终会指向一定的目标。

两个基本原则分别是信息效率原则和激励相容原则。第一，信息效率是机制的首要标准。机制是一种模式化的行之有效的运行规则，这个"有效"不仅体现在"实现"上，更体现在"效率"上。只有极简的信息交换流程和极少的信息维度才能体现效率，才能将其固定下来并成为一种机制。第二，激励相容是实现机制的重要保障。任何运行规则都是由各个环节组合而成的，各环节都有自己的节点目标和总体目标，实现节点目标和总体目标的契合，规则运行才能达到最好的效果（图6.2）。

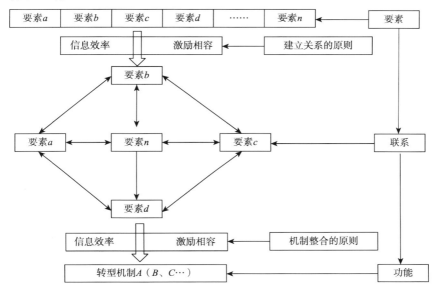

图6.2　高等工程教育转型机制设计流程

　　基于机制设计所需的三个核心部分和两个基本原则，参考机制设计理论原理，绘制高等工程教育转型机制设计流程，如图6.2所示。如图所示，要素 a、要素 b、要素 c、要素 d……要素 n 按照一定的规则联系在一起，并整合成能实现一定功能的转型机制 A。在这个转型机制的形成过程中，首先要理清机制中所包含的要素，其次是在要素与要素之间建立一定的关系，最后是关系与关系之间整合形成一套规定运行程序，也就是机制。此外，在建立关系和机制整合的过程中，需要把握信息效率和激励相容原则。

二、高等工程教育转型机制体系的构成

　　面向"中国制造2025"的高等工程教育转型机制，是"中国制造2025"战略背景下，我国高等工程教育为培养市场需求、企业需要和高校要求的未来工程人才，所制定的促使高等工程教育系统中教育理念、课程体系、教学模式、师资队伍、实践教学、教育评价等要素都发生全面而深刻变革的一套规则体系。它是高

等工程教育系统要素在发生变革的动态过程中,体现相互作用方式及其联结机理、确保完成转型目标的一系列机制的综合体系。设计面向"中国制造 2025"的高等工程教育转型机制,应该贯穿高等工程教育转型的全过程——转型启动、转型组织和转型保障。根据转型过程所划分的三个部分,可将面向"中国制造 2025"的高等工程教育转型机制划分为:动力机制、组织机制和保障机制。

(一)高等工程教育转型的动力机制

动力机制是推动高等工程教育转型发展、变革的内外部力量及其作用方式的综合体现。"动力"泛指推动事物运动和发展的力量。高等工程教育转型动力机制是"中国制造 2025"背景下促使高等工程教育发展变迁的各种驱动因素及其作用机理的综合,是高等工程教育转型机制中最核心的体系。

在"中国制造 2025"背景下,高等工程教育转型的动力究竟来自哪里?高校教师问卷的调查分析显示,在被调查的 2075 位教师样本中,28.20%的教师认为高等工程教育转型的动力源自"人才培养需求",24.56%的教师认为源自"高校自身的改革",21.47%的教师认为源自"政府推动",14.63%的教师认为源自"教育全球化影响",10.13%的教师认为源自"评估",0.83%的教师认为源自其他因素(表 6.3)。

表6.3　高等工程教育转型动力来源

统计值	人才培养需求	政府推动	高校自身的改革	教育全球化影响	评估	其他	缺失值	合计
n	1415	1077	1232	734	508	41	10	5017
百分比	68.2%	51.9%	59.4%	35.4%	24.5%	2.0%	0.5%	
归一百分比	28.20%	21.47%	24.56%	14.63%	10.13%	0.83%	0.21%	100.00%
众数	人才培养需求							
N	2075							

从表 6.3 的统计分析结果来看,高等工程教育转型的动力主要来自人才培养需求、高校自身的改革、政府推动和教育全球化影响。这些因素分别对高等工程教育转型产生内部、外部驱动作用;内部驱动表现为高校自身的改革,外部驱动表现为人才培养的市场需求、政府推动和教育全球化影响。

然而,从实际转型过程来看,转型过程中人的积极性同样是影响高等工程教育转型的动力。因此,基于对统计结果和实际情况的综合分析,影响高等工程教育转型的动力因素可归纳为高校的内部动力因素、外部动力因素和主体动力因素。三种动力因素对促使高等工程教育转型的作用机理不同,分别形成了内驱机制、外压机制和利益机制。下面将从因素、机理和功能三个维度来分别阐释其作用机制。

1. 内驱机制：驱动高等工程教育自发转型

内部动力因素对高等工程教育转型而言是一种由内而外的驱动过程，通过这种过程激发高等工程教育转型的能动性。内部动力因素驱动高等工程教育的作用过程形成了内驱机制。

1）内驱机制的动力因素

问题驱动是高等工程教育转型的内部核心动力因素。近年来我国高等工程教育在教育质量、教育教学和国际合作等方面取得了一些成绩，但仍存在一些问题需要解决：课程厚基础、轻实践、缺创新；培养目标重理论、轻技术；教师重学历、轻工程素质；"政产学研用"协同创新机制推进不足。这些工程教育的现实问题，导致培养的工程技术人才质量达不到制造业的要求，影响了高等工程教育的发展。基于这些现实问题而产生的自我完善的机能是高等工程教育不断变革的内部核心动力。

发展规律是高等工程教育转型的内部根本动力因素。新形态取代旧形态是事物发展的根本规律，我国高等工程教育自萌生、发展至今，同样遵循这一规律，即学科壁垒逐渐破除，向多学科交叉融合的新工科发展；狭窄的技术或技术上狭窄的观念向"大工程观"转变；工具理性向价值理性回归等。高等工程教育一直在向更加符合社会要求和更加完善的教育形态回归和发展，呈现出前进和上升的趋势。发展规律虽然不对工程教育的转型发展产生作用力，但它暗含高等工程教育变革的内在逻辑，以一种内在牵引的方式引导工程教育向更完善的形态转型。

2）内驱机制的机理及其功能

内驱机制是以问题驱动为核心动力、发展规律为内在逻辑，基于高等工程教育内部的现实问题，促使高等工程教育内部承担完善和发展的机能、启动转型操作的一套内部动力程序。例如，课程轻实践、培养目标轻创新、教师轻工程素质等现实问题，造成了当前培养的人才规格无法与"中国制造2025"需求匹配，这种落差迫使高等工程教育进行自我完善和改革，从而实现高等工程教育变迁。

内驱机制的实质是高等工程教育自我完善、自我发展的机能在面对教育的现存问题时产生内部驱动力量，进而促使高等工程教育转型。内驱机制对高等工程教育产生的作用力由内向外，终点指向高等工程教育未来形态，是一种高等工程教育发现自身问题并进行自我修复的内在驱动力。这种内在驱动力，是一种诱发因素源于高校自身，同时又作用于自身的内部变革力量，它激发高等工程教育自发转型。

2. 外压机制：推动高等工程教育调适转型

外部动力因素是外部对高等工程教育产生作用力的动力源，它对高等工程教育产生一种外部压力，倒逼高等工程教育向所需的方向调整和转型。

1）外压机制的动力因素

社会需求是推动工程教育转型发展必不可少的动力来源。制造业与高等工程教育是供需的两端，是不同体系间并行发展的依存体。"中国制造2025"背景下制造业的转型升级趋势，必然会推动高等工程教育做出战略性回应和相应调整；高等工程教育势必需要转型，这样才能为制造业提供高度适配性的人才和技术。因此，市场需求和产业转型升级对高等工程教育产生的外部压力倒逼高等工程教育转型。

政策导向作为高等工程教育改革的外部动力因素，同样迫使高等工程教育改革转型。首先，《华盛顿协议》的正式成员身份为我国高等工程教育带来了机遇和挑战，工程教育专业认证体系和认证标准需与国际接轨的要求引导着我国高等工程教育转型发展。其次，教育部、人力资源和社会保障部、工业和信息化部联合发布的《制造业人才发展规划指南》对工程技术人才的工匠精神、创新能力、"绿色"制造技术技能水平、信息技术应用能力做出了明确要求[①]，这些培养要求同样倒逼高等工程教育转型。

2）外压机制的机理及其功能

外压机制是以社会需求为主导、教育政策为引导，通过外部动力因素产生的要求迫使高等工程教育采取转型调整的应对策略，从而实现高等工程教育变革的一套外部动力程序。其实质是外部动力因素通过对高等工程教育要求的层层转嫁，将转型的外部压力转化为转型的内部动力，通过组织的末端变化来逼迫上端采取相应变化从而实现变革的动力机制。

外压机制通过外部动力因素对新型工程人才素质和新型工程教育系统产生要求，倒逼高等工程教育对自身教育系统、培养模式和教育质量等进行调整，从而实现高等工程教育转型。例如，社会转型是带动工程教育转型的重要因素（鲁洁和冯建军，2013），"中国制造2025"背景下制造行业的转型升级及新兴业态的发展将推动工业社会向信息化社会急速转型，势必会带动高等工程教育的转型。又如，工程人才是技术进步、产业发展的"智力助推器"，"中国制造2025"背景下制造业的转型升级，需要工程人才具备更好的人文素养、心理素质、自主获得知识的能力、工程实践能力、创新能力和国际视野等（张辉和王辅辅，2016），这些新型工程人才的素质要求同样倒逼工程教育转型。

高等工程教育转型是高等教育发展进程中一种整体性的质变，这种大规模变革需要一个契机、一种社会外在的拉力，外压机制就起到了这个作用。因此，外压机制的功能是其通过外部推动力倒逼工程教育内部进行变革，从而加速启动并推进高等工程教育转型的进程。

3. 利益机制：激励高等工程教育主体自愿转型

主体动力因素是转型主体的主观能动性在高等工程教育转型过程中产生作用的动力源，这种动力源作用于高等工程教育转型的过程形成了利益机制。

1）利益诱导机制的动力因素

利益诉求是高等工程教育转型主体的动力因素之一。基于机制设计理论的观点，机制设计的基本原则是实现激励相容。利益诉求决定了主体是否支持教育转型，主体对教育转型的支持与否则直接影响了转型的成败（王建华，2011）。利益是转型主体积极参与转型活动的根本动力和追求，关注主体的利益诉求，并将其整合于高等工程教育转型机制中，体现了动力机制的激励相容。

2）利益诱导机制的机理及其功能

利益诱导机制是相关主体基于利益的诉求，通过分析现实情况，为了获得特定的利益而产生自愿改革意愿，从而推动高等工程教育转型的一套主体动力程序；它是高等工程教育利益体系内部的各主体基于利益角逐产生相互作用，从而对高等工程教育转型进程产生促进作用的动力机制。

例如，工程人才是创造经济利益的核心人力资源，科研成果转化是其主体直接经济利益的来源。"中国制造 2025"背景下制造业的转型升级，导致工程人才素质与行业要求不匹配，致使工程人才输出的成果无法满足主体们对于利益的要求。高校为获取更大的高等工程教育产出价值、利益回报和社会声誉，会自发产生对高等工程教育变革的意愿。

利益诱导机制的功能在于，转型主体出于对利益的追求，渴望改变高等工程教育的形态，从而获得最大化的利益。这种利益诉求激发了主体推动高等工程教育面向"中国制造 2025"转型的积极性，进而加速高等工程教育的转型进程。

4. 动力机制的模型建构与机理分析

高等工程教育转型的过程，伴随着高等工程教育的系统完善、培养模式改革、教育质量提升、教育效益扩大等环节，内部动力因素、外部动力因素和主体动力因素通过作用力的传导或直接或间接地推动了这些环节，从而推动高等工程教育整体转型。高等工程教育转型动力机制运行模型如图 6.3 所示。

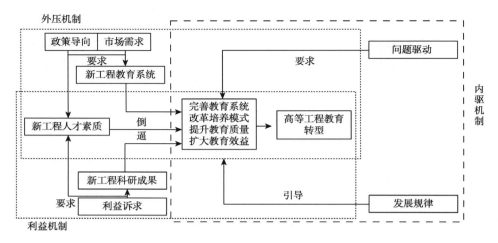

图 6.3　高等工程教育转型动力机制运行模型

　　内部动力因素、外部动力因素和主体动力因素对高等工程教育产生作用的过程分别形成了内驱机制、外压机制和利益机制，它们组成了高等工程教育转型动力机制，共同对高等工程教育转型产生推动作用。

　　外压机制和内驱机制对高等工程教育所产生的作用力是驱动高等工程教育转型的根本力量，利益机制产生的作用力更多地起到了催生主体变革意愿、提高转型效率的作用。内驱机制和外压机制的运行是导致主体利益诉求变化的原因，利益机制是整合外压机制和内驱机制的关键。三个机制的作用力虽然起点不同，但是作用方向一致；作用方式看似相互独立，实则密不可分、相互联系。利益机制作为高等工程教育转型动力机制的耦合点，起到了起承转合的作用，对高等工程教育转型过程中的动力的发挥起到了关键作用。

（二）高等工程教育转型的组织机制

　　动力机制的运行，确保了高等工程教育转型拥有足够的动力源；而组织机制的运行，则保障了转型过程中具体操作流程的良性运转。

　　组织机制是指在高等工程教育按照教育基本规律，朝着预期的转型目标改革的运行过程中，相关影响因素的结构、功能及其相互联系、相互作用的过程、方式和原理。高等工程教育转型组织机制，揭示了高等工程教育在面向"中国制造2025"的转型过程中，转型要素、转型主体等的相互联系、相互作用方式，以及这些方式之间相互结合的原理。组织机制中由于实现功能的不同，可划分为选择机制、集成机制和联动机制。组织机制同样包含三个核心部分，即要素、机理和功能。因为组织机制所涉及要素相同，在此做一并阐述。

　　组织机制的要素包含了主体和对象两个部分。组织机制的主体包括高校、政府、市场和社会组织。作为高等工程教育转型过程中的组织机制，不仅仅需要高校主导、政府指导、市场引导，还需要社会组织监督。高等工程教育的转型发展，不是封闭系统的"自说自话"过程，而是面向所有人的公开行为。社会组织的介入，不仅能够对高等工程教育的转型进展做出客观评价，还能对转型效果进行监督和反馈；针对转型不到位的地方，还能协助转型主体根据评价结果进行修正。

　　组织机制的对象主要是教育理念、课程体系、教学模式、师资队伍、实践教学和评价体系六大关键要素。这些关键要素的确定过程已经在前文做了详细分析，在此不做赘述。

　　1. 选择机制：确保高等工程教育有效转型

　　在动力机制的作用下，面向"中国制造 2025"的高等工程教育转型势在必行，但转型方式却并非唯一。比如，面对未来高等工程教育培养人才规格的多样性，培养目标是培养高精尖的创新型工程人才，还是培养具备管理执行能力的复合型人才；面对未来工程教育课程内容的跨学科性，课程体系是实现多种学科知识的细致筛选、重新耦合，还是直接进行工程、科学、人文学科的集成；等等，这些问题都对高等工程教育转型提出了挑战。

　　在这种情况下，要实现面向"中国制造 2025"的精准转型，高等工程教育就必须在教育理念、课程体系、教学模式、师资队伍、实践教学和评价体系等多元要素的备选项中进行抉择，选择与未来产业要求相匹配的内容。因此，设计和运行选择机制非常必要。

　　1）选择机制的机理

　　选择机制是选择主体在确定教育理念、课程体系、教学模式、评价体系等关键要素的目标形态后，采用内容分析、方法选择等，筛选出适合于"中国制造 2025"背景下的高等工程教育系统所需内容体系的一套操作程序。

　　为实现选择过程的简洁、高效，选择主体需要进行分工。高校作为机制的主要设计者，同时也担任着机制的主要实施者的角色。政府通过宏观把控，对高校的工作执行进行指导，市场通过人才需求对选择的内容进行引导，社会组织则更多地担任监督者的角色，从而形成了高校主导、政府指导、市场引导和社会组织监督的主体责任划分。

　　选择机制的具体操作环节包括内容分析、选择方法、选择测试、选择决策和效果分析。内容分析和选择方法环节同步进行，内容分析是对高等工程教育系统要素的内容进行分解和界定；选择方法是有针对性地根据目标内容制订筛选方案，方案的制订要考虑方法的可行性和创新性，同时要注意选择方案的理论基础和推广程度。选择测试是内容分析和选择方法之后的环节，它是对所需的内容进行初步的筛选，对选择方法进行测试，同时考察选择方法和内容分析是否合理、到位。选择决策是在选择测试的基础上，对高等工程教育转型形态的内容进行选择和固定，选择出适用的内容。效果分析是对选择机制做出效度分析和信度分析的环节，它主要讨论选择机制实现的效果和重测的一致性。选择机制运行模型如图6.4所示。

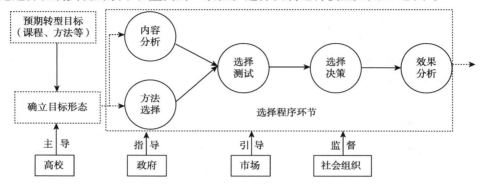

图 6.4　高等工程教育转型选择机制运行模型

2）选择机制的功能

选择机制的成功运行，为高等工程教育面向"中国制造2025"的转型开辟了一条简洁、适用且高效的道路。选择机制的运行主要是实现高等工程教育转型要素内容的选择。

教育理念、课程体系、教学模式、师资队伍、实践教学和教育评价等关键要素是高等工程教育转型需要重点关注的部分。每一个部分要实现转型，都需要进行内容选择，都需要选择机制的介入。以课程体系为例，未来的高等工程教育将实现工程范式的转型，课程内容要实现科学、工程和人文等多学科的融合。然而，科学、工程和人文涉及的面太广，工科专业课程的设计不可能包罗万象，那么就必须采取选择机制。选择机制的运行能突出重点内容、筛选精华内容、体现相关内容，从而实现对关键要素所需内容的重新选择和定位。

例如，"中国制造2025"背景下制造行业的转型升级，给新时期工程技术人才提出了新要求。面对市场的瞬息万变及对工程技术人才需求的纷杂百态，国家高端产业战略型人才、企业技术人才、工匠型工程师等，要如何把握未来市场对工程人才需求的大方向、制定与未来市场相匹配的人才培养目标，同样需要选择机制。

2. 集成机制：实现高等工程教育创新转型

关键要素的内容被筛选过后，需要对其进行整合和集成程序。集成的原意是实现多个部分之间的重构或重组，形成优势互补、相互契合、协调运行的目标体，以提高整体功能。面向"中国制造2025"的高等工程教育，是实现多学科交叉融合、多种教学模式改革融合的全新形态。针对选择机制筛选出的科学、工程和人文等学科的内容，如何对其进行整合，不让整体内容超教学大纲或者过载；针对繁杂的教学模式，如 CDIO 教学模式、全周期工程教育模式等，要如何去粗取精、实现优化等，都需要集成机制。

1）集成机制的机理

集成机制在涉及范围上，可以是微观集成、中观集成和宏观集成；在内容分类上，可以是技术集成和管理集成等。本章中集成机制主要是从集成范围、集成方式和集成类别三个维度，对相关内容进行整合集成。

以课程体系为例，面向"中国制造2025"的高等工程教育课程要实现多学科的融合，首先从宏观上要对科学、工程和人文等学科进行整合；进而在中观上对相关课程进行选择，采取交换集成、汇聚集成和协同集成的方式对课程模块进行集成；最后在微观层面进行以课程为单元的多学科知识、内容的集成，或者以项目为单元的多学科内容的整合。整个集成过程中，从主体操作到内容整合，依次体现着管理集成、信息集成、方法集成、技术集成、知识集成。经过集成进阶形成面向"中国制造2025"的高等工程教育课程体系，其特征是"非学科体系"逻辑，即项目或现实问题体系逻辑。

教学模式、评价模式、保障模式等转型关键要素，同样依照课程体系的操作进行集成，并最终达到教学体系、评价体系、保障体系等目标形态。工程教育的课程体系、教学体系、评价体系、保障体系等，进一步集成为面向"中国制造2025"的高等工程教育系统。整个集成机制运行模型如图 6.5 所示。

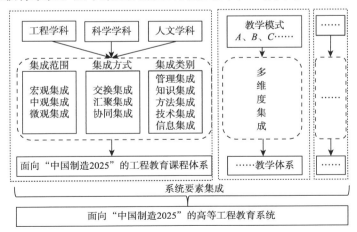

图 6.5　高等工程教育转型集成机制运行模型

2）集成机制的功能

集成机制通过多种集成手段，提升了各主体在高等工程教育转型过程中的参与度，实现了组织机制的激励相容。集成机制在实现转型要素集成的同时，体现了转型主体的管理集成和技术集成，这为产学研平台的建立和实现全周期工程教育模式铺平了道路。

国内传统的产学研合作教育多为物理层面上相互支持，并非化学层面上融合或化合。如果产学研平台推进不足，全周期工程教育模式也将无法完全实现。集成机制的运行，实现了技术层面的集成，促进了成果转化和应用反馈；实现了转型主体管理层面的集成，为构建产学研平台和全周期工程教育模式打下了基础。

3. 联动机制：促进高等工程教育高效转型

高等工程教育转型过程中，走什么样的路能实现转型目标？长期以来，我国高等工程教育都是基于工程教育政策的转型而进行改革发展，发展阶段和工程教育政策的转型阶段相吻合（李瑾和陈敏，2013）。也就是说，高等工程教育转型长期以来都是经历自上而下的政府推动式改革模式，政府在高等工程教育的转型过程中占据主导作用。

新时代背景下，高等工程教育面向"中国制造2025"的转型，高校是采取自下而上的自发行动推进工程教育深度变革，还是采取保守姿态接受政府自上而下的改革指令被动转型，这是工程教育转型的路径选择。对于此问题，问卷调查中2075名教师给出了自己的看法：27.3%的教师认为本次高等工程教育的转型应该接受自上而下的政府改革，11.3%的教师认为本次转型应该采取自下而上的学校自发行为进行改革，而60.8%的教师认为应该二者兼顾，见表6.4。

表6.4　高等工程教育转型最佳路径

统计值	自上而下的政府改革	自下而上的学校自发行为	二者兼顾	缺失值
n	566	235	1261	13
百分比	27.3%	11.3%	60.8%	0.6%
众数	二者兼顾			
N	2075			

从实践视角来看，表6.4的调查结果表明：半数以上的教师群体认为，本次高等工程教育的转型，既需要高校的积极主动，也需要政府的直接引导；高校和政府须共同发力，才能实现高等工程教育转型。

从理论视角来看，同样需要政府和高校主体之间联动以发挥联合主体作用。机制设计理论强调，设计机制的关键是实现信息效率。转型主体层面要实现信息效率，就需要主体实现联动。传统的高等教育体制下，政府主导高等工程教育资源的配置过程，导致市场化配置机制缺失，企业在高等工程教育资源配置过程中的作用力量较小，并未发挥足够的作用；市场在资源配置过程中的"失位"所产生的弊端显而易见。在本次高等工程教育转型过程中，一旦出现某个主体的"失位"行为，信息效率就无法得到保障。例如，市场在高等工程教育转型过程中的"失位"，将导致市场对人才质量要求的相关信息无法传递到高校或者传递程序增多，将直接影响信息效率。

因此，不论是实践视角还是理论视角，都需要设计政府、高校、市场和社会组织的联动机制。

1）联动机制的机理

联动机制是描绘转型主体和转型要素在转型过程中处于何种运动状态的程序，是主体之间通过联结方式实现互动，共同对高等工程教育关键要素施加转型操作的动态程序。

转型主体之间通过合作和沟通，形成转型操作共同体。比如，高校与高校之间形成工程教育联盟：理工科院校以聚合高校资源为目的，按照一定的架构和程序，资源共享，项目合作，形成校际合作教育共同体；高校和市场之间，通过人才联合培养、科研成果转化等进行深度校企合作，形成校企利益平台；等等。转型关键要素之间其实也存在着联系和相互作用，基于联动的思想，转型关键要素可以相互联结形成以教育理念为核心的转型要素群。因此，联动机制是转型主体群对转型要素群进行转型操作，实现要素群整体转型的过程。联动机制运行模型如图 6.6 所示。

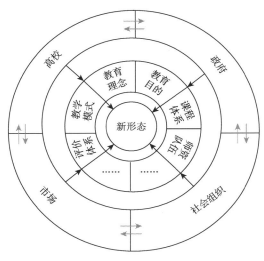

图 6.6 高等工程教育转型联动机制运行模型

2）联动机制的功能

联动机制的运行，不仅是规避政府自上而下改革或高校自下而上行动的单一主体改革方案的最佳途径，也是实现信息效率的内在要求。联动机制的功能，克服了自上而下或自下而上改革的弊端自不必说，它还为高等工程教育转型过程中整个组织机制实现信息效率和激励相容提供了重要保障。高等工程教育转型过程中的要素联动和主体联动，不仅在程序上实现了简化，在信息传递上也减少了维度，实现了信息效率。要素联动不仅降低了多重关键要素独自改革过程的不协调性，同时也降低了整体评价的难度；主体联动不仅实现了主体话语权的公平分配，更激发了主体的积极性，从而实现了激励相容。在进行要素联动和主体联动的同时，还伴随着其他转型程序的联动；选择机制、集成机制都会同时进行，大大提高了转型效率。

4. 组织机制的整体分析

高等工程教育面向"中国制造2025"转型的过程，是转型主体积极参与和方案执行的过程，也是工程教育系统关键要素产生变革的过程。实现主体的联动、核心知识与基础知识的甄别和筛选、多学科之间的集成、关键要素的整体转变，需要选择机制、联动机制和集成机制的综合作用，选择机制、联动机制和集成机制共同构成了高等工程教育面向"中国制造2025"转型的组织机制。

组织机制中的选择机制为转型主体确定转型目标，为关键要素筛选出重点内容，回答了高等工程教育系统中哪些需要转型的问题，是整个高等工程教育转型过程中的起始操作程序。

组织机制中的集成机制是高等工程教育转型过程中的重点操作程序，实现了主体对高等工程教育转型的综合管理，实现了高等工程教育跨学科的融合，实现了多种教学模式的整合，实现了"政用产学研"全周期的工程教育模式，是回答高等工程教育转型具体怎么做的实践程序。

组织机制中的联动机制为转型主体确定了合作方式，为关键要素之间确定了联结方式，为主体操作要素转型确定了操作联系，是解释主体与主体之间、要素与要素之间、主体与要素之间处于何种联结状态的程序。

（三）高等工程教育转型的保障机制

动力机制为高等工程教育面向"中国制造2025"转型提供动力基础，组织机制为转型提供具体运行程序，保障机制则为高等工程教育转型清除障碍。面向"中国制造2025"的高等工程教育转型是影响整个社会的重大转型，其困难不言而喻，没有政府层面的协助，转型过程中许多非技术难题和问题就很难得到解决。同时，高等工程教育的转型是工程教育的整体变革，涉及高等工程教育相关要素的转变，势必需要充足的物质条件做基础；此外，为了使高等工程教育的转型沿着正确的方向发展，能够培养出与预期目标一致的人才，需要对高等工程教育转型进行监督和评价。

1. 政策引导机制：营造高等工程教育转型环境

我国高等工程教育政策经历了价值转型、制度转型、系统转型三个阶段，这和高等工程教育的发展阶段基本吻合，政策的引导作用不言自明。面向"中国制造 2025"背景下的高等工程教育是技术范式、科学范式之后工程范式的回归，是强调经济、社会和环境保护的协调性，科学、工程和人文教育大融合，知识性内容和工程实践并重的大工程教育。要实现这样大规模的变革转型，高等工程教育需要不断调整、不断优化、不断完善的宏观政策引导（李瑾和陈敏，2013）。

1）政策引导机制的形成

政策引导机制是政府主导的，对工程教育政策进行制定、规范和改进的高等工程教育转型环境保障程序。政策引导机制是以政府为主导，以出台、改革或修订等为主要形式，对高等工程教育转型提供政策顶层设计，从而引导高等工程教育转型的一套程序。制定的工程教育政策不仅涉及人才培养目标、课程体系、师资队伍等要素方面，还重视转型主体之间的责任划分、联系合作，更突出针对主体的激励约束制度。

2）政策引导机制的机理

政策引导机制中的政策顶层设计涉及制度环境和政策导向两个方面。制度环境方面，政策引导机制主要就高等工程教育与社会外部环境具有哪些关系、新背景下高等工程教育应当何去何从、社会对高等工程教育面向"中国制造 2025"转型应提供什么样的条件等方面，提出政策性建议和意见。例如，社会应对高等工程教育转型"开绿灯"；政府应根据社会发展形势制订高等工程教育发展规划，对高等工程教育转型做出大方向指引；等等。

政策引导方面所制定的政策文本更加具体和可操作。比如，促进高校间形成工程教育联盟的相关激励政策；以产学研平台建设和信息沟通平台建设为契机，促进高校与市场间实现校企合作的相关激励政策；等等。不论是形成工程教育联盟的相关政策，还是构建产学研平台、沟通平台的相关政策，都是实现主体优势互动、资源最优配置的引导政策。这些针对转型主体的政策，不仅是进行责任划分和转型操作的具体程序，更是对主体进行政策激励的有效手段。

此外，针对高等工程教育层面的相关政策，还体现出更多的针对性和强制性。

例如，出台高等工程教育国际互认的相关保障政策，促进高等工程教育认证，不仅是基于"中国制造 2025"所做的政策保证，更是完全实现高等工程教育国际化的硬性要求。鉴于此，可将政策引导机制的运行以如图 6.7 所示的模型来表示。

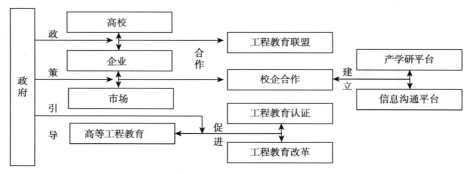

图 6.7　政策引导机制的运行模型

2. 经费筹措机制：夯实高等工程教育转型的物质基础

如前所述，市场在高等工程教育资源配置中的"失位"，导致我国高等工程教育并未完全形成有序的市场化资源配置机制；而政府在高等工程教育资源配置中长期处于主导地位，高校缺少资源配置的自主权，社会对高校的工程教育资源配置缺乏积极性，导致高等工程教育经费投入结构失衡。这些都影响了我国高等工程教育的健康发展。

近些年来，我国高等工程教育经费来源已经趋于多元化，在资源配置中已经更加趋于均衡。此时，面对新时代"中国制造 2025"的要求，高等工程教育更应顺势而为，进一步拓宽经费来源渠道，形成长效经费筹措机制。

1）经费筹措机制的形成

经费筹措机制是筹资主体探寻筹资形式及筹资来源等，完善经费筹措的运作方式。工科院校的筹资主体一般为学校资金管理中心，也就是财务处。由于高校经费需求不断扩大，经费的来源不断增多，学校资金管理中心的职能也在不断细化，设置基金会等筹资机构发展势头强劲。因此，经费筹措机制的主体，是以资金管理中心（财务处）为核心，筹资委员会、财务部和基金会等多责任主体协同的筹资团队。

2）经费筹措机制的机理

经费筹措机制是筹资主体根据实际情况选择筹资形式和筹资来源获取经费的一套有效环节，探讨经费筹措机制的机理需要具体分析筹资形式和筹资来源。

筹资形式是根据经费来源所进行的维度划分。根据未来多元化的经费来源，高等工程教育筹资形式可以划分为财政机制获得、市场机制获得和不确定性来源获得。财政机制获得的经费是以政府主导的财政拨款形式下发的，这种形式获得的经费数额固定、方式单一；市场机制获得的经费是高校以自由竞争者的身份进入市场，通过市场化的方式获得的经费；不确定来源获得的经费主要来自一些不稳定的渠道。

筹资来源是不同筹资形式下的具体经费来源渠道。财政机制获得经费的来源主要是财政拨款和民间资本；市场机制获得的经费来源则多种多样，有校企合作、国际合作、科技成果转化、创办科技产业等途径，国外高校盛行的股票上市、发行教育彩票、发行教育债券等筹措方式，未来也将会是我国高等工程教育筹资的参考方向；不确定性经费来源的渠道主要是社会捐赠和校友捐赠等。具体的经费筹措机制运行模型如图 6.8 所示。

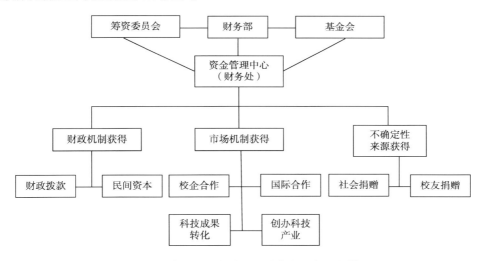

图 6.8　高等工程教育转型经费筹措机制运行模型

3. 评价反馈机制：监测高等工程教育转型效果

面向"中国制造 2025"的高等工程教育转型效果是否合乎预期是保障机制运行畅通的重要指标，评价反馈是考核高等工程教育转型效果的重要环节。

1）评价反馈机制的形成

面向"中国制造 2025"的高等工程教育转型的效果如何、转型是否到位、是否能培养出"中国制造 2025"所要求的工程技术人才，都依赖于评价反馈机制。

高等工程教育系统关键要素是否达到预期目标则是转型效果监测的重要关注点。以工科教师评价为例，"中国制造 2025"背景下工科教师的工程经历、实践能力、团队合作和成果输出等成了教师评价的关键指标，与之对应的需要形成以学生优秀程度、科技贡献度及产业实践程度等为多元指标的特色工科教师评价体系（李晓强，2008），以此来考察教师的个体绩效与团队绩效。

　　2）评价反馈机制的机理

评价反馈机制是以高校为施行主体、多主体共同评价，以转型效果为评价内容，反馈评价结果的运作方式。它是检查工程教育是否转型到位的判断依据，也是转型不到位、效果不佳之后改进工作的主要环节。

高等工程教育评价反馈机制由评价机制和反馈机制构成，二者相互联系。评价机制包含了传统的内容评价、方法评价等，也包含了针对过程和结果的程序评价和结果评价。评价机制以上述多种评价方式，对高等工程教育转型过程中的要素转型和转型运作效果进行评价，进而形成初步的转型整体性评价。

初步转型评价结果形成后，反馈机制开始运行。初步转型评价所形成的评价报告与预期目标之间形成差异报告，启动了反馈机制程序。反馈机制通过信息平台将差异报告反馈到转型主体中，从而促使转型主体对转型过程进行修正。

评价、反馈机制之间循环反复，通过不断的反馈、修正和持续改进，高等工程教育逐渐达到"中国制造 2025"所要求的目标形态。评价反馈机制运行模型如图 6.9 所示。

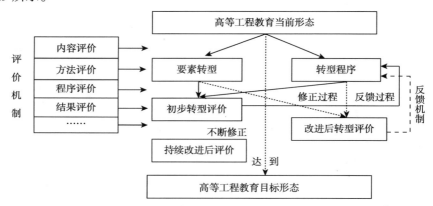

图 6.9　高等工程教育转型评价反馈机制运行模型

4. 保障机制的整体分析

保障机制的设计同样需遵循机制设计理论的信息效率和激励相容原则。首先，经费筹措机制是保障机制中实现激励相容的重要部分。一方面，经费筹措机制让高等工程教育在转型过程中获得充足的经费支持，从而实现转型发展；

另一方面，经费筹措机制通过资金支持激发诱导了高校的转型积极性，进而推进高等工程教育高效转型，经费分配自身也成为诱导机制的重要组成部分。经费筹措机制保障了高等工程教育的整体转型，也满足了转型主体的利益诉求，从而实现了保障机制的激励相容。其次，政策引导机制实现了保障机制设计中的信息效率。政策引导机制是以政府为主导的利用政策、制度等为高等工程教育转型环境扫清障碍的运作，这些障碍包括主体间的步调不一致、观念的转换不及时、主体的积极性不高等。政策引导机制是以宏观的文件指示对高等工程教育转型过程中系统要素和相关主体的转型操作进行规范，让所有要素和主体实现联动。前文在分析联动机制时提到，主体和要素的联动实现了信息传递中的维度减少和过程简化，从而保证了信息效率。政策引导机制在一定程度上是联动机制的直接保障机制，它确保要素和主体的联动。此外，评价反馈机制作为评估高等工程教育转型效果的程序，也实现了高等工程教育转型机制设计的考核评价。

高等工程教育转型机制是集动力机制、组织机制和保障机制于一体的整体运作方式，其中指向评估效果的评价反馈机制的运行，有助于确保高等工程教育转型机制群的整合和整体运行，进一步促进信息交换，从而实现信息效率。

第三节　高等工程教育转型机制设计的整体模型

高等工程教育面向"中国制造 2025"转型，涉及转型动力、转型组织和转型保障，其具体的运作方式形成了相应的机制。在上节分别阐述转型动力机制、组织机制、保障机制的基础上，本节建构高等工程教育转型机制的整体模型并对其内在逻辑进行分析。

一、转型机制的整体模型

高等工程教育在转型的各个阶段分别形成了动力机制、组织机制和保障机制，由于各自内部的作用形式、职能划分不同，三个机制又可以进行细化，从而形成高等工程教育三个层次的转型机制体系，具体构成如图 6.10 所示。

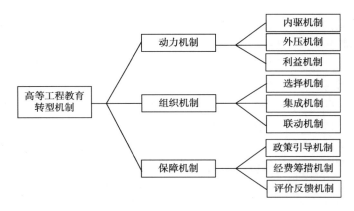

图 6.10　高等工程教育转型机制体系的整体构成

　　动力机制、组织机制和保障机制根据各自的作用形式和特点，具备一定的功能。动力机制是转型过程得以启动，推动高等工程教育转型、发展的内外部力量及其作用原理的功能系统。组织机制是转型过程中事物各部分具体运作的系统，是促使事物内部各部分重新组织、关系重新确立、作用重新定位，从而建立全新组织关系、系统结构和运行原理的机制群。保障机制为高等工程教育转型提供了条件保障和评价保障，是确保高等工程教育向着目标形态成功转型的系统。

　　根据各个机制之间的相互关系，可将面向"中国制造 2025"转型的高等工程教育比作一辆从起点开往目标地点的汽车。在高等工程教育面向"中国制造 2025"转型的过程中，动力机制、组织机制和保障机制"各司其职"，贯穿转型的全过程。根据动力机制、组织机制和保障机制三者的功能，分析高等工程教育转型机制的整体架构，如图 6.11 所示。

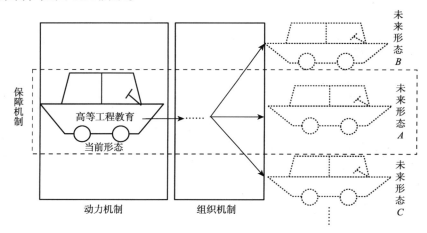

图 6.11　高等工程教育转型机制的整体架构

二、转型机制的内在逻辑

如前所述，面向"中国制造 2025"转型的高等工程教育，犹如一辆从起始地点开向目标地点的汽车，图 6.11 已经将动力机制、组织机制和保障机制三者在高等工程教育转型过程中的宏观功能进行了呈现；而高等工程教育转型机制群具体运行的内在逻辑，依然可以用汽车模型进行图示，如图 6.12 所示。

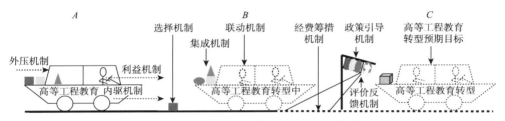

图 6.12　高等工程教育转型机制运行整体模型

高等工程教育面向"中国制造 2025"转型的过程就像汽车从起始地点位置 A 开往目标地点位置 C 的过程。这个过程中，汽车会经历多个环节、多个运作，这些运作即为一个个机制。

位置 A 是高等工程教育当前的形态。由于教育发展规律和问题驱动，高等工程教育受到来自内外部的两种改革力量向前推进，这个力量犹如引擎一般对高等工程教育产生源源不断的内部驱动力；"中国制造 2025"背景下的市场需求和政策导向，犹如一只"看不见的手"作用于高等工程教育，并对其产生了源源不断的推动力；目标形态的高等工程教育所能带来的预期收益激发了利益相关者的改革积极性，利益诉求导向下的转型主体激发了主观能动性，为高等工程教育转型带来了拉动力。驱动力、推动力和拉动力作用于高等工程教育并产生驱动效果的过程分别形成了内驱机制、外压机制和利益机制，并最后汇集成动力机制。动力机制的运行，促使高等工程教育从位置 A 向前移动，即启动了高等工程教育面向"中国制造 2025"转型的进程。

位置 B 是高等工程教育从位置 A（即当前形态）向位置 C（即目标形态）行进过程中所有中间形态的集合。高等工程教育要在从位置 A 向位置 C 移动的过程中正常运转，需要在位置 B 这个区间进行一系列组织过程。载有不同内容、不同要素高等院校的工程教育，要根据当前形态与目标形态之间的差距进行自组织活动，对高等工程教育系统进行筛选旧内容、汇入新内容、整合所有内容等层面的操作。同时，对高等工程教育利益相关者进行责权划分、管理集成等主体层面的规制。根据整体转型操作的具体功能和预期效果，形成以选择机制、集成机制和联动机制为单元的组织机制。组织机制的运行，可以确保高等工程教育在从位置 A 启动后，经过位置 B 并达到位置 C 这段过程中所有操作流程的良性运转。

位置 C 是高等工程教育面向"中国制造 2025"转型后的目标形态。动力机制启动高等工程教育转型，组织机制确保转型过程中一系列操作的正常运转；但这些不足以保障高等工程教育能够顺利地到达位置 C，即实现目标形态。要实现高等工程教育精准、高效地转型，顺利到达位置 C，需要特定的条件和方向指引。充足的经费支撑是高等工程教育转型过程中联结位置 A 与位置 C 的"路基"，相关政策的指示和引导是高等工程教育向位置 C 行进过程中的"指示灯"，而评价反馈程序则是监测高等工程教育是否精确移动到位置 C、达成位置 C 处新的形态的重要环节。这三者分别形成经费筹措机制、政策引导机制和评价反馈机制，进而整合成保障机制。保障机制的运行，可以确保高等工程教育精准、高效地移动到位置 C，从而实现高等工程教育面向"中国制造 2025"的有效转型。

第四节　高等工程教育转型机制运行的现实障碍

高等工程教育转型机制的有效运行是高等工程教育面向"中国制造 2025"成功转型的关键。但高等工程教育转型机制的有效运行需要一定的条件，如果基本条件不具备，高等工程教育转型就会受到阻力。

高等工程教育转型过程会受到哪些阻力？教师问卷调查的结果显示：22.49%的教师认为"与产业、企业合作较少"会对高等工程教育的改革产生阻力，18.39%的教师认为"工程教育理念落后"会产生阻力，17.40%的教师认为"经费不足"会产生阻力，16.14%的教师认为"教师没有改革的积极性"会产生阻力（表 6.5）。

表6.5　高等工程教育转型过程的阻力

统计值	工程教育理念落后	学校不重视	经费不足	与产业、企业合作较少	师资力量不强	教师没有改革的积极性	其他	缺失值	合计
n	877	704	830	1073	468	770	39	9	4770
百分比	42.3%	33.9%	40.0%	51.7%	22.6%	37.1%	1.9%	0.4%	
归一百分比	18.39%	14.76%	17.40%	22.49%	9.81%	16.14%	0.82%	0.19%	100.00%
众数	与产业、企业合作较少								
N	2075								

由表 6.5 可知，校企合作不足被认为是高等工程教育改革过程中最大的阻力。工程教育理念落后和学校不重视都属于观念上的问题，与产业、企业合作较少属于校企合作联动不足，教师没有改革的积极性属于主体主观动力不足和教师激励不足，经费不足属于物质基础不到位。

基于调查结果统计分析和机制设计相关理论，本章认为，面向"中国制造2025"的高等工程教育转型机制的运行存在转型条件不充分、转型动力不充足和转型组织不完善等三个方面的主要障碍。

一、高等工程教育转型条件不充分

高等工程教育转型是根本性的教育改革与创新，涉及面广泛，资源需求多。转型不仅要改变教育主体的观念，还要根据未来高等工程教育形态建立相关实体单位和实践平台，更需要相关教育政策来为高等工程教育转型提供制度支撑和保障。如果这三个基本条件不到位，将直接影响高等工程教育转型机制的运行。

（一）政策支持不够导致转型机制缺乏政策保障

政策支持滞后和不足是当前我国高等教育转型的主要障碍之一。我国针对高等工程教育的相关法律十分有限，最早仅有一部《职业教育法》。近年来我国相继出台了一些相关政策、规章，但与高等工程教育直接相关的法律条文却并未进行修订。过时的工程教育法律文件已经不能适应"中国制造2025"背景下我国高等工程教育转型发展的需要，更难对其产生约束力。不仅如此，我国关于高等工程教育资源配置、资源整合的相关立法也存在诸多问题。

正如刘经南院士在访谈时所指出的，德国大学工程教育非常强调实践，学校一般规定学生必须深入企业实习三个月，得到有效实习证明后才可获得学位。德国有法律规定企业必须接受学生，接受学生可以免税，政府对企业有激励政策，而中国的鼓励政策比较缺乏。

此外，《中国制造2025》是国务院发布的关于促进制造业转型升级的文件，并不是指导高等工程教育转型的专门文件。虽然新时代背景激发了部分高校自发转型，但重重挑战也随之而来，如我国高校层次类型多，高校的自发转型很容易产生"群龙无首"或者只说不做的空谈等问题。

教育政策不仅是确立政府主导地位的关键，更是推动教育改革和转型的重要工具（涂端午和魏巍，2014）。政府政策的支持，对高等工程教育转型启动和转型过程无疑能起到"无形的手"和"定海神针"的作用。一旦关于高等工程教育的相关立法、相关政策不能到位，失去了"无形的手"和"定海神针"的政策保障，高等工程教育转型机制的设计和运行将大打折扣。

（二）观念未能转变导致转型机制设计出现偏差

观念是人们对事物形成的主观看法和理性认识，是改革创新的关键起点。观念转变了，主体就有了工程教育转型的积极性和主动性，就不会产生抵抗情绪。如果能得到高校领导者、教师等相关主体的认同和支持，工程教育转型就有成功的可能。

当前的高等工程教育，教育主体依旧停留在科学教育、实用主义教育的传统观念上，或许近几年的"回归工程"运动使得这些观念有了转变，但并没有彻底改变主体的这些思想。传统的高等工程教育重技术、轻人文，工程人才的人文素养、工程伦理培养在很大程度上被忽视。不仅如此，传统工程教育见物不见人的观念，背离了教育"以人为本"的初衷。事实上，我国高等工程教育一直都在模仿国外高等工程教育模式。中华人民共和国成立初期，我们学习苏联模式；改革开放以来，我们又向美国模式靠拢。这种只见他人、不见自己的依附观念，一定程度上影响了我国高等工程教育自身特色的发展。

如果传统观念没有根本性转变，"中国制造 2025"背景下的高等工程教育转型机制设计将会受到严重阻碍。首先，如果观念转变不到位，当前工程教育中人才培养目标定位、培养模式、课程体系、教学方法、评价体系等的改革方向和预期就会产生偏差，对现实高等工程教育各个层面、各个环节存在的问题认识不足，必将导致预期转型目标的设计不合理，也会影响转型机制的科学设计。其次，观念是对事物的看法，教育主体对于未来高等工程教育的看法奠定了其未来的教育理念。一旦观念转变受阻，符合价值观的教育理念就无法形成，高等工程教育转型运作就得不到实质性践行。

（三）经费投入不足导致转型机制无法正常运行

高等工程教育面向"中国制造 2025"转型，需要大量的经费资源作为转型的基本条件。我国高等工程教育长期以来，主要从国家的财政拨款和学杂费用中获得教育经费，这些经费在当前的高等工程教育中已经显得捉襟见肘，而面对高等工程教育转型的经费投入需要，这些经费就更显不足。21 世纪，我国高等教育进入普及化阶段，国家办大教育的经费只能维持现存标准，不能随着社会物价指数的升高而增加，相较于我国高等工程教育的扩张速度和提质要求而言，经费不足的桎梏依然存在。

面向"中国制造 2025"的高等工程教育转型，是在当前形势下高等工程教育系统的全面变革，每一个要素的转型都需要经费的支持。以课程体系的转型为例，"中国制造 2025"对工程技术人才素质提出了新要求，未来工程师素质的培养主要依靠理论课程和实践课程，或科学课程、技术课程、人文课程及经管类课程。"中国制造 2025"特别强调当前工程人才所欠缺的智能技术、创新意识、"绿色"观念和工匠精神，要培养适应未来"中国制造 2025"时代产业需要的新型工程人才，势必要重组高等工程教育课程体系，融入更多新时代背景所要求的知识和技术。所涉及的课程设计、重组、开发、实验和评价等环节，将耗费巨大的人力物力，对经费也将产生更大需求。课程体系转型已是如此，高等工程教育系统转型势必需要更多的经费支持。

经费投入是高等工程教育转型机制运行的重要条件，一旦经费投入不足，转型机制运行的各个环节都将受到不同程度的影响，也将影响转型主体的积极性和自信心，从而造成高等工程教育转型机制的低效率甚至无法正常运行。

二、高等工程教育转型动力不充足

动力是高等工程教育转型启动和持续运行的必备条件。高等工程教育转型动力源于内部、外部和利益主体三个方面，任何一个部分的动力欠缺，都会影响高等工程教育转型的整体动力。

（一）校企合作不深入导致转型外部推动力不足

高等工程教育面向"中国制造 2025"转型，一方面是高校面向新经济、新业态的主动转型，另一方面是高校适应市场对工程人才新要求的被动转型。高校与市场供给关系和合作关系并存，供给关系体现在高校为市场提供工程技术人才，合作关系体现在高校与市场进行校企合作，高校与市场供求关系的实现依赖于合作关系。我国高等工程教育正面临着全球经济环境变化、制造业"两化"融合和转型升级对人才培养结构及人才培养体系提出的挑战，市场需要新型工程人才，只有通过深入合作才能让高校知道市场对新工程人才的具体要求。因此，校企合作是实现高校工程教育与用人单位对人才需求无缝对接的关键。

然而，当前高校在校企合作中还存在着较多的问题：高校没有思企业之所需，解企业之所急，坚守"象牙塔"，企业与高校合作积极性不高，流于形式，浮于表面，无法达到联合培养工程技术人才的最初目的。

由此可见，企业眼中的工程人才培养还需要加强校企合作，让高校人才培养真正地考虑企业需求、体现企业思维。反过来说，目前的校企合作还未进入实质性阶段，大多停留在形式和口号上，无法真正合作培养出企业所需要的人才。自"中国制造2025"规划出台以来，有关"中国制造2025"的研究众多，但关于"中国制造2025"对工程人才提出的实质要求的相关研究，大多点到即止，或笼统概括之。究其原因，则是学者关于市场对于工程人才需求的分析始终无法代表企业的真正需求。

市场的人才需求是高等工程教育转型外压机制的关键因素，而校企合作则是为高校提供人才需求相关信息最直接的路径。如果市场对工程人才的需求无法量化成确切的标准体系，就会导致高等工程教育人才培养目标无法精确制定；市场需求对高等工程教育转型的推动力得不到完全释放，对推动高等工程教育转型就显得力有不逮。

（二）问题定位不明确导致转型内部驱动力不足

工程教育问题实质上是工程教育实践活动中的矛盾冲突，深刻认识工程教育中存在的矛盾并不容易。我国高等工程教育规模虽然已经跃升为世界第一，但"大而不强"的问题依然存在。许多学者研究认为，其原因主要是师资素质不强、课程体系设计不合理、教学过于重理论轻实践等。然而，这些学者认为的问题与高校一线教师的答案不完全吻合。

课题组问卷中设计的高校教师样本问项"工程人才能力培养中的制约因素有哪些（多选题）？"的问卷调查结果显示：实践教学设备与条件跟不上、缺乏具有工程实践经验的教师队伍、企业行业合作育人难以实现是制约工程人才能力培养的三个主要因素，占全部样本的比例分别为13.72%、12.78%、12.07%（表6.6）。

表6.6　高等工程人才能力培养的主要制约因素

因素	n	百分比	归一百分比	众数	N
对学生的需求关注不够	450	21.7%	7.98%	实践教学设备与条件跟不上	2075
学生理论课程学习压力大	585	28.2%	10.38%		
人才培养目标不清晰	564	27.2%	10.01%		
实践教学环节设计不合理	579	27.9%	10.27%		
实践教学设备与条件跟不上	773	37.3%	13.72%		
企业行业合作育人难以实现	680	32.8%	12.07%		
与行业企业人才需求不一致	340	16.4%	6.03%		
课程体系陈旧，与产业发展不匹配	397	19.1%	7.04%		
缺乏具有工程实践经验的教师队伍	720	34.7%	12.78%		
缺少有效的能力导向的学习成果评价机制	540	26.0%	9.58%		
缺失值	7	0.3%	0.12%		
合计	5635		100.00%		

由表 6.6 可知，仅工程人才能力培养这一环节就存在着三个主要制约因素。工程人才培养只是高等工程教育中的一个重要部分，高等工程教育系统中其他要素还存在着或多或少的制约因素。与此同时，在"中国制造 2025"背景下，传统高等工程教育中的课程设置重基础、轻实践，培养目标重理论、轻技术，教师重学历、轻工程素质，工程人才工程伦理和人文素养不高、团队合作意识不强、工程实践能力不足等问题是否依然存在，是否越加严重等，以及这些问题哪些是最主要的矛盾，哪些可以作为转型的突破点和抓手，都还需要进行重新定位和认真研究。

工程教育问题的挖掘，是促进工程教育转型内驱机制发生作用的基本条件。工程教育内部存在的问题催生主体改革意愿，是工程教育转型的内部动力。完全准确地指出工程教育存在的问题并非易事，一旦这些问题挖掘不够深入、定位不够明确，就会给改革带来操作层面的障碍，导致内驱机制运行异常，从而使得工程教育转型的内部驱动力不足。

（三）利益激励不到位导致转型主体积极性不足

利益主体不仅是高等工程教育转型机制的设计者，也是高等工程教育转型过程的实施者。利益诱导机制是转型主体的主观意愿在高等工程教育转型过程中产生拉动力的一套运作程序。转型主体在高等工程教育转型过程中有举足轻重的作用，一旦转型主体利益激励不到位，主体的积极性就会受挫，转型拉动力就会不足，工程教育转型就会启动不力或者缺乏持续性。

转型主体利益激励不到位体现在两个方面，一个是高校、市场和社会组织层面的主体激励不到位，另一个是教师层面的教师激励不到位。按照机制设计理论，机制的设计过程其实是设计主体之间相互博弈的过程。高校、政府和企业等作为机制设计者和工程教育转型的主要利益相关者，在机制设计过程中势必会将自身的利益放在首位。高校为了保障自己的培养质量，会尽量设置一个自己能够得着的预期目标，但是企业和政府则不然，为了获得最大化的经济利益和市场竞争力，对于人才的预期目标肯定会相对更高。如此博弈之下，一旦三者之间的人才目标无法达成一致，无法达到贝叶斯纳什均衡，就会产生激励不相容的问题。利益相关者之间产生的激励不相容问题将直接影响工程教育转型的拉动力。教师层面的激励不足，同样会对高等工程教育的转型产生影响。如表 6.5 中的数据分析结果，认为"教师没有改革的积极性"是转型主要阻力的教师样本占 16.14%。尽管该因素在阻力因素调查的所有结果中仅排在第四位，但这并不能说明转型主体在改革中的积极性不重要。如果工程教育主体能够支持工程教育转型，转型成功的可能性就会更高，工程教育主体积极性对高等工程教育转型的作用可见一斑。教师是高校主体中的重要组成部分，教师积极性不高，随之造成的同样是高等工程教育转型的动力不足。

三、高等工程教育转型组织不完善

高等工程教育转型过程不仅涉及集成联动，也涉及选择甄别，更需要评价反馈。一旦这些方面做得不恰当、不完善，就很容易造成转型不彻底，最后对高等工程教育转型机制的运行形成障碍。

（一）转型要素不易联动集成导致转型不够协同

高等工程教育转型是教育理念、课程体系、教学模式、师资队伍、实践教学、评价体系等众多要素的协同转型和整体转型，而不是各要素简单的独立转型。在转型过程中，要素之间有效集成和协调联动，才能实现整体转型的最大效用。以高等工程教育人才培养模式为例，课程体系、教学方法、师资水平、质量评价等要素构成了高等工程教育人才培养模式，其中每个要素的转型都与其他要素相关联，需要其他要素的协同、配合。面向"中国制造2025"的高等工程教育转型，需要更加重视工程教育的实践性，需要对理论课程和实践课程的比例进行调整；而课程的调整相应地就需要进行教学模式变革，如实践课程采用能够将实践融入教学的教学模式，如PBL、DBE等；教学模式的调整，又需要组建拥有实践经历和工程素质的教师队伍；教师的培养和职业发展，又需要匹配的教学安排和评价制度做保障。如此反复，转型要素之间的联动关系可见一斑。

不仅如此，课程体系的转型还需要考虑集成创新问题。"中国制造2025"重视"两化"融合，对工程人才的计算机能力、信息能力等提出了更高更新的要求，高等工程教育的课程体系就需要进行相应调整。然而大学本科学程毕竟只有四年，课程的安排不可能无限多。面临众多新知识的融入，原有课程在做减法的同时，还要与新增课程之间进行集成整合。

上述这些过程都需要精细地组织，才能完成有效的集成联动。高等工程教育系统各个要素之间需要相互联结和配合，一旦某个要素受阻，高等工程教育整体转型就会受到负面影响。然而高等工程教育系统的复杂性，也注定所有要素的集成联动不是一件易事。如果无法实现多学科知识体系之间的集成，工程人才知识面拓展就成为空想；如果不实现众要素转型之间的联动集成，高等工程教育转型就会缺乏系统性甚至转型始终在路上。

（二）评价体系不完善导致转型不够彻底

当前高等工程教育没有独立的评价体系，与高等教育公共评价体系完全相同，与未来"中国制造 2025"背景下高等工程教育的特性不吻合，也不适宜。

华东理工大学校长曲景平教授在接受访谈时认为："我国工程教育的评价体系没有建成。过去社会、政府对工科高校的评价与其他类型高校一样，都重视 SCI 论文的数量和影响因子，不重视工程技术创新与应用。如今高校怎么评价教师承担工程化的项目，激励教师与企业结合，解决现实生产、技术革新中的问题？这既是一个政策导向问题，也是一个体制上的问题，亟待解决。"

工程教育评价体系不配套、不完善的问题主要体现在两个方面：第一，高等工程教育转型评价系统本身并不完善。设计评价系统需要基于既定目标，但工程教育转型既定目标本身具有前瞻性、预测性和不确定性，为工程教育评价系统的设计带来了困难。因此，虽然高等工程教育转型目标是基于理论和现实的分析研究制定而成的，但毕竟是人为设计，难免有不确定的地方，工程教育评价系统是基于目标的衍生物，存在不完善也就不足为奇。但如此一来，本身就可能不完备的工程教育评价系统，在实际转型评价过程中，就会产生"对不上号"或"有所缺漏"的现象，转型的成效就可能得不到准确评价，导致转型评价的真实性存疑。第二，面向"中国制造 2025"的高等工程教育转型是各层次各类别高校的集体转型活动，不同高校根据自身优势而进行不同程度、不同方向的转型，必然会产生多元化的评价需求。高等工程教育面向"中国制造 2025"转型的效果如何，必须要评价系统发挥作用，但要设计一套能够囊括所有标准的评价系统绝非易事。因此，使用统一的工程教育评价体系来评价不同层次、不同类型高校转型的效果是不现实的。

第五节　我国高等工程教育转型发展的三维分析

面向"中国制造 2025"的高等工程教育转型机制的有效运行，需要政府、社会和高校各司其职，提供支持和保障。

一、政府维路径：转型政策及其经费支持

（一）出台政策制度规制转型

高等工程教育面向"中国制造 2025"转型，需要政府进行相关政策引导和支持，以促成我国高等工程教育成功转型。政府可以通过财政拨款为高等工程教育转型提供支持，但在支持的同时又不能过度干涉。政府出台的政策制度可以从两个层面进行设计。

第一，政府建立高等工程教育转型效果监督制度。"中国制造 2025"中所提到的五大行业①和十大领域是未来的重点发展领域，新型工程人才自然也会受到市场青睐，以工程教育转型为名义的财政拨款成了高校"觊觎"的对象，工科高校必然趋之若鹜、纷纷开始转型发展。政府出台转型监督制度，无疑是给了高校一剂"醒神汤"。监督制度作为一种准入门槛，以杜绝高校的蜂拥行为；在转型过程中，监督制度又能发挥评估转型效果的作用，保障高等工程教育转型落到实处。

第二，政府出台指导不同高校转型标准的引导政策。面向"中国制造 2025"的高等工程教育转型，是我国不同层次类型高校的整体运作。虽然运动方向一致，但是标准和要求却不尽相同。高校层次类型不同，办学定位不同，使命也就不同，不同类型工程人才就交由不同高校进行培养。但是，我国本科高校的发展目标定位盲目攀高，趋同化现象明显，高等工程教育面向"中国制造 2025"的转型也依然会存在这样的风险。政府可以将已经投入实践的、效果比较好的行政法规、部门规章、政策及成功经验等上升为法律（苏建福，2015），以指导和约束不同高校合理定位、恰当转型、科学发展，极大程度地避免定位攀高的不良现象，确保不同层次类型高校实现多元化、特色化转型。

（二）多方筹措经费保障转型

目前我国高等工程教育经费来源包括国家财政拨款、学杂费用、学校创收、企业资助、个人捐款等渠道。虽然渠道来源已经比较广泛，但是财政拨款和学杂费用占据着相当大的比例，高等工程教育转型所需的经费依然不足。为满足高等工程教育面向"中国制造 2025"转型的经费需要，可以借鉴他国经验，通过以下两个方式来改善我国高等工程教育经费筹措问题。

---

① 中国制造 2025 重点关注的五大行业是指新一代信息技术产业、高档数控机床和机器人、航空航天装备、海洋工程装备及高技术船舶、先进轨道交通装备。

首先，国家财政拨款采用多参数拨付方式。长期以来，我国对高等教育进行的财政拨款多采用"定额+专项"的拨款模式，形式上不仅表现为重投入轻效益，实质上也透露出计划经济的味道。在我国经济模式早已转为社会主义市场经济的今天，"定额+专项"的拨款模式就显得过于死板没有活力。在市场经济的背景下，国家财政拨款的方式可以适当地调整，在实现拨款扶持的同时也能刺激高校的积极性。英国"周期+项目"拨款或许是我国可以尝试的方案，即将财政拨款分为两个部分，一部分通过公式计算，对高校教学和科研活动进行周期性拨款；另一部分以工程项目招标的形式刺激高校开展工程创新项目以获取经费。虽然近年来我国已经开始尝试利用项目制刺激高校积极性，但是英国的"项目招标制"更体现出市场经济的味道，市场竞争也会最大限度地刺激高校的发展和进步。

其次，基于国情开拓多重经费筹措渠道。虽然我国高校已经开拓了学校创收、企业资助、个人捐款等相关渠道，但这些渠道所筹集到的经费只占很小的比例。这些渠道筹集的经费少，一方面是由于环境背景的限制，另一方面更应该是筹措机制的问题。反观印度的高等教育经费情况不难发现，印度的高等院校在大众化进程中，经费筹措机制成效明显。印度过去的高等教育也是依赖于国家的财政拨款，但是，在20世纪以来的高等教育跨越式发展进程中，其高等教育的经费筹集并未出现危机，这得益于其构建的多元化经费来源机制。其中最值得我国关注和借鉴的两个来源是：学校自筹经费和国际援助。与我国高校自筹经费方式不同，印度高等院校通过远程教育、出版和信息咨询、成果转让等方式获得经费，甚至向社会提供研究设施以收取费用，充分发挥了高校办学的自主性。更值得借鉴的是国际援助，印度政府很早就与联合国教育、科学及文化组织建立了合作关系，通过发展高等教育国际合作来获得国际援助（郭宏，2017），从实际情况来看，此举措十分成功。我国应该考虑国情，充分发挥高校自主性，创新高校经费自筹机制，同时，也应该加强高等教育的国际合作，开拓教育经费来源的国际渠道。

二、社会维路径：多维平台助推转型发展

高等工程教育转型的条件和运行的准备为转型机制运行提供了物质基础，高等工程教育转型机制运行的平台为转型运作提供了现实载体。高等工程教育转型机制运行的平台包含转型主体沟通交流全平台、新型科研成果转化大平台和工程教育实践多平台。

（一）开发转型主体沟通交流全平台

"中国制造 2025"是国家战略，理论上应该能够激发高校及相关主体的改革积极性，但事实并非如此。对于高等工程教育面临的转型，相关主体会存在一定的心理阻抗，或者重复性的转型改革行动可能使学校、教师消极怠工。之所以产生这样的心理阻抗，是因为主体间的信息不完全、不对称。开发"政产学研用"转型主体沟通交流平台，体现了利益驱动、问题导向和社会需求，是政府、高校、企业、用户等主体之间实现对接与耦合的合作工程，是集成转型动力因素、形成转型动力合力、实现机制设计过程中信息完全交换的载体。首先，它形成了教育、科研、生产、应用的完整利益链；其次，外部需求信息能够通过该平台直观、准确地反馈给利益主体，明确高等工程教育转型方向；再次，多主体联动是解决因主体缺乏沟通而导致的转型障碍的重要举措；最后，外部需求和内部问题等信息是主体进行转型预期的依据，信息精准传递能够消除心理阻抗，进而激发主体积极性。此外，"政产学研用"沟通交流平台融入了"用户"群体，弥补了传统"产学研"平台中用户需求反馈不足的缺陷。

信息沟通交流平台实际上是评价反馈系统的实体化，它让信息反馈过程更加可视化和具有可操作性。高等工程教育转型是多主体协同、多要素联动的复杂过程，信息沟通交流平台的建设为主体、要素间的信息传递提供了便利。信息沟通交流平台的建设可采用现代信息化手段，如应用程序（application，APP）、微信、视频会议系统平台等。信息沟通交流平台是一种能够实现信息群发、自动回复、用户分析、远程会议等功能的信息推送系统（陈敏毓，2016），它可以作为工程教育主体间信息交换的主要渠道，转型条件、转型进程、转型效果等相关信息都可以通过信息沟通交流平台来推送。这种信息推送方式，不仅能提升主体间的信息交换效率，也能实现信息信度的群体监督。

（二）构建新型科研成果转化大平台

西安交通大学卢秉恒院士在接受访谈时说道：应聚合力量组织科研大平台，将研究成果真正应用到工程实践中。中国西部科技创新港是西安交通大学"双一流"建设的重要依托平台，为学科建设发展提供了非常好的物质条件。在创新港的学科建设布局中，我认为要充分考虑国家战略、学科发展、技术转化、企业需求等要素，充分发挥各要素的积极作用，只有这样才能争取更多的大项目，与企业强强联合，将科研成果快速转移到实际应用中。以装备制造为例，过去由于空间、经费等条件限制，我们装备制造的实验室分布在曲江、阎良、渭南等不同的地方，因为太过分散，各个实验室不仅没能形成聚合之力，甚至连自身的作用也没有得到充分的发挥，让资源白白浪费。

正如卢秉恒院士所说，校企合作应该以构建新型科研成果转化大平台为重点，着力通过平台建设推进国家战略、促进学科发展、实现技术转化、满足企业需求。校企合作不够深入是目前高等工程教育中存在的比较突出的问题。构建新型科研成果转化大平台的意义，在于使市场和高校深入合作，促进高校、市场和政府间的联动，从而实现高等工程教育高效转型。新型科研成果转化大平台有两点优势：一是新型科研成果转化大平台克服了空间、经费等传统条件的制约，采取宏观平台架构，以信息互通为桥梁建构起规模宏大的科研成果转化平台。它的亮点在于，能够构建科研成果资源数据库，实现跨地区、跨领域、跨实验室的融合，让高校与市场聚合起来，形成良性合作。二是新型科研成果转化大平台整合信息规范机制、信息收集机制和信息共享机制，以此保障平台的正常运行和及时更新。在运行过程中，平台还与政府紧密联系，借助政府的力量，建立完善的市场体系、制定相应的有利政策。

（三）打造工程教育实践多平台

工科教师是工程教育的重要组成部分，工科教师积极参与转型改革对高等工程教育转型机制运行有重要意义。对于问项"如何提升高校教师参与工程教育转型改革积极性（多选题）？"，问卷调查结果见表6.7。

表6.7　调动教师参与工程教育转型改革积极性的举措

因素	n	百分比	归一百分比	众数	N
改变以科研为导向的教师评价体系	1311	63.2%	24.52%	为教师提供多方面的工程实践机会	2075
为教师提供多方面的工程实践机会	1318	63.5%	24.65%		
提升教师的教学报酬	929	44.8%	17.38%		
增加教师教学研究活动的经费支持	897	43.2%	16.78%		
组织各种形式的教学能力培训	577	27.8%	10.79%		
提供教师为工程教育改革献计献策的机会	304	14.7%	5.69%		
缺失值	10	0.5%	0.19%		
合计	5346		100.00%		

由表6.7可知，"为教师提供多方面的工程实践机会"被认为是最重要的提升高校教师参与工程教育转型改革积极性的举措，占24.65%。高等工程教育中教师的工程实践经历不足，在很大程度上让工程教育沦为科学教育。被调查的教师普遍认识到了这个问题，从而对提升工科教师的工程实践机会提出了期待。据此，

打造工科教师工程实践多平台成了高等工程教育转型改革中的重要一环。

工科教师工程实践多平台的"多"，体现在工科教师层次多和工程实践类型多。首先，根据不同工科教师工程素质提升的需要，建立长期、定点、多类型的校外工程实践基地。已经具备长期教学经验的教师，更多地需要多频次、短时间的工程实践来不断更新自己；而青年教师工程实践能力的培养，则更多地需要相对稳定的实践基地供其实践锻炼，来去自由，教学与实践两不误，通过一段固定时间的工程实践，促使青年教师积累工程经验和提高专业化水平。其次，根据工程教育教学不同的需要，构建多元化的实践平台。例如，教师开展项目化教学和指导学生做工程型毕业设计需要校内外工程实践基地支撑，或者进入校企联合实验室进行实践；学生专业认知实习和创新创业活动可以利用工程现场的生产或研发平台，了解真实的工程情景。

三、高校维路径：转型调查、计划与评价

高等工程教育面向"中国制造2025"转型，需要遵循一定的范式制订高等工程教育转型方案，并依据此方案推进高等工程教育转型机制有效运行。制定转型方案可以从高等工程教育需求调查、高等工程教育转型计划和高等工程教育评价体系三个维度进行。

（一）开展前瞻的高等工程教育需求调查

高校根据自身的办学定位、服务面向和办学特色，进行服务行业企业未来发展调查，调查内容集中在当前及未来企事业单位对高等工程教育人才培养的要求上，从而反向设计工程人才培养目标、课程体系、教学模式和师资队伍素质。"中国制造2025"对高校工程技术人才提出的新要求，也是对高等工程教育系统内人才培养目标、课程体系、教学模式和师资队伍等要素的新标准，即工程教育转型应该达到的目标点。要达到"中国制造2025"对工程人才的应然要求，必须清楚高等工程教育的现实情况，即工程教育转型的起点。

首先，应该对高等工程教育人才培养目标进行调查。人才培养目标是凸显高等工程教育的基本质量标准，未来社会需要什么层次和规格的人才就要设置相适应的人才培养目标，了解高等工程教育人才培养目标有利于找准高校工程教育的定位。其次，应该调查当前课程体系的设置，即弄清楚当前课程体系具体的内容构成和比例，对课程支撑人才知识、能力和品质的贡献度进行量化分析，是否能够支撑工程人才培养目标的达成？以此对每门课程的价值做出客观评价和精准定

位，为高等工程教育转型过程中的内容选择提供依据。再次，应该对我国高等工程教育的教学模式进行考察分析，对当前高校采用的教学模式与高等工程教育的要求进行匹配度调查，获取教学模式在高校中的应用情况，有助于把握我国高等工程教育现状。最后，应该对我国高等工程教育教师情况进行调查。长久以来，众人都在说工科教师工程素质、实践经历不足，但真正进行工科教师现状调查分析的却并不多。我国工科教师素质究竟处于什么状态、学科背景是否多元化、工程实践能力是否过硬，这些问题都需要进行调查研究。

制订翔实的高等工程教育现状与未来发展调查方案，不仅能够明确未来工程教育发展的走向和要求，还能准确地发现高等工程教育现在的问题，通过问题驱动产生转型内驱力，同时，也为高等工程教育转型方案的制订提供坚实基础。高等工程教育面向"中国制造 2025"转型是不同层次高校的整体性和差异化转型，所以调查的范围涉及整个高等工程教育，评价的视角也不局限于政府或者高校，而是综合了政府、高校和企业的多元视角。

（二）制订科学的高等工程教育转型计划

"中国制造 2025"时代是第四次工业革命浪潮的新时代，是所有人未曾经历过的时代。面对未知的时代发展前景，高等工程教育面向"中国制造 2025"的转型存在着前瞻性和不确定性，因此，高等工程教育转型也不可能一蹴而就。正视高等工程教育转型的不确定性，进行合理的预判，制订科学的转型计划才是理性的选择。

高等工程教育转型计划制订得越详细越科学，高等工程教育转型机制运行的障碍就会越少。转型计划的内容应该包括转型主体、转型要素、转型预期等方面。转型最重要的主体是高校，包含了不同层次类型的高校群体；转型要素是理念、课程、教学、师资等关键要素，实际上是以理念、课程、教学、师资等要素所集成的高等工程教育系统；转型预期是高等工程教育系统的未来形态，也是以高等工程教育关键要素集成的、适应"中国制造 2025"要求的未来应然状态。

高校应当在分析转型要素、转型预期等的基础上，形成不同层次类型的个性化转型计划。也就是说，高等工程教育转型计划是包含不同层次类型高校转型计划的个体方案。举例来说，工科优势院校的工科基础扎实，可以利用其优势学科建设新工科学科群，与"中国制造 2025"强调的重点领域对接，为这些领域直接输送高端工程人才；综合性高校多学科发展均衡，优势明显，可以通过学科交叉融合建立新工科专业，为"中国制造 2025"背景下的新兴产业输送新型工程人才；地方高校偏向于学科应用，可以基于现实基础和未来规划打造自身特色，为基础制造业输送高素质技术型工程人才；等等。

（三）打造新型的高等工程教育评价体系

武汉大学原校长刘经南院士认为：《华盛顿协议》强调培养的工程师全球等效，重视培养过程达到国际标准。中国高等工程教育加入《华盛顿协议》，以及德国工业 4.0、"中国制造 2025"、美国工业互联网时代带来了发展机遇和新的挑战。新工科首先要满足《华盛顿协议》专业认证的基本要求，即对学生要达到的能力和素质详细罗列，每项能力与素质要对应课程、教学方法。《华盛顿协议》的专业认证应贯穿到中国整个工程人才培养模式的改革中。

"中国制造 2025"背景下的高等工程教育，须"基于'中国制造 2025'和《华盛顿协议》，制定适应时代发展需要和具有与《华盛顿协议》实质等效的人才培养标准"（张安富和刘超，2017），同时打造与《华盛顿协议》契合的新型评价体系。高等工程教育评价体系的"新"，主要体现在两个方面。

第一，面向不同层次类型工科高校的多元化新评价体系。高等工程教育转型计划是不同层次类型高校个性化计划的集合，那么，对应的高等工程教育评价体系也应该是多元化评价体系的综合。新评价体系的多元化体现在：不同层次类型（如技能型、技术型、复合型、创新型、"绿色"型等）人才的评价标准不同，评价体系也应不同。各高校基于自身定位，针对本校人才培养层次制定相应评价指标，采用恰当的评价方式，形成个性化评价体系。

第二，"中国制造 2025"背景下高等工程教育新专业认证体系。新形态的高等工程教育是传统工程教育实现转型后的形态，教育目的、课程、教学等都会发生根本性变革，评价体系也随之改变。综合"中国制造 2025"战略和《华盛顿协议》的要求，与时俱进，修订高等工程教育专业认证体系，引导和评价未来工程专业学生素质能力标准和相应课程体系、毕业要求，既与国际工程教育专业认证接轨，又能适应新型工程人才培养质量的科学评价；同时，转变传统以学科研究为导向的教师评价体系，将工程实践、成果输出作为考量教师的重要指标，从而形成"中国制造 2025"背景下的高等工程教育新专业认证体系和新教师评价体系。

第七章 高等工程教育转型的实践路径

任何教育教学的新模式，无论它是多么有效，都不会自动取代旧的模式。因此，应当在改革实践中探索实现工程教育转型的可行路径。课题问卷调查中，60.8%的工科教师认为工程教育转型的路径应当将自上而下的政策引导与自下而上的学校自发行为相结合。不能仅依赖于"自上而下"的行政模式，也不能完全寄望于"自下而上"的自发模式。因此，"自上而下"与"自下而上"的协同互动是高等工程教育转型发展的最佳路径。政府应当对高等工程教育的转型发展进行引导，包括顶层设计和经费支持等。高校应当自觉进行工程教育转型发展的实践探索，包括转型模式与实现策略等。教育部 2010 年启动的卓越工程师教育培养计划全面落实党的十七大关于走中国特色新型工业化道路、建设创新型国家、建设人力资源强国等战略部署，开启了我国 21 世纪工程教育改革的先河；2016 年，我国正式加入《华盛顿协议》，旨在引导高校按照美国工程技术鉴定委员会的认证标准，培养符合国际通用标准的工程人才；2017年，教育部推进新工科建设，先后形成了"复旦共识""天大行动""北京指南"，并发布了《教育部高等教育司关于开展新工科研究与实践的通知》《教育部办公厅关于推荐新工科研究与实践项目的通知》，全力探索工程教育的中国模式、中国经验，助力"中国制造 2025"战略的实施。国家这些重要政策的出台，为高等工程教育的转型发展提供了政策依据。

工程教育转型发展是一项复杂的系统工程，具体应该从哪些方面着手？本章将从工程教育教学理念、工程大类专业建设、工程人才培养模式、工程专业课程体系、工程课堂教学模式、工程教育教学方法、工科教师工程能力、工程大学生学习等八个微观层面，探究工程教育转型的实践路径。

第一节　工程教育教学理念转型：确立多元新观念

观念是行为的先导，推进高等工程教育转型，应确立面向"中国制造 2025"的大工程教育观、面向未来工程师要求的复合型人才观、面向解决复杂工程问题的综合课程观、面向学生学习效果的体验教学观。

一、面向"中国制造 2025"的大工程教育观

从适应"中国制造 2025"的高等工程教育发展的新理念整体来讲，传统的工科专业综合性不够，专业培养定位比较狭窄，学生学习了一门专业技术，不会解决复杂的工程技术问题，如果采用跨学科或跨院校的方式设置新型工科专业，或者由一所学校的不同学院或由多所学校组成一个联盟，以柔性方式合办专业，学生可以自由跨学院或跨学校选择课程，以此提升学生解决复杂实际问题的综合能力，打造未来的高科技综合型人才。在专业的设置上除了要多元性、跨学科性，还要注意学生创新能力的提升，以及国际视野的培养。在这个全球化的时代，国家之间的合作越来越多、越来越密切，许多工程问题需要来自世界各地的人才共同解决，我国目前国际型人才的缺口还很大，远不足以满足国家未来发展对人才的需要。工程是一项融综合性、实践性、效用性和人文性为一体的活动，不同于科学，也不同于技术，有自身的独特性。工程观是对工程教育活动的观点和看法，是实施工程教育的基础。工程观有四个发展阶段：强调专业技术知识传输的"技术模式"阶段，在技术知识基础上发展的"专业科学教育"阶段，推崇物理、数学和自然科学等学习的"工程科学"阶段，强调工程实践的"工程模式"阶段（关志强等，2009）。1993 年，麻省理工学院院长查尔斯·维斯特提出"大工程观"。1996 年，国家教委工程教育赴美考察团考察后，国内开始对"大工程观"进行深入的讨论。很多高校将"大工程观"融入工程教育实践中，培养符合新时代工程界和社会产业所需要的综合型工程人才。

关于大工程观的内涵，很多学者看法不同。关志强等（2009）认为，大工

程观是基于"科学、技术和工程"的三元论，强调集和谐、综合、实践和素养于一体，"综合"是大工程观教育理念方法论的核心所在。王雪峰和曹荣（2006）认为，大工程观除了强调工程专业观念之外，还包括责任意识、价值观念和工程审美这些潜在的思想素质。谢笑珍（2008）认为，新时代下工程观念应该凸显实践性、综合性和创新性，大工程观是对传统工程观念的自我反思与重构。大工程观是对传统"技术工程"和"科学工程"的融合再创造，不是单纯强调技术和科学理论，而是注重通过夯实的专业技术、厚实的科学理论、宽泛的多学科知识、丰富的人文社会情怀、现代管理能力和智能化信息手段等多途径来解决工程实际问题。

　　"大工程观"中的"大"，不是指工程规模上的大小，而是指支持工程活动顺利开展的科学基础知识的系统性和全面性，具体体现为通过多学科的交叉与融合来增强工程理论和观念的深度和厚度（李培根，2011）。"实践性、系统性、经济性、人文性和创新性"是大工程观的核心理念，满足新时代工程需求和培养大工程人才是其主要目标。只有不断更新教育理念，树立大工程观，工程教育转型和课程改革才能朝着正确的方向前进。

二、面向未来工程师要求的复合型人才观

　　"中国制造2025"背景下，培养符合未来发展要求的工程师，应该确立与复杂大工程相适应复合型人才观。大工程人才既需要具备"大工程性"特征，又需要具备"现代性"特征，复合型人才观可以从三个维度进行分析：大工程科学知识（包括数理知识、专业知识、经管知识、环保知识、人工智能知识、人文知识等）、工程综合能力（包括理解能力、判断能力、运用能力、创造能力、交际能力、语言能力等）和工程意识（包括质量意识、安全意识、成本意识、环保意识、伦理意识、国际意识）。三个维度中，大工程科学知识居于关键地位，工程综合能力是工程人才的基本素质，工程意识是工程人才的重要素养，三者有机结合共同构成复合型工程人才整体要求。

　　首先，大工程科学知识强调的是学科知识门类的多元性和深刻性，体现了工程专业知识在深度和广度上的追求，同时也表现出对多学科知识重构和优化的需求。不仅仅局限于本工程专业，更加注重交叉学科和融合知识。其次，综合能力是复合型工程人才的基本特征，西方教育机构对未来工程师的能力和素质也提出了明确的要求（表7.1）。

表7.1　对未来工程师能力和素质的要求

美国国家工程院	代尔夫特理工大学	世界经济组织	美国工程与技术鉴定委员会专业认证标准	新工科建设
优秀的分析能力；实践能力；创造能力；沟通能力；商业和管理能力领导力；高的道德水准和专业素养；活力、敏捷、适应、终身学习	工程严谨性；批判性思维和非标准化解决问题；跨学科和系统思维；想象力、创造力、主动性、沟通与合作；全球性思维模式；多样性与流动性；有抱负地学习文化；学生参与和专业学习共同体；就业与终身学习	能力（认知能力、身体能力）；基本技能（内容技能、过程技能）；复合技能（社会技能、系统技能、解决复杂问题、资源管理技能、技术技能）	运用数学、科学和工程知识的能力；设计和开展数据处理的能力；根据实际需求设计的能力；识别、阐述和解决工程问题的能力；理解专业责任和道德责任；有效沟通的能力；能够了解工程方案对社会产生的影响；开展终身学习的能力；理解当代热点议题；使用技术技能和现代工程工具的能力	家国情怀；创新创业；跨学科交叉融合；批判性思维；全球视野；自主终身学习；沟通与协商；工程领导能力；环境和可持续发展；数字化能力

　　复合型工程人才的能力可归纳为三类：一是应用科学理论知识解析实际问题的能力，即对数学、自然科学的实际运用能力，具体是指收集分析数据、设计实施实验和建设模型等的能力。二是应用工程学知识解决实际问题的能力，即设计工程方案、制造工程部件和创造工程实物的能力，在具体工程活动中运用专业工程知识、工程技术和现代工程工具的能力。三是应用人文知识解决非技术问题的能力，即人际交往能力、组织管理能力和终身学习能力等。

　　最后，工程意识是复合型工程人才的基本要求。美国工程与技术鉴定委员会专业认证标准中明确要求"工程师在履行其职业责任时应当将公众的安全、健康与福祉放在首位"。"中国制造2025"背景下需要的是创新性复合型工程人才，这种人才与复合型工程观具有异曲同工之处。

三、面向解决复杂工程问题的综合课程观

　　在我国走新型工业化道路、实施"卓越工程师教育培养计划"和建设"新工科"的进程中，课程改革应该在"大工程观"和"大工程人才观"教育理念下服务国家经济社会发展和满足工程实践需求，构建适应大工程实践的综合课程体系。综合课程观就是从传统狭窄的"技术范式"和理论逻辑"科学范式"转向整体性、系统性和实践性的"工程范式"。这种综合课程观具有如下特点。

　　（1）改革性。强调综合课程观，不是对我国工程教育课程过去成绩和优良传统的彻底否定，而是根据全球化和新时代下工程实践的新特点而做出的改革，不仅强调工程实际操作技能和工程科学理论，更加注重两者的融合。这种改革性体现在课程目标、课程结构、课程内容、课程方法和课程评价等各方面，是一种彻

底的、革新性的课程观。

（2）实践性。强调综合课程观，旨在以实践为核心，将实践贯穿课程始终，开展多种实践课程活动，健全校企合作育人机制。在课程中，工程教育中的"理论"和"实践"不是分离对立的关系，不是从"理论"到"实践"再到"理论"的过程，而是从"实践"到"理论"再到"实践"的过程，双方在摆动过程中实现动态平衡，做到真正的"知行合一"（谢笑珍，2014）。

（3）综合性。强调综合课程观，突出综合性、整体性、系统性、伦理性和创新性，通过多学科交叉融合来培养工程人才。课程目标不是局限于培养某工程专业的工科人才，而是培养具有大专业知识、综合能力和工程伦理素养的综合性工程人才。

四、面向学生学习效果的体验教学观

教学观是教师对教学内涵、模式、方法和评价等要素的认知、理解和看法，是教师对教学本质、教学过程的根本观点，指导着教师的教学活动。传统的教学观是一种适应性教学观，教师在教学中占绝对性地位，以课堂、教师和教材为中心，学生扮演着一种被动的接受者的角色，目的是培养"适应"社会现实需要的"千人一面"的"知识型人才"（张新平和冯晓敏，2015）。在新时代"中国制造2025"工程背景下，传统的"适应性"教学观已经不适合现代工程教学的需要，应该转向"体验"教学观。体验教学观重视学生在创造性活动中亲自体验生活和学习，促进知识、能力和个性等各方面的协调发展，激发学生在课程教学中充分发挥主观能动性，注重学生创新精神和创新能力的培养。这种体验教学观的特点如下。

（1）以建构主义为理论基础。建构主义理论衍生于认知心理学，核心理念是运用自身的知识图式对外界环境进行重新建构。将此理论运用到教育学中，强调学生是教学过程中的主体，教学的过程就是学生自我建构的过程，凸显学生自我建构的主动性和主体性。教师在教学过程中充当着促进者、咨询者、服务者的角色。学生在教学过程中是基于自我图式对所学知识进行建构，使所学成为自身的一部分，从而促使自己获得发展。教学师生关系由等级式的分离关系到互动性的平等关系，改变了教师的主导型角色，突出学生在教学中的主体地位，注重在互联网时代和大数据下的师生互动沟通，教学从封闭式的独白讲授转向开放式的合作对话。

（2）教学整体过程观念的转变。教学评价观：从"科学主义"到"人本主义"，坚持定量评价和定性评价相结合，强调对学生未来发展综合能力的考核。教学目标观：从"知识本位"到"学生本位"，强调学生的个性发展和全面发展相融合，使学生通过课堂教学成为真正拥有觉醒意识的人。教学活动观：从"教师讲授"到"学生体验""学生探究"，教师对教学资料进行选择、加工和改造，同时为学生提供良好的情境和启发，使师生良性互动共同成长。强调学生创新能力和创新精神的培养，由简单的传输知识转向知识的研究探索，在基础能力满足的情况下，更加重视创新和探究能力的开发。

第二节　工程大类专业建设转型：大力构建新工科

新型工程人才是推动制造业制造能力质变的原动力，是实现智能制造的核心要素。面对新工业革命对工程人才素质提出的全新要求，传统工科的培养显得力不从心，于是政府出台了支持高校创办战略性"新工科"专业的一系列举措。在新工科建设的进程中，面对"中国制造 2025"新背景，应该处理好几个基本关系，理清新工科专业建设的新思路。

一、新工科专业建设的政策安排

2017 年《统筹推进世界一流大学和一流学科建设实施办法（暂行）》强调，"加强建设关系国家安全和重大利益的学科，鼓励新兴学科、交叉学科，布局一批国家急需、支撑产业转型升级和区域发展的学科"。2018 年教育部、财政部、国家发展和改革委员会发布《关于高等学校加快"双一流"建设的指导意见》，指出"需求是推动建设的原动力。加强对各类需求的针对性研究、科学性预测和系统性把握"，从而"完善以社会需求和学术贡献为导向的学科专业动态调整机制"。2018 年 10 月教育部发布的《关于加快建设高水平本科教育　全面提高人才培养能力的意见》进一步指出，要"深化高校本科专业供给侧结构性改革，建立健全专业动态调整机制，做好存量升级、增量优化、余量消减。主动布局集成电路、人工智能、云计算、大数据、网络空间安全、养老护理、儿科等战略性新兴产业发展和民生急需相关学科专业"。同时，教育部在《关于实施一流本科专业建设"双万计划"》的通知中指出，要"鼓励支持高校在服务国家和区域经济社会发展中建设一流本科专业"。由此，围绕和服务国家地方发展战略重点，布局适应新时代、新产业、新业态的一流学科专业建设，成为高校深化学科专业供给侧结构性改革，优化学科专业结构的主要瞄准点。

教育部组织发动"复旦共识""天大行动""北京指南"，探索建立工科发展"新结构"，建设面向新经济的新兴工科专业和特色专业集群，更新改造传统学科专业，推动现有工科交叉复合、工科与其他学科交叉融合、应用理科向工科延伸，孕育形成新兴交叉学科专业。鼓励高校在不同层次不同领域分类发展"新工科"，工科优势高校要促进现有工科交叉复合、工科与其他学科的交叉融合，对工程科技创新和产业创新发挥主体作用；综合性高校要推动应用理科向工科延伸，孕育形成新兴交叉学科专业，对催生新技术和孕育新产业发挥引领作用；地方高校则要深化产教融合、校企合作、协同育人，对区域经济发展和产业转型升级发挥支撑作用。

二、新工科专业建设的几个关系

新工科构建源自传统工科的转型与新兴工科的战略布局。在新工科构建过程中，新工科与传统工科、其他学科、工科院系、新工科教育之间，专业要素与新工科系统之间究竟是一种什么关系？

（一）新工科与传统工科的关系

传统工科是构建新工科的重要基础。虽然新工科是与"中国制造 2025"战略规划相适应的工科专业建设的新形态，但是建设新工科并不是否定传统工科，而是将其改造与拓新。传统工科是新工科的前身，它为新工科建设提供了重要基础。首先，某些传统工科已经初步具备新工科特点，只需要进行合理的改造便能焕发生机。例如，近年来新增的、以多个工科专业类别为基础组建的相关专业——物流工程、能源与动力工程、建筑节能技术与工程等。其次，传统工科为新工科建设提供了技术保障。新工科的主要服务对象是战略性新兴产业，其中不乏"中国制造 2025"中航空航天这样的高精尖装备制造行业。但是，再精密的装备都需要传统基础工科的工艺来完成。所以，建设新工科和发展传统工科两者并不矛盾。正视传统工科的地位，实现传统工科与新工科的并行发展是我们应坚持的思路。

新工科与传统工科之间各有自己的学科范围，也有交叉点，不是单纯的"新"和"旧"的关系，而是一种延伸、深化、拓新的关系，具体来说：在建设理念上，新工科关注未来产业和国际工程教育的发展，注重对基础学科的应用挖掘，注重社会经济发展需求。在教育要求上，新工科强调人才培养结构多元化和质量标准国际化，参照美国《2020 的工程师：新世纪工程的远景》和代尔夫特理工大学 2014 年的 *Engineering Education in a Rapidly Changing World* 研究报告中未来工程教育人才的主要特征，应更加注重培养学生工程与技术理论层面的素养，培养工程人才的工程使命感和责任感，增强想象力、批判意识和宏观思维。在能力要求上，未来智能时代的工程教育应注重培养学生五个能力：智能芯片设计的能力、信号识别与转换的能力、大数据处理的能力、复杂问题的解决能力及解决现实问题的创新能力。在培养途径上，新工科强调继承与创新、交叉与融合、协调与共享，注重校企合作协同育人。在建设范围上，新工科涉及院校范围广泛，工科优势高校、综合性高校和地方高校都可以根据自身情况来建设新工科。在工程教育结构上，新工科强调新结构，主要涉及专业结构、课程结构和工程知识结构，更新了工程人才培养知识体系。在教学方法上，新工科强调关联性学习、自主性学习、信息化和智能化学习，不再局限于课堂学习和书本学习，实践性和自主性学习更为重要。

（二）新工科与其他学科的关系

其他学科是构建新工科的重要支撑。新工科之所以"新"，主要体现在新工科的多学科背景及与"中国制造 2025"战略规划的适应上。新工科是工程学科与其他学科综合而成的新型工科，其他学科不仅包含与工科结合紧密的理学、管理学、经济学等，更包含传统工科建设中一直欠缺的人文学科。人文学科可以教育人们树立正确的价值观，它不仅是认识新工科教育本质的基础，也是培养具备"工匠精神"的工科人才的基础。在"中国制造 2025"的质量优先和"绿色"发展等要求下，新工科更加注重技术实现的个性化、品质性、高效性和环保性。因此，新工科应把工科学科作为主干学科，把理学、管理学、经济学、艺术学等门类中的学科作为相关学科，把人文科学、社会科学、理学作为支撑学科，实现科学、人文、工程等多学科的综合交叉。理学是支撑新工科的理论基础，管理学科、经济学科等保障新工科的高效率，人文学科则为新工科提供更多人性、伦理和价值观等方面的熏陶。

（三）新工科与工科院系的关系

工科院系是新工科存在的实体。新工科不是空中楼阁，而是以工科院系作为实体组织的学术形态。"中国制造 2025"背景下，基于新工科顶层设计所构建的工科院系，是进行新工科内部要素组织和外部主体沟通的载体。首先，工科院系是新工科建设的基层组织和行政管理机构，负责新工科建设的人、财、事、物等要素的管理和协调。其次，工科院系是践行新工科理念、模式的功能单位。工科院系基于"中国制造2025"的要求和新工科顶层设计，组织开展新工科教学、科研和新型工程人才培养等活动。最后，工科院系是连接新工科建设与社会需求之间的枢纽。新工科建设通过工科院系获取社会发展动态信息，并通过工科院系对社会要求做出回应。因此，工科院系是新工科建设的主要实体，新工科顶层设计是建设新工科院系的重要参照依据。

（四）新工科与新工科教育的关系

新工科教育是构建新工科的核心内容。建设和发展新工科的最终目的是培养"中国制造2025"战略需要的新型工程人才，而新型工程人才的培养有赖于新工科教育。新工科教育是培养新型工程人才的专门活动，如果说工科院系是新工科建设的功能单位，那么新工科教育就是工科院系应具备的新功能，新工科通过工科院系的计划、组织、协调和控制来实现新工科教育。值得指出的是，"中国制造2025"背景下的新工科教育是融合网络信息技术、质量管理知识、"绿色"人文素养与传统工科技术的"四位一体"的综合教育，而不是技术上狭窄或狭窄于技术的传统工科教育——学机的不懂电，学电的不懂机，学热加工的不懂冷加工，学工程的不懂管理、经济、成本和社会责任。未来工科院系的组建并非遵循传统的一级学科组建的惯例，而是适应新工科教育的需要跨学科组建。例如，清华大学打破院系和专业壁垒，按16大类招生，包括化生类、机械航空动力类、环境化工与新材料类等①。又如，中国科学院大学成立跨学科的未来技术学院，华中科技大学成立理工融合的工程科学学院，北京联合大学成立适应人工智能产业发展的机器人学院，已经面向全国招生，这预示着未来新工科院系组建的趋势。

（五）专业要素与工程教育系统的关系

系统是指由若干要素以特定结构联系起来而具有某种功能的有机整体。要素与系统存在非常密切的关系，具体来说：第一，在一个系统中，每个要素都处于独特的位置，要素间是处于平行而又相交的关系，要素只有在系统中才具有特定的价值，是一种包含与被包含的关系。列宁曾说，身体的各个部分只有在其联系中才是它们本来应当的那样。脱离了身体的手，只是名义上的手。工程教育改革是一个系统工程，教育部将新工科内涵概括为五个"新"（工程教育的新理念、学科专业的新结构、人才培养的新模式、教育教学的新质量及分类发展的新体系），

---

① 《清华打破院系和专业壁垒 今年将按16大类招生》，http://news.sciencenet.cn/htmlnews/2017/4/372746.shtm [2017-04-07]。

可以认为是五个要素，其是工程教育改革的重要内容，离开了工业 4.0、"中国制造 2025"、互联网、人工智能等时代背景，离开了以新理念、新结构、新模式、新质量、新体系为特征的新工科，就不知道改什么、怎么改、达到什么目的，也就失去了改革的意义。第二，五个"新"要素不是杂乱无章地进行改革就能够产生系统效应，而是按照一定的顺序、方式和规则协同改革、系统推进，才会产生"系统整体功能大于要素功能之和"的效果。杂乱无章的改革甚至可能会产生负效应。第三，在高校推进以新工科为抓手的工程教育改革微观层面，改革的顶层设计、改革的方案制订、改革的组织领导、改革的支持政策、改革的实施步骤及改革的实践总结等，这些都是工程教育改革的微观要素，只有系统思考，整体推进，协同作用，才能使工程教育改革真正"着地"、落实。

总之，高等工程教育转型发展是一个系统工程，离不开传统工科和其他学科的支撑，新工科的组织实施与有效运行离不开未来工科院系的建设，新型工程人才的培养离不开新工科教育。

三、新工科专业建设的基本策略

"中国制造 2025"背景下的新工科专业建设，可以从构建思路、实践探索和人才培养三个层面进行尝试。

（一）新工科专业构建思路

面向"中国制造 2025"的新工科建设的基本思路是"四个一批"，即关停并转一批、升级改造一批、重点建设一批、规划设计一批，打造高水平的工程本科教育。

"关停并转一批"旨在建立专业设置动态调整机制，激发专业办学的内生动力，对于并转专业，重点挖掘未来发展潜力；"升级改造一批"意在精准优化，增强专业发展与国家、社会、行业需求的契合度，突出未来发展特色；"重点建设一批"志在追求卓越，提升专业的精品化和引领性；"规划设计一批"着眼面向未来，主动迎接信息技术对社会各领域的深刻变革，建设一批具有前瞻性、战略性的专业。通过"四个一批"专业建设，着力建成具有学校特色、行业需要及发展可期的高水平专业体系。

具体而言：一是基于《华盛顿协议》制定可操作、可比较的专业标准和人才培养标准。当前我国工科专业标准和人才培养标准还不能适应"中国制造 2025"背景下制造产业对工程人才的要求，甚至还存在着复杂工程问题解决能力和工程伦理等指标内容未被完全覆盖的问题（华尔天等，2017）。基于"中国制造 2025"和《华盛顿协议》，制定适应时代发展需要和具有与《华盛顿协议》实质等效的工程专业标准和人才培养标准是新工科内涵设计的关键。新工科的人才培养标准不仅要具体化、可操作，还要融入新的价值观、工程伦理、人文艺术素养等人文素质指标。二是以"解决复杂工程问题"为导向整合课程体系和教学模式。如何把握理论与实践之间的"度"一直是工科教学的难题，重理论容易导致理科化倾向，重实践容易导致工具化倾向。以"解决复杂工程问题"为导向，以现代网络信息技术为切入点，以传统工科专业改造为基础，以新兴产业需求为导向，精心设计跨学科课程群，推进基于项目的 CDIO 教学模式，有助于解决理论与实践"两张皮"或结合难的问题。三是各级各类高校根据各自办学定位、服务面向，制订具有本校特色的新工科构建方案。例如，工科院校的工科基础扎实，可以利用其优势学科建设新工科学科群；综合性高校多门类学科均衡发展，可以通过学科交叉融合建立新工科专业；地方高校偏向于学科应用，可以基于新兴产业需求建设新工科专业等。四是专业群跨学科对接重大需求产业和产业群。面向未来技术创新与产业发展需求，进一步强化多学科融合的科学探索与人才培养。例如，重庆市教育委员会紧跟新科技、新业态、新产业、新岗位，推动现有专业更新和集群发展，设置和发展一批面向大数据、云计算、人工智能、智能机器人、智能制造、集成电路、网络安全、生物医药、新材料等新技术和新产业的新兴工科专业和专业群；吉林大学瞄准现实重大需求，围绕"中国制造 2025"、航天强国、科教兴国、创新驱动发展等国家战略，以智能制造研究院、汽车研究院为基础，促进"理、工、农、医"多学科交叉融合，建设"新工科"科学研究基地，服务军民融合发展需求，共建国防特色学科。五是打破制度性壁垒，推动学科专业的交叉融合。学科交融能力、跨界整合能力是新经济发展对新工科人才培养提出的新要求。根据新工科培养复合型、通融型人才的目标，要求工科专业建设着力于结构优化，打通学科专业壁垒，推动现有工科之间、工科与其他学科之间的交叉复合，探索应用理科向工科延伸的新思路。具体而言，创建内涵更丰富的新兴交叉学科专业，关键在于搭建跨学科平台和设置跨学科课程，促进学科专业资源的开放和整合。在实践中，搭建新工科跨学科专业平台需要学校强力领导、政策和资金支持；新工科相关院系、学科、专业通力配合，以跨学科合作团队为主要形式，以重大项目为牵引建设跨学科教师团队；整合不同学科专业教育资源，组建跨学科研究院所、研究中心、实验室，为工科专业交叉融合提供组织保障、制度保障。六是跨界产教科教协同合作培养精英工程人才。武汉理工大学坚持实施国际化战略，积极搭建国际协同平台，探索国际协同的创新人才培养模式，积极与国际知名高校建设协同合作机制，组建材料科学与工程国际化示范学院，精英化、国际化、高端化开办国际合作专业。中国海洋大学与韩国机器人研究院合作，开展"国际引导专项"人才培养。南京信息工程大学打造全方位的"行业、校企、校地、校所、国际"多元共建格局，积极推进国际共建，促成世界气象组织和教育部签署《国际组织人才培养协议》；先后与耶鲁大学合作成立大气环境中心、与哈佛大学合作建立"空气质量和气候联合实验室"，入选首批"江苏–英国高水平大学 20+20 联盟"，培养国际化工程人才。

（二）新工科专业实践探索

我国高校以发展新工科为主导，开启了全面引领工程专业建设的新方向，取得了专业结构调整、专业建设及构建一流专业教育新模式方面的新成效。自 2017 年教育部达成"新工科"建设"复旦共识"后，与"天大行动"和"北京指南"唱响了"新工科"建设三部曲，领跑高等工程教育变革，探索工程学科专业建设新路径。高校积极实践"新工科"人才培养体系，以产业需求为导向，跨界交叉融合，优化、调整、升级、换代、新建，重构学科专业结构，对标国际工程专业认证标准，瞄准国家和地方发展战略重点，充分依托现代信息技术和人工智能，面向未来开办新专业、改造传统专业，打破学科界限、课堂界限、学校与社会和产业界限，致力培养适应"中国制造 2025"发展需要的创新型和复合型专门人才。[①]

高校可以通过三种路径推进新工科实践探索。一是"改造存量"，促进相关主体联动，构建"政产学研用"平台，改造传统的工科专业。"政产学研用"协同是企业可持续创新能力的重要影响因子（许广永，2016），也是高校实现新型工程人才培养的重要平台。构建"政产学研用"平台，使原来固有狭窄的工科专业与工程需求深度融合，发挥企业的支撑作用和高校的主体作用，借助大学科技园、协同创新中心，实现科学研发、应用开发、成果转化和个性服务的全过程融合。二是"补充增量"，根据产业预测和新兴产业需求，提前布局一批新兴工科学科群和专业。未来社会产业需求是新工科生长的原动力，是积极推动未来新兴工科群和工科专业建设的重要推动力。基于社会产业需求，积极改造传统狭窄的工科专业，并利用多学科的交叉融合，建设一批富有特色及符合"中国制造 2025"战略和未来社会要求的新工科学科专业群。三是打造"双师"型队伍，基于新型工程人才培养要求，打造"多学科双师型教师团队"。"多学科双师型教师团队"是在传统"双师"型教师的基础上实现多学科融合的教师团队，不仅能为学生提供工程理论和综合工程实践的教育，还能启发工科人才的多学科创新思维和创新探索，有效促进传统工科教学和科研的多学科集成创新。

---

① 教育部 2019 年《全面振兴本科教育行动计划研究报告》。

近几年，我国高校新工科专业建设取得初步成效。根据有关资料统计[①]，超过 55.36% 的部委属高校辐射带动近 28.40% 的地方高校，探索适应国家经济社会发展需求的新型工科建设。部委属综合性大学和工科优势高校在新工科专业设置上发挥了主体作用，同时许多地方高校也瞄准"中国制造 2025"带来的产业结构调整和转型升级的战略机遇，设置了一些新工科专业，可以说"新工科"发展已然成势。总体上，"新工科"布局呈现以试点班、试验区为先导，多学科交叉融合、产教研学相结合，以及对接国际工程专业认证体系的特点，培养适应科技与产业革命变革需求的复合型工程人才。举例来说，北京大学、北京科技大学、同济大学等教育部直属高校通过设立新工科试点班，建立新时期工程人才培养改革试验区；华北电力大学在世界一流企业与世界一流学科的结合点上布局新工科，探索建设"能源电力科学与工程"领军人才培养特区；中国石油大学（华东）试点理工文管交叉、产学合作、微专业，以项目研究带动新工科建设与改革工作。有些高校打破学科专业壁垒，多学科交叉融合成为绝大多数布局新工科建设的主导思路。工科优势高校推动现有工科之间及工科和其他学科的交叉融合。上海交通大学推动现有工科交叉复合，打通机、电、船、材等工科学科人才培养方案，建设工科大平台；中国科学技术大学推动工科与其他学科交叉融合，建设以信息与智能学部为代表的"科大新工科"；大连理工大学、北京理工大学促进优势工科引领和带动其他学科共同发展，强化理科与工科深度融合。华南理工大学在各工科专业上以交叉复合、产学研合作、国际化教学、深度工程学习为路径，推进新工科建设。综合性大学，如南开大学，以新工科建设为契机，推动应用型理科向工科延伸，重点培育和建设环境工程、信息技术、智能控制、新能源材料等新工科领域，发挥综合性高校催生新技术和孕育新产业的引领作用；吉林大学以智能制造研究院、汽车研究院为基础，促进"理、工、农、医"多学科交叉融合。对标国际工程教育人才培养标准，改革人才培养模式成为不少高校开展"新工科"建设的发力点，如西南大学制订"新工科"建设计划，推进工程类专业认证试点；东北大学鼓励和支持尚未参加中国工程教育专业认证的工科专业积极参加认证；黑龙江大学全面启动新工科建设，组织全部工科类专业依次参加工程教育专业认证。

（三）新工科专业蓬勃兴起

当前，我国人工智能产业加速发展。安徽、四川等地政府发布专项政策加快人工智能产业发展。产业集群初步显示，新模式、新业态不断涌现，具备人工智能等高新技术的专业人才将与日俱增。以"人工智能"为代表的新兴专业的增设

---

① 教育部 2019 年《全面振兴本科教育行动计划研究报告》。

成为高校抢占高新人才培养先机的重要表现，包括以人工智能、机器人工程、云计算、物联网、网络安全工程、数据科学与大数据技术、大数据管理与应用等为代表的大数据技术专业，以及围绕人工智能构建的智能建造、智能制造工程、智能电网信息工程等"人工智能+"复合型专业。

据统计，在全国 31 个省区市（不含港澳台）和新疆建设兵团中，11 个地方政府正在或已经增设以"人工智能"为代表的新兴专业，占比 35.48%。其中，安徽省实施举措最早，成为全国首个开设"人工智能"本科专业的省份。重庆市举措较多，不仅强调本科新专业设置向大数据、智能化、智能制造、生物医药类专业倾斜，建成以人工智能、大数据、智能制造、软件、文化创意为主的新型二级学院，同时还支持在渝高校以人工智能技术为核心，强化学科交叉融合，实现传统优势学科的智能化应用，构建智能制造、智慧农业、智慧医疗等 15~20 个特色学科群，推动人工智能与实体经济和人民生活的深度融合。具体到各校，45.54%的部委属高校和28.05%的地方高校正在积极布局以"人工智能"为代表的新兴学科建设，包括增设以人工智能为代表的新兴专业和组建人工智能学院/研究院/实验室。

近两年，紧跟国家发展战略性需求，增设以"人工智能"为代表的新兴科技专业的院校如雨后春笋。根据现有资料梳理统计，25.89%的部委属高校和 17.07%的地方高校正在布局或已经增设以"人工智能"为代表等的新兴专业。例如，东北大学新增人工智能、数据科学与大数据、智能医学工程等 5 个本科专业；北京航空航天大学新增机器人工程、人工智能、航空航天工程、微电子科学与工程等 6 个新兴专业；东南大学新申报智能建造、智能感知工程、智能医学工程 3 个专业。不少地方高校在新兴科技专业的布局方面也表现突出。河北工业大学新申报了"人工智能"与"智能建造"两个专业，依托学校"先进装备工程与技术"世界一流学科建设任务，开展"人工智能"等新工科专业试点（试验班）建设；南京农业大学在全国农林院校中率先设置了人工智能新专业，推动建设人工智能等新兴学科。

围绕"人工智能"专业建设，组建"人工智能"学院/研究院/实验室。高校利用在人工智能和计算机、信息技术领域的优势，与政府、企业及国内外知名高校开展合作，组建人工智能学院/研究院/实验室，切实加强人工智能交叉学科平台建设。根据现有资料梳理统计，12.5%的部委属高校和 4.88%的地方高校正在组建或已经成立了以"人工智能"等为代表的新型学院/研究院/实验室。其中，清华大学发挥本校人工智能研究领域优势，由计算机系、电子系、自动化系、统计中心等联合组建人工智能研究院；广西大学在传统计算机专业中增设大数据、云计算、人工智能方向课程，成立中国—东盟信息港大数据研究院、智能机器人研究中心；中央音乐学院则与北京大学、清华大学联合建立音乐人工智能实验室，在音乐智能创作、智能表演、智能教学和智能乐器等方面展开研发；山东大学通过"海外一流学科伙伴计划"，与南洋理工大学合作筹建人工智能研究院。除了高校之间合作共建人工智能研究院外，政校、校企及政校企多方共建也是当前组建人工智能研究院的重要方式。例如，北京邮电大学、重庆理工大学等与地方政府共建人工智能研究院。山东科技大学联合青岛西海岸新区政府、阿里巴巴集团、青软集团，成立了中国北方第一所政校企四方共建的大数据学院及与腾讯公司等共建的人工智能学院。

（四）新工科专业人才培养

新工科建设是一个动态的过程，其终极目标是培养新型工程人才。虽然新工科概念的提出始于"中国制造2025"战略规划的实施，是一个新事物，人们对新工科的理论解析、顶层设计和实体院系建设都还处于初级阶段，但对构建新工科的大体方向已经把握：实现科学、工程和人文的融合，实现互联网+工科教育，实现智能制造向工科的渗透，实现全周期工程教育改革，培养适应"中国制造2025"及未来社会所需的新型工程人才。因此，时代呼唤，时不我待，边探索、边建设、边实践是当前新工科构建的一种现实路径，新工科构建方案可以在人才培养实践中印证、总结和完善。

围绕人才培养定位，多方式推进校企合作、科教深度融合，多模式实施协同育人，以高水平科研支撑拔尖人才培养，以有效的协同促进人才培养供给和产业发展需求更加契合；突破围墙，打破壁垒，创新产教科教深度融合的协同育人机制，激发协同主体在深化产教、科教融合过程中共同发力；汇聚社会、企业、科研院所等优质资源，共建人才培养实践平台、基地等，为实施创新创业教育、工程专业和课程建设等搭建底层架构；聚焦"中国制造2025"和区域经济发展需求，深化产教科教融合，优化学科专业结构、开展科技攻关、服务产业结构调整；树立开放办学意识，加强国际交流合作，引进海外高层次人才和优质教育资源，深化产教科教跨境融合，构建符合国情、国际开放的协同育人模式，赋能学校建设，加快工程教育振兴。

为了突破学科壁垒、专业藩篱、本研隔断、师生淡漠、校企隔阂，浙江大学进行了5项探索，包括跨学科的机器人研究院、跨专业的3个双学位班、贯通本研的工程师学院、激发师生激情的学生评价模式改革及校企协同的"千生计划"等（陆国栋，2017）。清华大学于2017年打破传统院系和专业壁垒，按16个大类进行招生培养也是一种大胆的改革尝试。然而，这些新工科人才培养的实践多来自国内少数高校，且改革实践时间都不长，国内其他高水平大学，甚至普通综合性大学还鲜有尝试。上海交通大学打破院系壁垒，组建跨学科团队，按照学科群集中建设和配置资源，建设一批问题导向的跨学科综合交叉平台，如与国家海洋局第二海洋研究所共建海洋学院、极地深海研究院，通过跨机构学科交叉协同，培养一流海洋学科高端人才。北京邮电大学则突出信息与通信工程、计算机科学与技术、电子科学与技术、网络空间安全等学科优势，建设"信息网络科学与技术学科群"及"计算机科学和网络安全学科群"，强化理工融合，发展理学与交叉学科，构建以信息科技为特色、工管理综合优势突出、人文社会科学协调发展的学科体系，培养高素质信息领域人才。华北电力大学在"大电力"学科体系的基础上构建"能源电力科学与工程"一流学科体系，以电气工程、动力工程及工程热物理学科为核心，与控制科学与工程、管理科学与工程、环境科学与工程、核科学与技术等学科交叉融合，围绕能源电力的转化、存储和利用的产业链，从能源科学、能源技术、能源装备、能源材料、能源工程和能源经济方面构筑从基础研究到工程转化完整的学科链，对接新兴产业链培养新型产业工程人才。

　　"人工智能+X"复合型人才培养如火如荼。在大数据科学的趋势下，提供面向国家重大战略的"人工智能+X"复合型人才，探索"人工智能+"的新工科、新商科、新医科、新农科和新文科专业群，也成为高校培养面向未来人工智能时代交叉学科复合型人才的新思路。各校纷纷瞄准学科前沿和产业态势，立足本校优势特色，探索建设"人工智能+专业"的新兴交叉学科集群。例如，在"人工智能+"的"新工科"专业群建设方面，中国石油大学（华东）探索实施"人工智能+油气"复合型人才培养模式，培养适应国家需求的跨学科复合型人才；河海大学则将大数据、"互联网+"、人工智能等新技术与水利环境土木等相结合，拓展形成智慧水利等新兴交叉学科专业；合肥工业大学也在积极探索人工智能与医疗装备和健康管理、新材料、建筑、能源等相关优势学科的深度融合发展。在"人工智能+"的"新医科"专业群建设方面，中国药科大学、北京协和医学院等注重将人工智能、互联网医疗等新理念、新技术、新研究贯穿于医药学教育教学中；在"人工智能+"的"新农科"专业群建设方面，西北农林科技大学、南京农业大学等以农业学科为主导的高校积极利用现代信息技术来改造和提升传统农科专业，推动建设智慧农业等新兴交叉学科，以促进传统涉农专业与人工智能、大数据的深度融合，进一步增强人才培养与未来农业发展的契合度。在"人工智能+"的"新文科"专业群建设方面，不少高校突破文科内部学科专业交叉融合，以大数据为引导，培养科技文科交叉复合型人才。中国政法大学推动"人工智能+X"复合培养新模式，高度关注人工智能与法学、政治学、社会学等学科专业教育的交叉融合，计划通过建立跨学科教研室，促进人工智能技术在智慧法庭、智能政务等方面的应用，推动社会治理现代化。

第三节　工程人才培养模式转型：产学研用融合育人

　　培养现代工程人才应该遵循"以行业需求为导向，突出应用与创新，将能力培养贯穿于人才培养全过程"的人才培养理念，以培养"厚基础、强能力、善创新、高素质"的工程型创新人才为目标，面向企业行业需要，实现由"基于学科知识体系"转向"职场和岗位需求"，由"单纯注重知识传授"转变为"融知识传授和能力培养于一体"，为企业行业培养"下得去、留得住、用得上、干得好"的既能在企业行业第一线从事生产设计，又具有一定的科技开发能力的现场工程师。

一、深化"科"融"教"，推进"产"联"学"[①]

　　天津大学在新工科建设工程中，以先进工程教育理念为指导，合理确定工程人才培养定位，制订了"天大行动"，探索以立德树人统领培养的全过程，建设开放和跨界融合的中国特色多学科交叉工程教育，形成高度关联、贯通融合、持续创新的新工科教育体系。

　　科研优势向工程人才培养转移。天津大学彻底改变了以往"只考虑如何用科研'点缀'教学，科教机械结合，科研优势并未融入人才培养主渠道"的弊端，在人才培养上，将科学研究作为工程人才培养的重要路径，加强工程教育与研究项目的耦合，推进科教协同。一方面，不断提高创造性学习、研究性教学比重，推进科研和教学要素的流通及科教资源的融合；另一方面，鼓励教师吸引更多的学生参与到科研课题中，促进知识学习与科学研究、能力培养的有机结合，建立研教一体、研学相长的科教协同育人机制。

　　科研成果推动专业课程体系改革。天津大学积极将最新科研成果融入教学，催生新兴专业方向，促进教学内容更新。例如，化工学院将合成生物学领域的研究成果及相关知识储备进行了系统整理，在此基础上设立了合成生物学专业方向，依托科研成果开设了"DNA[②]合成""分子生物学""基因级设计合成"等核心课

---

① 来源：2019 年天津大学内部资料《以新工科架起产教科教深度融合桥梁》。
② DNA 为 deoxyribonucleic acid 的缩写，意为脱氧核糖核酸。

程。机械学院以工程振动领域的科研手段与成果为基础，选取适合本科生学习的新理论、新方法和新应用，将液体动态表面全局测试的新方法、龙洗振动研究等内容，编入教材《工程振动测试技术》。该教材被列为"十三五"国家重点出版物出版规划项目，被二十多所高等院校及科研院所使用。

实验室开放吸纳本科生参与科研。天津大学各级各类实验室、实验中心和研究中心等以不同形式对全校本科生开放，开设了大量的开放实验项目供学生选择，学生可根据兴趣或需要选择实验项目，预约实验时间。例如，精密仪器与光电子实验中心在完善学生的实验技能培训、安全责任教育、准入制度考核的前提下，实现实验室"无教师值守"管理和全天候开放。

跨学科研究与教学相统一。斯坦福大学在跨学科研究及跨学科教育中进行了一系列积极的实践探索。目前，斯坦福大学工程学院下设航空航天机器人、航空流体力学等 50 余所跨学科实验室与 5 所兼顾科研与教学的特色研究院，[①]相邻的、多样化的院系设置与学科布局为师生之间横向交流、多学科思维的碰撞提供了宽裕的时间空间，丰富的学科资源、创新的观念与想法在跨学科网络中流动共享，激发师生共同思考、共同面对多学科交叉边界可能出现的新问题、新挑战。斯坦福大学"Bio-X 计划"为学校不同院系的学者与研究人员提供了跨学科合作研究的有效平台。1998 年，来自学校不同院系的学科领军人才汇聚一堂，交流、分享未来生命科学领域可能出现的重大变革与化学、生物、物理等多个学科专业领域可能产生的交集与前沿研究问题，共同商议实施了生物学领域跨学科研究计划。[②]该计划立足斯坦福大学良好的多学科生态圈，整合丰富的学科专业资源，为生物学与其他学科专业领域研究人员之间的交流互动提供了机会与持续的支持，促进了多学科学术共同体的组织建立，在不断探索交叉学科领域生长点的同时将取得的新成果应用于已有课程体系的更新，以课程教学为连接点，使不同学科专业领域的师生接触、了解跨学科研究，激发学生进入跨学科研究中心体验学习的兴趣，在交流互动中进一步推进多学科专业的交叉融合。

二、协同育人多路径，"校中企"与"企中校"

近年来，许多高校针对工程人才培养供给在结构、质量上不能对接行业企业需求的问题，积极开展了工程专业人才培养模式的创新与实践，紧密围绕社会需求，注重产教融合，形成了"校中企"与"企中校"协同培养工程人才的长效机

---

① Institutes，Labs and Centers，https://engineering.stanford.edu/faculty-research/institutes-labs-and-centers[2019-02-02]。

② Bio-X History，https://biox.stanford.edu/about/biox-history[2019-02-02]。

制。在教育理念上，努力实现学校与企业在价值引领上的合力，提高工程专业培养目标的针对性；在教育方式上，注重"大水漫灌"与"精准滴灌"相结合，提升工程专业学生教育成效的显著性；在教育主体上，不断提升校企人员的契合度，增强工程专业学生育人团队的协同性，为培养高层次工程型人才提供有力支撑。[①]

（一）基于反向设计，构建"全程参与"的工程专业培养体系

企业全程参与，校企深度融合，河海大学构建了校企协同育人长效机制，以有效解决高等工程教育缺乏企业广泛参与、人才培养理论和实践脱节、学生适应性不强等问题，具体做法为以下几点。

（1）参与招生环节，提高生源质量。企业参与招生宣传，吸引优质生源；企业专家参与复试环节，重点考查学生应用研究基础和实践创新潜力；在复试考查的基础上，企业确定部分订单式培养名单，优先录取与学生联合培养基地人才需求相符的考生并签订就业意向。

（2）参与方案制订，明确培养目标。基于企业对人才结构体系需求的反馈，成立由校内专家和企业专家共同组成的学生培养指导委员会，邀请行（企）业专家共同制订与完善专业培养方案和质量标准体系。

（3）全程参与培养，强化工程实践。企业导师通过参与专题讲座、实践教学、学位论文及答辩等方式融入学生培养的全过程，培养真正对接企业需求的专门人才，有助于企业建立人才储备体系。学校聘请行业实践经验丰富的专家到校开设应用性课程；遴选工程院院士、勘察设计大师、总工程师等具有丰富实践经验且具有高级职称的专家担任基地导师；建立基地导师指导学位论文、参与论文答辩制度，切实提高学生实践应用能力。

（4）校企共同教学，实施培养过程。学生在校学习期间，基础课由教学经验丰富、教学效果好的教师讲授；专业基础课和专业课主要聘请工程能力较强、科研水平高的教师讲授。同时，学校从合作企业中聘请兼职教授为学生讲授部分专业课。学生有一年的时间在企业深入开展工程实践活动，参与企业技术创新和工程开发。校企联合制定工程实践教学目标，联合制订教学方案，联合组织实施教学过程，联合评价教学质量。

（5）参与就业联盟，精准招聘人才。基地单位通过对学生一年"顶岗实践"的培养考察，可以尽早发现人才，留住人才，充实队伍。多家基地相互认同联合培养成效，组建了就业联盟，通过相互通报供需信息等方式，共享信息资源，为高效精准地招聘人才拓宽了渠道。

---

① 来源：2019年河海大学内部资料《校企协同，三全育人》。

（二）校企同频共振，形成"1+1>2"的协同育人效应

天津大学与恩智浦公司、腾讯公司分别建立了"新工科"实验班，融合天津大学和恩智浦公司、腾讯公司的优势资源，建立校企协同育人平台，构建新工科背景下工程教育新模式，并从 2018 年开始招生。企业全程参与实验班培养方案修订、课程体系设置；实施"学校-企业"双导师制，校企联合授课，主要学科基础课及专业课部分学时由企业一线工程师讲授。学校设立天津大学-华为物联网精英实训营，企业工程师以华为物联网操作系统为主线，串联丰富的华为项目案例，帮助学生建立贯穿"端—管—云"的系统知识构架。学校建设多主体共建共管学院，与天津市共建人工智能学院，服务"天津智港"建设。腾讯新工科试验班，面向行业最新发展趋势，综合人工智能、网络安全、大数据等计算机领域先进技术，培养具有跨学科交叉融合能力、创新实践能力的卓越工程技术人才。天津大学微电子学院牵头组建了天津市微电子人才培养联盟，依托天津集成电路行业协会和天津市集成电路设计中心的集成电路优势资源进行学科交叉和产教融合，服务于区域微电子领军工程型人才培养和辐射全国示范性微电子学院建设。

安徽工业大学打造多圈层协同育人生态圈。以市场需求为导向，以社会投入为保障，以学校技术供给为支撑，以联合管理为方式，统筹整合，打造"多圈层"的协同育人生态：第一圈层与地方政府共建区域性合作。针对区域内产业转型和技术创新的需求开展技术研发，成为区域创新的综合服务平台。第二圈层与企业共建专业性合作。以解决企业关键性技术为基础，结合企业具体实际"量体裁衣"，领跑企业技术创新。第三圈层与企业、地方政府共建产学研合作体。与合作单位进行产学研全方位合作，包括人才培养、科技创新、技术开发、教师队伍培训等。

温州大学打造"工程教育认证与产教融合共同驱动的工程人才培养体系"，实施产学对接，建立业界需求的专业人才培养标准，提高培养目标的适应度；产学共谋，编制与培养标准高度适应的培养方案，强化培养方案的匹配度；产学联动，构建与实施工程能力分级培养，提升培养过程的有效性；产学互补，建设工程应用教学资源平台，强化培养条件的保障度[①]。

重庆邮电大学与知名企业共建共享共用 ICT[②]实践教学基地，打造全真全程全同步的实验实习实训环境的"1+4"ICT 工程实践教学基地，联合建设重庆国际半

---

① 来源：2019 年温州大学内部资料《工程教育认证与产教融合共同驱动工程人才培养》。
② ICT 为信息（information）、通信（communication）、技术（technology）的简称。

导体学院、重庆邮电大学科大讯飞人工智能学院，与中国科学院大学重庆学院联合实施计算机科学与技术专业菁英计划，与四川电信联合实施天翼优培生计划，获得重庆市财政千万元专项资金支持重庆邮电大学工业互联网学院新型二级学院建设。

（三）"五共"合作机制，促使产学研合作教育行稳致远

南宁学院是一所地方民办院校，秉承"开放式"办学理念，出台了《南宁学院关于推进产学研合作的实施意见（试行）》，成立了产教融合校企合作委员会，设立了产学研处，统筹推进产学研协同育人工作，形成了"五共"合作机制，促使产学研合作教育持久稳定。

一是共办产业学院，服务地方产业转型升级。学校与合作育人主体共办了中兴通讯工程学院、高博软件学院、科大讯飞人工智能学院、机电与质量技术工程学院4个产业学院。产业学院所设专业大多为新兴专业和区域发展急需专业，如智能制造工程、物联网工程、数据科学与大数据技术、质量管理工程等。这些专业人才的培养，有效配合了地方产业转型升级的需要，提升了学校为地方服务的能力与水平。

二是共建学科专业，提升专业建设水平。学校与合作育人主体共建了软件工程、通信工程、食品质量与安全、工艺美术等11个专业。合作主体以其在产业或行业拥有潜在优秀师资、与市场紧密对接等优势，促进专业建设紧扣应用型人才培养，促使共建专业形成特色专业或优势专业。以工艺美术专业为例，学校与广西工艺美术协会、南宁市工艺美术协会等单位合作，设立大师工作坊与名师工作室，引进行业大师和学科名师，形成师徒制的学、训、产教学模式，使专业教学质量稳步提升并形成特色。

三是共管培养过程，提高人才培养质量。例如，中兴通讯工程学院由企业工程技术人员与学校教师组建混编型教学团队，依据产业发展趋势共同制定培养标准，完善"反向设计、正向实施、能力产出"的培养方案，构建基于技术应用逻辑的课程体系，开发教学资源，组织校内实践教学，努力实现通信人才培养与产业发展的无缝对接，大大提升了人才的就业竞争力，畅通了人才供需渠道，形成招生就业两旺局面。又如，在财会类专业实训环节，合作单位南宁才金会计服务有限公司把企业的账簿搬进校园，让学生在学校期间看到的是真资料、做的是真项目，真学真做提高人才培养质量。

四是共搭研学平台，促进企校产学相长。学校与合作育人主体共同搭建了"教育部—中兴通讯ICT产教融合创新基地""智能制造产教协同创研中心""轨道交通协同育人平台"等不同类型、不同层级的产学研协同育人平台。2013年以来获得近七千万元的合作办学资金投入，一定程度上破解了民办高校资源约束的瓶颈，

促进企校产学相长。以学校与南宁轨道交通集团有限责任公司共建的轨道交通协同育人平台为例，平台不仅为学校培养人，也为企业培训员工。在此基础上，学校获批联合共建"南宁市轨道交通人才小高地""南宁（东盟）轨道交通国际科技合作示范基地"，促成自治区重大项目"中国-东盟综合交通国际联合实验室"落户学校，为合作各方提供了更加广阔的发展空间。

五是共促学生就业，提高学生就业质量。学校与合作单位共同成立就业工作小组，在校外合作建立了一批就业基地和实习基地，开展实习实训，强化实践能力，适应职场环境。合作育人单位除提供对口岗位的专业实习与就业推荐服务外，还共同为毕业生提供职业生涯规划、就业培训，利用各自资源共同拓展优质就业市场，共同组织专业专场招聘咨询会，实现学生高质量就业。

第四节　工程专业课程体系转型：重构工科课程结构

专业人才培养方案是人才培养"总装图"，是对人才培养目标、规格、毕业要求的总体设计，但用"总装图"是不能直接加工生产产品的，还需要基于"总装图"绘制出一张张"施工图"或"零件图"，即人才培养方案中的一门门课程及其教学大纲，教师正是按照"施工图"或"零件图"完成一道道加工工序，生产出符合设计要求的"零部件"的。IFEES 前主席 Lueny Morell 在联合国教育、科学及文化组织国际工程教育中心、国际工程科技知识中心、和清华大学联合主办的"2017 年在线工程教育国际论坛"报告中指出："面向第四次工业革命，毫无疑问，我们需要复合型、跨学科、创新型的工程科技人才。需要一个灵活的课程设置，把工程师走上工作岗位之后需要的素质和能力分解到课程设计之中，按照成果产出、设计学习过程、进行成果的分析与评估、进行成果分享、做出改进决定这五个步骤对工科课程进行改革。"因此，为应对"中国制造 2025"的人才需求，工程专业课程建设转型意义重大，事关未来工程师岗位胜任力。

一、专业课程体系构成思路

"中国制造 2025"对工程人才的专业知识、技术实践、创新创业能力、工匠精神和工程思维等提出了新的期望，传统的工科专业课程体系难以支撑新型工程人才的培养，工科专业课程目标、课程内容、课程结构、课程教学和课程评价等要素的功能转型势在必行。

（一）课程目标支撑新工程人才培养目标达成

课程目标广义上是指课程体系的总体目标，狭义上是指具体一门门课程的教学目标，通俗来说就是通过课程教学学生应该达到的状态，是人才培养目标在课程体系中的反映，对课程实施具有指导性作用。人才培养目标是各级各类高校根据社会需求和受教育者的身心发展情况构建的，是教育目的在各级各类学校中的具体化和个性化，是学校构建人才培养体系的重要依据和来源，是学校进行教学活动的出发点和归宿。

就课程目标和人才培养目标两者的关系来说，课程目标支撑着工程人才培养目标的达成，工程人才培养目标指引着课程目标的构建。首先，工程人才培养目标对课程目标起着导向作用，人才培养目标决定了教育活动的方向和性质，对课程目标具有导向作用，决定了课程设计的边界条件，因此课程目标的设计、开发、实施和评价都受到人才培养目标的指引和约束。其次，工程人才培养目标对课程目标具有调节作用，人才培养目标是以社会需求和受教育者身心发展为依据确定的，具有可变性和可塑性，课程目标又是依据人才培养目标确定的，因此课程目标要跟随人才培养目标的变化及时进行调整，才能更加科学和合理。再次，课程目标的内涵体现工业界的需求，课程目标的制定应邀请工业界的参与，如果"闭门造车"会造成高校人才培养与工业界需求的脱节。最后，人才培养目标对课程目标具有评价和激励作用，要求对课程目标进行过程性和结果性评价，检测课程目标的不足，激励课程目标发展，促进人才培养目标的达成。

高等工程教育应确立"知识+能力+技术+素养"综合化、全方位的复合型人才培养目标，培养"多专多能"的新工程型人才。新工业革命加剧了工程问题的全球化、综合化与复杂程度，要求新工科人才在精通本学科专业基础知识、专业技术理论和应用知识的基础上，了解相关学科专业知识、相关数理基础知识、人文社会科学类知识，拥有更宽广、更多样化的知识储备，构建复合型的知识结构，并能运用多科性知识、跨学科的思维方式、国际视野与跨文化交流能力应对复杂工程问题，提出破解之道。知识生产模式的转型要求大学人才培养由"闭门造车"的以单纯知识探究为导向的封闭模式转变为高校、行业企业、政府等共同参与的以满足产业需求为导向的生产模式，跨学科性、异质性、社会责任与反思性是这种知识生产模式的主要特点，这种知识生产模式强调知识生产的应用情境，即强调"新工科"人才需要具备运用多学科知识解决真实、复杂工程问题的实践能力，以便毕业后迅速适应由学校到行业企业环境的变换，更好地对接产业发展的需要。同时，互联网、人工智能技术的广泛运用使全球范围内的生产、销售、沟通交往联系更为密切，就工程教育而言，很多重大前沿工程项目的推进实施需要全球范围内跨学科、跨行业、跨文化的工程人才共同努力，要求未来的工程人才培养在注重提升学生外显的学习能力（如平均学分绩点、专业排名等）的同时多关注学生的社会责任感、家国使命、工程伦理意识、国际视野与跨文化沟通交流等隐性能力的培养。要注重参考国家、行业和学校三级质量标准体系，结合多方利益相关群体把握新工科交叉学科专业的人才培养目标定位。

（二）课程结构体现多学科的交叉与综合

课程结构是指在一定课程价值观指导下，课程体系中各要素之间的组织方式和比例关系，是课程实施活动的重要依据，有横向结构、纵向结构和螺旋式结构等类型。我国高校工科专业课程结构一直以学科范式为中心，基本模式是"公共基础课+专业基础课+专业课"，整体上课程结构呈现学科化，应用性不强，融合性不足，缺乏整体规划和创新。面对"中国制造2025"对工程人才的新要求，这种课程结构需要改革，体现多学科交叉与综合。

21世纪初，教育部决定启动"高等学校本科教学质量与教学改革工程"，并在《关于进一步深化本科教学改革全面提高教学质量的若干意见》中提出，要优化课程结构，构建以核心课程和选修课程相结合、有利于学科交叉与融合的课程体系。根据经济发展和产业结构调整过程中出现的新领域、新需求和新职业，所需的人才不仅仅是单一学科的人才，还有复合型人才，拥有多学科的知识能力和跨学科思维。

复合型工程人才的培养有赖于重构新工科交叉学科专业课程体系。互联网、人工智能等新技术在工程领域的广泛运用，要求工程教育必须主动适应产业变革的需求，深化教学内容与课程体系改革，培养新工科人才拥有应对产业变革的融通的多科性知识背景与多元的能力结构。课程设置上，注重拓宽通识课程的覆盖面，保证通识教育课程类型的多样化与教学内容的综合化，丰富人文社会科学与外语、经济管理、法律及自然科学等学科大类通识基础课程群建设，尤其应当注意将本土特色的"中华优秀传统文化"的相关内容纳入通识课程设置范围内，提升学生们的文化自信，如天津大学实施的"天大文化构筑计划"，通过传统文化类、中国特色与世界比较类通识课程的设置，拓展了学校通识教育覆盖的知识范围。在新生入学阶段可面向全校不同学科专业学生开设"新生研讨课"与种类丰富的"跨学科课程"，糅合人文社会科学、自然科学与工程多学科领域的知识内容及未来可能面临的重大社会问题，培养新兴工科人才的人文素养、家国情怀、全局视野、跨学科思维等。学科专业基础课程应当包括工程大类学科发展共有的学科专业支撑性知识交叉融合的专业基础知识及核心技术知识，为学生职业的选择与发展、岗位的转换与流动提供基础专业知识背景与技能。这一模块的课程主要关注学生跨学科思维与能力、批判性思维、工程伦理与道德等方面的教育。专业核心课程则需要凝练，主要涉及学生在本专业领域习得的基本专业理论知识与方法论，这部分课程知识内容需要系统性、有层次性地逐步展开，课程的开发与设计需要结合当前学科专业领域的新技术、新工艺、新方法、新成果，去繁就简，去粗取精，而不是对原有割裂的、条块的学科知识内容的简单整理与堆砌，专业核心课程强调工程人才的设计、研发、创新能力，解决复杂工程问题的能力与多学科学术共同体之间对话交流及合作的能力等。现代工程教育符合交叉的课程体系要适应当下产业结构的发展需要，按照第四次产业技术革命对工程技术人才的要求，在传统学科专业的基础之上，优化重组新型工科专业课程内容，合理设置工程实践模块的实践课程，增加实践训练。例如，浙江大学积极探索综合教育人才培养模式创新实验区工程教育高级班的课程设置改革，构建了"工程基础模块、工程设计模块、工程管理模块和工程实践模块"（邹晓东，2010）综合工程训练课程体系（表7.2）。

表7.2　浙江大学"工程教育高级班"综合工程训练课程体系

教学模块	课程名称	学分	周学时	开课学期											备注
				第二学年				第三学年				第四学年			
				秋	冬	春	夏	秋	冬	春	夏	秋	冬	春	夏	
工程基础模块	工程导论	2	4-0	√												必修
	工程原理（1）	3	3-0			√										限选
	工程原理（2）	3	3-0					√								限选
	数学建模	4.5	4-1	√												必修
	系统科学与工程	2	4-0				√									必修
工程设计模块	数学结构基础	2.5	4-2	√												选一
	计算机图形学	3	2-2					√								
	设计思维与表达	3	3-0			√										必修
	嵌入式系统	2	3-2						√							必修
	计算机辅助创新	2	3-2							√						必修

续表

教学模块	课程名称	学分	周学时	开课学期												备注
				第二学年				第三学年				第四学年				
				秋	冬	春	夏	秋	冬	春	夏	秋	冬	春	夏	
工程管理模块	领导力开发	1.5	3-0								√					选一
	生产与运行管理	2	4-0									√				
	项目管理	2	4-0									√				
	创业管理	1.5	3-0									√				
	科技管理	1.5	2-2								√					必修
工程实践模块	工程研究与实践	2	2	任一学年												实践
	整合与创新设计	2	2	短学期												实践（选一）
	电子系统综合设计	2	2													

规定获证最低学分：28　　最低必修学分：17　　最低选修学分：7　　最低实践学分：4

资料来源：邹晓东（2010）

专业拓展课程模块主要关注工程人才以工程项目牵头或复杂工程问题解决为导向组织的工程实训，如华南理工大学通过校企联合共建课程模块，聘请了国内外多个知名企业的工程技术人才与校内优秀专家学者，共同设计了"工程认知—校企模块课程—企业学习"阶梯形提升课程，同时与华为、中兴等国内大型企业共同合作建设实习基地（王迎军等，2018），作为校内工程实践课程的补充，训练学生在真实工程情境中运用多学科知识与跨学科思维方式、批判性思维，通过与同学合作、交流、共享信息与资源，提升解决工程问题的能力并巩固多学科专业知识体系，加深专业知识与技能的学习理解与应用。这一模块还包含对未来产业及技术发展可能产生的新的研究领域、新需求的预测，将工程人才的工程领导力、团队协作能力、工程研发能力、设计思维与全球胜任力作为提升的主要方向。应当组建一支由不同学科专业的专家与教师组成的跨学科教学团队共同设计、开发新工科交叉学科专业课程，注重课程知识内容、思维方法等的深入、实质性融合。围绕新工科跨学科人才培养目标，基于复杂工程问题的解决，注意不同课程模块之间、模块内部课程内容的关联与相互支撑，整合内容类似、交叉的课程，重组不同学科专业的相关课程，鼓励学生在不同的学科知识学习间建立有机联系。提炼一些课程核心的知识点将其作为补充内容融入其他课程，避免课程内容低质量重复，占用学生有限的时间与精力。多数工程专业还需要加入人工智能的最新相关内容及与世界接轨的新技术、新工艺等新兴工程技术知识。注意处理好通识课程与专业课程的比例关系，适当减少专业选修课程的学分，丰富专业课种类，增加学生的课程选择空间，相应适当增加公共基础课程、通识课程及跨学科课程的选修学分比例。

斯坦福大学课程体系优化与整合的经验值得借鉴。斯坦福大学本科阶段的工程教育很有特点，进入大学的新生通过对不同学科专业知识的广泛学习与了解，不断拓展自己的视野，在提升能力与技能之后才选择专业方向。斯坦福大学本科阶段的课程主要由公共基础课程、通识课程和主修方向课程构成。为培养和锻炼学生流利的口头表达与沟通能力、写作能力及清晰的思维能力，斯坦福大学为学生开设了语言必修课程、写作课程和修辞学三大公共基础必修课程。统一规定全校本科学生必须通过一年的外语学习，熟悉中、法、德、日等9种外语语种之一，达到相当于大学水平的熟练程度，[1]通过对不同国家语言的学习，提升学生跨语言、跨文化交流与表达的能力，拓宽学生的眼界。写作和修辞学必修课程划分为三个难度等级，最后一个梯度的课程学习直接与学生主修专业挂钩，学生按照难度梯度逐渐提升自身研究与分析问题、写作与表达及清晰、严谨进行思考的能力，为日后精深的学术研究打下牢固的基础。[2]学校很注重学生本科学习期间多学科知识体系的建立，工科学生不仅需要储备基本的理工科知识，还要对文化、历史、哲学等人文社会科学类知识广泛涉猎。新生研讨课则以工程导论的方式帮助学生建立起解决工程问题的基本理论框架，有助于学生以宏观的视角看待知识与技能的学习。斯坦福大学的通识课程注重拓宽学生知识面，更注重学生多学科思维的形成及分析探究、解决实际问题的能力的培养。斯坦福大学的通识课程围绕三个部分展开，问题思考课程以重大生命及社会问题为研究主题，着重培养学生思考分析、推理判断及问题解决的能力；学科广度课程围绕详细案例或问题进行探讨，致力于学生多学科知识背景的拓展与多学科思维方式的养成；公民教育课程则涵盖了道德推理、美国文化、性别研究和全球社区四个研究领域的相关知识内容。斯坦福大学还规定本科生毕业前必须修满60学分的通识教育课程，通过硬性的毕业指标保证学生多学科知识的获得与综合素质的养成。同时，斯坦福大学工程学院利用多样化的学科专业优势，设立了航空航天、生物工程、化学工程、土木与环境工程、计算机科学、电气工程、管理科学与工程、材料科学与工程及机械工程九大部门，以丰富的、和谐的多学科生态环境支撑了航空航天、空气动力、建筑设计、生物医学计算等相关前沿交叉学科课程的设置与发展。同时，斯坦福大学鼓励师生共同参与跨学科课程的研究设计与开发，激发学生的想象力，鼓励他

---

① The Language Requirements，https://language.stanford.edu/academics/language-requirement[2019-02-09]。

② Understanding the Writing and Rhetoric Requieements，https://undergrad.stanford.edu/programs/pwr/courses/understanding-writing-and-rhetoric-requirements[2019-02-09]。

们向未知的交叉学科领域探索并设置个性化的课程内容，注重学生批判性思维、工程伦理意识、人文素养等综合性能力素养的培养。

（三）课程评价激励师生关注教学效果

对于课程评价，美国的评价专家古巴和林肯对其发展过程进行了划分，共有四个阶段（张华，2000）。第一代评价是"测验"，检测学生对事物的记忆程度或某种特质的发展状态；第二代评价是"描述"，描述教育结果与教育目标的一致性；第三代评价是"价值判断"，评价标准扩大化，不仅需要对教育结果进行评价，还需要反思和评价初期目标的价值，同时也强调教育过程的评价，具体分为"形成性评价""目标游离评价""内在评价"等；第四代评价推崇"价值多元化"，评价者与被评价者是处于平等地位的协商者，评价是民主协商和主体参与的过程，融合两者的共同意见。在"中国制造 2025"战略下，高校课程评价需要改变传统单一的评价模式，突出第三代评价和第四代评价模式，突出过程性评价和民主性评价。

过程性评价强调的是对实际教育过程的评价，强调实际现实和情境的评价，强调评价者与被评价者的交互过程，而不是仅仅将结果作为唯一的评价指标。这种过程性评价用在课程教学评价和教师评价中，不是只对学生学习结果和教师绩效进行量化评价，而是更加关注课程教学过程的发展情况，这对师生教学改革具有激励作用。民主性评价实际上是主体取向的评价，评价者与被评价者都是评价过程的主体，两者是互相尊重、学习的关系。评价中依据的不是外部的标准和规则，而是主体自身的"反省意识和能力"，主体是"自主性"和"责任感"的统一体，评价双方是"交互主体"的关系，是协商和尊重的状态。这些评价理论实质上都是强调课程评价应该关注教师和学生的感受，而不是仅仅量化学习成果。

二、课程体系结构设计转型

（一）课程体系逆向设计，正向实施

过去制订专业培养方案是遵循学科逻辑和专业的学科属性，确定专业的培养目标和应该掌握的知识、具备的能力及拥有的素质要求，基于专业所属学科领域知识体系的系统性和学科实验能力要求，设计出课程体系，依据"教材目录"编制课程教学大纲，实际上是对教材目录的二次加工，即在限定学时内制订讲授计划，明确讲授的章节及各章节讲授的重点和难点，安排各章节相应的学时数。根

据 OBE 的理念，专业是为某一或某些行业培养专门人才的基本单元，应依据社会需求确定人才培养目标，根据人才培养目标制定细化的毕业要求，再根据毕业要求，研究开设什么课程，明确每门课程对毕业要求的支撑，依此制定每门课程的教学大纲，确定每门课程教学目标如何支撑毕业要求，再依据课程教学目标设计教学内容、教学方法和教学评价，将 OBE 的理念贯穿于专业培养目标制定及课程教学全过程，这就是课程体系的反向设计、教学活动的正向实施。从"学科逻辑"到"需求逻辑"制定专业培养目标、毕业要求、课程体系、教学大纲，实质上是一种"颠覆"性转型。"产出导向"的课程体系、教学大纲是以专业毕业要求的细化指标为依据的。这种基于 OBE 理念构建课程体系，继而确立各门课程对毕业要求的支撑点，就是从"学科导向"转向"需求导向"，从"以教为中心"转向"以学为中心"。也就是说，教学内容从"教什么"向"学什么"转变，教学方法从"怎么教"向"怎么学"转变，教学评价从"教得怎么样"向"学得怎么样"转变。

（二）课程结构纵向贯通，横向交叉

课程结构是课程内容的组织架构，是实现课程目标的纽带，体现出一定的教育理念和价值取向。面对未来新工程时代的到来，麻省理工学院启动了 NEET 计划（朱伟文和李亚东，2019），推动人才培养由课程中心（课程体系）转变为项目中心（项目体系），即学生在相关课程支撑下以完成项目为目标，强调"纵向贯通、横向交叉"。在纵向贯通上，系列"项目中心"课程贯穿于本科人才培养全过程，四年不断线。项目设计由浅入深、逐步递进，这样既尊重学生的认知规律，又逐步培养学生解决复杂工程问题的能力。横向交叉是项目设计强调跨学科课程支撑，促进不同专业或不同学院协同与合作。比如，"服务机器人"项目就要融合计算机工程、信息工程、机械工程、材料工程和数学算法等学科。澳大利亚教学委员会提出，澳大利亚大学的四年制工程学位教学计划为使学生能够具备工程专业素养，对工程教育的课程体系重新发起更基础的思考。美国卡内基教学促进基金会强调指出：在 21 世纪的工程教育中，学生每年都需要经历专业实践，将理论与实践相联系，以促进学生更好地整合所学的知识、技能及对专业发展的认知。Ahlgren（2001）认为，让工科学生尽早接触工程设计或工程问题求解，能够帮助学生从入学开始培养工程思维意识和专业技能，了解工程世界的社会与人文环境，激发学生从事建造和创造的兴趣。因此，工科院校应该在一年级开设工程导论项目课程，使学生对工程专业实践有早期认知，并激发学生对工程的兴趣；面向大二和大三的学生设置多项综合多门课程知识的项目体验，为学生提供系统化专业化的工程问题情景和进行高级思维训练、过程体验的机会；毕业前开展综合性项目训练，围绕工程问题学习，以实现对大学所学知识和技术的综合应用和深度应用，实现知识巩固与工程能力、态度培养的双重效果；大学学习中期，学生进入工作场所或工程训练中心进行体验，对工程专业实践进行更加直观的理解，包括认识实习、金工实习、电工实习、数控实习、生产实习，开展课外与工程体验相关的创新创业竞赛活动、社会实践等，训练学生的基础操作技能，使学生走出校园，踏入社会，在实践中感受工程真实情景。

（三）课程支撑毕业要求，达成目标

工程专业的培养标准一般具体化为毕业要求，应该基于专业培养目标来细化制定。毕业要求是对学生毕业时应该达到的知识、能力和素质的具体描述，聚焦于学生具有的解决专业涉及的复杂问题的能力，体现专业特色，反映学生毕业时具有的专业水平、专业素养和职业能力。专业水平体现学生的专业知识和学以致用的能力，专业素养体现学生的道德价值取向、社会责任和人文修养，职业能力体现学生具备的解决实际复杂问题的综合素质和职业发展能力。还可以将毕业要求进一步细化表达成可衡量性、导向性、逻辑性、专业性的指标点，支撑专业培养目标的实现，同时，对教师的教和学生的学发挥成果导向的指导作用。

课程体系是支撑毕业要求达成的基石，课程体系的设计遵循三个基本原则：一是反向设计原则，根据毕业要求确定培养内容和教学方式方法，继而配置课程，形成课程体系；二是一体化原则，解决专业涉及的复杂应用问题，应具有的知识、能力和素质要一脉相承、系统谋划和无缝衔接；三是正向支撑原则，制定毕业要求与每门课程之间的关联矩阵，明确各门课程支撑毕业要求的具体项目（一级指标）或指标点（二级指标）及支撑程度的强（H）、中（M）、弱（L）。毕业要求与课程关联矩阵如表 7.3 所示。

表7.3　毕业要求与课程之间关联矩阵一览表（一级指标）

课程名称	毕 业 要 求											
	1	2	3	4	5	6	7	8	9	10	11	12
A	H				M							
B			M				H				L	
C		H				M						M
D				L				H			M	
E	M					H			L			

课程目标支撑毕业要求。工程教育课程目标准确定位的关键在于高校、行业与企业共同参与课程目标的制定，这是回应外部要素诉求的必然要求，也是内外部要素协同进行工程教育转型的需要。准确界定知识、技能与态度的课程目标，

既是课程体系建设的重点，又是难点。国际工程联盟（International Engineering Alliance，IEA）2009 年提出的国际工科毕业生工程专业能力有 13 个方面：理解和应用宽泛的知识、理解和应用专门的知识、问题分析、设计和开发问题的解决方案、评估、社会保护、合法性和规范性、伦理、工程活动管理、沟通交流、终身学习、判断、决策的责任。不同学校在制定课程目标时，可在工程师人才培养的国际、国家通用标准、行业标准和学校标准的指导下，根据某一种专业的毕业要求对课程目标进一步具体化，各校同一课程的教学目标应有所差异和侧重，满足地区或行业工程人才的需求，体现本校的人才培养特色，同时也增强毕业生的竞争力。

（四）课程内容重组，交叉融合

工程教育课程内容应以知识、技能和态度整合的能力观为价值取向。除过去较为强调的学科理论外，企业对工程师的实践能力、工业经验等需求也应成为课程内容的重要来源。课程内容重组应体现"回归工程实践、面向当代工程实践"的理念。一方面，应增加课程中实践内容的比例，使理论与实践比例保持动态的平衡；另一方面，课程内容应面向整体工程观指导下的当代工程实践，呈现出全球知识经济时代背景下工程师职业新形象的特点。此外，传统文化教育也应引入工程教育课程体系之中。人文教育是为工程人才铸魂，人的精神、思想、素质品质、个人追求、价值观等很多内在因素都由人文教育引导、造就，而工程本身也需要体现某些文化特性。对于工科的学生而言，文化的缺失可能意味着内心世界的缺失。良好的人文教育，有助于加深学生对技术、工程问题的理解，增强创新能力，更有助于学生塑造其内心世界，成为具有高尚品质和人文情怀的优秀人才。

跨学科培养包含多种形式，其中以本科生参加教师科研团队为主要形式的课外科研训练，能够取得非常好的效果。但是，课外科研训练 100% 的参与率是不可能的。如果设计得当，与课外科研训练相比，跨学科课程可以让更多学生参与，其效果也更有保证。 如何建设跨学科课程？第一，需要通过有效的课程设计，让学生"获得"恰当的"问题"，并在获得问题的过程中成长。第二，要将"制作产品"作为课程的直接目标，这里的产品可以是解决方案、设计原型或者成品，总之是经过"制作"过程之后的结果。第三，要重点关注如何学习学科知识、如何设计学习活动、如何在多个学习活动间实现迭代等问题。第四，将设计思维引入跨学科课程。设计思维以"用户为中心进行设计"的核心精神，正好与工程实践应更多关注人、关注工程实践活动对人类生活影响的理念相吻合。

正如刘经南院士所言：工程教育的培养过程要以目标为导向、需求为导向、问题为导向，课程设置要面向目标、问题、需求，引导学生在体验中学习，培养学生的独立思考能力、批判性思维、想象力，改变以往课程设置遵循学科逻辑体系的惯习；相应地，教学过程也以目标、需求、问题为维度来设计。他列举出昆山杜克大学的案例：学校只有周一到周四有课程，学生利用周五到周日的时间完成一个小项目或者去企业参观，使学生直接接触企业、中小学、医院等，发现社会问题。学生需要学习跨学科课程，因为解决社会问题常常需要多个专业的知识，一个专业的知识无法解决。同时，这也是培养学生主动学习的有效途径。

三、工程实践教学体系创新

（一）政校企协同参与实践教学体系建设

新工科建设立足于产业发展需求，引领未来科学技术发展。因此，"产学研"协同创新越来越受到工程教育界的关注，多主体的深度参与有利于工程实践教学体系的构建。然而，目前关于"产学研"的研究，对参与主体的功能定位缺少关注，更忽略了主体之间互动机制的实质问题，导致多元主体尚未形成良性互动。三螺旋理论（triple helix model）不仅关注大学、政府、产业之间的合作关系，更加重视每个主体在协同创新过程中扮演的角色和发挥的功能，强调大学、政府、产业三种力量在创新过程中交叉合作、相互作用，旨在构成一个动态的、开放的三螺旋协作系统，以实现工程人才培养的协同创新效应（埃茨科威兹，2005）。在互动机制上，只有政校企三方共同努力，发挥各自的作用，相互渗透，才能形成校企联合培养人才，促进科技创新的良好局面。

具体来说，政府不直接参与到工程实践教学中，而是以"引导者"的身份为校企合作搭建平台。政府可通过政策引导和税收优惠等手段提高企业的参与度，以立法的方式规定和协调校企双方的责权利。同时，加大对产学研合作的资金投入和财政支持力度也是必不可少的。高校在工程人才培养中扮演着"直接培养者"的角色，在工程实践教学体系建设中占据主导地位。因此，高校应当了解实践教学的每个环节和各个因素，厘清各要素之间的相互关系，强化主动服务国家战略发展和社会企业需求的意识，以工程实践创新能力培养为核心，构建面向工程的开放式实践教学体系。高校应以市场为导向，密切关注行业发展需求，积极主动寻求与企业的合作，联合培养工程人才。同时，高校可设立专门的校企合作办公室，通过联合培养、成果转让、技术攻关等多种合作方式加大与产业界合作的广度和深度，实现工程人才培养与产业发展需求的有效对接。企业以"合作培养者"和"验收者"的身份参与到工程人才培养中。作为合作培养者，企业借助相关扶持政策和合作平台积极参与高校人才培养，将产业发展需求反馈到工程教育中，充分发挥自身资源优势，挖掘工程人才潜力，实现技术突破。作为工程人才的验收者，企业对工科毕业生的综合能力进行检验，及时反馈工程人才培养质量，为工程实践教学体系的完善和发展提出参考意见。通过政府政策引导、高校开放创新、企业积极参与，形成政产学研良性互动的人才培养机制，推动工程实践教学体系的持续完善。

在校企合作机制上，高校可以通过联合培养、成果转化和技术创新等合作方式与企业建立相对稳定的深度合作机制。首先，面向新时代新产业要求，校企联合制定人才培养标准、设计培养方案，共同建设课程体系、开发教学内容，共建实验室和实践教学基地。并且，对高校专业设置和实践教学提供专业性指导，将工程领域最前沿的研究成果和工程应用实例引入实践教学中。设置与产业发展相匹配的专业动态调整机制及培养目标适应机制，定期反馈产业界变化并做出适应性调整，切实改变工程教育脱离工程实际的问题（陈以一，2013）。其次，在校企协同育人的同时，学校要加强与企业在成果转化、应用开发和技术服务等方面的合作。高校拥有科学研究和人才资源的优势，企业具有成熟完备的生产设备和基地、开发应用能力强。二者进行资源共享、优势互补，实现互惠双赢。一方面，高校有偿转让科研成果，将拥有自主知识产权的技术成果与企业生产实际相结合，加速科技成果向企业生产力转化，实现企业技术创新（龚晓嘉，2017）。另一方面，企业可根据自身发展需求，对高校进行专项科研投资，委托高校科研团队进行有方向性的技术攻关，补充企业研发力量。通过多元主体协同参与，实现对学生由点及面，由浅入深，由工程基础到工程实践、工程创新的立体化综合化培养。

（二）实践教学评价与激励相结合

长期以来，我国工程教育评价指标体系去工化严重，工程教师普遍缺乏工程实践背景，导致工程实践教学效果不佳。实践教学评价体系是工程人才培养的动力机制，是实践教学效果评估和反馈的中枢机关。根据评价的结果和反馈的信息，学校可及时调整实践教学目标、修订实践教学内容、完善实践教学计划，确保实践教学工作进入新一轮的良性运行状态。因此，完整的实践教学体系需要根据新工科建设需求，构建一个与之相适应的、具有较强可操作性的评价指标体系，以便对整个实践教学效果进行科学合理的评价，使教学各主体及时收到全方位的反馈，并在此基础上实行有效的激励手段。

对于实践教学的评价，坚持评价主体多元化、评价指标合理化、评价方式多样化的原则。从评价主体考虑，引入多方评价主体，注重内部评价和外部评价相结合。主要涉及教师教学评价、学生自评与互评、企业导师考核及同行评估等。在进行校外实践活动时，需要加大对学生实践过程的及时评估和全程监控，在实践活动结束后，企业需对学生进行全面评估。除此之外，学习可定期进行毕业生调查回访，了解毕业生的就业质量和企业满意度。关于评价指标，相比理论教学，实践教学评估目标难以有效地量化，需结合实践环节进行层层分解，制定详细明确且具体化的评价指标。同时，考虑考核内容的"发展性"，注重学生知识应用能力、解决实际问题能力和实践创新能力等方面的考核，对学生综合能力提升发挥导向作用。可将学生的实训活动、科技竞赛和项目经历等纳入考核范围；将实践教师在校企合作中获得的专利、课题项目和技术服务等作为主要评价指标。从评价方法考虑，由于实践教学具备动态性特征，单一的评价方法难以进行全方位评估，终端考核容易忽视学生在实践过程中获得的成绩。因此，将过程性评价和终结性评价相结合，对实践教学活动进行全程系统化考核。例如，每次实验都要建立个人实验日志，记录实验过程情况并进行总结；对于项目任务，每个环节结束都要及时向导师汇报情况，使实践教学落实到实处。

通过多渠道对评价结果进行信息反馈，教师能及时了解学生的实践学习情况，根据个人的学习效果，给予相应的指导。学校依据反馈的信息，及时发现实践教学中存在的问题，并做出适时的调整，保障实践教学体系的良好运行。科学的评价体系具有导向和激励的功能，应根据评价结果采取合理可行的激励措施，让教师和学生在思想上和行动上重视实践教学。为了鼓励教师投身于实践教学，朝"双师"型教师方向发展，可以给予长期在实践教学一线工作并取得丰硕成果的教师表彰奖励，或在职称晋升方面给予"双师"型教师一些政策倾斜。鼓励教师去企业挂职锻炼，并将此与教师职称晋升的考核指标挂钩。制定多样化的科技创新实践项目，支持学生参与科研竞赛，将学生的科技竞赛和项目经历等纳入考核范围，保证学生学分获得渠道的多样性和灵活性。评价本身不是目的，通过评价来分析实践教学效果，诊断现有问题，及时调整实践教学计划，健全实践教学机制，从而使下一轮的实践教学体系得以良性运转。这种多元化、多角度、全过程的评价体系，保证了信息反馈的客观性、全面性和及时性，也为实践教学激励机制的建立提供了有力的依据。

（三）全方位、多角度监控实践教学质量

新工科工程实践教学质量直接关系到新工科人才培养质量，是新工科建设的主要目标能否实现的根本，显而易见，其重要性不言而喻。因此，新工科实践教学体系的建设必须高度重视实践教学的质量保障，从建设伊始就必须着手建立相应的质量保障机制，从而保证工程实践教学目标和人才培养目标的最终实现。实践教学质量保障是一项系统性、整体性的工作，必须形成全员参与、全方位、全过程的质量保障机制，才能切实保证实践教学质量的持续改进、稳步提升。系统

完善的实践教学质量保障机制主要由确定质量衡量标准、收集教学信息、监督分析教学质量、反馈质量信息、调控改进质量 5 个环节构成循环机制（吴立平和刘凤丽，2016）。

确定质量衡量标准是为监督分析教学质量和调控改进教学质量提供明确的依据。高校应当对实践教学质量标准进行研讨，结合专业特点和实践教学特色制定满足社会发展需求的实践教学质量标准，注重实践教学的应用性特征和工程人才培养的多元化特征，避免质量衡量标准的趋同化和单一化。新工科工程实践教学质量标准应当包括新工科建设思路和内涵要求及工程专业认证标准。收集实践教学信息贯穿于实践教学活动的全过程，从实践教学活动准备到实施再到结束的所有相关信息都需要收集，全方位了解实践教学状况。信息的全面收集需建立来自学生、指导教师、实践机构、用人单位等多渠道的信息收集系统，及时了解学生评教、教师评学信息、督导教学检查记录和用人单位反馈等。监督分析教学质量需采用科学有效的方法统计分析收集的教学信息，形成准确的分析报告，然后将分析结果与相应的质量衡量标准相对比，发现实践教学实施过程是否存在问题。反馈质量信息是将最终分析结果及时地上报给调控系统，并将相应的改进建议反馈给教学活动的有关主体。调控改进质量是指上级单位根据反馈信息，宏观调整实践教学体系建设方案，对实践教学的实施进行有效调控。实践教学活动的主体依据反馈结果和改进建议，改进提升教学质量。

实践教学质量保障机制的良好运行需要坚持两个原则。首先，坚持全面开展与重点突出相结合。坚持实践教学质量保障是一项动态性、全局性的工作，需要关注到实践教学的方方面面，全面开展质量保障工作。但是全面开展工作并不是推崇毫无重点、不分主次的工作作风，而是强调在统筹兼顾的基础上集中力量解决关键问题，做到全面开展与重点突出相结合，既能保证实践教学的整体质量，又能避免因关键环节的失误导致"牵一发而动全身"的后果。新工科工程实践教学质量保障的重点主要涵盖以下几个方面：第一，实践教学目标是否与新工科人才培养目标相吻合；第二，实践教学内容能否适应时代的发展；第三，实践教学方法能否有效挖掘学生潜能，培养学生的核心能力；第四，实践教学是否面向产业，形成良好的产学合作协同育人的长效机制等。其次，坚持内部监控与外部监控相结合。新工科工程实践教学质量内部监控是指学校内部对实践教学活动的质量监控行为。为了保证教学质量监控的客观公正，高校应邀请用人单位、合作企业、科研院所等校外组织机构和专家参与到教学质量监控过程中，建立多元化、多角度的质量监控制度。校外监控能够站在社会的角度，反映时代需求，弥补校内监控滞后性、封闭性的问题。

第五节　工程课堂教学模式转型：推进课堂教学革命

大学课堂是工程人才培养最常见、最重要的渠道。教师在课堂上教什么、怎么教、为谁教及教得怎么样，直接影响到学生的课堂学习成效。过去的工程教育主要以课堂为中心，学生的学习和能力建设都是以课堂为载体，学生学会的是强制性记忆而非"学习"，因此，大学课堂教学效果不尽人意，受到高等教育界自身及社会的许多诟病，时任教育部部长陈宝生多次在讲话中要求"来一次课堂革命"，希望从根本上解决课堂教学质量低下的问题。课堂教学革命的目标是什么、主体是谁、核心是哪些要素、风险如何规避，这些基本问题有必要思考和厘清。

一、课堂教学革命目标何求

课堂教学革命应达成高阶教学目标，实现知识、能力与智慧培养的统一，情感共鸣与价值认同的统一，教会、会学、想学与享学的统一。

（一）知识、能力与智慧培养的统一

知识传授是基础，能力训练是重点，智慧教育是内核，三者之间彼此关联，互为一体。掌握人类积累的知识只是基本要求，为学生能力提升和智慧形成夯实基础才是关键所在。

大学生的知识来自高阶教与学。现实的课堂绝大多数还是教师主导的教育，教师根据教材的章节内容讲解知识点，目的是帮助学生理解和记忆知识。美国缅因州国家训练实验室的研究成果已经表明，学生通过听课所获得的知识在两周后还能记住的内容只有 5%，这种把学生当作容器进行注入式教学的模式，学生学习效率的高低是可想而知的。如何提高学生在课堂教学中的学习成效？协同推进教师高阶的教与学生高阶的学也许是一种新的有效路径。高阶的教就是以项目、案例、问题、讨论、实践、活动为载体，师生之间、生生之间多向度互动式的教；高阶的学就是学生学会自主学习、合作学习、反思学习、批判学习、创新学习。通过高阶的教与学引发学生高阶思维，如系统思考工程项目各部分的内在联系及

与环境的相关性；构成工程项目的要素、结构与性能之间的逻辑关系；完成工程项目隐含的理论基础、原理遵循和基本特征；现实中工程实践存在的问题及其原因；如何运用多学科知识、原理、技术解决现实工程项目中的问题；解决工程项目中存在问题的社会价值和经济价值。通过将高阶思维的培养和训练融合于具体教学活动之中，促进学生高阶思维发展和知识自我建构，提高学生高阶学习成效。

　　大学生工程能力的提升离不开实践训练。芬兰近年来开始了一场史无前例的教育改革，取消全国普遍实行的学科课程教学模式，改为"情境教育"，老师收集来自社会经济、行业企业的实际项目或者现实生活中的问题，指导学生们组织成模拟的工作团队，在总体协作的基础上各自查阅资料，形成方案，共同研讨。学生在团队学习的过程中会不断地拓宽自己的知识面，通过独立思考形成自己的知识逻辑体系，在解决问题中增长自己的实干能力。这种教育改革模式值得我们研究和学习。

　　大学生的智慧得益于学习顿悟。教师课堂教学在传授知识的基础上，注重用智慧启迪智慧，用尊重引导尊重，用爱心滋养爱心，用温暖润泽生命，唤醒不同性格、不同背景、不同文化、不同思考模式的人的智慧，这是一种高阶的教学方法。譬如，在课程教学上结合课程内容指导学生对近代中国经济社会、科技文化等各项事业的发展变化进行思考和体悟，使课堂教学真正成为"一棵树摇动另一棵树，一朵云推动另一朵云，一个灵魂唤醒另一个灵魂"的智慧启迪场，从而使学生正确看待社会，自发热爱祖国，立志担当使命。

　　学生工程基础知识的学习和工程专业能力的培养是重要的，但教育的最高目标是启迪智慧。如果片面突出知识和能力的价值，容易导致唯知识、唯能力的功利化倾向，也会导致人格格局狭窄、鼠目寸光、唯利是图、胸无大志。因此，大学课堂教学的目标应确立为"学生掌握基本知识、训练专业技能、启迪人生智慧"，这更能完整地体现出教育的本质。

（二）情感共鸣与价值认同的统一

　　长期以来我国高校课堂教学中普遍存在着"重知识轻情感""重工具性轻价值性"的状况，强调教学是为学生将来就业和谋生服务的，甚至以就业为导向开展教学活动，导致大学生只关注学科知识的积累和专业技能的提升，忽视情感素质养成和人文价值追求，进而导致其缺乏正确的自我评价，不善于人际交往，情绪认知与管控扭曲，践踏道德水准，甚至发生偷盗、诈骗、投毒、杀人等恶性违法事件。新时代、新愿景、新要求下，社会对工程人才的需求不仅是要有高智商，更要有高情商、健全的人格和正确的价值追求。

　　历史是最好的教科书。高校政治理论课蕴含着丰富的爱国主义思想和素材，是引导学生了解中国近代奋斗发展史，进而激发情感共鸣、厚植爱国情怀的主渠道；现实是最好的强心针。建国 70 多年来取得的辉煌成就，如天宫在轨技术、蛟龙深海探测技术、高铁技术、5G 通信技术、量子计算机、天眼望远镜、墨子卫星等重大科技成果的成功及港珠澳大桥、大兴机场等重大工程的相继完成，是新时代激发大学生情感共鸣、培养爱国情怀的鲜活案例。"课程思政"是最好的"生命之盐"。在专业课堂教学的内容中寻找与社会主义核心价值观、家国情怀、优秀传统文化、创新思维、工程伦理、品格修养等相关的价值元素，促进学生将所学、所感、所悟内化于心，外化于行。

（三）教会、会学、想学与享学的统一

高校教学的现状是教师习惯于将教学目标定位于教会学生知识，要求学生记忆、理解知识内容，这是必要的，但这仅是课堂教学的低级目标，没有关注学生学习的主观感受。现代社会互联网、人工智能、大数据、物联网、云计算、神经网络、宽带通信等新知识和新技术日新月异，19 世纪初，人类的知识还是以每 50 年翻一番的速度增长；20 世纪初，这一速度变成每 10 年翻一番；到了 20 世纪末，每 1 年就翻一番；进入 21 世纪，学科与学科之间不断渗透和融合，大量的边缘学科和交叉学科不断涌现，知识的更新和传播速度越来越快，传播途径也发生了翻天覆地的变化。受此影响，知识掌握的有效度遵循"二八定律"，即本科生所学习的知识 4 年后、硕士生所学的知识 5 年后、博士生所学的知识 6 年后只有 20%有用，80%已经过时。所以，为了适应社会经济发展对工程人才的需要，"会学""想学""享学"于学生而言就变得越发重要。从"以生为本"的视角来看，教学改革在制定课堂教学目标时要由"教会"转向"会学""想学""享学"。"教会"是"授之以鱼"，教师在课堂教学活动中以讲清楚教材内容，让学生听懂、理解为教学目标；"会学"是"授之以渔"，教师根据学生实际情况合理地设计教学内容和学习环境，促使学生主动学习，探索学习方法，积累学习经验；"想学"是学习的内驱力，在当下以信息技术、互联网和人工智能为代表的第四次工业革命时代，如果一个学生想学习，不用教师教，他可以找到各种各样的学习方法与途径获得需要的任何知识。如果学生没有学习的内驱力，教师指导再多，学习条件再好也会无果而终。所以，课堂教学目标既要让学生会学，还要激发学生想学；"享学"是学习的最高境界，人生在世，爱学习是一种美好的享受，别的享受都有尽头，而学习给人的享受却是无穷尽的。从进入大学之门开始到离开学校之门这段人生中重要的时光中，每一门课程的修读、每一个活动的参与、每一位老师的教诲、每一名同学的帮助都滋润着心灵，包含着幸福。虽然求学过程是艰辛的，但更是幸福快乐的，可以陶冶情操、丰富知识、掌握技能、增长见识、启迪智慧、造就真人。

二、课堂教学革命主体何为

推进以学生为中心的课堂教学革命，在教学主体上应由注重"教师主体"转向注重"学生主体"，在学习主体上应由注重"个体学习"转向注重"团队学习"。

（一）教学主体：由注重"教师主体"转向注重"学生主体"

课堂教学革命的根本任务是教师在教学活动中"做减法"，学生在学习过程中"做加法"。教与学的矛盾是高校课堂教学一直未得到解决的主要矛盾，学是主体，教是主导，教是为了学，教要问学，教得好不好体现为学生学得好不好。传统课堂教学是以教师为中心，教师掌控着教学的主动权和话语权，学生沦为了教学的附庸。就讲台设计而言，我国高校教室设计基本雷同，讲台居前，座位平行或环形居后，既方便教师演讲，也突出教师的中心作用，而便于师生共同研讨的圆桌型或小组分布式布置的教室较少。"以生为本"就是既要克服"满堂灌"的陋习，也要防止"满堂学"的不良倾向，处理好教与学的关系，从"学"出发，为"学"服务，以"学"为主，依"学"论教。如果把课堂比作是一场演出的话，教师是导演，学生是主角，必须改变学生是配角，甚至是观众的惯习。一旦学生扮演了主角，学习的内驱力和学习的积极性、主动性自然会提高。教师的角色在于为学生学习塑造情景，指导学生参与学习，适时解惑答疑，而不是向学生灌输课前准备好的一套套理论知识。例如，教师激励学生在学习情景的疑问中提出自己的问题，在搜集、梳理资料的基础上制订出解决问题的方案，在与同学交流甚至碰撞中得出可行的结论。学生在自己疑问、思考、尝试、交流、顿悟的过程中收获成功的喜悦，既有利于学生直觉思维的发展，也有利于学生学习动机和自信心的增强。

中国药科大学郭瑞昕教授在尝试以"学生为中心"的教学创新实践时，立足于环境科学专业人才培养现状，探索出交互式教学新方法。教学过程主要由教师导学、学生讨论、互动展示和总结点评四个环节组成，真正形成了师生互动、生生互动的良好教学氛围，所开课程受到了学生的广泛好评。这种教学改革的经验值得推广。

（二）学习主体：由注重"个体学习"转向注重"团队学习"

未来社会不是一个人与另一个人的竞争，而是一个团队与另一个团队的竞争。

大学生传统的学习方式是以自我为中心的，基于自己独有的思维定式来处理问题。然而，由于个体思维存在内在的自洽性和局限性，学生在看待事物时易如盲人摸象般只看到冰山一角。团队学习给学生个体提供共同学习、互相沟通交流的机会，学生可以通过这样的方式体会到团队的能力与智慧，相互启发、学习借鉴、取长补短，继而突破个体思维的局限，提高自身学习效率与能力。美国的学习专家埃德加·戴尔指出，学习效果在30%以下的都是个人学习或被动学习；学习效果在50%以上的都是团队学习、主动学习和参与式学习（李珂等，2019）。单丝不成线，独木不成林就是对个体学习的最好写照。西交利物浦大学教师张旗伟探索出"互动和任务型教学模式"，每周对学生进行不同的学习小组安排，以保证每名学生都有机会在课程学习期间与不同的学生进行团队合作，锻炼其交流能力、合作能力和领导能力。

　　以学生为中心视角的师生之间不是传统的你教我学、你传我受、你尊我卑的关系，而是教学共同体，围绕教学任务、教学项目、教学问题、教学案例、教学活动，教师做引导性讲解，学生做主体性交流，教师与学生双向互动及学生之间多向互动，聚团队之力，达到教学目标。教学共同体有五个特点，即集体性，教师和学生一起研讨学习任务、解决学习问题，学习团队中的任何一个人都不是孤立的；互惠性，教师和学生之间相互倾听、分享想法和思考不同的观点；支持性，学生们不同学科的专业知识或不同观点在解决实际问题或完成项目任务中是补充而不是替代，也不会因为有错误的见解而感到尴尬，而是取长补短，共同进步；累积性，教师和学生的认知建立在他们自己和彼此的想法之上，并将其架构成有意义的思维和探索的路线；目的性，教师有目的地设计教学计划，进行指导性或引导性讲解，促进学生自由对话。

三、课堂教学革命硬核何有

　　课堂教学革命的硬核包含课堂结构、课堂性质、教学材料和教学改革机制四个部分，这也是推进课堂教学革命的重点。

（一）课堂结构：由注重"教室课堂"转向注重"真实场景"

　　传统的课堂是学校提供给教师"教"与学生"学"的特定场域，由教师、教室和学生构成，学生被局限于课堂之内，侧耳聆听教师讲解，其弊端不言而喻。虽然我国很多高校特别是应用型高校逐渐重视学生个人能力的提升，学生进校学习后的实践机会较以前有所增多，但真正能在实际场景中开展教学活动的学校屈指可数，学生"做中学""研中学""创中学"的教学模式既不广，也不深。实践中学习出真知，学习中实践增才干，知行合一是教育教学本真的回归。西南交通大学肖平教授探索了"以学生为中心"的教学创新，他走出了"象牙塔"，抛开教学中传统课堂的限制，带领学生从教室走向了社区，通过为社区服务寻找活生生的教学题材，组织学生自主搜集资料、自主思考、彼此思想碰撞和实践探索，培养学生资料和信息搜集处理能力、逻辑思维能力、分析问题能力、创新能力和综合素质，达到了意料之外的教学效果。重庆大学将创新创业教育融入人才培养的全过程，推动国家级、省部级科研基地向本科生开放，为本科生参与科研创造条件，推动学生早进课题、早进实验室、早进团队，将最新科研成果及时转化为教育教学内容，以高水平科学研究成果支撑高质量本科人才培养。依托大学科技园、协同创新中心、重点实验室、工程研究中心、重点研究基地和众创空间，加快打造"大学创新创业生态圈"，搭建学生科学实践和创新创业平台，推动高质量师生共创，增强学生创新精神和科研能力。学生在这种真实场景课堂上所收获的将是受用一生的学习方法与实践经验。

（二）课堂性质：由注重"知识讲授"转向注重"感悟思考"

我国高校教师在课堂教学中大多数采用讲授式的教学方法，这是不争的事实。教师利用这种教学方法可快速完成自己的教学任务，避免时间上的浪费和大量精力的消耗，有利于把握教学进度；而学生则处于一种被动接收信息的地位，很少有机会对所学内容进行深层次的思考和感悟，导致学生只知其然而不知其所以然。讲授式教学有许多弊端：教师教，学生被教；教师无所不知，学生一无所知；教师思考，学生被动思考；教师讲，学生温顺地听；教师选择教学内容，学生适应教学内容。教师是教学过程的主体，学生纯粹只是被教的客体。新时代的课堂教学革命就是要淘汰"水课"，打造"金课"，倡导探究式教学、问题式教学、项目式教学、辩论式教学，旨在激发学生的主观能动性，培养学生的发散思维、反向思维、求异思维、创新思维。教师可以通过向学生提出种种问题来启发学生进行积极思考，或让学生围绕一个主题进行辩论，引导学生自主表达思想、自主建构知识体系。学生自己学习、领会、内化的知识也会更牢固。四川大学为振兴本科教育，全面开展课堂革命，实现了六个转变：第一，实现了从注重知识点传授的"以教为中心"向"知识+思维方式+想象力"并重的"以学为中心"教学模式的转变；第二，实现了从"灌输式""片面追求专业化"向探究式、个性化的培养方式的转变；第三，实现了从重死记硬背、"期末一考定成绩"向重独立思考、"全过程学业评价、非标准答案考试"的学业评价的转变；第四，实现了教师从"知识传播者"到激发学生创新创造的"引导者"的角色转变；第五，实现了学生从被动学习、"考试型学霸"向主动学习、"创新型学霸"的行为的转变；第六，实现了从教学投入单一、偏少到全方位教学投入的机制的转变①。

（三）教学材料：由注重"教科书"转向注重"互联网"

教科书是课程标准的具体化实物，也是高校教师进行教学时使用的主要材料。尽管我国几乎所有的高校教室已经配备了现代化的教学设备，但仍然有很多老师视教科书为唯一教材，甚至照本宣科地将书上知识给学生一一讲解。在高速发展的信息化社会，互联网可以使足不出户的人查询到前沿最新的信息，因此教师课堂教学不应局限于教材，可以合理利用智慧教室和互联网引入海量的资料，也可以推荐已经面向社会公开的网络教学资源（MOOC、微课、视频公开课等）供学生线下自主学习，丰富教学内容。2018 年 12 月 12 日，教育部发布的《关于加强网络学习空间建设与应用的指导意见》中提出，面向各级各类教育、全体教师和适龄学生，全面普及"绿色"安全、可管可控、功能完备、特色鲜明的实名制空间。加快推进人人皆学、处处能学、时时可学的学习型社会建设。2018 年，教育部认定推出首批 490 门国家精品 MOOC；2019 年，教育部认定推出第二批 801 门国家精品 MOOC；截至 2019 年 4 月，线上 MOOC 数量由 3200 门增至 12 500 门，国家精品在线开放课程数量由 490 门增至 1291 门，15 个省份共认定 2229 门省级精品在线开放课程。超过 2 亿人次在校大学生和社会学习者学习 MOOC，6500 万人次获得 MOOC 学分。可见，充分利用互联网教学平台和资源学习是高等教育普及化阶段一种新的发展趋势。

（四）教学改革机制：由"要求教改"转向"倒逼教改"

自从时任教育部部长陈宝生提出课堂教学革命的要求以来，各高校都在要求教师推进课堂教学改革，但是，口号喊得多，实际行动少。厦门大学实施"三个倒逼"机制②，收效明显。一是硬件倒逼，利用教学设施的现代化倒逼教学改革，特别是课堂教学改革。建设智慧教室，课堂教学全面互动，融入"以学生为中心"的理念，探索由"以教师为中心"向"以学生为中心"转变，由"以教为中心"向"以学为中心"转变，从无线网络环境、交互式电子白板、课堂任意分组、互动教学系统、多终端支持、智能管理、实时应答系统、课堂大数据分析等八个维度实现智慧教室核心功能。二是 MOOC 倒逼，开展在线开放课程建设与应用。实施"本科生全部课程上网工程"，完成所有本科生课程全部上网。推进在线开放课程建设，依托现代教育技术鼓励教师开展线上线下相结合的混合式教学改革，倡

---

① 来源：2019 年四川大学内部资料《以课堂教学改革为突破口，全面推进"探究式-小班化"教学改革》。
② 来源：2019 年厦门大学内部资料《将双创教育延伸到各个育人环节》。

导采用启发式、探究式、讨论式、参与式、翻转教学等新型教学模式。三是制度倒逼，即建立相应的教学管理制度。制定《厦门大学大学生创新创业训练计划管理办法》，引导学生自主性、探索性、实践性学习。修订人才培养方案，建立健全融创新课程教学、科研驱动、自主探索、结合实践、跨学科整合、文化引领、配套激励为一体的高校创新创业教育体系。

四、课堂教学革命风险何控

任何事物的发展都是有利有弊的，这是唯物辩证法的基本原理，在深化"以学生为中心"的课堂教学革命过程中应避免极端化、片面化和形式化。

（一）避免课堂教学革命极端化

传统"以教师为中心"的教学在遭受了人们的质疑和批判后，"以学生为中心"的课堂教学改革极端化的现象也开始萌芽，部分高校实施的"以学生为中心"的教学改革出现了矫枉过正的现象。譬如，有的高校奉"学生为上帝"，老师围着学生转，学生想学什么就学什么，学习内容完全契合学生兴趣，甚至降低教学要求，偏离教学目标；有的教师在采用探究式、讨论式教学方法时，整个课堂交由学生来掌控，虽然营造了自由学习、主动学习的氛围，可以使课堂活起来、学生动起来，但是教师疏于有效引导和管理，"完全放手"的后果极可能是引发课堂教学活动的无序化。俗语道，月满则亏，水满则溢，高校课堂教学革命从"以教师为中心"的极端走向"以学生为中心"的另一个极端也是不可取的，切实把握好改革的"度"很重要。坚持以学生为中心，教师扮演好导师、导演的角色，严慈相济，帮放有度，并非对学生放任自流，而是要坚持"适度"原则，找到教师主导和学生主动的平衡点，以避免课堂教学革命极端化。

（二）避免课堂教学革命片面化

"以学生为中心"的课堂教学革命是一场涉及学校教学与管理等方面的系统性、变革性的实践活动，不能简单地等同于教师备课、教学活动设计、课外自主学习等环节的改革。有的高校在实施课堂教学革命时，认为这只是教师的事，与管理层及学生没有关系，导致课堂教学革命"教师化"，成为教师的独角戏。诚然，缺乏教师考核聘任制度、教学管理与教师评价制度、学生管理与学业评价制度及教学设施和条件的保障，教师推进课堂教学革命只会是孤掌难鸣，教学改革的积极性也会受到极大的挫伤，正如赵炬明和高筱卉（2017）所言，以学生为中心的改革是范式变革，需要学校从思想到实践、从教学到管理、从使命到文化等所有方面都要发生变化。因此，高校在推进课堂教学革命时，首先，应从管理制度入手，把"以学生为中心"的理念贯彻到各项管理制度中，以学生成长和发展的成效作为评价一切工作的根本依据。其次，学校领导应该认识到，推进教学改革需要教师投入大量的时间和精力，没有广大教师的辛勤付出，以学生为中心的课堂教学革命不可能成功，因此学校应该拿出相应的政策和资源激励教师参加改革（赵炬明和高筱卉，2019）。最后，以学生为中心的课堂教学革命旨在发挥学生学习的主动性、积极性和创造性，促进学生德智体美劳全面发展，而不是以学生的"人"为中心，更不能一味宠爱学生、迁就学生，无原则地迎合学生的不合理要求。否则，就是对学生健康成长的不负责任，也是对教育事业发展的不负责任。

（三）避免课堂教学革命形式化

从"以学生为中心"的课堂教学革命在我国高校推行的现实来看，改革流于形式的现象不胜枚举。就教学组织而言，学生没有自主选课、选教师、选时间、选空间的权利，只能按部就班地按照排定的课表上课；就授课方式而言，在提倡信息化教学的背景下，教师采用多媒体辅助课堂教学能够使复杂的教学内容更直观地呈现、教学信息量更大，但很多教师过度依赖或低层次利用多媒体教学，文字搬家，照屏宣科，教学质量不增反降；就教学模式而言，教师课堂上也想采用对话式、探究式教学，但提出的一些问题太过浅显、直白，学生不用思考，回答"是""对"或照念教材上的一段文字即可；就组织小组讨论而言，教师没有很好的问题和情景设计，缺乏对学生研讨过程的有益引导，有限的课堂教学时间很快流失。类似的课堂教学革命也就变成了"以学生为中心"的忽悠式"表演"，有"形"无"神"，没有入"脑"、入"心"、入"行"，根本没有实际意义可言。

第六节　工程教育教学方法转型：大力推行项目教学

众所周知，高校课堂"抬头率""参与率"不高，其根本原因就是教师单向"灌输式"的教学方法过于死板，遵循"概念—原理—例题"（concepts-principles-examples，CPE）的教学逻辑，如图 7.1 所示。

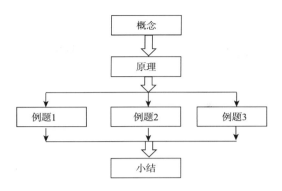

图 7.1 "灌输式"教学逻辑示意图

图 7.1 中，教师一般先从基本概念切入，按照演绎推理的思路，系统讲授教材的理论体系，再以例题的方式讲授这些理论的应用。

"灌输式"的教学方法有四个弊端：一是注重讲解一个个知识点，把教学内容"撕裂"开来，而现实工程问题的解决需要综合运用多种原理或理论；二是虽然以例题的方式讲解理论的应用能够帮助学生理解这种理论，但毕竟例题是一种"理想化"的问题，与现实工程问题相差甚远；三是讲解概念、原理等理论比较抽象，容易使学生学得乏味，失去兴趣；四是把学生当作"婴儿"，以"喂养"的方式灌输给学生，学生只是被动地接受知识，而不是主动地建构知识。

为了培养社会需要的高素质工程型人才，许多高校根据工程型人才培养的目标与规格，修订本科人才培养方案，推进教学改革。然而，根据笔者近几年参加全国本科教学工作审核评估与合格评估所了解到的现实情况，许多高校课堂教学"满堂灌"的传统教学范式没有根本改变，学生的实践能力没有得到明显提升。突破传统的以课堂讲授为主的教学方法，让学生能够获得真实情景的教学体验，是当前高校课堂教学改革的关键点，也是将教学改革真正"着地"的切入点，更是工程型人才培养模式转型的突破点。

怎样才能使课堂教学更加"有趣"？建构主义的教学理论认为：教学就是要创设或者利用各种情境，帮助学生利用先前的知识与已有的经验，在现实情境中进行学习与认知。学生是知识意义的主动建构者，而不是外部信息的被动接受者；教师是学生主动建构知识时的指导者，而不是理论知识的灌输者。因此，高校教师如果采用项目化教学，应尽量创设与学习有关的真实情境，尽可能地将学生嵌入现实状态中"做中学""研中学"，学生就会转变角色、激发兴趣，变被动接受教师"喂养"为经过团队学习与实践来建构知识、增长才干。朱伟文和李亚东（2019）研究了麻省理工学院推进项目化教学、培养高素质工程型人才的成功经验，值得借鉴（图 7.2）。

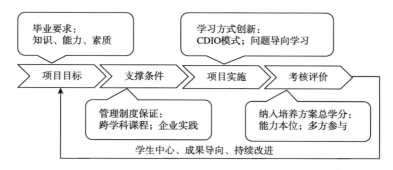

图 7.2 项目化教学的模型

一、项目化教学法新的诠释

工程项目教学法就是以真实有效和综合复杂的项目作为学习资源，由传统的"课程中心"的教学转化为"项目中心"的教学，围绕项目融入相关课程的理论知识，利用多学科的核心概念和原理解决工程问题，引导学生体验学习和感受工程。

项目教学法遵循"项目—理论—实施"（project-theory-implementation，PTI）的教学逻辑，如图 7.3 所示。

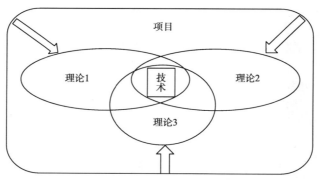

图 7.3 项目化教学逻辑示意图

图 7.3 中，外矩形代表项目，椭圆代表理论，小方形代表技术（实施的方式方法）。

高校传统的课堂教学以学科为导向，图 7.4（a），教师依据学科的内在逻辑讲授课程的知识体系，学生接受系统的学科知识教育和纵向思维训练，缺乏横向的多学科知识综合应用的思维训练和能力锻炼，这对于培养拔尖创新型人才也许是有益的，但不适用于工程型人才的培养。图 7.4（b）表示以学科知识体系为主导，项目嵌入学科知识体系之中，教师在课堂上以讲授学科知识为主，结合项目讲解学科知识的应用，这是我国高校现在比较常见的 CPE 教学模式。虽然学生能够获得一些支离破碎的理论联系实际的感受，但工程问题往往是复杂的体系，需要多学科知识的综合应用才能解决，仅凭单一学科的理论知识联系实际是远远不够的。图 7.4（c）表示以项目为导向，将相关学科知识嵌入项目之中，教师课堂教学不再是照本宣科，而是将传统的课程教学内容体系重组，把原来课堂"灌输式"的教学活动转化为一个个具体的项目，以实际项目为载体组织教学，以培养学生的专业技能为目标；师生共同分析项目开发需要哪些理论知识及它们之间的关联性，教师既可以适当讲授这些理论知识，也可以将学生分组，指导每组学生围绕各自选择的项目自主学习必要的理论知识，学生有困难时找教师辅导答疑；项目团队在充分讨论的情况下，进行内部分工，根据教学要求查阅资料，制订详细的实施方案，分工协同，技术运用，实践操作，逐步递进，直至最后完成项目。通过项目教学，学生能够把握项目中每一个环节和整个过程的基本要求，加深对相关理论知识的理解和综合运用。同时，完成一个项目对学生来说就是获得了一项小成果，学生会有一种成就感，学习的自信心增强，学习兴趣会得到激发。而且在学生参与项目方案设计、开发的过程中，可以挖掘自身的创造潜能，训练项目团队的协作意识，提高团队成员解决实际问题的综合能力，可谓一举多得。近些年，高校组织的大学生课外科技创新活动就是基于项目式教学的成功实践，深受学生欢迎，但学生参与率还不高，如果能够进一步拓展到课程教学中，从根本上改革专业基础课和专业课程的教学模式，必将使学生的受益面更大，学生的工程意识和工程能力会得到更好的培养。图 7.4（d）代表以项目为主体的"师徒式"教学模式，这些项目一般比较简单，不需要较深的理论知识支撑就能实现，教师指导学生"做中学""练中学"，主要目的是训练学生的基本操作能力，培养"工匠"精神，高职院校和技工学校比较适合于这种课程教学。

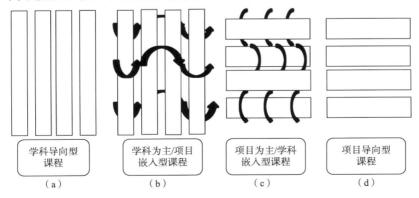

学科导向型课程	学科为主/项目嵌入型课程	项目为主/学科嵌入型课程	项目导向型课程
（a）	（b）	（c）	（d）

图 7.4　四类课程示意图

纵向代表学科，横向代表项目

　　项目教学法还能够倒逼教师深入研究教学，自觉走出校园到企业和社会中去认识社会发展，了解企业需求，发现真实问题，提炼教学项目，积累实践经验。教与学相长，有益于培养适应社会需求的高素质工程型人才。

　　项目化教学可分为五个层次，即基础课程可以设计基础实践项目、专业基础课程群可以设计知识综合应用项目、专业课可以设计技术应用项目、毕业设计（论文）可以设计工程实际项目、创新活动可以设计科技创新项目。通过基础实践项目、知识综合应用项目、技术应用项目、工程实际项目、科技创新项目等多种形式，构建贯穿于学生整个培养过程，由简单到复杂，从低级到高级，目的明确、循序渐进、能力进阶的项目教学系列，形成完整的项目教学体系。教师对教学项目设计把关，使之贴近学生学习，贴近社会现实，贴近课程教学目标。通过课内、课外、企业、社会四个维度教学平台，使学生在校学习期间可以受到现场情景化的真实项目的完备训练，在开放的环境中经过亲身体验掌握理论知识，提高实践能力。某高校计算机专业与物联网专业项目教学法改革设计如图7.5所示。

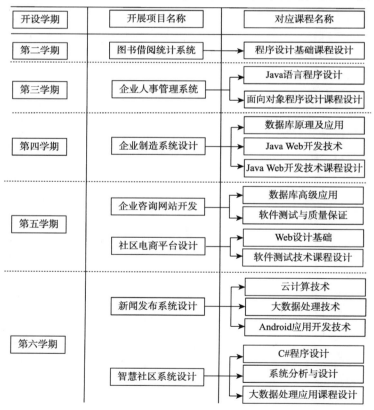

图 7.5　计算机专业与物联网专业项目教学法改革图示

项目教学法跟传统的"灌输式"课堂教学法相比有本质的区别。教学目标上，传统"灌输式"课堂教学法讲授的是理论知识，并让学生理解接受知识；而项目教学法是在教师的指导下，学生自主学习理论知识，运用相关技术解决真实问题。教学形式上，传统"灌输式"课堂教学法是教师课堂上主演"独角戏"，学生被动地观摩教师表演，完全缺乏学习压力和内在动力；而在项目教学法中，老师和学生是学习共同体，学生是主角，教师是配角，学生团队学习、小型化实训是主要教学形式。参与程度上，传统"灌输式"课堂教学法中学生几乎不参与教学，就像一个"容器"，接受老师讲授的内容，效果不尽如人意；而项目教学法主要是由学生团队独立完成一个项目，学生不仅是参与者，而且是主导者、设计者、管理者。交流方式上，传统"灌输式"课堂教学法是老师单向性知识传输；而项目教学法是师生间的双向互动及学生之间的多向交流。

武汉大学原校长、中国工程院院士刘经南教授在接受访谈时说道："推进项目式教学改革，我还是很推崇的，因为项目可大可小，在低年级的时候可以把项目设计得简单一点，小一点；到高年级的时候可以把项目设计得大一点，复杂一点。以项目为切入点，把项目看作一个小的工程，让学生参与其中，从项目本身的指标、性能、要求各个方面去认识项目特点，再去分析分解，看看需要哪些材料、零部件，怎么实施、怎么做成；需要哪些学科的知识，这些知识之间应怎样关联。这样去训练学生，比我们现在传统的教学模式好。在项目式教学中，以项目倒逼学生去认识工程问题，培养问题意识和工程能力，我认为这是很好的教学改革。"

二、项目化教学法实施步骤

项目化教学通常包括提出教学项目、组建项目团队、制订项目方案、组织项目实施、进行项目评价等环节。

提出教学项目。面向学生的教学项目的设计或选取，应考虑三个因素：一是依据学生的在校学习进程，循序渐进，逐步晋级，先易后难，由浅入深。二是项目不宜于太简单也不能过于庞杂，若太简单则涉及的知识点少，缺乏知识点间的关联性和系统思维训练；若太庞杂，学生没有能力在有限的时间内完成项目。三是项目本身要紧密结合工程领域或社会生活中的实际问题。

组建项目团队。项目团队的组建方式有四种：一是由学生自发地组建团队，这样组建的项目团队，成员之间关系融洽，便于沟通交流。二是根据学生的学习风格和能力组建团队，这样组建的项目团队，成员之间的知识和能力能够互补，有利于形成合力，顺利完成项目。三是指导教师采用随机分配的方式组建项目团队，这样组建的项目团队更加贴近客观现实情境，但项目的完成具有不确定性。

四是根据项目任务所需团队成员角色，结合学生兴趣特长组建项目团队，这样组建项目的团队更具有针对性。每个项目团队一般有 3 至 6 人，确定一名团队负责人，明确团队成员的角色定位，做到各司其职。

制订项目方案。确定学生项目团队以后，教师基于对项目实际情况的分析，指导学生理解项目，提示学生完成项目涉及的主要理论知识和方法，明确要求应达成的目标，引导学生从哪些方面入手。项目组成员根据项目需求进行分析，事先分工，查阅相关资料和技术手册，制订项目实施方案，提出实施该项目的场地、设备、环境需求，制订经费计划和时间安排。

组织项目实施。项目实施以学生为主体，着力培养学生独立分析问题和解决问题的能力。项目负责人按照"统分结合"的原则将项目实施分离出几个相关的小任务，学生分组各自收集资料，定期组织团队讨论，对资料进行整理、归纳、消化、吸收，并对信息进行再加工。整个项目及其问题的解决都由学生根据制订的项目实施方案和时间进程，运用已掌握的知识和技术自主完成。团队成员之间集思广益，成果共享，形成 1+1>2 的协同作用。

进行项目评价。项目评价分为形成性评价和结果评价。由于项目化教学是项目团队在教师指导下共同完成一个项目的实践活动，教师需要对学生在项目实施过程中的具体表现、学习态度、学习方法、贡献度等进行评价，即形成性评价。不同类型的项目有不同的结果，如"城市生活污水处理情况调查"项目，其结果可能是一份调查报告；如果是电子设计、机械设计、节能环保类项目，其结果可能是一个作品和设计说明书。不管哪类项目结果，都是衡量项目成功与否的重要评价标准之一，即结果评价。

对全班多个项目完成情况的评价一般有三种形式：一是各项目团队在完成项目后进行自评；二是项目组分别以 PPT、动画、辩论、演讲、话剧表演、作品等多样化形式，向全班展示本项目组的最终成果，按照需求分析、方案设计、实验步骤、实验结果等评价指标，各项目组之间进行互评；三是教师总体把握学生的项目质量，对每个项目进行总体评价，在肯定和鼓励的同时，提出建设性的意见，促进学生自觉反思学习过程。

三、项目化教学法基本特点

项目教学法有六个基本特点。

（1）项目内容的真实性。项目教学中的项目来源有多种途径。一是教师根据教学内容设计教学项目；二是教师在社会实践中收集项目；三是教师将自己的科研课题转化为教学项目；四是企事业单位委托学校开发的项目；五是学生深入企事业单位寻找的项目。项目教学法就是以这些真实的、典型的项目为载体，让学生在真实的情景中训练解决实际问题的能力。

（2）项目实施的实践性。学生组成的团队一旦选择了项目，就要分析完成项目必须具备的理论基础；通过自主学习、查阅资料、教师指导，制订项目实施方案；根据团队内部分工各司其职，定期研讨，协同推进；进行项目结果表征、测试，撰写项目研究或开发报告；最后进行答辩。整个过程都是让学生在"做中学""研中学"。所以，项目教学法就是学以致用，在实战中练兵，在亲身体验中长才干。

（3）项目训练的跨学科性。由于具体的教学项目来源于实践或有目的的设计，一般不可能仅凭一门课程或一个学科的知识就能够完成，它在实际实施过程中可能会涉及多学科知识、多种技术和方法、多个可能方案的筛选，学生通过该项目能够将多学科理论知识与多种技术方法有机结合，综合各种因素确认可行方案，达到系统训练学生的效果，这在传统的课程教学中是不可能实现的。

（4）项目完成的合作性。项目教学法是在教师的总体策划和指导下，根据学生的兴趣偏好、学习基础、性格特点等合理地组建学习团队，团队成员之间分工明确，定期研讨、协同推进，这样既可以提高学生独立分析问题和解决问题的能力，同时项目组成员之间又相互讨论、彼此支持，有利于培养良好的团队协作意识。项目教学的潜在意义在于"合作"，合作能使项目组成员之间互相取长补短、交流切磋，增加团队的荣誉感，体会团队合作的魅力。善于"合作"是工程型人才必须具备的素质。

（5）项目教学的创新性。项目教学法使学生成为学习的主体，学生的学习动因由"要我学"变为"我要学"，激发了学生学习的积极性和潜在的创造力；教师需转变教育观念，创新教学方法，从单纯的知识传授者变为学生知识意义建构的组织者、指导者和帮助者；学校的教学管理也将发生深刻改变，课堂教学的组织形式、教学内容、考核评价、管理制度等方面都需要进行革新，实现课堂教学体系的重构与整合。所以，项目教学的过程就是系统创新的过程。

（6）项目实践的开放性。传统的课堂教学，学习时间局限于上课，学习内容局限于教材，学习方式局限于教师讲授，学习地点局限于教室，实践证明这样的教学模式不利于工程型人才的培养。项目化教学突出实践性，突破了传统的教学空间和时间、内容和方法，学生可以利用课内课外时间自主学习，可以利用教室、实验室乃至其他场所主动收集资料、设计方案、实践制作、小组讨论，在解决现实问题中学习理论知识，在项目实施体验中锻炼能力，在团队协作过程中发现自身的价值、自己的优点及缺点。

以项目为载体，按照项目开发的范式实施"知行合一"的教学，具有很强的实践性，能够实现传统课堂教学的六个转变，即从"理论—实践"的认知逻辑向

"实践—理论"的认知逻辑转变，从单向知识传授向"做中学""研中学"转变，从"以教为中心"的教学理念向"以学为中心"的教学理念转变，从"大一统"的授课方式向"个性化"的教学模式转变，从"绝对信奉教师"向"师生学习共同体"转变，从"单一化"的评价向"多元化"的评价转变。总而言之，项目教学法是传统"灌输式"教学方法的根本转型，也是提高工程型人才培养质量的有效之法。

第七节　工科教师工程能力转型：企业院校双重嵌入

在中国政府颁布《中国制造 2025》规划以后，建设一支能够引领中国工程技术发展的高素质的工程技术队伍就显得尤为迫切。然而，高校具备工程技术能力的教师出现了"青黄不接"的现象。高校教师普遍是具有高学历但缺乏工程技术实践经验，其工程技术能力不能有效嵌入企业工程技术实践中；工程技术实践能力的缺乏也使得教师很难嵌入院校培养目标中；同时，教师的工程能力与学生对于工程能力的需求脱嵌。高校教师工程能力转型发展是一项系统工程，通过预制拼装结构型嵌入企业需求、供应商关系型嵌入院校"卓越工程师"的培养目标、耦合渗透型嵌入学生工程能力发展结构中，在嵌入中实现转型和发展，在教学相长和工程实践中成为一名培养"卓越工程师"的优秀工程技术教师。

一、教师工程能力转型三维度

高等工程教育教师能力的转型发展包含两层含义，一是转型，二是发展。转型是一种不能有效适应工程教育发展的形态向新型的能够有效支持工程创新的形态的转变；发展指的是教师将工程能力内化到自我知识和能力结构之中，继而不断促进自身工程能力发展的过程。转型是工程教育方向和途径的变化过程，发展是教师自身的成长过程。高等工程教育教师能力转型发展的最终目的是实现其服务对象对教师的工程文化、价值、标准、期望及不断变化的社会角色的社会认同，继而促进工程技术的创新发展。

李志峰和游怡（2018）研究认为，企业、院校和学生是高等工程教育教师能力转型发展的 3 个主要的利益相关者，也是教师工程能力服务的 3 个主要对象，这 3 个服务对象的文化、价值、标准、期望，以及不断变化的知识和能力需求能否有效嵌入教师的社会角色中去，是其能否获得社会认同的基础。因此，高等工程教育教师能力的转型发展有 3 个基本考评维度：企业、院校和学生。

首先，高校教师工程能力与企业存在着紧密的联系并具有一定的依赖性。其主要体现在以下两点：一是企业是考评教师工程能力的主体。企业不仅为教师提供了实践场所、技术支持、资金保障和人力辅助，同时也为教师的工程能力设立了评价标准，教师的工程能力是否能够紧跟并满足创新企业发展要求，只有在企业的生产实践中才能够得到检验。二是企业为教师工程能力的提升提供动力。企业要想在日益激烈的市场竞争中经受住"优胜劣汰"的严酷考验，必须不断地更新技术，不断提升员工的工程能力。因此，企业欢迎高校教师加盟，将掌握的先进知识、技术、智能传输给企业的员工。高校教师在嵌入企业发展的同时能够接触到企业真实复杂的工程问题，在认识与解决实际问题的过程中，促进自身工程能力的提升。

其次，高校教师工程能力与院校发展有着密不可分的关系。其主要体现在：一方面，高校教师是院校"卓越工程师"培养的主力军，教师工程能力是院校培养"卓越工程师"的基础；另一方面，不同院校都有自己的工程技术人才培养目标和特色，教师必须具备符合院校人才培养目标的工程能力。因此，高校教师必须嵌入院校工程技术人才培养目标，了解院校的工程技术人才培养需求。随着2015 年中央全面深化改革领导小组通过的《统筹推进世界一流大学和一流学科建设总体方案》的出台，高校之间围绕资源和声望的竞争越发激烈。大力发展高等工程教育、引领中国工程发展也就成了当今高校，尤其是理工科高校步入"双一流"行列的必然选择。因此，从事高等工程教育的教师必须将自身对于工程实践的先进理念、能力和素质有机嵌入院校工程技术人才培养目标中去，在充分了解工程技术人才培养需求的基础上，实现自身工程能力与院校培养目标的嵌入，才能得到院校的认同。

最后，学生是教师工程能力服务的主体，也是其工程能力价值实现的目标。高等工程教育中教师能力嵌入学生的知识与能力结构中，才能满足并促进学生不断提高工程能力的需要。一方面，学生是一个极具个性和差异性的群体，对教师工程能力必然会提出多样化的要求。另一方面，随着学生工程专业知识的积累，实践经验的日趋丰富，学生的工程能力也会不断提高。相应地，为了更好地对学生进行教育和指导，高等工程教育教师工程能力也必须在不断学习和实践中更新和提高。只有这样，高校教师的工程能力才能够有效嵌入学生发展的能力结构中去，才能够培养出优秀的工程技术人才。

二、教师工程能力的企业嵌入

"嵌入"是一个经济学概念。经济学理论认为：一般来说，社会组织间的关系有两种——简单的市场交换关系和嵌入关系。以个体为单位，通过松散的个体之间经常变换交换关系的方式发生交易，交易对象之间保持着一定的距离，就是简单的市场交换关系；通过保持紧密的社会关系，确定稳定的交换对象网络，并且对组织具有依赖性，就是嵌入关系（NAE，2005）。"嵌入性"理论对于理解高校教师工程能力的转型发展同样具有解释力。

教师与企业工程能力要求的预制拼装结构型嵌入，就是指行为主体（教师）与其他企业相联系并嵌入整个企业的网络结构中的过程。预制拼装结构型嵌入分为预制和拼装两个部分，是指将高等工程教育教师能力嵌入企业发展，先根据每个教师的工程能力特点进行查漏补缺的预制，再将教师放到企业的核心岗位进行拼装检验，使其工程能力能够嵌入并带动企业工程技术的发展，在企业网络结构中发挥重要作用，如图 7.6 所示。其中，预制阶段包括以下环节：①能力考核测评。针对不同的学科专业特点，对教师的工程能力相关指标进行考核，找到每个教师工程能力的不足。②分类分项学习。根据欠缺能力分为设计、应用、操作、商务、沟通 5 大类别，将教师分配到相应的部门并开展有针对性的实践锻炼。拼装阶段主要分为：①岗位轮换。将教师进行岗位轮换，了解工程技术项目各环节的操作流程，培养其综合实践能力。②项目考核。在对教师进行轮岗考核的基础上进一步对教师创新能力进行考核，如通过让教师独立主持工程技术项目等形式，考核其工程能力和水平，促进企业提高工程技术效益。

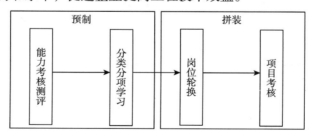

图 7.6　高等工程教育教师能力嵌入企业流程图

高校教师工程能力嵌入企业网络中，能够提高整个企业结构各组成部分的绩效，也有利于高校教师工程能力的转型发展；此外，高校教师工程能力嵌入企业中还可以带来巨大的经济效益，教师不仅成为工程技术教育的主体，而且也是企业工程技术实践与创新的主体，有利于推动整个企业工程技术的转型发展。

三、教师工程能力的院校嵌入

从经济学的角度理解，关系嵌入指单个行为主体的经济行为及与他人互动所形成的关系网络，表达了社会二元关系的结构和特征。供应商关系型嵌入指的是高校教师作为"卓越工程师"培养的供应商，持续地为"卓越工程师"培养提供人力、智力等"原料"支持，同时根据"卓越工程师"培养需求的变化及时调整自身的知识、能力与素质结构，不断适应"卓越工程师"培养的需要。格兰诺维特提出通过互动频率、情感力量、亲密程度、互惠交换4个维度来对关系型嵌入的强弱进行测量，减少在关系型嵌入过程中不确定的风险，对教师工程能力与卓越工程师培养目标之间的嵌入模式同样具有解释力。

第一，工程技术教师与"卓越工程师"培养活动保持高频互动是嵌入的基础。教师作为"卓越工程师"培养的供应商，必须与"卓越工程师"培养活动保持高频率的直接联系。一方面，教师应直接参与院校"卓越工程师"培养目标的制定和考核评定；另一方面，教师要定期开展院校"卓越工程师"培养的研讨与交流活动，通过学习"卓越工程师"培养的经验，来提升自身的工程能力。

第二，工程技术教师与"卓越工程师"之间的情感力量是嵌入的动力。在市场中，顾客和供应商如果缺乏情感纽带，则经济关系的发展可能受阻。教师工程能力的院校嵌入不是经济关系的嵌入，而是互为合作、互相促进的院校与教师之间学术共同体的关系，其有效嵌入能实现院校和教师工程能力的共同发展。因此，情感力量的强度无疑是推动关系型嵌入的重要动力。院校关注教师工程能力发展，给予教师更多的职业发展机会，及时解决教师在提升工程能力方面的问题也就成为教师与院校增进情感力量、减少不确定的风险、深度嵌入的动力源。

第三，工程技术教师与"卓越工程师"培养活动的强亲密关系是嵌入的保障。教师与院校之间最亲密的关系形式就是稳定的合作关系。教师与"卓越工程师"培养活动之间的强亲密关系是以工程技术人才培养质量为前提的。在不断提高"卓越工程师"培养质量的共同愿景下，促进工程技术课程系列化建设，建立"卓越工程师"培训基地，是形成品牌示范效应、形成培养"卓越工程师"的核心竞争力、形成教师和院校卓越工程师培养强亲密关系的有效保障。

第四，互惠互换的政策机制是有效嵌入的关键。互惠互换的政策机制是教师与院校建立互惠互换关系，保证双方共赢的基础。缺乏有效的政策激励机制，很难让教师真正把自己嵌入企业工程实践场域和院校"卓越工程师"培养活动中去，也很难成为培养"卓越工程师"的卓越工程教育教师。

第八节　工程大学生学习转型：重视提高学习"力"

学习"力"是指学生有效获取、整合、转化、应用、再创造知识及信息的能力，是学生解决问题所具备的核心素质，主要由学习动力、学习毅力、学习能力和学习创新力 4 个维度构成（李海燕等，2019），即学习力（learning power）=学习动力（motivation to learn）+ 学习毅力（learning stamina）+ 学习能力（learning ability）+ 学习创新力（learn to be creative），简写为 LP = M + S + A + C。其中，学习动力由学习目标、学习兴趣、学习自信三个要素构成；学习毅力由学习时间、学习习惯和学习意志三个要素构成；学习能力由深度学习、团队学习和反思学习三个要素构成；学习创新力由问题探究和求异思维两个要素构成。工程教育转型发展也要关注学生的学习转型，从加注学习动力、坚定学习毅力、拓展学习能力和激发学习创新力 4 个维度提高大学生学习力。

一、加注学习动力，为提高学习力增添能量

加注学习动力是持续推进学习活动，促进学生学习进步和学业发展的力量源泉。

（一）树立合适的学习目标

美国哲学家爱默生说："一心向着自己目标前进的人，整个世界都给他让路。"古人云："取法乎上，仅得其中。取法乎中，仅得其下"，"人无远虑，必有近忧"，"心所至，无所不至"。这些具有深刻哲理的话语都启示我们，学习目标是指引学生努力学习的方向，是驱使学生不断向前迈进的原动力，对学生的学习起着重要的定向作用。树立正确的学习目标能提振精神和士气，从而产生一种不可估量的内在力量。没有正确的学习目标，就像一艘在大海中没有指南针的航船迷失航行的方向一样，学习时就会虚耗精力，虚度光阴，不知道学习的价值所在。学习目标的确立要把握好"度""明""细"。所谓"度"，就是指目标不能定得过高或过低，以使人跳一跳、够得着为宜。定得太高，最终无法实现，使人丧失信心；定得太低，一蹴而就，指引意义不大。所谓"明"，就是

指学习目标的表述非常清晰明了，便于学习时自我对标和检查。所谓"细"，就是目标要便于细化为平时的学习行动，如可以将目标分为长期目标，即大学四年的学习总目标；中期目标，即每学年的学习目标；短期目标，即每学期或每个月或每门课程的学习目标。现实中有些学生之所以会厌恶学习，缺乏学习激情，也许病根就在于其迷失了学习的目标。哈佛大学曾经对一群人的目标做过调查，25年后跟踪发现，占3%的目标清晰长远的人，都发展成为社会各界的顶尖成功人士（俗称金领）；占10%的有比较清晰短期目标的人，大都成为各行各业不可缺少的专业人士（俗称白领）；占60%的目标模糊的人，大多只能安稳地工作和生活（俗称蓝领）；占27%的没有目标的人，几乎碌碌无为、生活艰辛[①]。由此可见，树立合适的学习目标对于每个大学生在校期间的学业进步和今后的人生发展来说都极为重要。

（二）激发学生的学习兴趣

兴趣是人们认知事物的一种心理倾向，是学习的情感动力，是求知欲的"发动机"。孔子曾说过："知之者不如好之者，好之者不如乐之者。"只有当学生开始对学习感兴趣的时候，他的学习积极性才会被最大限度地调动起来，才会投入精力去探索、去思考、去实践，因此，教师在教学中不但要教给学生知识，而且要使学生会学、爱学、乐学，培养学生学习的兴趣，这是提高学生学习成效最有效的措施之一。许多成功的学者、在校优秀的学生，在讲述自己成功的秘诀时，都认为兴趣是最好的老师。高校教师如何激发学生学习兴趣？可以采用情绪调动法让学生学习更加有劲，采用悬念设置法让学生学习更加有趣，采用情境体验法让学生学习更加有形，采用主体设计法让学生学习更加有彩，采用互动参与法让学生学习更加有乐。教师在教学活动中语言幽默、设问巧妙、举例生动、案例丰富、教学问学，组织学生参与教学，鼓励学生各抒己见，就可以营造生动活泼的课堂氛围。一旦学生学习的兴趣激发出来了，学习积极性调动起来了，势必就会达到事半功倍的教学效果。笔者曾在本科教学工作评估期间访谈多所高校的学生，询问他们为什么学生上课到课率、抬头率、参与率不高？为什么有的教室前三排很少学生坐？为什么总有学生课堂上玩手机？他们几乎都有一个共同的回答："学生不感兴趣的课程就会如此"。北京航空航天大学推进MDP式[②]教学模式改革，将以知识传授为主的教学方式改变为课前自主学习、课上小组研讨、课下项目团队实践的模式，激发了学生主动学习、自主探究的积极性，培养了学生的团队合作

---

① https://bbs.qzzn.com/thread-16536754-1-1.html[2020-02-12].

② MDP式即课前MOOC、课上discuss（讨论）、课后project（项目）。

精神、创新意识、创新思维及创新能力①。可见，提高课程教学质量的有效措施之一就是教师要激发学生对修读课程的兴趣。

（三）培养学生的学习自信

大学生自信心是相信自己有能力实现学习目标的心理倾向，是促进自身进行学习活动的一种内在精神动力。面对大学阶段繁重的学习任务，不断取得进步并圆满完成学业，非常重要的条件就是自信心。只有满怀信心的人，才能在学习遇到困境，甚至受到挫折的时候，把自己沉浸于学习生活中，直至实现自己的学习目标。自信心对于大学生学习来说有三个方面的作用：第一，自信心能鼓舞学生士气，使其学习标准更高、要求更严格。自信心不足的学生总认为自己不如别人，对自己要求不高，甚至崇尚"60分万岁"，久而久之与优秀学生的差距越来越大。第二，自信心能激发学生的学习激情和潜能，说我行，我就行，坚定自信，不行也会行。学生学习成就的大小，与其自信心的大小有关。第三，自信心使学生持之以恒、百折不挠，始终保持积极进取的心态，即使遇到困难挫折，也不会妄自菲薄，而是迎难而上，应对挑战，直到成功。科学家爱迪生成功的秘诀就是无论何时、不管怎样，绝不允许自己有一点灰心丧气。

大学生如何培养自信心呢？一是相信自己能行。在校学习期间，大学生如果总是满怀信心，内心里反复暗示"我行""我真行""我能成功"，那么他的自信就会变成一股强大的内在动力，驱动自己以积极的态度和饱满的热情为实现学习目标而奋斗，持之以恒就会真的变得更优秀了。相反，大学生如果在校学习期间缺少自信，就总会把学业不佳归结为自己基础差、智商低、天赋不如人。实际上，他们的学习成绩欠佳，并不是由于自己脑袋不聪明、智力低下，而是由于他们缺乏自信心，勤奋努力不够，学习精力投入不足，自我忽悠学习过程，原本能获得成功的机会也就消失了。二是正确面对挫折。在大学学习期间，会有多种原因，考试成绩不理想、实践活动表现不佳、评优评先与自己无缘等。如果遇到这些负面情况，不要气馁，不要灰心，正确面对，深刻反思，视失败为成功之母，也许这样会使人很快走出低谷。三是勇于表现自己。学生上课时不要怕"太显眼"，尽可能坐到教室的前几排，既有利于提高听课质量，也容易被老师注目到、提问到，有更多参与教学的机会；课堂讨论交流时大胆发言，表达自己的观点，即使表达错误也言者无罪。如果这样锻炼的机会多了，就会不断增强自己的自信心和口头表达能力。

---

① 来源：2019年北京航空航天大学《推进创新创业高端人才培养模式创新》。

二、坚定学习毅力，为提高学习力增强韧劲

大学生坚定自己的学习毅力就会给学习提供一种源源不断的精神力量。

（一）确保足够的学习时间

报告《投身学习：发挥美国高等教育的潜力》中指出："对改善本科教育来说，也许最重要的一条就是学生投身学习"（王一军，2019），对于大学生而言，学习时间是最宝贵的教育资源之一，大学生在学习过程中投入的时间和精力也许是提高本科教育教学质量最重要的措施之一。报告《国家处在危险之中：教育改革势在必行》中的学生部分写道：如果你们在学习上没有下最大功夫，你们就是在断送生活的机会。你用于学习的时间最少，得到报答也最少；你们的努力决定你们学了多少和学得怎样；当你们全力以赴学习时，你们就能够创建未来和控制自己的命运（徐高明，2019）。言下之意是，学生在大学学习期间投入时间和精力的多与少、自己学习努力程度的大与小，决定着个人成长的快与慢和学习成效的优与劣。大学学习生活越充实，未来走入社会胜任工作的能力就越强，这是一条基本的规律。对于每一位大学生来说，大学学习时间是恒定的、有限的，学生应该善于与大学生活中的其他力量博弈，争夺更多的时间和精力用于学习之中。中国有句古语：只要功夫深，铁杵磨成针。一分耕耘，一分收获，在学习方式越来越信息化，学习目的取向越来越功利化的当下，如果大学生能够自觉加大学习投入，自我"增负""加压"，使课外学习"忙"起来，课内学习"动"起来，学习时间"不够用"，学习感受"累中乐"，锲而不舍，坚持不懈，必然会聚沙成塔、聚水成河。

（二）养成良好的学习习惯

孔子说过："少成若天性，习惯如自然。"习惯是一种力场，也是一种能量场，它看不见，摸不着，但它又确实存在，并起着非同小可的作用。大学生在校学习期间养成温故知新、多读善思、知行统一的习惯很重要。

温故知新。温习在学习中具有巩固知识、强化知识和深刻理解知识的作用，是掌握知识的一个重要环节。一般而言，人的第一次记忆，在脑海中留下的印记只有 1~2 天；当再次记忆时，在脑海中留下的印记也只有 15 天左右；只有一遍又一遍经常性地反复温故知新，才能够把知识牢牢地印记在脑海中。所以，大学生

在学习过程中，不要指望过目不忘，毕竟那样的天才只是极少数，只有经常温习学过的知识，才能牢记在心中。

多读善思。读过一本好书，就像交过一个益友。学生不读书，就好像飞机没有安装翅膀。读书可以由"无知"变成"有知"，多读书可以由"知之甚少"变成"知之丰满"；读而善思，多读书就可以由记忆知识变成感悟知识。然而，笔者在近几年本科教学工作评估期间，曾调查过多所大学在校本科生一年内借阅图书的信息，一年内一本图书都没有借过的学生人数占比竟然达到 35%~50%，令人错愕不已。据网上资料报道，以色列平均每人每年读 64 本书，日本是 30 本书，韩国是 11 本书。①相比而言，我国那么多在校大学生一年一本书都不借阅，学习质量从何而来？行万里路，读万卷书，只有脚踏实地、孜孜不倦、崇尚读书的大学生，才有可能成长为学习优秀、毕业后富有发展潜质的社会公民。

知行统一。"知"与"行"是辩证统一的关系，"知"是对客观世界的认知和理解，以"知"为基础的"行"才能行之有效，脱离"知"的"行"则是盲动；"行"是把掌握的知识付诸实践，以"行"的结果检验的"知"才是真知灼见，脱离"行"的"知"则是空知。大学生的学习不只是为了"知"，更重要的是把学习的理论知识用于解决实际问题，到达"学止于行而止矣"的目的。

（三）磨炼克难的学习意志

学习意志是指大学生在学习进程中为实现其目标而不畏艰苦、勇于拼搏的品质。大学生的学习生活是一个不断求新的过程，经常会遇到知识难理解、作业动不了笔、实验不会做、考试成绩不佳等困窘。面对学习上的困难有两种态度，一种态度是能够正确对待，不被眼前的困难所折服，把困难转化成对自己的一种磨炼，不畏缩，不懈怠，分析原因，奋起直追，发愤苦读，最终品尝到勤奋刻苦学习带来的甘甜。正如古人曰：宝剑锋从磨砺出，梅花香自苦寒来。音乐家贝多芬，虽然他两耳失聪，但他坚定自己的信念，不气不馁，以顽强的毅力刻苦训练，最终成为世人崇敬的大音乐家。另一种态度是消极对待，选择逃避或走捷径的方式自我安慰，不愿意付出自己的努力克服困难。例如，翻转课堂教学改革，老师要求学生课前利用网络学习平台自主学习，有些学生则"挂网"蒙哄老师；有的学生遇到作业不会做就抄袭；有的学生课程没学好，考试时就想靠作弊过关；等等。这类学生由于意志力薄弱，回避学习上的困难，其结果必然是虚度年华，碌碌无为，最终影响自己的学业。

学习是一个日积月累的过程，完成学业也是厚积薄发的结果。在艰苦的学习

过程中遇到挫折时，不自暴自弃，以不到长城非好汉的意志，逆流而上，就能找到水的源头；面临学习问题时，冷静分析其原因，探寻解决问题的方法；取得成绩时，不骄傲、不自满，乘势而上；有坚定意志就能预见到学业发展后带来的愉悦，由微小到伟大，由量变到质变。

三、拓展学习能力，为提高学习力增辉生色

学习能力可以通过深度学习、团队学习和反思学习等实践活动得到增强和发展。

（一）超越浅层的深度学习

现实中，高校大学生浅层次学习的现象比较严重。所谓浅层次学习，就是学生对知识的理解停留在字面认知层次上，对知识的掌握停留在大脑记忆的层次上，且是孤立的、零散的，没有形成知识结构，忽视知识与知识之间的内在联系，缺乏对知识内涵与外延的深刻理解，不会应用获得的知识解决实际问题，因而知识不能转化为能力、内化为素质。深度学习是相对于浅层次学习而言的，是将学习改革引向深入的关键，它强调学生学习的主动性、批判性、建构性和应用性，旨在培养学生的高阶思维及在真实情景中解决问题的能力。

主动性强调学习者通过主动参与学习，积极思考，深入探究知识的内涵与外延，充分掌握所学知识之间的逻辑关系，达到对知识更系统和更深层次的理解，从而更好地完善自身的知识架构；批判性强调学习者善于以一种批判怀疑的态度投入学习，敢于对教师课堂讲授内容提出不同的见解，敢于对教材现有的内容提出更新完善的建议，敢于对所学知识提出质疑甚至批判，在批判的基础上梳理或整合获取的知识和信息；建构性强调知识是学习者主动建构起来的，知识的意义在于面临新事物、新信息、新现象、新问题时，人的大脑会根据情境特征，调用已有的知识储备和先前的经验积累，来解析这些新事物、解释这些新信息、解答这些新现象、解决这些新问题，赋予它们新的意义；应用性强调基于问题的学习、基于项目的学习、基于案例的学习、基于研讨的学习、基于知行合一的学习，纠偏为考试而学习的旧观念，确立学以致用的新观念。

（二）善于合作的团队学习

在现代大学组织中，学习的基本单元应该是团队而不是个人，大学生之间应

强化团队意识，在合作学习中促进学生的各自发展，因为未来任何一个组织都不可能依赖于个人的竞争力取胜，而是依赖于团队的竞争力图强；也不是依赖于一个团队与另一个团队"学历"的高低来竞争，而是依赖于一个团队与另一个团队"学习力"的强弱来比拼。未来的课堂教学情景，学生的学习组织形式不再是排排坐看演出式听教师讲授，而是更加接近社会经济发展现实的工作团队，学生在校的知识学习、社会实践和课外活动，不再是个人的"独奏"，而是团队的"合奏"。正如耶鲁大学法学院正门和后门两个浮雕碑文呈现的那样，①正门浮雕上面写道："老师在讲课，慷慨陈词，手舞足蹈，而下面所有的学生都在睡觉"，这意味着教学以老师为主体，学生没有积极性，其结果是老师劳而无功；后门浮雕上面写道："学生们分成了两排，一看就知道，争论得已经不可开交，甚至相互指责的手势都有，这个时候老师在睡觉"，这意味着学生组成团队学习，相互辩论，进入最佳状态，这样的课堂是更高境界的课堂，老师倒可以休息了。

学生学习不仅需要教师的指导，更需要同学之间的平等交流与分享。学习型团队里的每一位学生，不管他们扮演着什么角色，都是一个学习人。也许有些学生可能在某一方面比另一些学生掌握更多的专业知识和优势，但每位学生都有自己的缺陷与不足，彼此取长补短，共同进步。譬如，学习团队组织专题研讨，彼此介绍自己的观点或解决方案，一起畅谈、交流、分享学习心得体会，不仅有益于个体学习进步和智力开发，更有益于团队成员群体智力的开发和协作能力的培养，同时可预防学生个体的学习倦怠。学生之间可以自发地形成若干类型的学习团队，如寝室学习团队、项目学习团队、创新创业学习团队、社会实践学习团队、朋辈学习团队、一帮一学习团队等。

（三）自觉行为的反思学习

反思学习就是学习者对自身学习活动、收获和不足，主动地、自觉地进行反向思考。反思学习是进步的开始，是走出学习迷茫的"金钥匙"，也是一种高阶性的学习活动。有六种类型的反思，即单纯厌学型，反思为何厌学畏学逃学、终日无所事事？应自我找准内在的原因，增加学习的动力。不能自控型，反思为何缺乏自控能力、学习心不在焉？应强化自律意识，调整自己学习的注意力。本末倒置型，反思如何处理学业与其他事务的关系？应正本清源，去芜存菁，以学习为主兼顾其他。学不得法型，反思为何学习不得要领、有投入没有产出？应懂得学会学习的意义，掌握正确的学习方法比学习知识更重要。兴趣缺乏型，反思为何无法全身投入、专业兴趣淡漠？应做好未来职业规划设计，珍惜大学宝贵的学习

---

① 《徐显明：何谓大学》，http://www.sohu.com/a/270418913_176673[2020-02-12]。

机会。依赖教师型，反思为何不能自主学习、教师说啥就干啥？要明白教师只是自己成长的引路人，个人的学业进步和全面发展取决于自己的勤勉和奋斗。

四、激发学习创新力，为提高学习力增加活力

学习创新力是指学生在掌握并内化已有知识的基础上产生新发现或新创造的能力。问题探究式学习和求异思维训练是激发学习创新力的重要举措。

（一）始于问题的探究学习

学习是从"发问"开始的，提不出自己的问题，就很难说有学习创新力。古人云："不愤不启，不悱不发。"然而，中国高校的大学生习惯于听讲，不习惯于课堂上提问或发言，主要有三个原因。一是学生缺少问题意识，"为学习而学习"，学习时间"坐不下来""静不下心""深不进去""提不出问题"，摊开本子不想记笔记，合上书籍头脑一片空白；二是学生缺乏自信，怀疑自己的问题是否太肤浅，既怕同学们看笑话，也怕老师看不起；三是上课"动耳""动眼"不"动脑"，听而不思，见而不想，教师台上演"独角戏"，学生台下当"观众"。尽管教师有时祈求创造一种活泼的课堂气氛，鼓励学生提问，但敢于提问发言的学生寥寥无几。基于问题探究性学习的视角，可以聚焦四个方面推进"学改"。一是学生主动提问，在课堂内外勇于提出自己的问题，教师对提出问题的学生应给予肯定；对于提问能抓住重点、要领的学生给予表扬，教师的肯定、鼓励和表扬能激发学生的信心。二是创设真实的教学情境，引导学生思考那些知与不知、理解与不理解的问题，并给予机会让学生自由地表达和交流。三是设置合适的问题难度，最大限度地激发学生思维，促进学生提出新见解、新思路、新设想和新方法；当学生回答问题不太切题时，教师给予适当的指引或提示，以达到教学的目的及产生以点带面的作用。四是学生学习研究范式，认知上明白学习知识在于应用，否则没有任何价值；方法上掌握资料收集、梳理、分析、评价、应用的基本原理；应用上善于结合社会经济行业发展实际，思考发问：存在什么问题？为什么出现问题？怎么解决问题？扭住问题不放松，带着问题查资料，提出解决问题的方案和实施路径，将问题导向课内、课外的学习全过程。

（二）既有求同思维更有求异思维

对于大学生学习创新力培养而言求同思维与求异思维是共轭关系。求同思维

是求异思维的基础，在现实中，许多问题是非常复杂的，短时间找不到合适的解决问题的方法或路径，需要在多种可能的方案中甄别比较、分析综合，优选一种相对可行的解决问题的方案。求异思维是大学生学习创新力培养的一种必不可少的心理品质，它的形成对于提升大学生的学习创新力具有一定的促进作用。在高校人才培养过程中，教师和学生都习惯于求同思维，缺少求异思维，如课程设置体系化、教材选用单一化、教学内容大纲化、教学组织班级化、实验操作程式化、考试答案标准化。教师习惯这样教，学生习惯这样学，其结果是课堂上学生听课鸦雀无声，课后答疑无人问津，培养出同一规格要求、同一思维定式、同一格调气质的"模塑型"人才，创新意识和创新能力缺失。

"独立之精神，自由之思想"是人的发展所追求的，也是需要培养的一种品格。"自由之思想"是一种高度自觉自为的方式，它具有多方面的思维品质，如思维的自主性、开放性、缜密性、批判性、创造性等。创新来源于思维的批判性，因为思维的批判性具有其他思维不可替代的品质，这种品质就是敢于批判的意识和理性批判的态度，对思维活动中"未经过考察的前提"敢于质疑和探究，在思维的"岔路口"上慎重考察后决定思维推进的方向，愿意将自己考察的结果提交讨论和检验，接受在新一轮批判中修正和完善。如果没有思维的自主性和开放性就不可能具有思维的批判性，缺乏思维的缜密性也就不会有"经得起批判"的思维批判性。高校进行批判性思维教育应该落脚到人的思维品质上，知识可以传授，能力可以训练，但思维的态度和习性只能在潜移默化和自觉砥砺中养成。

钱学森之问深刻戳到了我国高校人才培养的"痛点"。中国高校培养不出创新型人才的重要原因之一是高校的学生信奉"教师至尊""教材为本""顺从于教"的观念，学习上缺乏求异思维和批判精神，这是我国高校教学改革应该深刻反思和解决的问题。未来社会的发展需要具有创新意识和能力的人才，这就要求当下高校和教师培育求异思维文化，使学生在潜移默化中养成求异思维的习惯，不唯师、不唯书，不墨守成规、不囿于传统，不受任何框框和模式的约束，不迷信盲从权威，不人云亦云地接受别人观点，跳出传统观念和思维定式逆向思考，勇于"标新立异"。在学习中敢想、敢说、敢问、敢做，敢于理性地批判，以求异思维大胆质疑，以批判视角追问为什么、是什么、怎么做、有什么新的思路和方法？能想人所未想，敢言人所未言，由已知探索未知。训练求异思维的过程就是学习创新力的发展过程，因为学习创新力的提升依赖于循序渐进的积累，需要学生一以贯之地以求异思维面对已知、发现新知、探索未知，在思考和解决问题的路径上、技巧上、方案上体现出前无古人之处。

高校通过深化教育教学制度改革，实施科学的教育教学管理，立规矩、建标准、常评价、强文化，建设大学生学习力自觉提升的环境生态。立规矩就是让学生学习忙起来、学校管理严起来、考试难起来、学习效果显出来；建标准就是基于社会需求、行业要求和学校办学定位，制定具有中国特色、体现自身水平的质量标准体系，包括专业标准、毕业标准、各个教学环节标准等；常评价就是强化教学质量督导，构建以学生为中心、成果导向的教学质量评价体系，常态化评价教师的"教"和学生的"学"；强文化是指教学质量保障的主体是高校，形成全员参与、全程监控、全面评价、持续改进的"闭环管理"，逐步形成自律、自省、自查、自纠的质量文化。

参 考 文 献

埃茨科威兹 H. 2005. 三螺旋：大学·产业·政府三元一体的创新战略[M]. 周春彦，译. 北京：东方出版社.

布鲁贝克 J S. 2001. 高等教育哲学[M]. 王承绪，郑继伟，张维平，等，译. 杭州：浙江教育出版社.

布希亚瑞利 L L. 2008. 工程哲学[M]. 安维复，等，译. 沈阳：辽宁人民出版社.

比彻 T，特罗勒尔 P R. 2008. 学术部落及其领地：知识探索与学科文化[M]. 唐跃勤，蒲茂华，陈洪捷，译. 北京：北京大学出版社.

波普诺 D. 2000. 社会学[M]. 10 版. 李强，等，译. 北京：中国人民大学出版社.

波兰尼 K. 2007. 大转型：我们时代的政治与经济起源[M]. 冯钢，刘阳，译. 杭州：浙江人民出版社.

鲍嵘. 2006. 学科的制度及其反思[J]. 学位与研究生教育，（7）：4-7.

别敦荣. 2002. 论高等教育评估的功能[J]. 高等教育研究，（6）：34-38.

陈桂福. 2016. 浅析中等职业教育如何服务"中国制造 2025""一带一路"和企业"走出去"[J]. 职业，（6）：20-22.

陈敏，李瑾. 2015. 基于多源流理论的课程改革过程研究[J]. 高等工程教育研究，（1）：168-173.

陈敏毓. 2016. 微信平台下高职教学评价反馈机制的实验研究[J]. 科技与创新，（10）：130-131.

陈兴明，李璇，郑政捷. 2018. 我国高等教育第三方评估组织发展现状研究[J]. 黑龙江高教研究，（7）：73-78.

陈以一. 2013. 协同性、开放式、立体化的卓越工程师教育培养体系的构建[J]. 高等工程教育研究，（6）：62-67.

崔军，汪霞. 2013. 中外高等工程教育课程研究[M]. 南京：南京大学出版社.

曹慧泉. 2019-07-03. 激活"工程师红利"推动高质量发展[N]. 学习时报，第 002 版.

丁念金. 2012. 课程内涵之探讨[J]. 全球教育展望，（5）：8-14，21.

杜玉波. 2014-07-24. 工程教育要更加适应经济社会发展需要[N]. 中国教育报，第 003 版.

冯婧. 2019. 新工科工程实践教学体系建设研究[D]. 武汉：武汉理工大学.

冯秀芳. 2007. 钱伟长的治学理念与教育思想[M]. 上海：上海大学出版社.

傅水根. 2011. 我国高等工程实践教育的历史回顾与展望[J]. 实验技术与管理，28（2）：1-4.

龚克. 2010. 转变观念大胆试验建立卓越工程师教育培养的中国模式[J]. 中国高等教育，（18）：10-12.

龚晓嘉. 2017. 综合性高校在实践教学中培养新工科创新型人才的探索[J]. 高教学刊,（12）: 141-142.

顾秉林. 2014. 大力培育工程性创新性人才[J]. 清华大学教育研究,（4）: 1-6.

顾佩华. 2017. 新工科与新范式: 概念、框架和实施路径[J]. 高等工程教育研究,（6）: 1-13.

关志强, 邹纲明, 李润. 2009. 大工程观教育理念的理性思考与实践探索[J]. 化工高等教育,（6）: 19-23, 97.

郭朝先, 王宏霞. 2015. 中国制造业发展与"中国制造2025"规划[J]. 经济研究参考,（31）: 3-13.

郭宏. 2017. 中印高等教育经费来源比较及启示[J]. 教育评论,（3）: 54-57.

郭其友, 李宝良. 2007. 机制设计理论: 资源最优配置机制性质的解释与应用——2007年度诺贝尔经济学奖得主的主要经济学理论贡献述评[J]. 外国经济与管理,（11）: 1-8, 17.

国家教委工程教育赴美考察团. 1996. "回归工程"和美国高等工程教育改革[J]. 中国高等教育,（3）: 39-41.

格雷森 L P, 陈慧芳. 1981. 美国工程教育简史[J]. 教育研究通讯,（2）: 53-61.

顾海良, 王庆环. 2010-11-11. 高等教育要为加快转变经济发展方式提供支撑[N]. 光明日报, 第002版.

郝莉, 冯晓云, 宋爱玲, 等. 2020. 新工科背景下跨学科课程建设的思考与实践[J]. 高等工程教育研究,（2）: 31-40.

胡文龙. 2015. 工程专业认证背景下的高校教师教学发展[J]. 高等工程教育研究,（1）: 73-78.

华尔天, 计伟荣, 吴向明. 2017. 中国加入《华盛顿协议》背景下工程创新人才培养的探索与实践[J]. 中国高教研究,（1）: 82-85.

黄启兵. 2007. 我国高校定位的制度分析[J]. 现代大学教育,（2）: 6-9, 110.

黄兆信, 曾尔雷, 施永川, 等. 2012. 地方高校融合创业教育的工程人才培养模式[J]. 高等工程教育研究,（5）: 137-141.

姜锋, Erich Thies. 2015. 当代德国高等教育改革研究[M]. 上海: 上海外语教育出版社.

姜嘉乐. 2006. 工程教育永远要面向工程实践——万钢校长访谈录[J]. 高等工程教育研究,（4）: 1-7.

姜泓冰. 2014-07-07. 高考成绩占六成 素质测试严把关[N]. 人民日报, 第012版.

靳贵珍. 2012. 中国高等工程教育发展研究[M]. 北京: 北京理工大学出版社.

吉本斯 M, 利摩日 C, 诺沃提尼 H, 等. 2011. 知识生产的新模式: 当代社会科学与研究的动力学[M]. 陈洪捷, 沈文钦, 等, 译. 北京: 北京大学出版社.

孔垂谦. 2005. 我国高等工程教育的"去工程化"困境与"情境化"选择[J]. 高等工程教育研究,（1）: 38-40.

克劳士比 F B. 2005. 我与质量——零缺陷之父的生活体验[M]. 零缺陷管理中国研究院, 译. 北京: 经济科学出版社.

肯尼迪 S, 沈仲凯. 2015. 中国制造2025更适应于中国现在的处境[J]. 国际经济评论,（5）: 157-159.

考夫曼 A. 哈斯默尔 W. 2013. 当代法哲学和法律理论导论[M]. 郑永流, 译. 北京: 法律出版社.

雷普克 A. 2016. 如何进行跨学科研究[M]. 傅存良, 译. 北京: 北京大学出版社.

雷启振. 2008. 机制设计理论及其在中国的应用[J]. 郑州航空工业管理学院学报,（2）: 18-21.

李伯聪. 2017. 以"道器合一""道在器中"的理念重塑工程教育——工程教育哲学笔记之一[J]. 高等工程教育研究，（4）：22-29.

李海燕，仲彦鹏，孙玉丽. 2019. 核心素养视角下学生学习力的培养[J].教学与管理（3）：17-19.

李瑾，陈敏. 2013. 30 年来中国工程教育模式改革政策分析——基于社会政策的四维视角[J]. 高等工程教育研究，（5）：41-46，56.

李珂，迮益宽，杜莉莉. 2019. 团队学习模式在成人教育教学中的应用——以电大工商管理专业三年制专科为例[J]. 教育教学论坛，（22）：214-215.

李立国. 2016. 工业 4.0 时代的高等教育人才培养模式[J]. 清华大学教育研究，（1）：6-15，38.

李茂国，朱正伟. 2017. 工程教育范式：从回归工程走向融合创新[J]. 中国高教研究，（6）：30-36.

李培根，许晓东，陈国松. 2012. 我国本科工程教育实践教学问题与原因探析[J]. 高等工程教育研究，（3）：1-6.

李培根. 2011. 工程教育需要大工程观[J]. 高等工程教育研究，（3）：1-3，59.

李庆丰，薛素铎，蒋毅坚. 2007. 高校人才培养定位与产学研合作教育的模式选择[J]. 中国高教研究，（2）：70-72.

李润，关志强，邹刚明. 2011. "大工程观"研究综述[J]. 南方论刊，（5）：42-45.

李淑娴. 2019. 新工科背景下工程教育创新能力培养体系研究[D]. 武汉：武汉理工大学.

李拓宇，李飞，陆国栋. 2015. 面向"中国制造 2025"的工程科技人才培养质量提升路径探析[J]. 高等工程教育研究，（6）：17-23.

李晓波. 2006. 以通识教育为媒介 实施高等工程教育转型[J]. 江苏大学学报（高教研究版），（4）：1-4.

李晓强. 2008. 工程教育再造的机理与路径研究[D]. 杭州：浙江大学.

李鑫. 2019. 新工科交叉学科专业建设研究[D]. 武汉：武汉理工大学.

李亚萍，金佩华. 2003. 我国高校本科人才培养模式理论研究综述[J]. 江苏高教，（5）：103-105.

李正，李菊琪. 2005. 国际高等工程教育改革发展趋势分析[J]. 高教探索，（2）：30-32.

李正，林凤. 2007. 从工程的本质看工程教育的发展趋势[J]. 高等工程教育研究，（2）：19-25.

李志峰，陈莉. 2019. 我国高等工程教育转型：历史变迁与当代实践逻辑[J]. 高校教育管理，（4）：91-98.

李志峰，游怡. 2018. 三重嵌入与高校教师技术能力的转型发展[J]. 大连理工大学学报（社会科学版），（4）：99-105.

李忠，王筱宁. 2014. 高等工程教育中的"人"的问题[J]. 教育研究，35（9）：47-50，76.

李克强. 2016-03-06. 在十二届全国人大四次会议上作的政府工作报告[N]. 光明日报，第 003 版.

廖哲勋. 1991. 课程学[M] 武汉：华中师范大学出版社.

林健，孔令昭. 2013. 供给与需求：高校工程人才培养结构分析[J]. 清华大学教育研究，（1）：118-124.

林健. 2011. 面向"卓越工程师"培养的课程体系和教学内容改革[J]. 高等工程教育研究，（5）：1-9.

林健. 2012. 胜任卓越工程师培养的工科教师队伍建设[J]. 高等工程教育研究，（1）：1-14.

林健. 2017. 面向未来的中国新工科建设[J]. 清华大学教育研究，（2）：26-35.

林军. 2008. "数字化"、"自动化"、"信息化"与"智能化"的异同及联系[J]. 电气时代，（1）：132-137.

刘超. 2018. 面向中国制造 "2025" 的高等工程教育转型机制研究[D]. 武汉：武汉理工大学.

刘晓平，兰玉. 2017. 面向 "互联网+" 与 "中国制造2025" 的高等教育人才培养刍议[J]. 教育教学论坛，（4）：1-4.

刘欣. 2017. 走向工业 4.0 时代的大学人才培养耦合机制[J]. 国家教育行政学院学报，（7）：39-44.

刘湘溶. 2018-06-04. 生态文明建设是关系中华民族永续发展的根本大计[N]. 光明日报，第011 版.

刘兴凤. 2016. 基于胜任力的高校工科教师绩效评价研究[D]. 武汉：武汉理工大学.

鲁洁，冯建军. 2013. 教育转型：理论、机制与建构[M]. 北京：教育科学出版社.

陆国栋. 2017. "新工科" 建设的五个突破与初步探索[J]. 中国大学教学，（5）：38-41.

路甬祥. 2010. 走向 "绿色" 和智能制造——中国制造发展之路[J]. 中国机械工程，21（4）：379-386，399.

马廷奇，冯婧. 2018. 回归工程实践与工程教育模式改革[J]. 高教发展与评估，（2）：9-16，102-103.

宁先圣. 2006. 工程技术创新对人才的素质要求[J]. 中国科技信息，（2）：88.

内拉哈里 Y. 2017. 博弈论与机制设计[M]. 曹乾，译. 北京：中国人民大学出版社.

乔耀章. 2000. 政府理论[M]. 苏州：苏州大学出版社.

瞿振元. 2017. 推动高等工程教育向更高水平迈进[J]. 高等工程教育研究，（1）：12-16，23.

申小蓉. 2018. 价值引领：新工科学生领导力培养的核心目标[J]. 中国高等教育，（8）：26-28.

施良方，崔允漷. 2009. 教学理论：课堂教学的原理、策略与研究[M]. 上海：华东师范大学出版社.

苏建福. 2015. 开展工程教育及校企合作的法律保障体系研究[J]. 中国轻工教育，（2）：17-20.

单莎莎. 2017. 面向 "中国制造2025" 的高校工程类人才培养模式改革研究[D]. 武汉：武汉理工大学.

孙锐，蔡学军，孙彦玲. 2013-12-10. 工程科技人才开发的问题与出路——基于职业化与国际化视角的调查与思考[N]. 光明日报，第015 版.

汤治成，李平. 2018. 科学认知革新引起的技术范式转变与工业革命[J]. 广州大学学报（社会科学版），17（5）：86-89.

田国强. 2014. 如何实现科学有效的体制机制重构与完善——机制设计理论视角下的国家治理现代化[J]. 人民论坛，（26）：17-21.

田国强. 2017-01-20. 从新古典经济学走向机制设计理论——兼谈目标导向和执行过程的重要性[N]. 企业家日报，第 W04 版.

田逸. 2007. 试论高等工程教育的培养目标[J]. 华北水利水电学院学报（社科版），23（1）：83-84，91.

涂端午，魏巍. 2014. 什么是好的教育政策[J]. 教育研究，（1）：47-53，59.

UNESCO. 2018. 面向未来的工程教育与工程能力建设[M]. 北京：高等教育出版社.

沃特斯 M. 2000. 现代社会学理论[M]. 杨善华，李康，汪洪波，等，译. 北京：华夏出版社.

王翠霞，叶伟巍，范晓清. 2013. 创新模式演进与工程教育范式优化[J]. 高等工程教育研究，（4）：35-40.

王海湘，于冬升，徐超，等.2017. 高等工程教育与生态文化教育耦合关系探讨[J]. 华北理工大学学报（社会科学版），（2）：106-111.

王建华.2011. 论利益分化与教育转型[J]. 教育导刊，（9）：9-12.

王杰，王翔宇，孙学敏.2019. 中国高等工程教育对地区工业竞争力的影响——基于耦合协调的视角[J]. 经济经纬，36（2）：79-86.

王玲.2013. 高技能人才与技术技能型人才的区别及培养定位[J]. 职业技术教育，（28）：11-15.

王孙禹，刘继青.2010. 从历史走向未来：新中国工程教育60年[J]. 高等工程教育研究，（4）：30-42.

王晓红，王传荣，彭玉麟.2013. 当前制造业与服务业融合发展趋势受特点的研究[J]. 全球化，（9）：75-87，127.

王雪峰，曹荣.2006. 大工程观与高等工程教育改革[J]. 高等工程教育研究，（4）：19-23.

王一军.2019. 新高考方案与高等教育的理念衔接[J]. 江苏教育，（34）：17-19.

王迎军，李正，项聪.2018. 基于"4I"的工程人才培养模式改革[J]. 高等工程教育研究，（2）：15-19，29.

王章豹.2017. 大工程时代的卓越工程师培养[M]. 上海：上海科技教育出版社.

韦钰.2000. 高等学校—国家技术创新的重要方面军[J]. 求是，（10）：27-30.

魏宏森，曾国屏.1995. 系统论：系统科学哲学[M]. 北京：清华大学出版社.

魏宏森.2013. 钱学森构建系统论的基本设想[J]. 系统科学学报，（1）：1-8.

温凤媛，白雪飞.2012. 高校创新型人才培养模式研究[J]. 现代教育管理，（10）：88-91.

吴婧姗，邹晓东.2013. 回归工程实践：欧林工学院改革模式初探[J]. 高等工程教育研究，（1）：40-45，70.

吴立平，刘凤丽.2016. 应用型本科高校教学质量监控体系及运行机制构建[J]. 黑龙江高教研究，（1）：35-37.

吴岩.2017. 一流本科一流专业一流人才[J]. 中国大学教学，（11）：4-12，17.

吴岩.2018. 新工科：高等工程教育的未来——对高等教育未来的战略思考[J]. 高等工程教育研究，（6）：1-3.

吴彦军.2010. 企业制约我国职业教育发展的因素分析[J]. 农村经济与科技，（2）：94-96.

席成孝.2014. 我国高等教育质量第三方评估机制探析[J]. 陕西理工学院学报（社会科学版），（4）：85-89.

夏建国，赵军.2017. 新工科建设背景下地方高校工程教育改革发展刍议[J]. 高等工程教育研究，（3）：15-19，65.

项聪.2019. "4I"课程体系研究与探索[J]. 中国大学教学，（4）：46-49.

肖静芬.2002. 现代教育中教师的作用和地位[J]. 教育探索，（12）：98-100.

谢笑珍.2008. "大工程观"的涵义、本质特征探析[J]. 高等工程教育研究，（3）：35-38.

谢笑珍.2014. 再造"知行合一"的大课程观[J]. 高等工程教育研究，（3）：130-134.

熊璋.2012. 法国工程师教育[M]. 北京：科学出版社.

熊璋，于黎明.2012. 法国工程师学历教育认证指南[M]. 北京：科学出版社.

熊志军.2013. 试比较工程理念与科学理念[J]. 科技管理研究，33（2）：242-246.

徐飞.2016. 办一流工程教育 育卓越工科人才[J]. 高等工程教育研究，（6）：1-6，36.

徐高明. 2019. 大扩张后美国高等教育界的改革对策与建议[J]. 中国高教研究,（11）：53-56.

徐小洲, 辛越优. 2016. 制度与方法：加拿大工程教育质量评估分析[J]. 高等工程教育研究,（1）：126-131.

许广永. 2016. "政用产学研"互动对企业可持续创新能力的影响——基于奇瑞汽车的案例研究[J]. 科技管理研究,（20）：175-182.

许晓东, 卞良. 2014. 本科工程教育研究性教学探索与实践——以华中科技大学为例[J]. 高等工程教育研究,（2）：43-49.

习近平. 2020-10-14. 把新发展理念贯穿发展全过程各领域[N]. 人民日报, 第 009 版.

闫飞龙. 2012. 高等教育评价制度中的权力及其分配[J]. 教育研究,（4）：122-127.

严俊. 2008. 机制设计理论：基于社会互动的一种理解[J]. 经济学家,（4）：103-109.

杨平波, 朱雅斯. 2016. 英国高等教育经费筹措方式及启示[J]. 财会月刊,（36）：100-104.

杨爽, 王忠民. 2009. 计算机工程型人才培养模式的研究与实践[J]. 高等教育研究,（4）：46-49, 91.

姚峥嵘. 2014. 我国高等教育经费投入的国际比较研究[J]. 江苏高教,（6）：77-79.

叶克林. 1996. 现代结构功能主义：从帕森斯到博斯科夫和利维——初论美国发展社会学的主要理论流派[J]. 学海,（6）：73-78.

叶民, 孔寒冰, 张炜. 2018. 新工科：从理念到行动[J]. 高等工程教育研究,（1）：24-31.

叶民, 李拓宇, 邓勇新, 等. 2019. 基于历史和现实的工程教育指向[J]. 高等工程教育研究,（2）：26-32.

叶民, 钱辉. 2017. 新业态之新与新工科之新[J]. 高等工程教育研究,（4）：5-9.

于黎明, 殷传涛, 陈辉, 等. 2013. 高等工程教育发展趋势分析与国际化办学探索[J]. 高等工程教育研究,（2）：41-52.

张安富, 刘超. 2017. "中国制造 2025"背景下的新工科构建[J]. 中国大学教学,（9）：21-23, 33.

张炳生. 2006. 工程人才培养目标、规格和模式的关系研究[J]. 中国高教研究,（6）：38-39.

张光斗. 1996. 工科大学的培养目标和培养模式[J]. 高等工程教育研究,（3）：7-10.

张华. 2000. 课程与教学论[M]. 上海：上海教育出版社.

张辉, 王辅辅. 2016. 社会需求导向下工程人才培养中存在的问题及对策[J]. 江苏高教,（1）：82-84.

张金波. 2009. 三螺旋理论视野中的科技创新——基于美国创业型大学的分析[J]. 高等工程教育研究.（5）：89-94.

张孟芳. 2018. 面向"中国制造 2025"的高等工程教育转型困境研究[D]. 武汉：武汉理工大学.

张文格, 马丁. 2013. 欧美"再工业化"战略：破除中国高等教育之困[J]. 学园,（19）：23-27.

张晓军, 席酉民, 赵璐. 2017. 研究导向型教育：以学生为中心的教学创新及案例[M]. 北京：机械工业出版社.

张新平, 冯晓敏. 2015. 重思案例教学的知识观、师生观与教学观[J]. 高等教育研究,（11）：64-68.

章立东. 2016. "中国制造 2025"背景下制造业转型升级的路径研究[J]. 江西社会科学, 36（4）：43-47.

章云, 李丽娟, 杨文斌, 等. 2019. 新工科多专业融合培养模式的构建与实践[J]. 高等工程教育研究,（2）：50-56.

赵炬明，高筱卉. 2017. 关于实施"以学生为中心"的本科教学改革的思考[J]. 中国高教研究，（8）：36-40.

赵炬明，高筱卉. 2019. 关注学习效果：建设全校统一的教学质量保障体系——美国"以学生为中心"的本科教学改革研究之五[J]. 高等工程教育研究，（3）：5-20.

赵庆年，祁晓. 2016. 我国普通本科高校定位的问题、成因及对策[J]. 现代教育论丛，（2）：25-32.

支希哲，韩阿伟. 2015. 我国高等工程教育的现状、问题与对策[J]. 上海教育评估研究，（2）：21-26.

周光礼. 2016. "双一流"建设中的学术突破——论大学学科、专业、课程一体化建设[J]. 教育研究，（5）：72-76.

周济. 2015. 智能制造——"中国制造2025"的主攻方向[J]. 中国机械工程，（17）：2273-2284.

周进. 2013. 建设高等教育强国：国家高等教育理念的转变与创新[J]. 江苏高教，（4）：8-11.

周绪红. 2016. 中国工程教育人才培养模式改革创新的现状与展望——在2015国际工程教育论坛上的专题报告[J]. 高等工程教育研究.（1）：1-4.

周玉容，张安富，李志峰. 2020. 中国高等工程教育改革现状、矛盾与转型——基于公立本科院校工科教师的调查分析[J]. 高教发展与评估，（3）：14-23，37，109-110.

朱高峰. 2011. 中国工程教育的现状和展望[J]. 高等工程教育研究，（6）：1-4，53.

朱高峰. 2015. 中国工程教育的现状和展望[J]. 清华大学教育研究，（1）：13-20.

朱凌，吕正则，李文. 2015. 大国的"计算"战略——德、美、俄的计算工程及其人才培养设想[J]. 高等工程教育研究，（4）：10-20.

朱清时. 2002. 21世纪高等工程教育改革与发展：国外部分大学本科教育改革与课程设置[M]. 北京：高等教育出版社.

朱伟文，李亚东. 2019. MIT"项目中心课程"人才培养模式解析及启示[J]. 高等工程教育研究，（1）：158-164.

朱正伟，李茂国. 2018. 面向新工业革命的中国工程教育发展战略研究[J]. 中国高教研究，（3）：44-50.

邹晓东，姚威，翁默斯. 2017. 基于设计的工程教育（DBL）模式创新[J]. 高等工程教育研究，（1）：17-23.

邹晓东. 2010. 科学与工程教育创新——战略、模式与对策[M]. 北京：科学出版社.

曾开富，王孙禺. 2011. "工程创新人才"培养模式的大胆探索——美国欧林工学院的广义工程教育[J]. 高等工程教育研究，（5）：20-31.

曾明星，李桂平，周清平，等. 2015. 从MOOC到SPOC：一种深度学习模式建构[J]. 中国电化教育，（11）：28-34，53.

宗河. 2014-11-14. 首份中国工程教育质量报告出炉[N]. 中国教育报，第001版.

Appleby K M，Foster E，Kamusoko S.2016.Full speed ahead：using a senior capstone course to facilitate students' professional transition[J]. Journal of Physical Education，Recreation & Dance，87（3）：16-21.

Ahlgren D J. 2001. Fire-fighting robots and first-year engineering design：trinity college experience[R]. Reno：31st ASEE/IEEE Frontiers in Education Conference.

Boudreau K. 2015. To see the world anew：learning engineering through a humanistic lens[J].

Engineering Studies, 7（2/3）: 206-208.

Bucur A, Kifor C V, Mǎrginean S C. 2018. Evaluation of the quality and quantity of research results in higher education[J]. Quality and Quantity, 52（1）: 101-118.

Buijs J, Smulders F, van der Meer H. 2009. Towards a more realistic creative problem solving approach[J]. Creativity & Innovation Management, 18（4）: 286-298.

Cropley D H, Cropley A J. 2005. Engineering Creativity: A Systems Concept of Functional Creativity[M]. Singapore: Springer Publishing Company.

Cruz M L, Saunders-Smits G N, Groen P, et al. 2020. Evaluation of competency methods in engineering education: a systematic review[J]. European Journal of Engineering Education, 45（5）: 729-757.

Dym C L, Little P. 1999. Engineering Design: A Project-Based Introduction[J]. John Wiley & Sons, （2）: 78.

Duderstadt J J. 2009. Engineering for a changing road, a roadmap to the future of engineering practice, research, and education[J]. Journal of Engineering Education, 97（3）: 389-392.

Ekaterina G, Anastasya B, Ksenya G. 2015. Sociocultural competence training in higher engineering education: the role of gaming simulation [J]. Procedia-Social and Behavioral Sciences, （1）: 339-343.

Goldsmith R, Reidsema C, Campbell D, et al. 2011. Designing the future[J]. Australasion Journal of Engineering Education, 17（1）: 1-9.

Heikkinen E P, Jaako J, Hiltunen J. 2017. A triangular approach to integrate research, education and practice in higher engineering education[J]. European Journal of Engineering Education, 42（6）: 812-828.

Huda R, Goard M J, Pho G N, et al. 2019. Neural mechanisms of sensorimotor transformation and action selection[J]. European Journal of Neuroscience, 49（8）: 1055-1060.

Jeswiet J, Szekeres A. 2014. Definitions of critical nomenclature in environmental discussion[C]// Line T K. Proceedings of the 21st CIRP Conference on Life Cycle Engineering. Trondheim: Elsevier North Holland, Inc: 14-18.

Kamp A. 2014. Engineering education in the rapidly changing world——rethinking the mission and vision on engineering education at TU delft[J]. Aerospace Engineering, （6）: 21-23.

Kavanagh S S, Monte-Sano C, Reisman A, et al. 2019. Teaching content in practice: investigating rehearsals of social studies discussions[J]. Teaching and Teacher Education, 86: 102863.

Magnell M. 2020. Academic staff on connections to professional practice and research in engineering education: a discourse analysis[J]. European Journal of Engineering Education, 45（5）: 780-793.

Marton F, Säljö R. 1976. On qualitative differences in learning: i-outcome and process[J]. British Journal of Educational Psychology, 46: 4-11.

Meerah T S M. 2013. Analysis of a faculty of engineering concern on teaching and learning [J]. Procedia - Social and Behavioral Sciences, 102: 158-163.

Morace C, May D, Terkowsky C, et al. 2017. Effects of globalisation on higher engineering education in Germany—current and future demands[J]. European Journal of Engineering Education, 42（2）: 142-155.

NAE. 2005. Education the Engineer of 2020： Adapting Engineering Education to the New Century[R]. Washington， D. C.： The National Academies Press.

Prince M J， Felder R M. 2006. Inductive teaching and learning methods： definitions， comparisons， and research bases[J]. Journal of Engineering Education，（2）： 123-138.

Reynolds T S， Seely B E. 1993. Striving for balance： a hundred Years of the American society for engineering education[J]. Journal of Engineering Education， 82（3）： 136-151.

Ross J. 2015. "Made in China 2025"——A Key Step in China's Development[J]. China Today,（8）： 56-57.

Sheppard S, Colby A, Macatangay K， et al. 2006. What is Engineering Practice?[J]. The International Journal of Engineering Education， 22（3）： 429-438.

Sheppard S D， Macatangay K， Colby A， et al. 2008. Educating engineers： designing for the future of the field[EB/OL]. https://eric. ed. gov/?id=ED504076[2018-12-20].

Siddiqui J. 2014. Transformation of engineering education： taking a perspective for the challenges of change [D]. West Lafayet： Purdue University.

Wang C Y， Chang C K， Lin K J， et al. 2019. Effectiveness of web-based mechanism for teaching creative writing in the classroom[J]. Innovations in Education and Teaching International， 56（3）： 282-294.

Weber M. 2001. The Protestant Ethic and the Spirit of Capitalism[M]. London： Routledge Publishing Company.

后　记

　　2015 年 5 月，国务院正式公布了《中国制造 2025》，《中国制造 2025》描绘了中国制造强国建设的蓝图和实施战略，成为中国制造业转型升级、提质增效的十年行动指南及更加长远的发展规划，它与德国、美国、日本、英国等发达国家的相关领域类似规划有可比性。"中国制造 2025"战略规划的实施必将促进发展理念、生产方式、产业模式和商业形态的变革，对高等工程教育提出了新的要求，我国高等工程教育突破现实困境实现转型发展是应有之义。

　　张安富教授主持的国家人文社会科学基金（教育学）一般课题——"面向'中国制造 2025'的高等工程教育转型发展研究"旨在研究"中国制造 2025"战略发展与高等工程教育的内在关系，阐述高等工程教育转型的内涵，明确高等工程教育转型的主要内外部要素，分析高等工程教育转型的困境及制约原因，从而提出我国高等工程教育转型发展的机制和实现路径。在 2016~2020 年的研究中，课题组多次召开小型研讨会，共同研讨课题研究的基本思路、内容框架、阶段进展及最终成果，完成了这本《中国高等工程教育转型发展研究》专著。

　　本专著主要执笔者有：张安富教授、李志峰教授、马廷奇教授、周玉容副教授、贾勇宏副教授、张凌云副教授、潘建红教授。周玉容副教授还负责调查问卷和访谈提纲设计的相关工作，并组织进行问卷调查和数据整理，张安富、李志峰、周玉容负责院士访谈及访谈资料整理。

　　参与本书研究的还有：廖志琼研究员、肖静研究员、靳敏教授、吴兰平副研究员，以及寥明静、廖沙沙、王艳、张孟芳、刘超、李淑贤、陈利、冯婧、李鑫、张婕、曹露等。他们有的参加了课题的研讨，有的参与了问卷调查的实施和资料整理，有的撰写并发表了研究论文，均为本专著的完成与撰写做出了一定的贡献。

　　张安富教授主持了课题研究的全过程，并对本专著进行统稿和修改。

　　本专著的出版得到了科学出版社的鼎力支持，在此，我们对科学出版社表示真诚的感谢！

　　由于研究团队研究能力和学术视野的局限，本专著中难免存在一些疏漏，敬请各位专家同行及读者批评指正。我们真诚地期待本专著能够为深化中国高等工程教育改革，实现面向新一轮产业革命的高等工程教育转型发展提供有益的借鉴。